FOLLOW ME THROUGH BHL

突破IB中文B高級課程難關

（修訂版）

馮薇薇（Vivienne Fung） 編著

SinolinguA
华语教学出版社

出 版 人：王君校
策划编辑：韩 颖
责任编辑：翟淑蓉
封面设计：北京几何创想艺术传媒有限公司
印刷监制：汪 洋

图书在版编目（CIP）数据

突破 IB 中文 B 高级课程难关 / 冯薇薇编著 . -- 修订版 . -- 北京 : 华语教学出版社 , 2025. 3. -- ISBN 978-7-5138-2667-9

Ⅰ. H195.4

中国国家版本馆 CIP 数据核字第 2025L75D46 号

突破 IB 中文 B 高级课程难关（修订版）

冯薇薇（Vivienne Fung） 编著

*

华语教学出版社有限责任公司出版
（中国北京百万庄大街 24 号 邮政编码 100037）
电话：(86)10-68320585, 68997826
传真：(86)10-68997826, 68326333
网址：www.sinolingua.com.cn
电子信箱：hyjx@sinolingua.com.cn
北京中科印刷有限公司印刷
2025 年（16 开）第 1 版
2025 年第 1 版第 1 次印刷
ISBN 978-7-5138-2667-9
014900

前　言

IB 中文考試中，寫作無疑是最大的挑戰。寫作在 IB 考試中占據重要地位，因此必須根據課程大綱的要求加強寫作教學。然而，目前的寫作教學面臨許多問題。許多學生對作文感到畏懼，寫作時常感到煩惱，難以表達出自己的思想，且寫作速度緩慢。寫作文常被學生們形容爲“喝中藥”。“一看題目就搖頭，攤開稿紙咬筆頭，苦思冥想皺眉頭，一個小時沒開頭”就是學生們的生動寫照。

爲了幫助學生更好地備考 IB 中文寫作，筆者特意編寫了本套教材——《突破 IB 中文 B 普通課程難關》和《突破 IB 中文 B 高級課程難關》，希望廣大的 IB 考生對如何準備 IB 中文 B 普通課程（BSL）、高級課程（BHL）考試有一個清晰的認識，以便更好地復習，更有信心地走進考場，從容地寫出 7 分（滿分）的作文。

從課程新大綱開始實施起，對考題的要求逐漸清晰和完善。爲了更貼近考題形式和要求，本書進行了修訂。《突破 IB 中文 B 高級課程難關》（修訂版）依照 IBDP 中文 B 的 2018 年大綱書面表達及個人口頭表達的內容和評分標準進行編寫，從構思、文體、話題、詞語、句子結構等方面指導考生進行復習。本書第一章簡單介紹教學大綱和評分標準；第二章給出了中文基本句子結構、語法和常用關聯詞；第三章集中在“身份認同”“個人經歷”“發明創造”“社會組織”和“全球問題”等五個主題的寫作；第四章以個人口頭表達爲主，針對中文 B 普通課程的個人口頭表達要點進行講解；主要包括口頭表述要點範例和問答參考題。第五章爲寫作卷模擬試題。

書面表達部分，雖然普通課程（BSL）和高級課程（BHL）的主題一致，但在語言運用、寫作內容、作文字數、句子結構等方面不盡相同，具體差异詳見下表：

	普通課程（BSL）	高級課程（BHL）
語言運用	文通字順，詞彙多種多樣。句子通順，使用正確的複雜句結構。	詞彙多元，必須使用 3 個以上的成語、四字詞等慣用語。準確使用複雜句結構，且多種多樣。

續表

寫作內容	要涵蓋題目要求的兩個寫作要點	要涵蓋題目要求的三個要點
作文字數	300—480 個漢字	540—720 個漢字

個人口頭表達部分，兩本教材中的主體一致，但在語言表達、描述內容、溝通交流等方面的要求不盡相同，具體差异詳見下表：

	普通課程（BSL）	高級課程（BHL）
語言表達	表達自然流暢，詞彙多種多樣、富有變化，語法結構符合中文口語表達習慣。語音、語調容易理解，不妨礙交流。	表達自然流暢，詞彙多種多樣，富有變化，且能夠使用適量的成語、四字詞等慣用語。語法結構多樣，符合中文口頭表達習慣。語音、語調清楚準確，接近母語表達程度。
描述內容	對圖片所提供的訊息能夠準確地描述說明，并加以評論。口頭表達與中國文化有明顯的關聯。	對課上學過的文學作品選段能夠準確、細緻地進行分析說明并加以評論，并強調了與中國文化之間的關聯。
溝通交流	能夠即時理解老師提出的問題，并做出準確且有個人獨到見解的回應。互動交流自然流暢，沒有障礙。	能夠即時理解老師提出的問題，做出準確且有個人獨到見解的回應，并能夠自然地與老師進行討論。互動交流自然流暢，生動有趣，沒有障礙。

《突破 IB 中文 B 高級課程難關》（修訂版）中的第三章是本書重點，分爲書面表達和個人口頭表達兩部分。書面表達部分按“參考例文”和“參考題庫”展開，每篇參考例文都加了註解，列出文章的結構特點及所關聯的中國文化元素。例文後還有思維導圖、文體格式要求等寫作指導。個人口頭表達部分則包括文學選段、針對文學選段所做的口語討論參考題，以及針對課程五大主題的口語參考問答題。全書內容系統實用，方便老師和學生參考、應用和練習。

兩本教材均配備了閱讀理解練習冊。書中的練習題都是按照相應考試的“試卷二：閱讀理解”的題型，對應普通、高級教材中的例文編寫，方便老師對學生進行閱讀理解訓練。

該套教材是一套 IB 中文 B 考生必備的實用復習資料，跟着本套教材按部就班地復習，定能讓你在考試中有所突破，從而取得令人滿意的成績。

目　錄

開篇

爲什么要學母語之外的語言

1. 如果你用別人能理解的語言與對方交談，那麼交談會進入對方的大腦。如果你用對方的語言與之交談，那麼交談會進入對方的心靈。

   If you talk to a man in a language he understands, that goes to his head. If you talk to him in his own language, that goes to his heart.

   ——Nelson Mandela

2. 一種語言可以爲你的人生開啟一條走廊，兩種語言則會在你人生走廊的沿途開啟更多的大門。

   One language sets you in a corridor for life. Two languages open every door along the way.

   ——Frank Smith

3. 語言的限制就是對我的世界的限制。

   The limits of my language are the limits of my world.

   ——Ludwig Wittgenstein

4. 學習一切你所能學的，無論什麼時間，無論學習的對象是誰。總有一天你會爲你所做的感到欣慰。

   Learn everything you can, anytime you can, from anyone you can; there will always come a time when you will be grateful you did.

   ——Sarah Caldwell

5. 學習是自己一輩子的財富。

   Learning is a treasure that will follow its owner everywhere.

   ——Chinese proverb

6. 除非你掌握了兩門以上的語言，否則你永遠無法真正理解一門語言。

You can never understand one language until you understand at least two.

——Geoffrey Willans

7. 掌握另一門語言，擁有第二個靈魂！

To have another language is to possess a second soul.

——Charlemagne

第一章 中文 B 考試大綱及寫作、口語部分評分標准

一、考試大綱概要

高級課程（Higher Level）	分數占比
試卷一（90 分鐘）書面表達技能（一篇 540—720 字的寫作）（30 分）	25%
試卷二（120 分鐘）接受技能（65 分） 聽力理解（60 分鐘）（25 分） 閱讀理解（60 分鐘）（40 分）	聽力：25% 閱讀：25%
個人口頭表達（基于所學過的一或兩篇 / 部文學作品）（30 分） （20 分鐘準備 + 12—15 分鐘考試）	25%

（一）試卷一（寫作卷）的考試範圍及文體格式

1．考試範圍

五個主題（個人經歷、身份認同、發明創造、社會組織、全球問題）。卷子上有三道題，分屬五個主題中的任意三個，考生可以從中任選一題，在規定的 90 分鐘內完成一篇 540—720 個漢字的作文。

2．中文 B 主要文體類型

個人文本	專業 / 正式文本	大衆傳媒文本
博客 電子郵件 個人信件 日記	博客 電子郵件 正式信函 報告 建議書 官方報道	博客 文章（報紙、雜誌） 訪談 / 採訪稿 新聞報道 演講稿 辯論稿 小冊子 傳單 宣傳海報 / 宣傳冊 旅行指南

（二）試卷二（聽力理解及閱讀理解）的考試範圍及問題形式

考試範圍包括五個主題（個人經歷、身份認同、發明創造、社會組織、全球問題）。閱讀文本和考題類型如下：

文本的文體類型	理解問題類型
採訪報道 訪談記錄 博客 新聞報道	詞語類： 選出正確詞語（多項選擇） 字詞填空 詞語配對
影評 網絡文章 專欄文章 日記	句子類： 人稱代詞理解 句子配對（完成句子） 選出正確句子（多項選擇）
獨白自述 議論文 說明文 記敘文	整篇文章類： 段意 判斷對錯（要寫明理由） 問答題

（三）口語考試部分

個人口頭表達（30分）

考試過程包括20分鐘的準備時間和12—15分鐘的考試時間。

這項考試基于學生在兩年課程中學習的兩部文學作品。文學作品可以包括小說和散文。一般來說，7篇散文相當于一部作品。小說方面，BHL學生的閱讀作品一般以短篇小說爲主，老師也可以根據學生程度選擇較爲容易的中篇小說。

考試分爲三個部分：第一部分，學生對所學的其中一部文學作品進行分析描述，并發表個人看法；第二部分，學生與老師就以上表述進行討論；第三部分，學生就五個主題的內容和老師進行問答。

注意事項

1. 老師提供兩段各350字左右（最多360個漢字）的文學作品選段，考生從中選出一個進行考試。
2. 文學作品均是上課學過的。
3. 考試過程必須錄音。

二、評分標準

（一）試卷一（話題寫作）

標準A		語言	12分
標準B		訊息	12分
標準C		概念性理解	6分
總計		30分	

標准A：語言（寫作沒有達到最低字數，不會在此項標准內扣分）（12分）

■ 學生在何種程度上有效和準確地使用了語言？

10—12分	非常有效和準確地掌握了所學語言。非常準確和有效地使用了範圍廣泛的詞彙，手法多樣地強調了信息內容，包括有目的地使用習慣用法。在較複雜的語法結構中有個別小錯誤出現，不妨礙交流。
7—9分	有效和基本準確地掌握了所學語言。準確地使用了範圍廣泛的詞彙，包括習慣用語的使用，偶爾出現錯誤，不妨礙交流。文中有一些清晰正確的複雜句結構。
4—6分	部分有效地掌握了所學語言。準確地使用了一定範圍的詞彙，但仍有一些錯誤，偶爾妨礙交流。簡單句的結構清晰，一些複雜句式也使用恰當。
1—3分	對所學語言掌握得有限，所使用的詞彙有限，有許多基本錯誤，妨礙交流。簡單句的結構有時清晰，也有一些使用複雜句式的嘗試。
0分	寫作沒有達到以下細則描述的任何標準。

標准 B：訊息（12 分）

■ 學生可以在何種程度上清楚地展開和組織相關的思想觀點？

10—12 分	出色地傳達了訊息。思想觀點都是相關和有效的。思想觀點的展開條理清晰并且透徹，支持性細節非常合適。
7—9 分	很好地傳達了訊息。思想觀點都是相關的。思想觀點的展開條理清楚并且有效，支持性細節都合適。
4—6 分	比較好地傳達了訊息。思想觀點大都相關。思想觀點的展開條理清楚，支持性細節大都合適。
1—3 分	訊息得到了部分傳達。思想觀點在一定程度上是相關的。思想觀點的展開有時顯而易見，支持性細節有時合適。
0 分	寫作沒有達到以下細則描述的任何標準。

標准 C：概念性理解（6 分）

■ 學生在何種程度上正確地按照所要求的文本類型完成了寫作？

■ 語體和語氣在何種程度上對應了寫作的情境、目的和受衆？

■ 在何種程度上恰當地應用了文本類型的寫作慣用手法？

5—6 分	選擇的文本類型適合情境、目的或受衆。 語體和語氣適合寫作的情境、目的和受衆。 所採用的文本類型的寫作慣用手法清晰可辨且正確。
3—4 分	選擇的文本類型基本適合情境、目的或受衆。 語體和語氣偶爾適合寫作的情境、目的和受衆。 所採用的文本類型的寫作慣用手法可以辨識。
1—2 分	選擇的文本類型基本不適合情境、目的或受衆。 語體和語氣不適合寫作的情境、目的和受衆。 所採用的文本類型的寫作慣用手法有限。
0 分	寫作沒有達到以下細則描述的任何標準。

注意事項

● 選取了“最不適合”的文體格式，不一定得 0 分，要綜合考慮受衆、目的、語氣等概念性理解因素。

- 選取了“最適合”的文體格式，但受衆、目的、語氣等概念性理解因素不符合，也不能拿高分。
- 選取了“通常適合”的文體格式，但受衆、目的、語氣等概念性理解因素符合，也可以視爲“最適合”。
- 選取了題目規定的三個文體格式之外的格式，最多可以得到 2 分。

（二）個人口頭表達（30 分）

標準 A	語言	12 分
標準 B 1	訊息—文學作品選段 （第一部分）	6 分
標準 B 2	訊息—對話 （包括第二部分和第三部分）	6 分
標準 C	溝通交流	6 分
總計		30 分

標准 A：語言（12 分）

- 學生說話時在何種程度上成功地應用了語言？
- 學生說話的流利和清晰程度如何？
- 學生所使用的語言的準確和變化程度如何？
- 學生的語調在何種程度上有助于交流？

10—12 分	準確有效地掌握了所學語言。說話流利，基本上像說母語。語言富有變化并且符合中文口語表達習慣。有目的地使用了一些習慣用語。語音語調非常清楚，令交流十分流暢、生動、有趣。
7—9 分	有效并且大多準確地掌握了所學語言。說話大都流利。語言在總體上正確，詞語富有變化并符合中文口語表達習慣。使用了一些習慣用語。語音語調很清楚，有助于交流。
4—6 分	部分有效地掌握了所學語言。所說的話可以理解，有時是流利的。有一些正確多變的複雜句式和語法結構，但有時出現錯誤。偶爾妨礙交流。語音語調基本清楚，不太妨礙交流。

1—3 分	對所學語言掌握得有限。說話猶豫，有時難以理解。用詞用語常常是不正確或貧乏的。語音語調大致清楚，但有時不夠準確，妨礙交流。
0 分	學生的表現沒有達到以下細則描述的任何標準。

標准 B1：訊息 – 文學作品節選（6 分）

- 在會話中，學生在何種程度上表現出對文學作品節選的理解和表達能力？

5—6 分	口頭表達與選段關係緊密。能有效地對選段進行有深度的評論，有獨特的個人見解。
3—4 分	口頭表達與選段大部分有關聯。對選段的使用恰當，評論到位，有個人見解。
1—2 分	口頭表達與選段基本不相關（離題）。對選段的評論和見解空泛，過于膚淺和簡單。
0 分	學生的表現沒有達到以下細則描述的任何標準。

標准 B2：訊息—對話（6 分）

- 在會話中，學生在何種程度上清楚并完整地回答了內容？
- 學生回答問題到什麼深度？

5—6 分	回答非常恰當，全部問題都得到了展開，內容有深度和廣度，包括個人獨特的思想觀點。
3—4 分	回答大部分恰當，有些得到了展開，內容有深度和廣度。
1—2 分	回答雖然恰當，但十分簡短，深度和範圍有限。
0 分	學生的表現沒有達到以下細則描述的任何標準。

標准 C：溝通交流（6 分）

- 在會話中，學生在何種程度上表現出理解和互動交流能力？
- 學生可以在何種程度上表達思想觀點和看法？
- 學生可以在何種程度上持續進行會話？

5—6 分	對問題的理解沒有難度，且互動交流通暢無阻。回答問題準確無誤，且有個人獨到的見解。
3—4 分	理解大多數的問題，且互動交流順利。會話大多流暢連貫，提問偶爾需要重述或改述。
1—2 分	理解和互動交流有限。會話不夠流暢連貫，提問需要重述或改述才能理解。
0 分	學生的表現沒有達到以下細則描述的任何標準。

第二章 中文基本句子結構、語法和常用關聯詞

在開始說話和寫作之前，學生必須掌握的是基本句型和基本語法。有些老師和學生太注重詞彙，以爲多用一些成語就可以得高分，這是一個誤導，這就好比在學會走路之前先學跑步一樣。沒有正確流暢的句子，再好的詞彙也不可能讓人讀懂文章。

以下是一些最基本的句型和語法：

一、基本句子結構

類型一

S+V+O

（主語＋謂語＋賓語）

例 我學中文。

擴展：

- S＋time＋V＋O

（主語＋時間＋謂語＋賓語）

例 我每天晚上七點學中文。

- S＋在 place＋V＋O

（主語＋地點＋謂語＋賓語）

例 我在學校學中文。

- S＋time＋在 place＋V＋O

（主語＋時間＋地點＋謂語＋賓語）

例 我星期六下午四點半在家學中文。

類型二

S+Adj.

（主語＋形容詞謂語）

例 我的中文很好。

擴展：

S＋V（with complete meanings）＋V（core）＋得＋Adj.

（主語＋謂語詞組＋謂語動詞＋得＋形容詞）

例 我說中文說得很好。

類型三（時間段）

S + time + 在 place + V（with complete meanings）+ V（core）+ time duration

（主語 + 時間 + 地點 + 謂語詞組 + 謂語動詞 + 時間段）

例 我每天晚上在家學中文學一個小時。

擴展（過去式）：

S + time + 在 place + V（with complete meanings）+ V（core）+ 了 + time duration

（主語 + 時間 + 地點 + 謂語詞組 + 謂語動詞 + 了 + 時間段）

例 我昨天在家學中文學了一個小時。

二、基本語法

1. 的、地、得

的 + 名詞（Noun）	例 這是我的學校。
地 + 動詞（Verb）	例 我快樂地學中文。
得 + 形容詞（Adj.）	例 我的中文說得不太好。

2. 了、過

了：V+ 了 = past tense	例 我去年去了中國。
過：V+ 過 = past perfect tense	例 我去過很多國家。

3. "把"字句

基本句型：S+V+O（主語 + 謂語 + 賓語）	例 我看書。
"把"字句：S+ 把 O+V（賓語提前）	例 我把書看了。

4. 年、月、日

英文表達習慣：DD/MM/YY	
中文表達習慣：YY/MM/DD	例 2021 年 3 月 18 日

5. 時間表達法

英文表達法：從小到大	例 10 a.m. yesterday
中文表達法：從大到小	例 昨天上午 10 點

6. 日期

前年、去年、今年、明年、後年

上個月、這個月、下個月

前天、昨天、今天、明天、後天

上個星期、這個星期、下個星期

星期一、星期二、星期三、星期四、星期五、星期六、星期日（星期天）

7. 時間

清晨、早上、上午、中午、下午、傍晚、晚上、夜裏、半夜

8. 地址書寫順序

國家＋城市＋區＋街道＋單位　例 中國北京市西城區教場胡同 4 號北京四中

三、常用關聯詞

1. 并列句（各分句間的關係是平行并列的）

又……又……

既……又……

一邊……一邊……

那麼……那麼……

是……也是……

不是……而是……

2. 承接句（各分句表示連續發生的事情或動作，分句有先後順序）

……接着……

……就……

……于是……

……又……

……便……

3. 遞進句（分句間是進一層的關係）

不但……而且……

不僅……還……

……更（還）……

……甚至……

4. 選擇句（各分句列出幾種情況，表示從中選出一種）

不是……就是……

或者……或者……

是……還是……
要麼……要麼……
寧可（寧願）……也不……
與其……不如……

5. 轉折句（後一個分句與前一個分句的意思相反或相對，或部分相反）

雖然……但是……
盡管……可是……
……然而……
……卻……

6. 因果句（分句間是原因和結果的關係）

因爲（由于）……所以……
……因而（因此）……
既然……就……
之所以……是因爲……

7. 假設句（一個分句表示假設的情況，另一個分句表示假設實現後的結果）

如果……就……
即使……也……

8. 條件句（一個分句說明條件，另一個分句表示在這一個條件下産生的結果）

衹要……就……
無論（不管、不論）……也（都）……
衹有……才……
凡是……都……
除非……才……

第三章 書面表達

課程大綱規定，老師必須對五個主題（身份認同、個人經歷、發明創造、社會組織、全球問題）的內容進行教學。IB 每年會從五個主題中任選其中三個進行考核。

主題一：身份認同

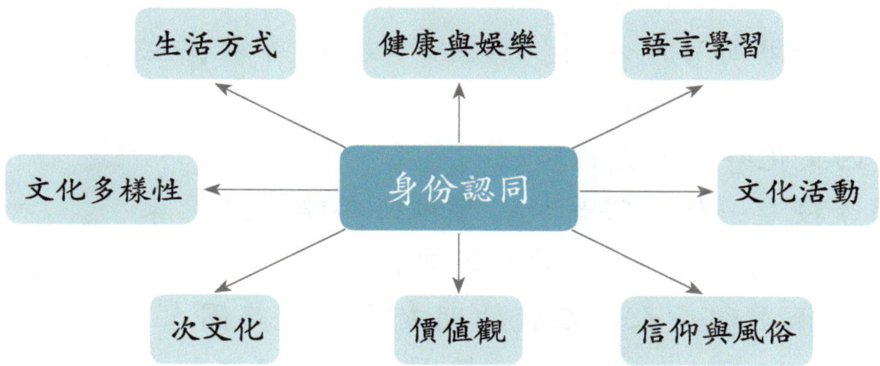

老師可根據學生的語言能力指導學生或讓學生自己從例文中找出需要記住的詞語和有用的句子。

一、參考例文

（一）文化多樣性

隨着科技的快速發展，人們的溝通和交流變得越來越方便，中西方的文化交流也越來越多。作爲學生會主席，你要向全校的老師和同學講一講你居住的地方會慶祝哪些中西方的節日，請說明中西方節日的節慶習俗，以及中西方節日互相影響的好處。請從下面的文體格式中選擇一個，用 540—720 字左右寫出這篇文章。

– 日記 – 演講稿 – 校報文章

1. 例文

中西方節日的互相影響

老師們、同學們：

大家好！我今天要講的題目是“中西方節日的互相影響”。隨着科技的快速發展，世界已經變成了“地球村”，人們的溝通和交流變得越來越方便，中西方的文化交流也越來越多。現在，很多中國人也慶祝西方的聖誕節和復活節，一些西方國家，比如美國、英國和澳大利亞也開始慶祝中國新年。

回應題目

我住在香港，香港是一個國際化的城市，所以中西方文化在香港都可以看到。不僅如此，在香港甚至還出現了中西文化交融的情況，令香港成爲一個名副其實的中西文化薈萃的大都市。

回應“你居住的地方會慶祝哪些中西方的節日”

我的學校是一個國際學校，學校每年除了慶祝春節、聖誕節和復活節外，也慶祝印度的新年，因爲我們的學校有很多印度人。在我的朋友裏就有英國人、澳大利亞人、印度人、日本人、韓國人，他們都和我們中國人一樣慶祝春節和端午節。他們也喜歡在端午節劃龍舟，他們的爸爸和媽媽也會在春節給他們發紅包。同樣，在聖誕節的時候，我也會在家裏擺聖誕樹，我和家人也會互相送聖誕禮物。我的媽媽最喜歡給朋友寫聖誕卡。她每年十二月都會讓攝影師來給我們一家拍“全家福”，然後貼在聖誕卡上發給親朋好友。

回應“中西方節日的節慶習俗”

今年的端午節，我的學校派出了一支龍舟隊參加香港學界龍舟比賽。這支龍舟隊的成員不僅有中國人，更多的是英國人、印度人、澳大利亞人等等。龍舟比賽場地熱鬧非凡，比賽過程競爭激烈，最後，我們的校隊奪得了第一名！

還記得今年春節前，學校舉辦了一次慶祝活動，學生和老師無論來自哪裏，在那一天都穿上了紅色的中式服裝。學生們還表演了精彩無比的中國民族歌舞，很多家長都特意來到學校觀看。

中西方節日互相影響可以讓我們開闊視野，更加瞭解別國的文化，也更加尊重別國的文化。通過慶祝聖誕節，我們瞭解了聖誕節的宗教背景，以及聖誕節的傳統美食和特色服飾。外國人也通過慶祝春節，知道了“年的故事”，瞭解了我們中國人在春節的過年禁忌，避免了尷尬和誤會的情況出現。

回應“中西方節日互相影響的好處”

總而言之，中西方節日互相影響是一件好事。好了，我今天就講到這裏，謝謝大家！

HL 高級課程的作文對詞語的多元性和複雜性要求較高，包括多種多樣的慣用語（四字詞組、俗語、成語……）。以下爲在此例文中出現的一些慣用語。

① 名副其實　② 文化薈萃　③ 親朋好友
④ 熱鬧非凡　⑤ 競爭激烈　⑥ 精彩無比
⑦ 開闊視野

2. 思維導圖範例

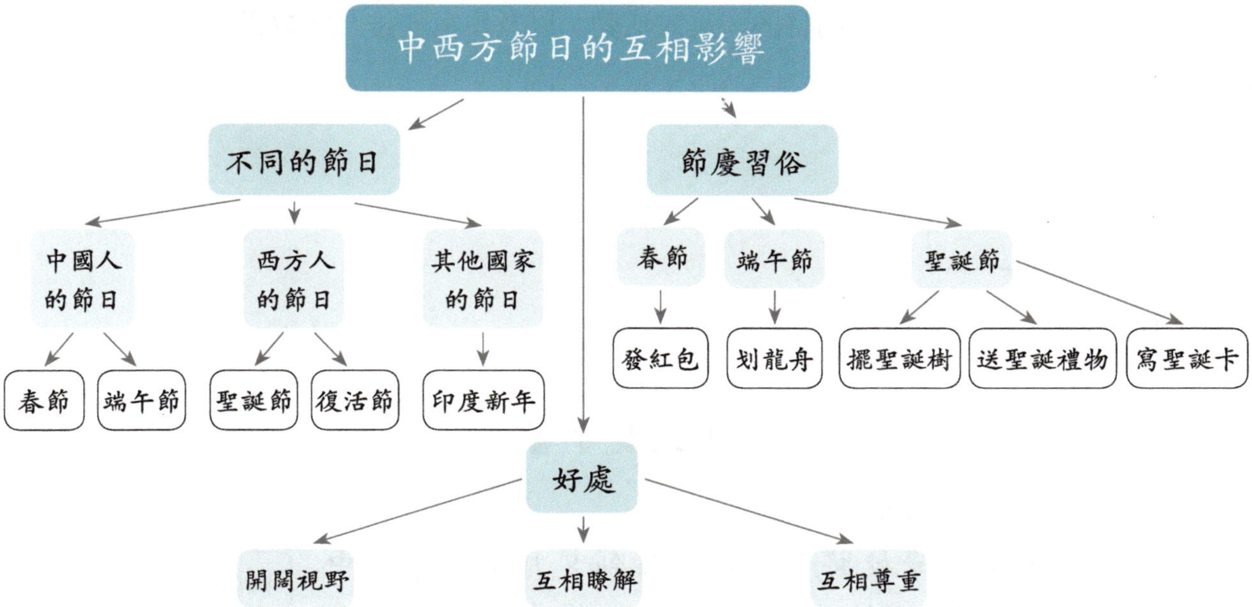

3. 寫作說明

（1）好的寫作必須具備的條件

- 清楚說明自己所在地區慶祝中西方節日的情況。
- 舉例說明中西方節日的節慶習俗。
- 陳述中西方節日互相影響的好處。
- 段落清楚、條理清晰、前後有序。
- 全文扣住主題。
- 符合文體格式的要求和語氣。

（2）文體格式的選擇

①演講稿：最適合，因爲“你要向老師和同學講一講”，最適合進行口頭表達。

②校報文章：通常適合，有合適的受衆，主題觀點也可以進行書面表達。

③日記：最不適合，因爲日記的受衆是自己，不能是“老師和同學”。

（3）演講稿文體格式要求

- 恰當的開場白（如“尊敬的老師”、“各位同學”）；
- 主題介紹；
- 主幹（條理清楚）；
- 總結，最好以“謝謝大家”作爲結束語；
- 正式的語氣。

（二）文化活動

你的學校將舉辦中文夏令營，你是這次活動的主辦人。請你寫一篇文章，向同學們說明一下中文夏令營活動的目的、具體活動，以及住宿安排。字數爲540—720字。

– 演講稿
– 博客
– 宣傳冊

1. 例文

中文夏令營

香港中學的各位同學：

今年暑假，學校將于7月1日到8月1日舉辦中文夏令營。我是組織人林小明，我現在來介紹一下今

回應題目

年這個夏令營的情況。

今年中文夏令營的地點在北京，爲期一個月。俗話說，讀萬卷書不如行萬里路。我們在課本上學到了很多關于中國歷史和文化的知識，也在電影上看過有關北京人的生活故事，在課堂上和同學們練習過中文口語表達，但你可能還沒有機會真正和中國人進行對話。所以，我們這個夏令營的目的就是：學習中國的歷史和文化，體驗北京人的生活，提高同學們的中文水平。

回應“中文夏令營的目的”

這個中文夏令營活動的內容包括：星期一到星期四，上午學習中文，有聽力課、閱讀課、寫作課和口語課，下午是一些文化活動，包括國畫班、功夫班、剪紙班、書法班等；星期五和週末，去參觀各種名勝古跡，如長城、故宮、北海公園、天安門等。我們還準備舉辦一個古都風光攝影比賽，讓同學們把北京的優美風景用相機記錄下來。除了旅遊觀光之外，在星期五和週末，我們也會去參觀當地的中學，和那裏的中學生聊天、交朋友，還會去他們的家做客。另外，夏令營還會組織一些比賽，如唱中國歌比賽、中國功夫比賽等。希望通過一個月的夏令營活動，同學們能瞭解中國，對中國文化和語言產生興趣。

回應“中文夏令營的活動安排”

我們將乘坐中國航空公司的飛機去北京，住在北京十一中學的學生宿舍裏。學校位于市中心，交通非常方便。學校的宿舍環境優美，房間乾淨整齊，設施齊全。

回應“中文夏令營的住宿安排”

希望同學們積極參加。具體內容請看學校的網站。報名時間從4月3日開始，6月1日結束。這個夏令營的人數爲20人，先到先得，所以，請有興趣的同學儘快在學校的網上報名，網址是 www.xialingying.com。

中文夏令營組織人：林小明

2025 年 2 月 7 日

HL 高級課程的作文對詞語的多元性和複雜性要求較高，包括多種多樣的慣用語（四字詞組、俗語、成語……）。以下爲在此例文中出現的一些慣用語。

① 讀萬卷書不如行萬里路 ② 名勝古跡 ③ 古都風光
④ 環境優美 ⑤ 幹淨整齊 ⑥ 設施齊全
⑦ 先到先得

2. 思維導圖範例

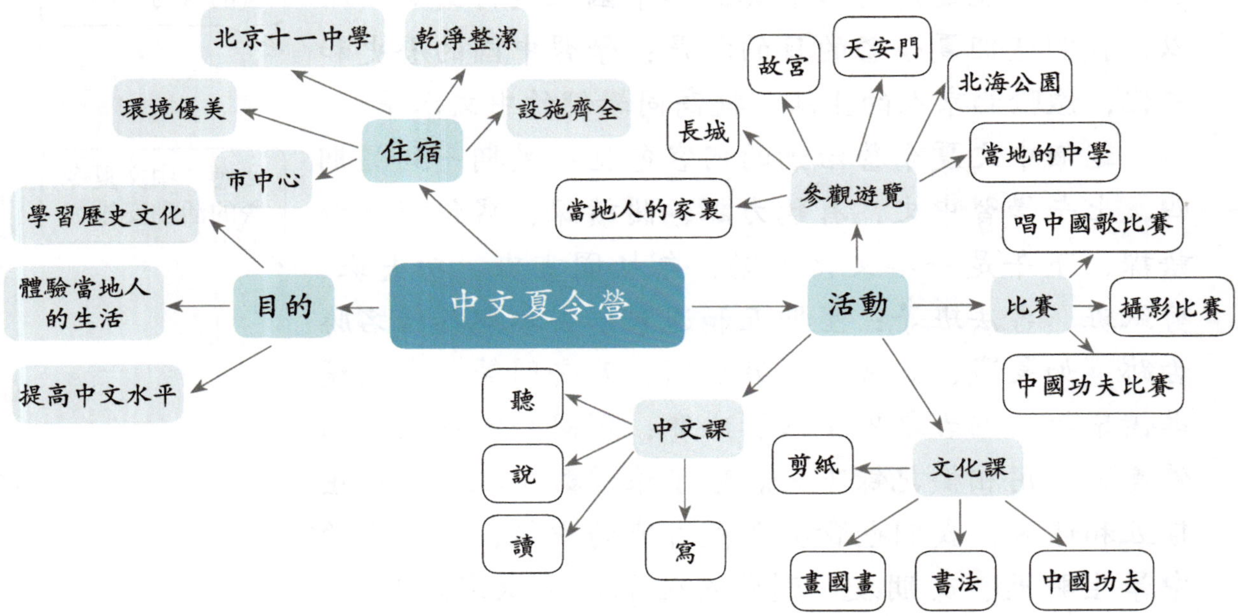

3. 寫作說明

（1）好的寫作必須具備的條件

- 回應中文夏令營的目的。
- 清楚地陳述活動內容，包括語言學習和文化活動。
- 說明住宿安排。
- 在說明信息上，段落分明，前後有序。
- 時間、地點、聯繫方式要交代清楚。
- 符合文體格式的要求和語氣。

（2）文體格式的選擇

①宣傳冊：最適合，因爲題目要求“向同學們說明活動的內容和目的”，宣傳冊可

以起到鼓勵同學們參加的作用。

②演講稿：通常適合，因爲“向同學們說明活動的內容和目的”，可以口頭傳播信息，鼓勵同學們參加。

③博客：最不適合，因爲博客的受衆過于廣泛，而且目的是發表觀點，不是說明事實，所以不適合。

（3）宣傳冊的文體格式要求

- 有標題；
- 可以列點說明，也可以分段說明；
- 背景資料，包括時間、地點、聯繫方式齊全；
- 有受衆，有落款署名；
- 半正式語氣；
- 有日期。

（三）語言學習

你即將中學畢業，打算去北京大學學中文。你想聯繫北京大學中文系的系主任，告訴系主任你爲什麼學中文，以及你的中文成績、你想上北京大學的理由。字數爲540—720字。

– 正式書信 – 採訪稿 – 建議書

1. 例文

尊敬的中文系主任：

您好！我叫李大衛，是英國人，今年十七歲，在香港中學讀十三年級。我明年就要中學畢業，希望能夠在貴校中文系學中文。

回應題目

我希望在貴大學讀書，因爲北京大學是中國的著名學府。我知道，北京大學歷史悠久，從建校到現在已經有一百多年了，而且校友中有很多著名的作家、科學家和商人，可謂人才濟濟。我也渴望將來成爲一個有名的"中國通"，爲貴校爭光。

回應"想上北京大學的原因"

我在學校學習國際文憑課程（IB），我選了六門課，它們是中文、英文、數學、歷史、音樂和生物。我的考試預測分是四十分，中文老師給了我七分滿分。雖然我是外國人，中文對我來説很有挑戰性，但是我覺得中文是非常重要的一門語言，我也對中文非常感興趣。我的中文老師也經常鼓勵我，她告訴我，只要有決心，再加上堅持不懈地努力，就一定可以學好中文。

我覺得中文很重要的原因是：第一，全世界有百分之二十的人講中文，所以中文是世界上的主要語言之一；第二，中國的經濟發展很快，越來越多的外國人希望跟中國人做生意；第三，學好中文才能更好地瞭解中國的歷史和文化。

回應"爲什麼學中文"

我覺得我的中文水平不錯，特別是口語很流利。去年，在香港的漢語講故事比賽上，我還得到了第二名。所以我想在大學繼續學中文。我的理想是大學畢業後可以在北京的公司工作，成爲一名商人。希望您能幫助我夢想成真。

回應"中文成績"

除了中文，我對中國文化也非常感興趣，所以參加了學校的舞獅隊和中國功夫班。我每個星期放學後都有兩天留在學校練習舞獅和中國功夫。除此之外，我還學了三年中國畫，我最喜歡畫熊貓和竹子。

隨信附上我的成績單和簡歷。期待早日收到您的回信。

此致

敬禮！

李大衛

2025年1月3日

HL 高級課程的作文對詞語的多元性和複雜性要求較高，包括多種多樣的慣用語（四字詞組、俗語、成語……）。以下爲在此例文中出現的一些慣用語。

①著名學府　②歷史悠久　③人才濟濟
④堅持不懈　⑤夢想成真

2. 思維導圖範例

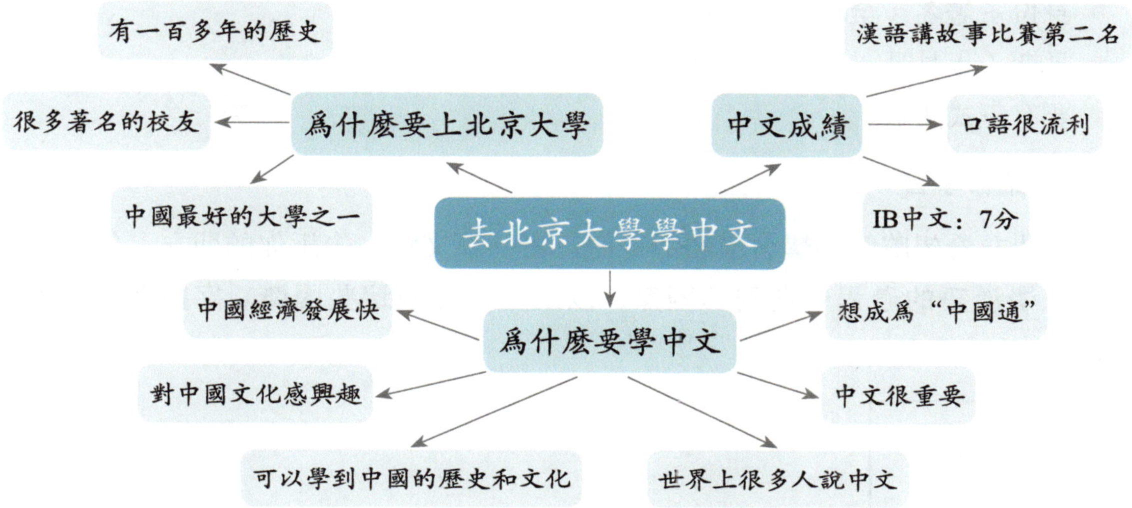

3. 寫作說明

（1）好的寫作必須具備的條件

- 清楚地陳述自己學中文的原因，自己的中文成績，以及申請上北京大學的理由。不可以衹寫一個方面。
- 清楚地進行自我介紹。
- 段落清楚、條理清晰、前後有序。
- 全文圍繞主題展開。
- 符合文體格式的要求和語氣。

（2）文體格式的選擇

①正式書信：最適合，因爲“聯繫北京大學中文系的系主任”非常適合用正式文體的書信。

②採訪稿：通常適合，因爲可以當成是系主任對學生的面試。

③建議書：最不適合，因爲建議書的寫作目的是提出建議，與這篇作文的題目的目的不符。

（3）正式書信的文體格式要求

遵照中國信的格式：

- 稱呼（頂格寫）；
- 問候（另起一行，空兩格）；
- 正文（條理清晰）；
- 祝詞（如“此致，敬禮”）；
- 身份＋署名（全名，寫在右下角）；
- 日期（年月日，寫在右下角）；
- 要有正式語氣。

（四）語言學習

你的朋友希望瞭解你學習漢語的經歷。寫一篇文章，告訴你的朋友，你爲什麼要學漢語，學漢語的過程中遇到的困難，以及如何克服這些困難。字數要求在 540—720 字。

– 訪談 – 私人書信 – 演講稿

1. 例文

小明：

　　你好！很長時間沒有寫信了，很高興今天收到你的信。你讓我講講學習漢語的經歷，我就介紹一下吧。

回應題目

　　我是從中學一年級開始學習漢語的。我想學漢語有三個原因。第一，我的父母讓我學。他們說隨着中國經濟的快速發展，中國在世界上的地位變得舉足輕重，漢語也就越來越重要，要想找一份好工作，就要學好漢語。第二，我對中國文化和歷史很感興趣。我去過中國的歷史博物館和文化博物館參觀，看到很多展品的解說都是用中文寫的。我覺得如果學會了中文，我就能更好地理解那些展品了。第三，

回應“爲什麼要學漢語”

我的學校是香港的國際學校，中文是必修課，所以每個學生都要學漢語。

回應“學漢語的困難”

跟所有學中文的學生一樣，我在學中文的過程中也遇到了很多的困難。我也覺得漢語非常難學，特別是寫漢字很難。中國字太多了，每一個字都不一樣。有些字看上去一模一樣，其實衹是多了一個點，或者少了一個筆畫。還有些字寫法一樣，但發音不一樣。也有些字發音一樣，但意思卻完全不同。看中文書的時候，我經常“丈二和尚摸不着頭腦”，弄不清句子的意思。

回應“學漢語的方法”

雖然如此，我從不放棄，堅持不懈地勤學苦練。我每天都用十分鐘寫漢字。遇到不明白意思的字，我會查字典。我也常常看中文電視節目，我覺得這很有用。我的老師說，我的中文聽力進步了。我聽了之後特別開心。暑假的時候，我經常參加中文夏令營。去年我去了上海。在那裏，我瞭解了上海的風土人情，還和當地人用中文聊天。從夏令營回來，我的中文口語能力突飛猛進。

我的漢語老師是北京人。上課時，她讓我們做遊戲，還讓我們演戲。我覺得中文課非常有意思。最近老師還給我們看了一本動畫故事書——《三毛流浪記》。我特別喜歡這本書，因爲我覺得書中的插圖形象生動，故事也十分有趣。

我中學畢業後會去北京大學學中文。大學畢業後，我希望能在上海工作，當一名銀行家。

今天就寫到這裏，希望早日收到你的回信。

祝

學習進步！

筆友　小花

2025 年 6 月 3 日

HL 高級課程的作文對詞語的多元性和複雜性要求較高，包括多種多樣的慣用語（四字詞組、俗語、成語……）。以下爲在此例文中出現的一些慣用語。

① 舉足輕重	② 一模一樣	③ 丈二和尚摸不着頭腦
④ 從不放棄	⑤ 堅持不懈	⑥ 勤學苦練
⑦ 風土人情	⑧ 突飛猛進	⑨ 形象生動

2. 思維導圖範例

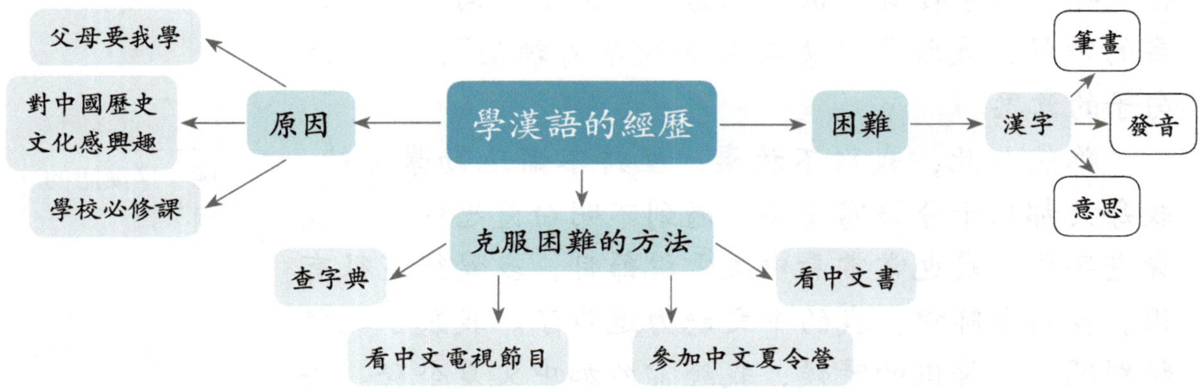

3. 寫作說明

（1）好的寫作必須具備的條件

- 清楚地陳述自己學漢語的原因，遇到的困難和解決困難的方法。不可以衹寫一個方面。
- 原因最好有三個或三個以上。
- 有具體事例支持。
- 段落清楚、條理清晰、前後有序。
- 全文扣住主題。
- 符合文體格式的要求和語氣。

（2）文體格式的選擇

①私人書信：最適合，因爲可以通過寫私人信“告訴朋友學習漢語的經歷”。

②訪談：通常適合。可以是給朋友打電話，談對學習漢語的看法，但文章形式必

須正確。

③演講稿：最不適合，因爲演講稿的受衆是很多人。

（3）私人書信的文體格式要求

- 遵照中國信的格式：
  - 稱呼（朋友或熟人之間可用昵稱，頂格寫）；
  - 問候（另起一行，空兩格）；
  - 正文；
  - 祝詞（如“祝，身體健康”）；
  - 身份＋署名（昵稱，寫在右下角）；
  - 日期（年月日，寫在右下角）；
  - 非正式語氣。

（五）健康生活

例題：最近學校又出現了新的傳染病。假設你是學校的護士，跟同學們分享應該如何預防疾病，提出預防措施的原因，以及如何創造一個衛生的學習環境。字數要求在540—720字。

– 電郵 – 採訪稿 – 宣傳單張

1. 例文

如何預防疾病、保持健康

回應題目

最近，學校又出現了新的傳染病。以下各點會告訴大家如何才能預防疾病、保持健康。

回應“如何預防疾病，以及提出預防措施的原因”

第一，應該培養戴口罩的習慣。春天氣候乾燥，萬物重生，因此有特別多的傳染病毒出現，其中最常見的就是流感病毒。如果同學們傳染上這些病毒就會發燒、流鼻涕、咳嗽，甚至還會周身酸痛、乏力，影響學習。戴上口罩會減少傳染病毒的機會。去醫院就診或探望病人的時候，同學們一定要記得戴口罩，因爲醫院裏有特別多各種各樣的病菌、病毒，有可能直接危害同學們的身體健康。另外，打掃房間的時候也應該戴口罩，因爲房間裏有很多灰塵，可能會令同學們不停地咳嗽，嚴重的還有可能得肺炎。

第二，必須要常洗手。從學校回到家應該首先把手洗乾淨，因爲同學們在學校接觸到各種各樣的東西，有可能把病菌、病毒帶回家。洗手是保持個人衛生的良好習慣，既能防止傳染病的傳播，又能減少患病的可能。如果不洗手，同學們用霑染了病菌、病毒的手去吃飯或做作業，就很容易傳播病菌和病毒。爲了保護自己和其他人，同學們在任何時候都要養成常洗手的好習慣。

第三，感到不舒服的時候一定要告訴家長、老師或學校的護士，而且要留在家裏休息。如果同學們繼續上課，就很容易把病菌、病毒傳染給其他同學，而且還會傷害自己的身體健康。同學們千萬不要因爲擔心學習成績而堅持上課，那樣做很有可能令自己的病情加重，耽誤治療。

回應“如何創造一個安全的學習環境”

總之，爲了防患于未然，同學們應該在需要的時候戴口罩，還要養成常洗手的好習慣。另外，不舒服的時候一定要及時告訴老師和家長。如果在家裏感到不舒服，就給老師發一封電郵；如果在學校覺得自己生病了，就馬上給父母打電話，讓他們來學校接你回家。這樣做會減少病菌和病毒傳播的機會，也可以有效地保持同學們的身體健康，使同學們可以在一個衛生的學習環境中愉快地學習。

校醫室　肖護士

2025 年 3 月 10 日

HL 高級課程的作文對詞語的多元性和複雜性要求較高，包括多種多樣的慣用語（四字詞組、俗語、成語……）。以下爲在此例文中出現的一些慣用語。

① 氣候幹燥　② 萬物重生　③ 各種各樣
④ 防患於未然　⑤ 周身酸痛　⑥ 全身乏力

2. 思維導圖範例

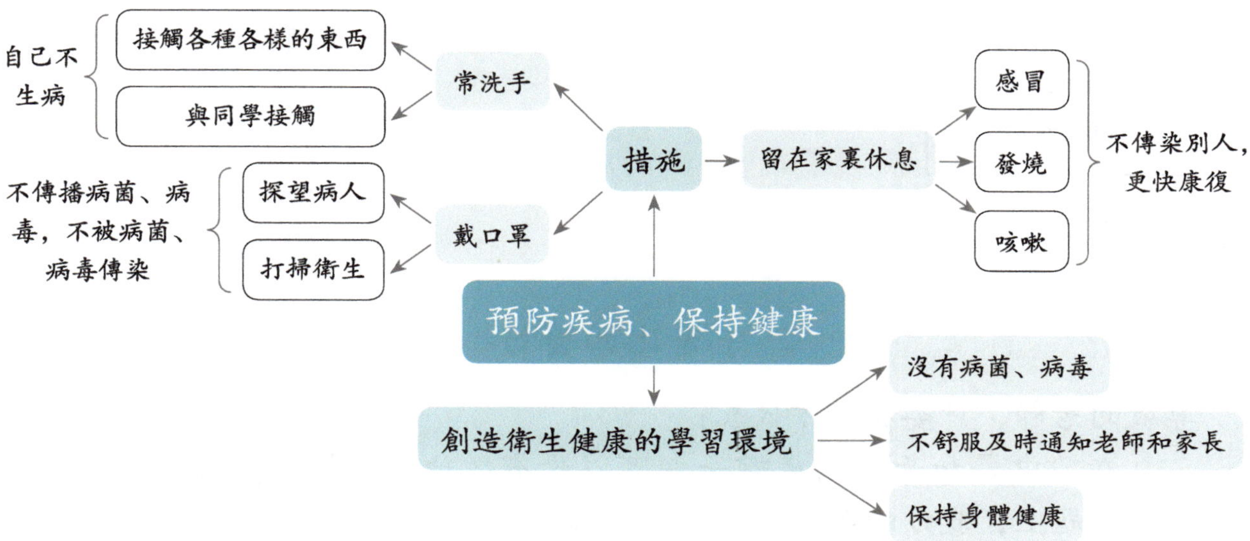

3. 寫作說明

（1）好的寫作必須具備的條件

- 清楚地陳述預防疾病的方法和原因。最好列舉三個或三個以上的方法，并有具體事例或強有力的理由支持。
- 說明如何創造一個安全的學習環境。
- 段落清楚、條理清晰、前後有序。
- 全文扣住主題。
- 符合文體格式的要求和語氣。

（2）文體格式的選擇

①宣傳單張：最適合，因爲宣傳單張是廣爲宣傳的手法，可以"跟同學們分享"。
②電郵：通常適合，因爲電郵可以群發，便于"跟同學們分享"。
③採訪稿：最不適合，因爲採訪稿的受衆有限，與題目要求的受衆不符。

（3）宣傳單的文體格式要求

- 有標題；
- 有對宣傳單目標人的稱呼。正文（條理清楚）；
- 有署名（全名，寫在右下角）；

● 有日期（年月日，寫在右下角）；

● 使用正式語氣。

（六）健康

例題：你今天在中文課上學習并比較了中醫和西醫這兩種醫治方法。寫一篇文章，表達一下你對中醫和西醫的看法，以及你的看病經歷。字數要求在 540—720 字。

– 日記 – 辯論稿 – 小冊子

1. 例文

中醫比西醫好

尊敬的老師、評委和正方代表：

在“中醫和西醫到底哪一個可以更有效地治病”這個問題上，我方的答案是“中醫比西醫好”。

回應題目

大家都知道，中醫和西醫是完全不同的兩種醫治方法。雖然很多人認爲生了病到西醫那裏吃點藥，打一針，一兩天就可以好起來，但其實，西醫治標不治本，頭疼醫頭，脚疼醫脚。雖然病人吃藥後看起來好了，但實際上，病還沒有完全好。而中醫就不一樣了，中醫講究調理身體，也就是我們說的“治本”。如果有慢性病，看中醫、吃中藥可以把身體慢慢地養好，達到治病的目的。有人說中藥很苦，非常難喝，但“良藥苦口”，湯藥苦但有效。中醫歷史悠久，是中華民族傳統的治病方法。在西醫西藥沒有傳到中國以前，中國人都是靠中醫中藥來治病的。另外，相比西醫西藥，中醫中藥比較便宜。

回應“對中醫和西醫的看法”

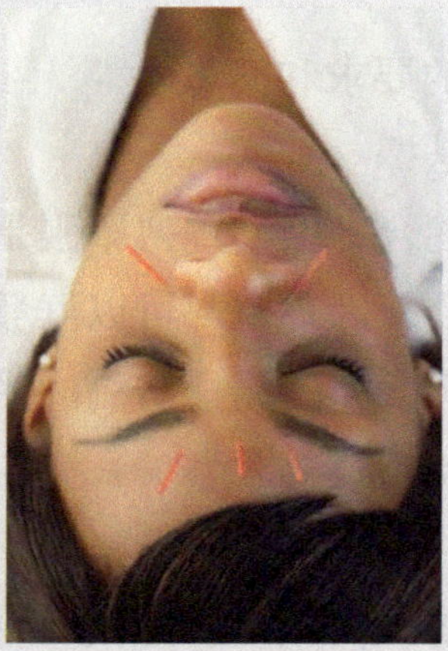

對于以上的觀點，我是有切身體會的。有一次在學校我得了感冒，頭痛欲裂，嗓子也像刀割一樣疼痛難忍，還發高燒。學校老師打電話給我媽媽。媽媽心急如焚，馬上跑到學校，接我去看西醫。醫生給我做了檢查後說：“沒事兒，不用着急。吃藥，過幾天就會好。”醫生還讓我多喝水和多睡覺。第二天，我真的覺得好多了，但是，我還是一直咳嗽。媽媽又帶我去看了幾次西醫，又吃了很多藥，但還是治不好我的咳嗽。最後，媽媽帶我去看了中醫，吃了幾劑中藥，還扎了幾次針灸，我的咳嗽就完全好了。

回應“自己看病的經歷”

根據以上我所說的，我方堅定地認爲，中醫比西醫好。

謝謝大家！

HL 高級課程的作文對詞語的多元性和複雜性要求較高，包括多種多樣的慣用語（四字詞組、俗語、成語……）。以下爲在此例文中出現的一些慣用語。

① 調理身體　② 良藥苦口　③ 歷史悠久
④ 切身體會　⑤ 疼痛難忍　⑥ 頭痛欲裂
⑦ 心急如焚

2. 思維導圖範例

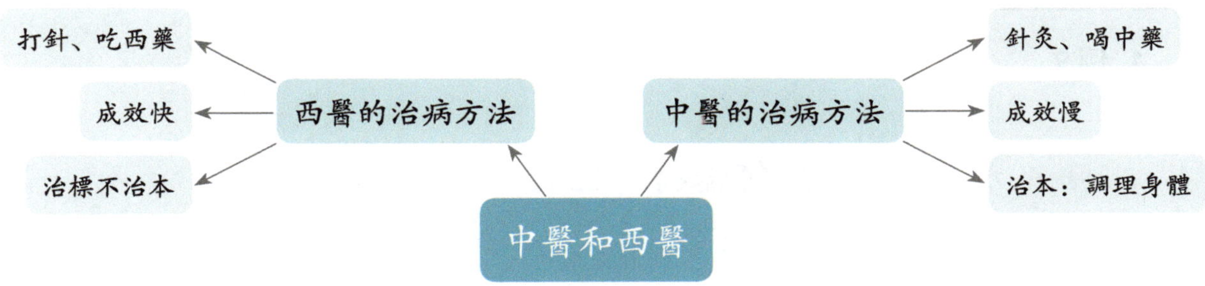

3. 寫作說明

（1）好的寫作必須具備的條件

- 清楚地回應對中醫和西醫的看法。
- 有具體事例支持。
- 舉例說明自己看病的經歷。

- 條理清晰。
- 全文扣住主題。
- 符合文體格式的要求和語氣。

（2）文體格式的選擇

①辯論稿：最適合，因爲辯論稿可以表達自己的觀點。

②日記：通常適合，因爲日記可以記錄當天發生的事情和自己的想法。

③小冊子：最不適合，因爲小冊子是說明性的語體，與這篇作文的語體不符。

（3）辯論稿的文體格式要求

- 恰當的開場白（如“尊敬的老師”“各位同學”）和主題，辯論稿要寫明自己一方的立場；
- 主幹（條理清楚，有理有據）；
- 總結，最好以“謝謝大家”作爲結束語；
- 正式的語氣。

（七）健康

例題：進入了考試階段，很多同學都忙着復習備考。有些同學覺得壓力大，不想吃飯，不想睡覺，所以常常生病。作爲學生會主席，你想告訴同學們身體健康的重要性，如何保持身體健康，以及爲什麼要這樣做。字數要求在 540—720 字。

– 建議書 – 校報文章 – 通告

1. 例文

關于如何保持身體健康的建議書

同學們：

進入了考試階段，很多同學都忙着復習備考。有些同學覺得壓力大，不想吃飯，不想睡覺，所以常常生病。我認爲，身體健康對我們每個人來說都是至關重要的。有了健康的身體我們才有精力去努力學習。如果身體不健康，在學習的過程中就容易感到疲倦，上課的時候就不能集中精神，記憶力也會變

> 回應題目

> 回應“身體健康的重要性”

差。爲了保護身體，我要在這裏提出一些保持健康的建議，供同學們參考。

首先，每天用一到兩個小時來做運動，可以打籃球、踢足球，也可以跑步。上學時，如果家住得不遠，應該儘量多走路，不要總是坐車。大量的科學研究已經證明，走路是最好的運動，它不僅可以讓我們舒筋活骨，還可以呼吸更多的氧氣，令我們的大腦更加靈活。

回應“應該怎麼做和爲什麼要這樣做”

其次，多吃一些健康的食品，如青菜、水果等，因爲這些食物可以加速我們身體的新陳代謝，幫助我們保持健康。

再次，當遇到壓力時，應該儘量放鬆心情，聽聽好聽的音樂，找朋友聊聊天。聽自己喜歡的音樂，和朋友聊天，都可以使我們心情愉悅，暫時忘記壓力和煩惱，令我們保持身心健康。

最後，良好的睡眠也能保證我們有一個健康的身體。相信大家在生物課上都學過，每天睡七到八個小時對身體來說是最好的，因爲這樣可以使我們的身體有充足的時間進行自我調節，睡醒之後感到神清氣爽，從而有精神去面對第二天的挑戰。

如果能夠按照這些建議去做，我相信大家一定會有更健康的身體，并能更好地生活、更好地學習。

學生會主席：李大同

2025 年 3 月 1 日

HL 高級課程的作文對詞語的多元性和複雜性要求較高，包括多種多樣的慣用語（四字詞組、俗語、成語……）。以下爲在此例文中出現的一些慣用語。

① 至關重要	② 舒筋活骨	③ 新陳代謝
④ 放鬆心情	⑤ 心情愉悦	⑥ 自我調節
⑦ 神清氣爽		

2. 思維導圖範例

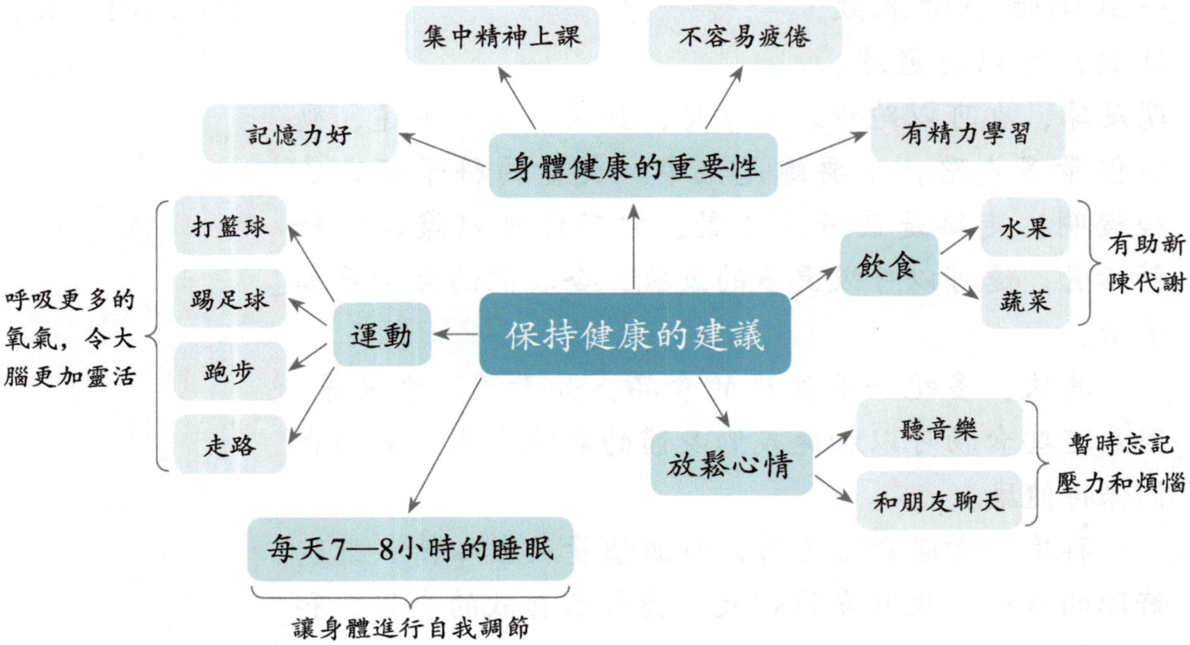

3. 寫作説明

（1）好的寫作必須具備的條件

- 回應題目。
- 要針對問題説明應該怎麼做（建議）和這麼做的原因。
- 分條寫，至少有三項建議。
- 條理清楚，有理有據有例子。
- 符合文體的格式要求和語氣。

（2）文體格式的選擇

①建議書：最適合。可以有針對性地建議同學們做什麼。

②校報文章：通常適合，可以在校報上把這些建議傳達給同學們。

③通告：最不適合，因爲通告是宣傳性的語體方式。

（3）建議書的文體格式要求

- 有標題；
- 列出重點大綱（至少三點）；

- 舉例說明（數據、科研成果、親身體驗）；
- 有前後呼應的結尾；
- 語氣半正式或較爲正式。

（八）健康

例題：在新的一年的第一天，你要爲自己制訂了一個在新的一年的健康計劃。請寫一篇文章，解釋這個計劃，并說明爲什麼要有這樣的計劃，以及如何從這個計劃中受益。字數要求在 540—720 字。

– 書信 – 演講稿 – 日記

1. 例文

1月1日　星期三　天氣：晴

今天是新一年的開始，這一年也是我考大學的關鍵年。我爲自己制訂了一個健康計劃，希望自己健康快樂地度過這至關重要的一年。

回應題目

我的健康計劃包括：每天運動一個小時；每天定時吃好三餐；不熬夜，早睡早起，并保持每天睡八個小時。

回應“說明這個計劃”

爲什麼要每天運動一個小時呢？運動學專家說，每天做適量的運動，可以保持心臟的強健，促進血液循環，有助于活躍大腦，提昇我們的專註力和記憶力，使我們學習起來事半功倍。有些人認爲出去運動一個小時會浪費我們寶貴的學習時間，其實這個想

回應“解釋制訂這個計劃的原因”

法是不對的。一直坐在那兒，看起來好像在利用每一分鐘，可實際上大腦已經疲憊不堪，書根本就讀不進去了。

除了運動，我還要每天定時吃好三餐。俗話說："早餐吃得飽，午餐吃得好，晚餐吃得少。"早餐特別重要，因爲它提供給我們能量，讓我們有足夠的精力應付整個上午的學習。有時候，我因爲怕上學遲到，所以來不及吃早餐，結果上課的時候就不能集中精神，甚至還會頭昏眼花。所以定時吃飯非常重要，它可以直接提昇我們的學習效果。

我的第三條計劃就是不熬夜，最好做到早睡早起，而且睡足八個小時。我的同學因爲考試有壓力，每天都要學習到早上三四點才睡覺，結果第二天早上起不來，無法去上學，錯過了很多老師講的復習重點，還經常生病。

總之，新年新計劃。我要把我的計劃貼在墻上，時時刻刻提醒自己保持健康的重要性。這個計劃可以讓我在多方面受益，比如：運動可以幫助我減輕壓力，做到勞逸結合；充足的睡眠和健康的飲食習慣可以讓我精力充沛。我相信，按照這個計劃去做，一定會對我的健康有益。有了健康的身體才能有精力去應付一切壓力，才能向着成功進發。

> 回應"如何從這個計劃中受益"

HL 高級課程的作文對詞語的多元性和複雜性要求較高，包括多種多樣的慣用語（四字詞組、俗語、成語……）。以下爲在此例文中出現的一些慣用語。

① 至關重要　② 事半功倍　③ 疲憊不堪
④ 頭昏眼花　⑤ 勞逸結合　⑥ 精力充沛

2. 思維導圖範例

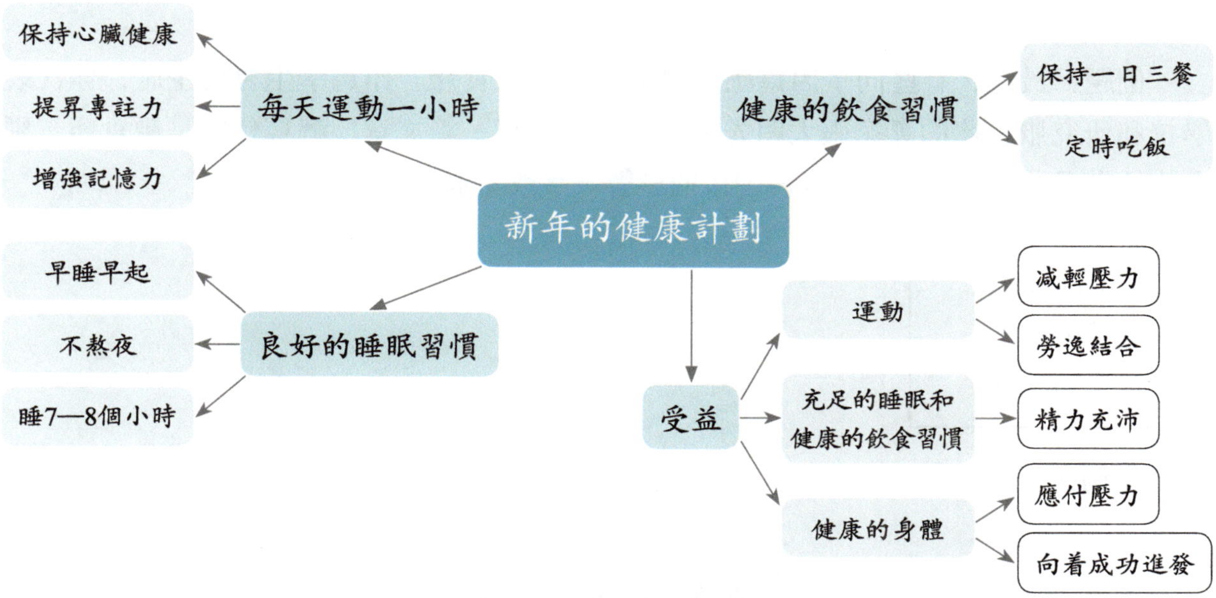

3. 寫作說明

（1）好的寫作必須具備的條件

- 明確回應題目。
- 針對問題列出計劃。
- 列出計劃的內容，最好不少于三項。
- 清楚說明這個計劃如何讓自己受益。
- 有理有據，有條有理，前後呼應。
- 有恰當的結尾。
- 符合文體的格式要求和語氣。

（2）文體格式的選擇

①日記：最適合，因爲是爲自己做計劃，受衆是自己。

②書信：通常適合。衹要有恰當的受衆，比如，家人或好朋友，也可以在信件中告訴他們自己的計劃。

③演講稿：最不適合，因爲演講稿的受衆比較多，而且語氣比較正式，不適合這個題目的要求。

（3）日記的文體格式要求

- 上方列出日期、星期和天氣狀況；
- 使用第一人稱表達；
- 正文（條理清楚）；
- 有恰當的結尾，比如“今天就寫到這裏了”；

● 語氣非正式。

（九）生活方式

例題：最近，有些同學因爲壓力過大，得了厭食癥。作爲學生會的主席，你代表學校和研究厭食癥的專家張大明先生聊了聊。請寫一篇文章，解釋什麼是厭食癥，厭食癥的表現，以及厭食癥對身體健康的影響。字數要求在 540—720 字。

– 採訪記錄 – 官方報道 – 電子郵件

1. 例文

厭食癥對身體健康的影響

①我：最近，有些同學因爲壓力過大，得了厭食癥，所以，今天我們請來了北京第一醫院研究厭食癥的專家張大明先生，請他給我們談談有關厭食癥的問題。張先生，您好！

（回應題目）

②張：李同學，你好。

③我：首先想問您，什麼是厭食癥？

④張：厭食癥是指爲了減肥而故意不讓自己吃飯的這個行爲。經常不吃飯會給身體帶來損害，久而久之就會出現病態，形成厭食癥。

（回應"什麼是厭食癥"）

⑤我：那正在減肥的人是不是或多或少都有厭食癥的傾向？

⑥張：減肥和厭食癥不能同日而語。因爲本身過于肥胖而令自己出現健康問題時，減肥是必要的醫療

手段，但是對于因爲心理原因而去減肥的人，可能就會有厭食癥的傾向。

⑦ 我：厭食癥的表現是什麽？

⑧ 張：故意不讓自己吃飯，或者吃了飯以後再想辦法把飯吐出來。嚴重的厭食癥患者見到食物就會覺得噁心。

回應“厭食癥的表現”

⑨ 我：那厭食癥對身體有什麽危害呢？

⑩ 張：厭食癥對身體健康，特别是處于發育期的青少年的身體健康危害非常大。你想想，體重過輕、身體過瘦的人，身體脂肪和能量肯定不足以應付日常的工作和學習，對青少年的發育會帶來很多負面的影響，嚴重的還會導致死亡。

回應“厭食癥對身體健康的影響”

⑪ 我：您剛才説的有些厭食癥患者看見食物就噁心，這是怎麽回事？

⑫ 張：那説明他們已經到了厭食癥非常嚴重的階段。到了這個階段，他們的肝臟可能已經受到了不可逆轉的損害。其實，厭食癥是一種心理疾病。由于心理的原因造成身體的損害，所以厭食癥患者的心理和身體都有問題。

⑬ 我：您對現在社會上，特别是在青少年中出現的減肥風有什麽看法？

⑭ 張：現在社會上的減肥風確實對青少年的成長發育百害而無一利。很多青少年錯誤地認爲，身材苗條一些更容易被人接受。很多青少年歧視、取笑身材肥胖的同學，這是非常不好的風氣。爲了自己的身體健康，爲了更好地應付緊張的學習和考試，我奉勸青少年朋友們一定要愛惜自己的身體。有了好的身體，才能更好地學習，有更好的前途。

⑮ 我：謝謝張先生。同學們，讓我們以積極樂觀的心態和健康的身體迎接我們學習上的一切挑戰。再次感謝張先生！

HL 高級課程的作文對詞語的多元性和複雜性要求較高，包括多種多樣的慣用語（四字詞組、俗語、成語……）。以下爲在此例文中出現的一些慣用語。

① 久而久之　② 或多或少　③ 同日而語
④ 不可逆轉　⑤ 百害而無一利

2. 思維導圖範例

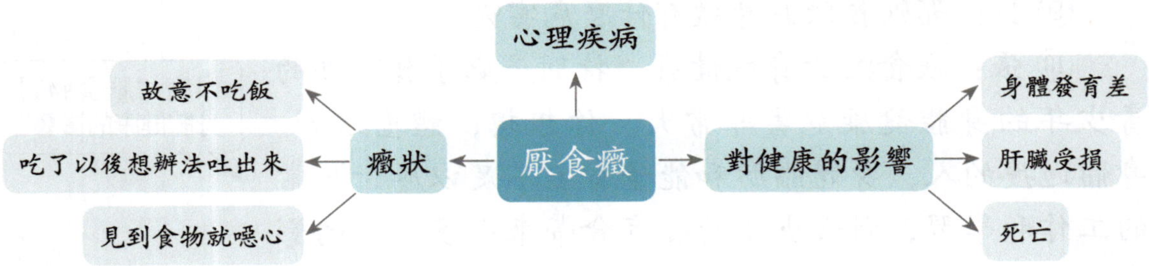

3. 寫作說明

（1）好的寫作必須具備的條件

- 回應題目。
- 清楚說明什麼是厭食癥，厭食癥的癥狀，以及厭食癥對健康的影響三個方面。
- 針對主題進行較爲深入的討論。
- 有恰當的結尾。
- 符合文體的格式要求和語氣

（2）文體格式的選擇

①採訪稿：最適合，因爲是和“研究厭食癥的專家張大明先生聊了聊”。
②官方報道：通常適合，可以將採訪內容綜合進行報道。
③電子郵件：最不適合，因爲電子郵件的受衆有限。

（3）採訪記錄（採訪稿）的文體格式要求

- 標題；
- 開頭（前言或背景介紹，如時間、地點、人物、採訪情景）；
- 訪談（問答方式）；
- 結尾總結概括。

（十）素食文化

例題：素食文化日趨流行，有關素食文化的討論也越加常見。作爲一位素食主義者，你希望向市民推廣素食。說說你選擇成爲素食者的個人原因，介紹素食的好處，說明人們不接受素食的原因。字數要求在 540—720 字。

– 博客
– 日記
– 演講稿

1. 例文

愛分享

https://www.aifenxiang.com

2022 年 3 月 15 日　星期五　20:48

素食文化

① 素食文化日趨流行，有關素食文化的討論也越來越常見。作爲一位素食主義者，我希望更多市民可以嘗試成爲素食者。

回應題目

② 我成爲素食者最重要的一個原因是，全球暖化的問題使我更加重視環保的生活方式，特別是在飲食方面。畜牧業是造成全球二氧化碳高排放量的因素之一，它加快了全球變暖。相比之下，種植蔬菜的二氧化碳排放率較低，更加環保。另外，爲了滿足世界日益增長的肉類需求，在動物的養殖過程中使用了抗生素和激素，長期進食含有這些物質的肉類會提高患各種疾病的風險。因此，爲了保持身體健康，同時過“綠色”的低碳生活，我決定成爲素食者。

回應“爲什麽成爲素食者”

③ 那麽，素食有哪些好處呢？

④ 首先，素食對我們的身體健康有利。素食以蔬果、水果和豆類爲主，含有豐富的營養，是身體所需的多種維他命和食物纖維最好的來源。素食含有的維他命 C 會增強我們的抵抗力，幫助我們變得更加健康強壯，降低患病的風險。素食含有的纖維促進身體的新陳代謝。很多醫生認爲吃素食是最好的養生之道。

回應“素食的好處和理由”

⑤ 其次，素食幫助我們過更加環保的“綠色”生

活。畜牧業除了水電需求極大，還排放大量的有毒廢料，造成空氣污染、水污染和土壤污染，破壞我們的環境。相比之下，蔬菜和水果種植業的水電需求很小，并且不會排放大量的有毒廢料，十分環保。

⑥ 對許多人來講，接受素食文化是一件很困難的事情。這是因爲他們“無肉不歡”，每餐一定要吃肉。除此之外，有些人擔心不吃肉會營養不良，體弱乏力。但是，素食文化也強調飲食均衡的營養，素食中也有大量的蛋白質，衹是用植物蛋白質代替了動物蛋白質。

⑦ 素食文化對身體健康和環境保護都有好處，一舉兩得。接受素食文化、成爲素食者不僅可以幫助我們變得更加健康，而且也可以保護環境。朋友們，你們讀了我成爲素食者的故事，你們有什麼看法呢？請在下面評論。

閱讀（55） 評論（5）

HL 高級課程的作文對詞語的多元性和複雜性要求較高，包括多種多樣的慣用語（四字詞組、俗語、成語……）。以下爲在此例文中出現的一些慣用語。

① 新陳代謝　② 養生之道　③ 無肉不歡
④ 營養不良　⑤ 體弱乏力　⑥ 一舉兩得

2. 思維導圖範例

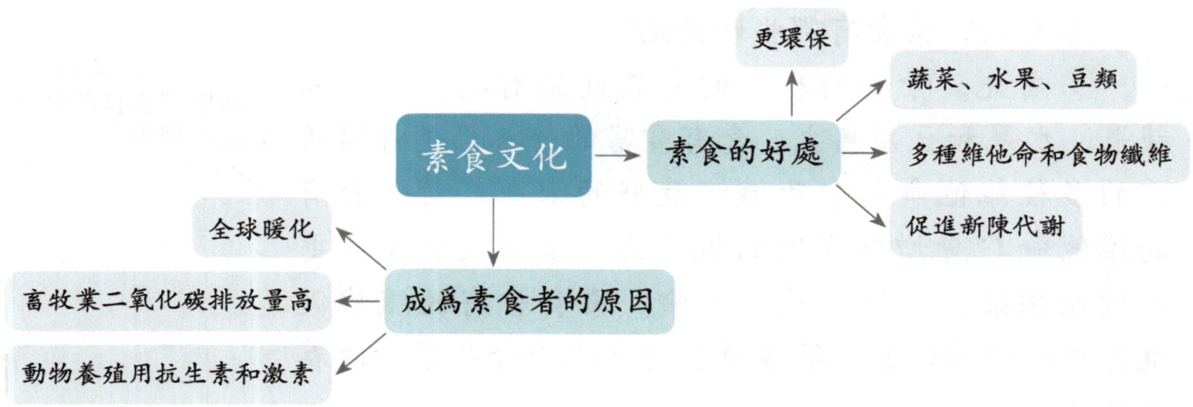

3. 寫作說明

（1）好的寫作必須具備的條件

- 回應主題，說明寫作目的。
- 題目要求的三個方面都要寫到（爲什麽成爲素食者，素食的好處及其理由）。
- 有親身體會。
- 段落清楚、條理清晰、前後有序。
- 全文扣住主題。
- 符合文體的格式要求和語氣。

（2）文體格式的選擇

①博客：最適合，因爲博客可以用來發表自己對某件事的觀點。

②演講稿：通常適合，可以通過演講對其他人做出呼籲。

③日記：最不適合，因爲日記的受衆是自己，不符合這個題目的情境。

（3）博客的文體格式要求

- 以博主的口氣寫作；
- 必須在文章上方列出博主的博客或網站網址，以及題目、發佈日期；
- 正文條理清晰，有理有據；
- 博客下面要出現（一到兩個）×× 次閱讀，×× 個評論，×× 個轉載，×× 個回復。

二、參考題庫

（一）你們學校將組織一次多元文化週，你是活動組織者。請向全校師生介紹中國春節的節慶習俗，并說明春節與外國傳統節日有什麽相同和不同的地方。字數要求在540—720字。【演講稿，電郵，校報文章】

（二）在一次學校旅行中，老師帶你們參加了一個傳統中國文化儀式（如生日慶祝或婚慶活動）。請寫一篇文章，介紹你參加的這個活動，并聯繫你所熟悉的另外一個國家的文化慶祝活動，說明你更喜歡哪一個儀式及其原因。字數要求在540—720字。【訪談，報刊文章，小冊子】

（三）身爲中國文化社社長，你找到了你學校的中文老師，請她談談一個中國傳統節日的來源、風俗習慣，以及新的節慶變化。請寫出這篇文章。字數要求在540—720字。【演講稿，訪談，報刊文章】

（四）你所住的城市正在計劃爭取奧運會的舉辦權。作爲申辦志願者代表，你想向市民介紹這個計劃，表達自己對此計劃的看法，提出你支持或反對的理由。字數要求在540—720字。【書信，采訪稿，日記】

（五）你的中文班已經教了你中文簡體字或繁體字。作爲“語言周”慶祝活動的一部分，你想寫一篇有關語言學習的文章，說明簡體字和繁體字的异同，并討論學習簡體字或繁體字的好處和壞處。字數要求在540—720字。【演講稿，指南，報刊文章】

（六）你的學校校長打算從明年開始要求所有學生必須穿校服上學。你想對這個決定發表自己的看法，分析一下穿校服有什麼好處和壞處，以及改進的建議。字數要求在540—720字。【報刊文章，電郵，説明書】

（七）你最近參加了一個你的學校與一個中國公立學校開展的交流合作項目。請寫一篇文章，介紹這個交流合作項目，以及這個活動給你帶來哪些困難，又有什麼樣的經驗與收穫。字數要求在540—720字。【官方報道，日記，演講稿】

（八）在一次學校的調查中你發現，很多同學的家長在孩子做完家務後給孩子零用錢作爲獎勵。你想寫一篇文章，談談你對這個話題的看法，包括給零用錢的好處和壞處，以及如何給零用錢的建議。字數要求在540—720字。【博客，建議書，日記】

（九）最近在網上有人在討論“應該分男校女校，還是應該男女合校”的話題。你對這個話題有興趣，希望加入討論，發表自己的看法，包括支持和反對的理由，以及學生在校園文化中能起到的作用。字數要求在540—720字。【采訪報道，專欄文章，日記】

（十）你剛剛在學校的中文寫作比賽得了冠軍，你感到非常驕傲，希望跟學校的同學分享你學習中文的原因，所遇到的挑戰，以及戰勝挑戰的經驗。字數要求在540—720字。【演講稿，校報文章，博客】

（十一）你的學校正在組織暑假去中國的遊學活動，并會住在中國當地人的家裏，以便可以親身體驗中國的文化。你想參加這個遊學活動，寫一篇文章，說明你想參加遊學活動的原因，你最期待的活動，以及你對住在中國人家裏的看法。字數要求在540—720字。【書信，日記，訪談】

（十二）你的學校決定將中文列爲必修課。你想寫一篇文章說明你的觀點，包括中文在國際上的地位，以及贊成還是反對學校將中文列爲必修課的原因，以及你的建議。字數要求在540—720字。【辯論稿，博客，日記】

（十三）你的學校將在下個星期舉辦一個多元文化週的活動。你是活動主辦人之一，在活動的第一天要告訴同學們什麼是多元文化，介紹多元文化週的活動內容，說明學校可以怎樣幫助學生理解和尊重多元文化。字數要求在540—720字。【演講稿，采訪記錄，通告】

（十四）你的學校校長擔心學生對體育運動的興趣下降。作爲學生會的代表，你請校長解釋一下爲什麼他有這樣的擔憂，爲什麼做運動跟學習一樣重要，以及他對提高學生對體育運動興趣的具體計劃。字數要求在540—720字。【訪談，日記，演講稿】

（十五）今年假期你在中國旅遊的時候生病住院了。住院期間你對醫院的設備、醫護人員的服務等有正反兩方面的體驗，你決定向醫院的院長反映這個情況。請寫一篇文章，說明你爲什麽住院，對于好的體驗你表示感謝，對于不好的部分你提出一些建議，希望醫院做出改進。字數要求在 540—720 字。【書信，博客，訪談】

（十六）你學校的食堂決定從下個星期開始取消素食日。你想向食堂經理表達你和同學們對這個決定的看法，并解釋素食與健康的關係。字數要求在 540—720 字。【校報文章，采訪記錄，建議書】

（十七）你七十多歲的奶奶雖然身體還算健康，但是內心卻感到很孤寂。你想說明你和奶奶的關係，分享如何可以讓生活更加豐富和快樂的建議，以及快樂與健康的關係。字數要求在 540—720 字。【書信，日記，訪談】

（十八）你最近經常因爲生活方式不同而與父母發生爭吵。寫一篇文章，說一下你和父母爭吵的細節，你和父母那一代人在生活方式上有哪些不同，以及應該如何改善和父母的關係。字數要求在 540—720 字。【日記，報刊文章，電郵】

（十九）在中國文化週期間，學校邀請了一位做中國菜的廚師來給學生講有關中國飲食的話題。寫一篇文章，介紹一下中國菜的種類和烹飪特點，以及中國菜和健康的關係。字數要求在 540—720 字。【采訪記錄，電郵，演講稿】

（二十）你們學校要在端午節即將到來的時候舉辦一次包粽子比賽。作爲活動的組織者，你想向同學們介紹一種中國有名的節慶食品，包括這種食品的由來和特色，以及比賽的規則。字數要求在 540—720 字。【書信，演講稿，通告】

（二十一）你剛和家人從中國的一個城市旅遊回來。這次旅行讓你見識了當地的文化及風俗習慣。請寫一篇文章，比較這個城市和你所住的城市的相同和不同，以及一個令你印象最深的風俗習慣。字數要求在 540—720 字。【演講稿，日記，宣傳冊】

（二十二）你所住的城市的博物館最近舉辦了一個中國文化展覽。作爲學校的老師，你要組織這次校外參觀活動。寫一篇文章，說明這個展覽的內容，瞭解中國文化的重要性，以及這次旅行的安排。字數要求在 540—720 字。【演講稿，通告，電郵】

主題二：個人經歷

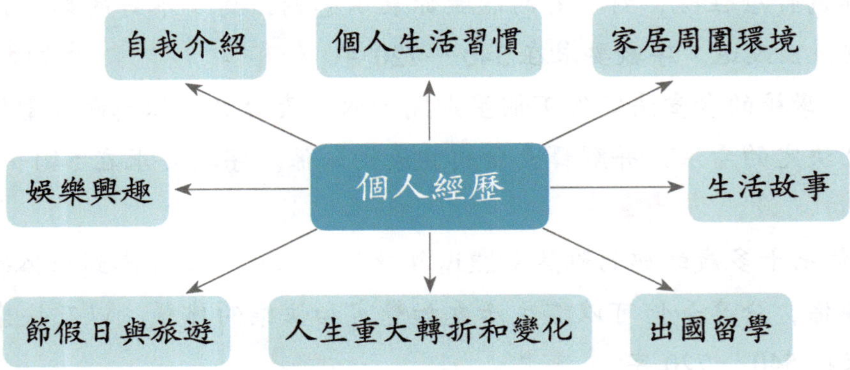

老師可根據學生的語言能力指導學生或讓學生自己從例文中找出需要記住的詞語和有用的句子。

一、參考例文

（一）節假日與旅遊

例題：春節快到了，你的很多朋友都來中國感受春節的氣氛。請寫一篇文章，分享你接待朋友們的經歷，包括有關春節的傳說故事、節慶習俗，以及節慶食品。字數要求在 540—720 字。

– 校報文章 – 博客 – 演講稿

1. 例文

中國春節

（作者：張大華）

春節快到了，我的很多朋友都來中國感受春節的氣氛。他們隻在課本上和電影裏看到過中國人過春節，還沒親身體驗過，所以特別興奮，也特別期待。他們不停地問我過春節的習俗，我告訴他們：春節也

回應題目

叫中國新年，是中國人最大和最重要的節日。春節的時間每年都不一樣，有時候在一月，有時候在二月，但是，都是農曆正月初一。春節一共有十五天，農曆正月十五是春節的最後一天，也是中國的另一個傳統節日元宵節。

我還給朋友們講了“年的故事”：很久以前，一隻叫“年獸”的怪物每到農曆大年三十晚上就從海裏爬出來傷害人類和動物。爲了躲避年獸，在三十的晚上，人們都不出門，也不敢睡覺，在家裏和家人一起吃飯、喝酒、聊天。等到大年初一的早晨，年獸走了，人們才敢出門。人們見面互相祝賀道喜，慶幸沒被年獸吃掉。後來，有人髮現，年獸怕紅、怕光、怕響聲，所以每年春節將至，家家户户就貼紅色的對聯、穿紅色的衣服、掛紅色的燈籠，敲鑼打鼓、燃放爆竹，這樣年獸就不敢再來了。

回應“春節的傳說故事”

春節期間，中國人要說很多吉利的話，包括“新年快樂”“恭喜發財”“大吉大利”“心想事成”“龍馬精神”等。春節期間，中國人會去親朋好友的家裏拜年，還在自己家的門上或墻上貼“春”或者“福”字，有時故意倒着貼，取其諧音，意思是“春到了”“福到了”。

回應“春節的習俗”

農曆十二月三十日是“年三十”。這一天，無論你在哪裏，都要回家吃年夜飯。年夜飯也叫團圓飯，是一家人團聚的大日子。年夜飯上有魚、年糕、餃子等，因爲吃魚代表“年年有餘”，吃年糕代表“年年高陞”，吃餃子有“包住福氣”的意思。大人們還給小孩子送紅包。紅包就是一個紅色的信封，裏面裝着錢，即壓歲錢。我最喜歡他們的這個傳統風俗。因爲我是小孩子，所以我每

回應“春節的節慶食品”

年春節都可以收到很多紅包。

這就是對中國人來說最重要的傳統節日——春節。

HL 高級課程的作文對詞語的多元性和複雜性要求較高，包括多種多樣的慣用語（四字詞組、俗語、成語……）。以下爲在此例文中出現的一些慣用語。

① 親身體驗	② 祝賀道喜	③ 春節將至
④ 家家戶戶	⑤ 敲鑼打鼓	⑥ 燃放爆竹
⑦ 大吉大利	⑧ 心想事成	⑨ 龍馬精神
⑩ 年年有餘	⑪ 年年高陞	

2. 思維導圖范例

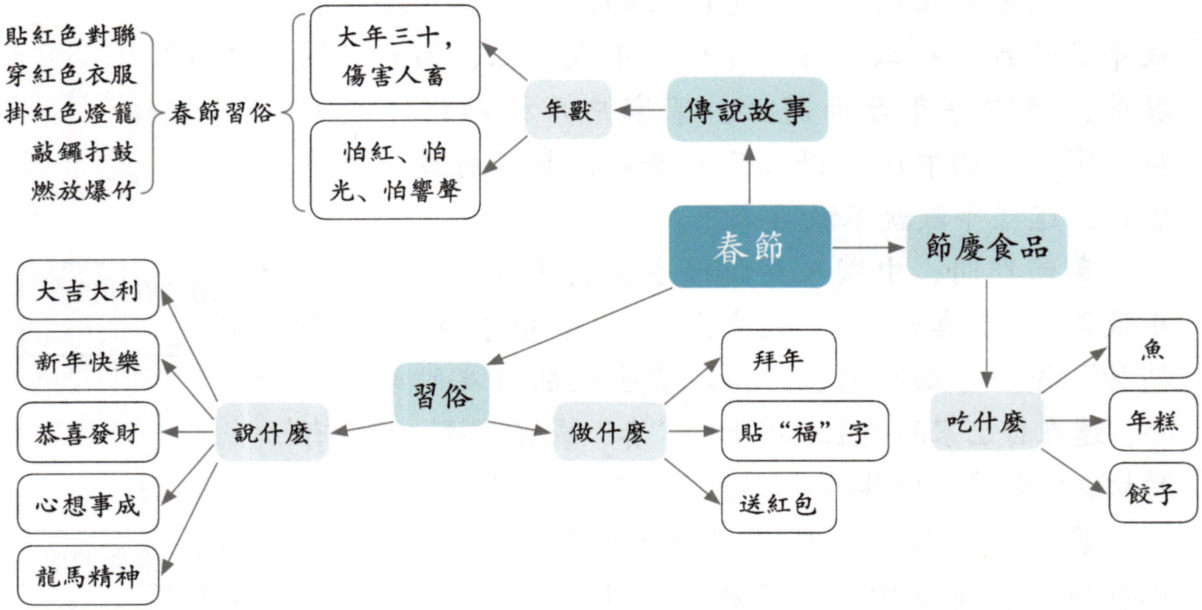

3. 寫作說明

（1）好的寫作必須具備的條件

- 清楚地陳述自己對春節習俗的觀察。
- 介紹春節特色食品和它們的意思。
- 概括有關春節的傳說故事。
- 段落清楚、條理清晰、前後有序。
- 符合文體格式的要求和語氣。

（2）文體格式的選擇

①校報文章：最適合，因爲可以在校報上與其他同學分享自己的觀察和經歷。

②演講稿：通常適合，因爲可以通過演講向學校的學生說明自己的觀察和經歷。

③博客：最不適合，因爲博客主要是用來與其他網友分享對某件事的觀點和看法。

（3）報刊文章的文體格式要求

- 醒目的標題；
- 作者的姓名；
- 正文（條理清楚）；
- 有正式的語氣；
- 有明確的受衆。

（二）生活故事

例題：你的中國朋友過生日，她請你去她家參加生日派對。你買了禮物，并在生日會上送給了你的中國朋友。寫一篇文章，談談生日會上你們做了什麼，送禮物時的情況及其背後的中西文化差异。字數要求在540—720字左右。

- 日記
- 私人書信
- 演講稿

1. 例文

媽媽：

您好！上個星期是我的中國朋友小月的生日，她請我去她家參加生日派對。我欣然接受了小月的邀請，還買了禮物送給她。我們在她家吃了很多美味可口的食物，比如魚肉、雞肉、羊肉、牛肉、餃子、麵條等，還吃了生日蛋糕。生日蛋糕是用各種不同的水果做的，比如草莓、藍莓、芒果等，不但好看，還特別好吃。我還用中文給她唱了生日歌。唱完生日歌，我和所有在場的人都一個一個地跟她說生日快樂，并把禮物送給她。

回應題目

回應“做了什麼”

可是，當我把禮物拿出來送給她的時候，她看也不看，就把禮物放在了一邊。我非常希望她打開禮物，看看喜歡不喜歡，然後再一起拿着禮物照一張照片。我想，如果有人給我禮物，我一定會迫不及待地打開看，稱讚禮物，表示感謝。我認爲這是對送禮物的人的一種尊重。

回應“送禮物時的情景”

昨天，我見到小月，她告訴我，她非常喜歡我的禮物，還謝謝我。我問她，你那天爲什麼不打開看？她說，中國人收到朋友的禮物以後，一般不馬上打開看，這是一種尊重。她還說，什麼禮物不重要，重要的是友誼和心意，也就是“禮輕情意重”。我明白了，這就是大家常說的文化差异。

回家後，我上網查了一些資料，瞭解到，中國人的送禮方式體現了中國深厚的文化傳統和社會習俗。送禮時，人們會投其所好，根據對方的喜好選擇適合的禮物，以示對收禮人的重視和尊重。常見的禮品包括食品、茶葉、酒、保健品等，這些禮物寓意吉祥和健康。另外，不同的場合也會選擇不同的禮物，例如，婚禮、生日、節慶等場合，禮物的類型和價值會有所不同。在傳統節日春節、中秋節時，人們通常會送一些體現祝福和團圓意義的禮物。

回應“送禮物背後的文化差异”

相比中國的送禮方式，西方人的送禮方式相對隨意。他們經常選擇一些不那麼昂貴的禮物，例如一盒巧克力或一朵玫瑰花。此外，中國人在送禮時往往不太注重包裝，甚至可能沒有包裝，而西方人則更傾向于包裝精美的禮品，以提昇禮物的整體美感。

媽媽，您覺得有意思嗎？我要多學點兒中文，也要多學一點兒中國的文化，這樣才不會出現誤會和尷尬。

祝媽媽身體健康！

女兒　小花

2025 年 6 月 3 日

HL 高級課程的作文對詞語的多元性和複雜性要求較高，包括多種多樣的慣用語（四字詞組、俗語、成語……）。以下爲在此例文中出現的一些慣用語。

① 欣然接受　　② 美味可口　　③ 迫不及待
④ 禮輕情意重　　⑤ 投其所好　　⑥ 包裝精美

2. 思維導圖範例

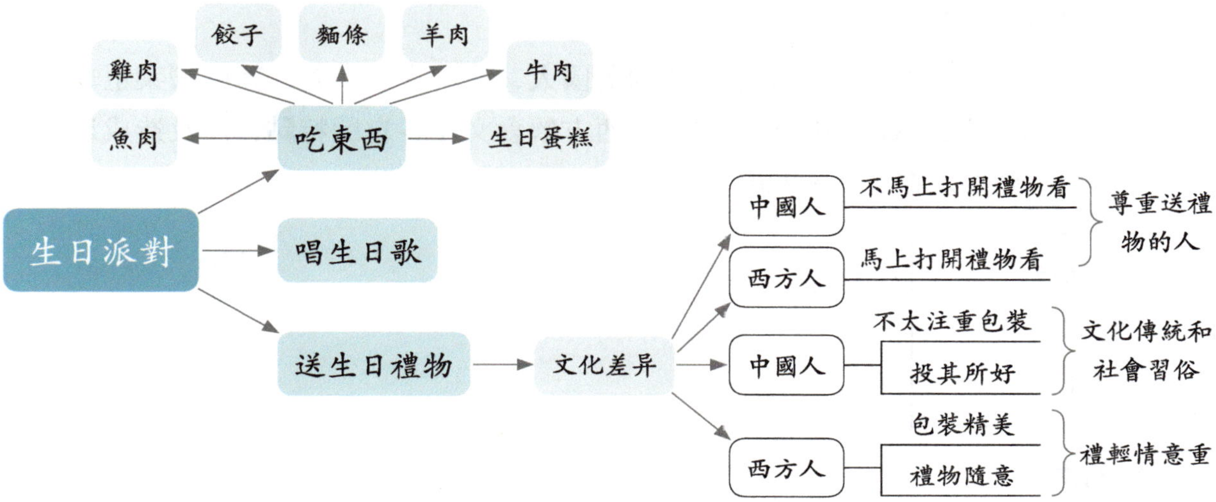

3. 寫作說明

（1）好的寫作必須具備的條件

- 清楚陳述生日派對的情景。
- 說明自己對生日派對上送禮物的情況，及其背後的文化差异。
- 有具體事例支持。
- 段落清楚、條理清晰、前後有序。
- 全文緊扣主題。
- 符合文體格式的要求和語氣。

（2）文體格式的選擇

①私人書信：最適合，作者可以跟家人通過書信交流，分享自己的經歷。

②日記：通常適合，作者可以記錄在日記裏記錄自己的經歷和感受。

③演講稿：最不適合，因爲演講是正式且公開的，不適合這個題目的情境和受衆要求。

（3）私人書信的文體格式要求

- 遵照中國信的格式：
  - 稱呼（朋友或熟人之間可用昵稱，頂格寫）；

- 問候（另起一行，空兩格）；
- 正文；
- 祝詞（如“祝，身體健康”）；
- 身份 + 署名（朋友或熟人之間可用昵稱，寫在右下角）；
- 日期（年月日，寫在右下角）；
- 非正式語氣。

（三）風俗習慣

例題：你是一個在中國住了很多年的英國人，非常喜歡中餐，對中國菜也非常瞭解。請寫一篇文章，談談中國飲食文化和西方飲食文化各自的特點，以及造成這些差异的原因。字數要求在 540—720 字。

– 採訪稿 – 官方報道 – 博客

1. 例文

www.foodanddrink.com
2016 年 4 月 8 日

中西方飲食文化的差异

我是一個英國人，但在中國已經住了很多年了，非常喜歡中餐，對中國菜也非常瞭解，所以我想寫這個博客，目的是希望更多的西方人瞭解中國菜，以及中西方飲食文化的差异。

回應題目

其實，中西方飲食文化和習慣是非常不同的。中國人吃飯用筷子，西方人用刀叉。中國人的餐桌大多

回應“中西飲食文化各自的特點”

是圓形的，代表團團圓圓。因爲中國人喜歡一家團圓的感覺和熱鬧的氣氛，所以吃飯的時候，不管有多少道菜，都要放在桌子中間，大家共同分享。西方人的飯桌大多是長方形的，自己要吃的食物都放在自己的盤子裏，自己吃自己的。另外，西方人特別喜歡跟朋友一起去公園野餐，但是中國人更喜歡和朋友到飯館大吃一頓。

我在中國已經住了很多年了，對中國菜可以說非常瞭解。我知道中國菜有八大菜系，它們是：川菜、湘菜、粵菜、閩菜、蘇菜、浙菜、徽菜和魯菜。奇怪的是，在這八大菜系裏，怎麼沒有北京菜呢？我最喜歡吃北京菜裏的北京烤鴨，色味俱佳，令人回味無窮。除了美食，我還特別喜歡喝中國茶。中國茶和英國茶不一樣，中國茶不加奶，也不加糖，而英國茶一般要加牛奶和糖。

我覺得西餐廳的氣氛太嚴肅、太安靜，而中餐廳的氣氛就特別熱鬧，大家可以一邊吃一邊有說有笑，而且是大家搶着吃同一盤菜，很好玩兒，也很親切。

世界各地有各式各樣的菜肴和飲品出現，是受到地域特徵、氣候環境和風俗習慣等因素的影響，致使食物原料、口味、烹調方法、飲食習慣上出現了差异。而中西方不同的思維方式、養生觀念也造就了中西飲食文化的差异。

回應“造成中西方飲食文化差异的原因”

希望你們看了我的文章後，對中西飲食文化的差异有所瞭解。如果你也對這個話題感興趣，請在下面留言。

10 次閱讀

5 個轉載

HL 高級課程的作文對詞語的多元性和複雜性要求較高，包括多種多樣的慣用語（四字詞組、俗語、成語……）。以下爲在此例文中出現的一些慣用語。

① 大吃一頓	② 色味俱佳	③ 回味無窮
④ 有說有笑	⑤ 各式各樣	

2. 思維導圖範例

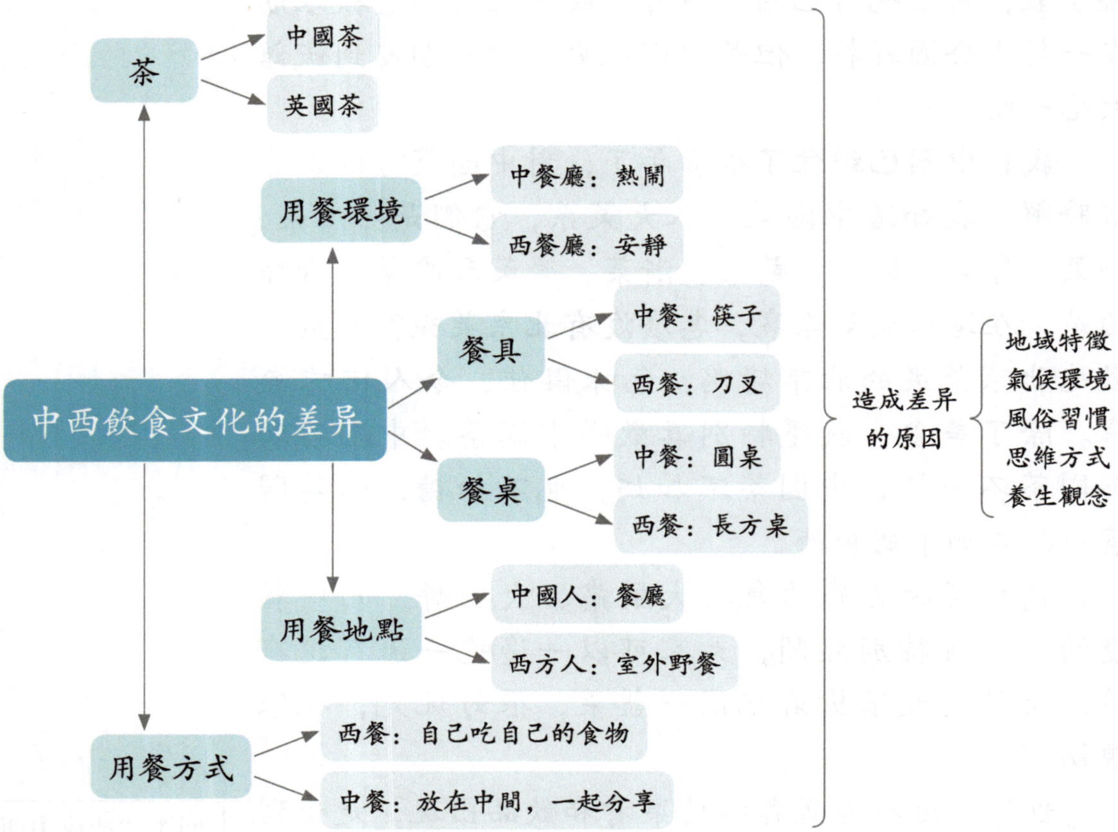

3. 寫作說明

（1）好的寫作必須具備的條件

- 清楚說明主題和寫作目的。
- 以對比方式寫出中國飲食文化和西方飲食文化各自的特點。
- 清楚闡述造成中西飲食文化差异的原因
- 有親身體會。
- 段落清楚、條理清晰、前後有序。
- 全文緊扣主題。
- 符合文體格式的要求和語氣。

（2）文體格式的選擇

①博客：最適合，因爲作者可以在博客上分享自己的經歷和觀點。

②演講稿：通常適合，如果有合適的受衆，可以通過演講分享自己的經歷和觀點。

③官方報道：最不適合，因爲官方報道不適合這類個人觀察和看法的文章。

（3）博客的文體格式要求

- 以博主的口氣寫作；
- 必須在文章上方列出博主的博客或網站網址，以及題目、發佈日期；
- 正文（條理清楚）；
- 博客下面要出現（一到兩個）×× 次閲讀，×× 個評論，×× 個轉載，×× 個回復。

（四）生活習慣

例題：隨着生活水平的提高，人們越來越注重外表，對流行時尚也越來越敏鋭。寫一篇文章，説一下中國年輕人的流行服飾，出現這個現象的原因，以及如何改變這個現象。字數要求在 540—720 字。

- 建議書
- 報刊文章
- 採訪稿

1. 例文

中國年輕人的流行服飾

（作者：王小蘭）

隨着生活水平的提高，人們如今越來越注重外表，對流行時尚的感覺也越來越敏鋭。

回應題目

現在，在中國，無論大街小巷，還是在社交網站上，你都可以看到追求時尚的年輕人的身影，比如：穿着寬鬆的白色襯衫或超大號的西裝、配高腰牛仔褲和白色球鞋的女生，既時髦又有氣質；穿着寬鬆的連帽衫配肥大的牛仔褲的男生，時尚又帥氣。這種現象反映了中國年輕人對時尚的追求越來越國際化。他們不僅關注中國國内的流行服裝趨勢，也關注韓國、日本及歐美國家的最新時裝潮流。對于出現這種現象，我認爲有以下幾點原因。

回應“出現的流行服飾現象”

第一，追求個性表達已成爲年輕人的重要心理需求。他們希望通過服裝彰顯獨特的個人形象，展現獨特的氣質和個性特點。現在的年輕人更加關注時尚元素，渴望與衆不同的個性化裝扮。

回應“出現這種服飾現象的原因”

第二，年輕人對時尚趨勢感覺敏鋭。快捷的信息傳播和日益便利的購物渠道使他們能隨時瞭解最新的時尚趨勢，并及時跟上最新潮流。他們喜歡通過購買時尚產品來彰顯自己的生活品味，借此獲得同伴的關注和認可。

第三，流行文化的全球化也在一定程度上影響了中國年輕人的時尚審美。韓劇、日漫及西方時尚潮流的廣泛傳播，使年輕人的審美觀日趨多元和開放。

中國年輕人對流行時尚的關注和追趕既與他們追求獨特個性的心理需求有關，也反映了他們所處的多元文化環境，這些因素相互作用使當代中國年輕人流行時尚千姿百態。但我認爲，過度追求個性或過度迷戀時尚容易令青少年之間互相攀比，忽視個人的內在修養，對青少年的心理健康成長帶來不利影響。

回應“如何改變這個現象”

爲了改變這個現象，我認爲家長、學校和社會應該引導青少年樹立正確的價值觀和審美觀，一方面鼓勵青少年在時尚中表達獨特個性，幫助他們認識“內在美”的重要性，另一方麵引導青少年理性地看待流行趨勢，培養獨立思考的能力，不盲目跟風隨衆。衹有這樣，中國年輕人的流行服飾才能真正體現他們積極進取、自我認同的氣質和風貌。

HL 高級課程的作文對詞語的多元性和複雜性要求較高，包括多種多樣的慣用語（四字詞組、俗語、成語……）。以下爲在此例文中出現的一些慣用語。

① 大街小巷	② 與衆不同	③ 生活品味
④ 千姿百態	⑤ 內在修養 / 內在美	⑥ 獨立思考
⑦ 跟風隨衆	⑧ 積極進取	⑨ 自我認同

2. 思維導圖範例

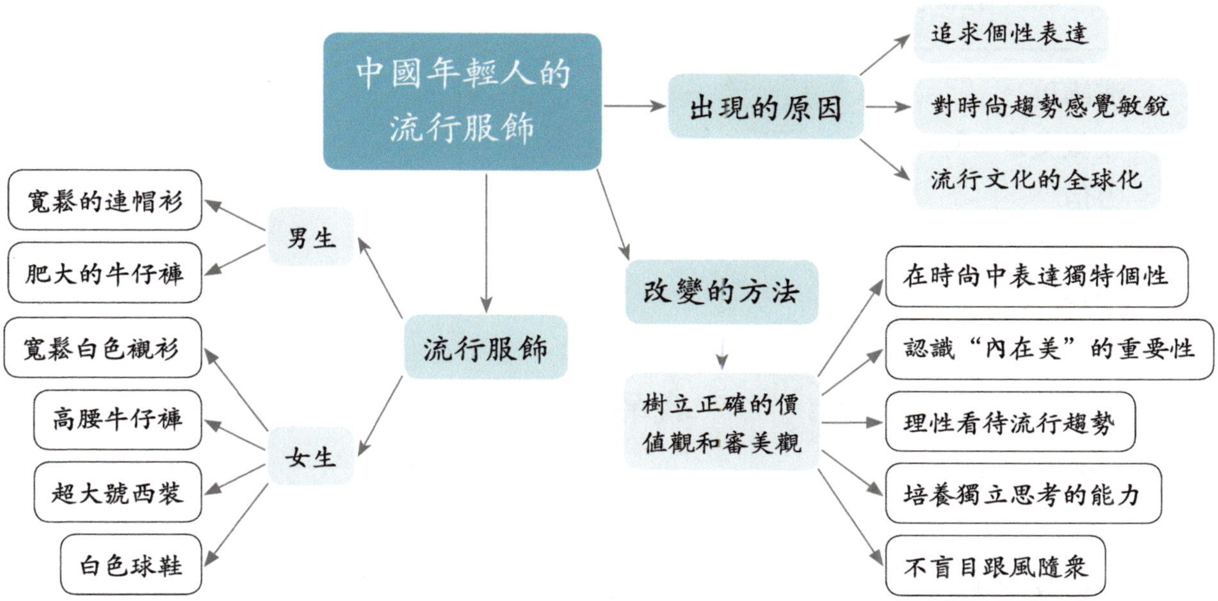

3. 寫作說明

（1）好的寫作必須具備的條件

- 清楚地陳述自己對中國年輕人流行服飾現象的觀察。
- 有條理地闡述出現這個現象的原因，至少寫出三個原因。
- 回應改變這個現象的方法。
- 段落清楚、條理清晰、前後有序。
- 全文緊扣主題。
- 符合文體格式的要求和語氣。

（2）文體格式的選擇

①報刊文章：最適合，因爲題目中的情境和目的符合報刊文章的特點。

②採訪稿：通常適合，因爲可以通過採訪把自己對于服飾流行的觀察和觀點說出來。

③建議書：最不適合，因爲這個題目沒有要求提出建議。

（3）報刊文章的文體格式要求

- 有標題；
- 作者的姓名；
- 正文條理清晰；
- 有正式的語氣。

（五）娛樂興趣

例題：你即將從中學畢業。老師讓大家談談自己的理想。你準備跟老師和同學分享你的理想是什麼，你向這個理想努力的經歷，以及這個經歷給你的啟發和感悟。字數要求在 540—720 字。

- 演講稿
- 校報文章
- 書信

1. 例文

我的理想

各位老師，各位同學：

大家好！

我即將從中學畢業。你們可能想問我這些問題：你以後想做什麼？你有什麼理想？我今天就要和你們分享“我的理想”。

回應題目

首先，我先說一下什麼是理想。理想是對自己未來的合理的設想或希望。理想對我們每一個人來說都是非常重要的，因爲理想可以讓我們發掘自己的興趣，還可以幫助我們設定長遠的目標，找到前進的方向。

回應“你有什麼理想”

我的理想是做一個音樂家。我三歲的時候就已經開始學習彈鋼琴。剛開始的時候，我衹是把彈鋼琴當成一個遊戲，但後來彈鋼琴漸漸變成了我的興趣。我不僅在鋼琴班彈鋼琴，還在家裏和學校裏彈鋼琴。學校教會了我很多音樂知識，而在家裏練習彈鋼琴讓我的鋼琴技巧越來越嫺熟。我甚至還參加了鋼琴比賽，還得了幾個獎！這讓我有了更多的自信

回應“向這個理想努力的經歷”

心。每次彈鋼琴，我都覺得自己好像做夢一樣，特別享受彈鋼琴的過程。

其實，我小時候沒有想過做一個音樂家，是我的鋼琴老師鼓勵我走這條路的。有一次，我的鋼琴老師請我到法國參加鋼琴比賽。我本來想拒絕，但是我的音樂老師卻好像知道我在擔心什麼，便說："不用擔心，你的實力完全有能力在比賽中取得好成績。你不是想往音樂這個方向發展嗎？爲什麼遇到困難或壓力就要退縮呢？"老師的話給了我很大的信心，令我鼓足勇氣跟着老師去參加了比賽，并取得了好成績。我真是非常感謝我的音樂老師。沒有她，我就不會有今天的好成績。

從那以後，我開始珍惜每一次比賽或表演的機會，還會讀一些關于音樂歷史的書來加強我對音樂的認識和理解。我在音樂這條路上還要堅定地走下去，直到實現我的夢想。

有人說，成功源自于堅持。有了理想，就有了前進的方向。但是，前進的路上不會是一帆風順的，彈鋼琴的艱辛磨練了我的意志，成就了我的品格，讓我學會了堅持。世上無難事，隻怕有心人。堅定自己的信念，堅持自己的理想，再加上勤奮努力，最終一定會夢想成真。這就是我從自己的故事裏得到的啟發和感悟。

回應"從自己的故事裏得到的啟發和感悟"

謝謝大家！

HL 高級課程的作文對詞語的多元性和複雜性要求較高，包括多種多樣的慣用語（四字詞組、俗語、成語……）。以下爲在此例文中出現的一些慣用語。

① 鼓足勇氣　② 一帆風順　③ 世上無難事，隻怕有心人。

④ 勤奮努力　⑤ 夢想成真

2. 思維導圖範例

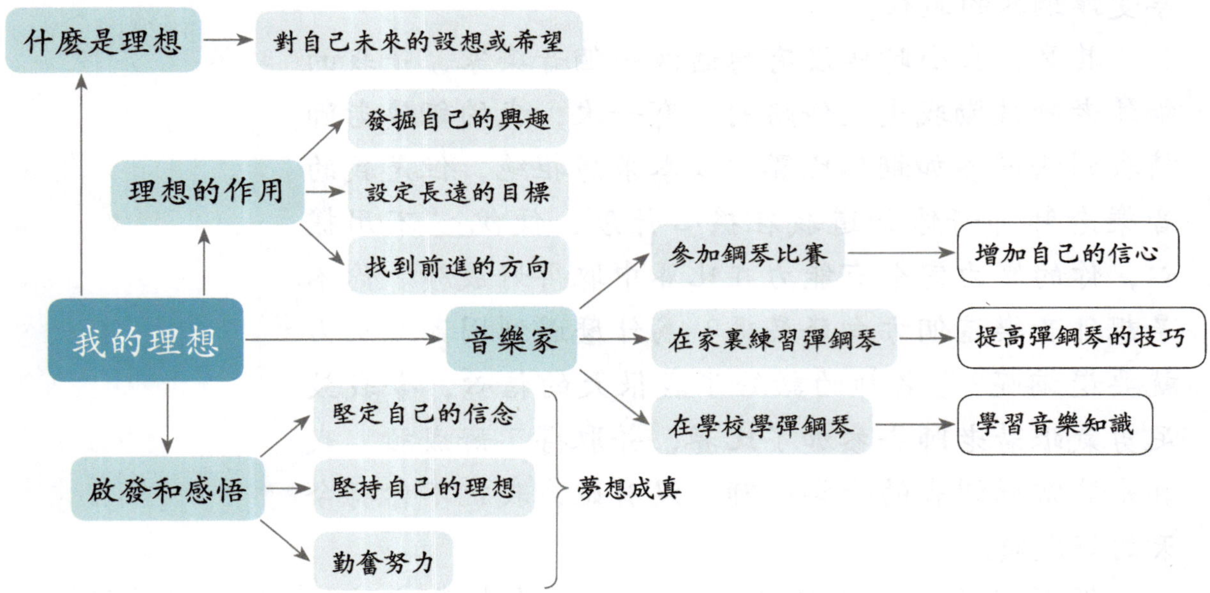

3. 寫作説明

（1）好的寫作必須具備的條件

- 清楚地陳述自己的理想是什麼。
- 清楚地陳述自己向着這個理想努力的經歷。
- 要有強有力的證據或例子支持。
- 段落清楚、條理清晰、前後有序。
- 全文緊扣主題。
- 符合文體格式的要求和語氣。

（2）文體格式的選擇

①演講稿：最適合，因爲可以通過公開演講表達自己的觀點，符合題目中的“談談”。

②校報文章：通常適合，因爲可以通過書面文章表達自己的觀點。

③書信：最不適合，因爲書信的受衆有限。

（3）演講稿的文體格式要求

- 必須符合演講稿的格式：
  - 恰當的開場白（如“尊敬的老師”“各位同學”）和主題簡介；
  - 主幹（條理清楚）；
  - 總結（前後呼應）；
  - 最好以“謝謝大家”作爲結束語；
  - 有正式的語氣。

（六）旅遊

例題：暑假期間，很多同學和家人，包括你自己，都去了國外旅遊。開學後，你跟大家分享你的旅遊經歷，并解釋旅遊給你帶來的好處，以及對身心健康的影響。字數要求在 540—720 字。

– 演講稿 – 日記 – 博客

1. 例文

老師們、同學們：

大家好！

很多老師和同學，包括我自己，都剛剛從國外旅遊回來，收穫都非常大吧？我今天就是想談談旅遊的好處。

回應題目

在這個暑假，我和我的家人去了上海。上海是繁華美麗的城市，那裏有很多高樓大廈。在上海，我看見了高聳入雲的環球金融中心，媽媽告訴我，那是上海最高的建築物。我還去過東方明珠電視塔，站在塔頂，整個上海都能盡收眼底。上海最著名的要算外灘。那裏有許多觀光船，我們坐着觀光船遊覽黃浦江。我還照了很多照片留念呢。

回應“旅遊經歷”

旅遊雖然辛苦，但是卻能給人帶來不少好處。旅遊的第一個好處是：減輕學習和工作的壓力，使精神得到徹底放鬆。旅遊是在沒有學習或工作的情況下進行的，并且是去一個新的地方，因而完全拋開了原來的生活環境，使精神得到了徹底放鬆。

回應“旅遊對身心的影響”

旅遊的第二個好處是：給人帶來無窮的快樂和幸福。旅遊的過程雖有點累，但卻充滿了快樂。看風景、品美食、住賓館、賞民俗、聽故事，每一樣都給人帶來無窮的快樂和幸福。一次旅遊歸來，常常讓人興奮好多天。

> 回應“旅遊的好處”

旅遊的第三個好處是：開闊眼界，增長知識和見聞。通過旅遊，人們不僅可以親眼看到美麗的自然風光和人文景觀，還可以瞭解各地不同的氣候、動植物和特產，親身體驗各地不同的民風民俗、飲食習慣和宗教信仰，還可以聽到各種傳說、典故和奇聞异事。每一次旅遊都能給人帶來新的感受、新的知識和見聞。

旅遊的第四個好處是：廣交朋友。很多旅遊是以團隊形式進行的。幾天或十幾天的行程下來，人們由不熟悉到熟悉，志趣相投的自然就成了朋友。旅遊的那些日子能給人帶來快樂和美好的回憶。

老師們、同學們，有時間就多去旅遊吧！謝謝大家！

HL 高級課程的作文對詞語的多元性和複雜性要求較高，包括多種多樣的慣用語（四字詞組、俗語、成語……）。以下爲在此例文中出現的一些慣用語。

① 繁華美麗　② 高樓大廈　③ 高聳入雲
④ 盡收眼底　⑤ 開闊眼界　⑥ 自然風光
⑦ 人文景觀　⑧ 民風民俗　⑨ 奇聞异事
⑩ 志趣相投

2. 思維導圖範例

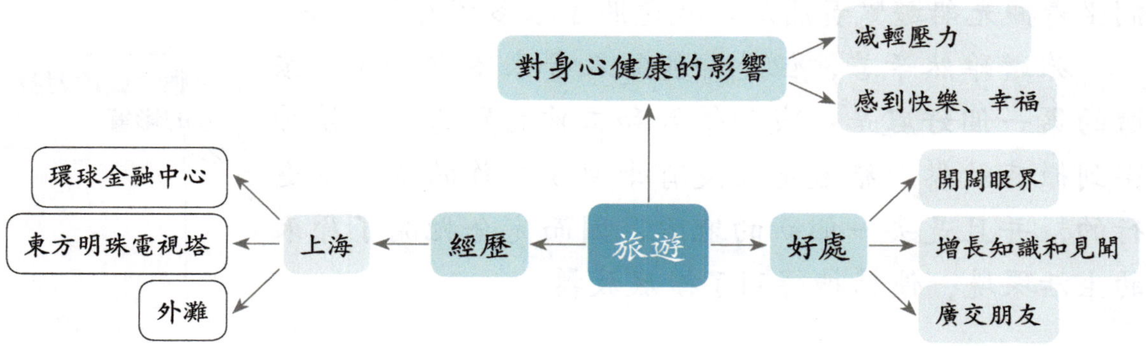

3. 寫作說明

（1）好的寫作必須具備的條件

- 對題目有明確的回應。
- 列出了重點大綱。
- 討論旅遊所帶來的好處。
- 說明旅遊對身心健康的影響。
- 內容要充實。可以舉例說明。
- 符合文體格式的要求和語氣。

（2）文體格式的選擇

①演講稿：最適合，因爲可以通過公開演講表達自己的觀點。

②博客：通常適合，因爲通過互聯網表達自己的觀點。

③日記：最不適合，因爲日記的受衆是自己。

（3）演講稿的文體格式要求

- 恰當的開場白（如“尊敬的老師”“各位同學”）和主題簡介；
- 主幹（條理清楚）；
- 總結，最好以“謝謝大家”作爲結束語；
- 有正式的語氣。

（七）旅遊

例題：你的學校正在計劃一次去北京的旅遊活動。爲吸引更多同學參加，作爲這次活動的組織者，你要向全校同學介紹北京的天氣情況、旅遊景點，以及北京的交通情況。字數要求在540—720字。

– 文章 – 演講稿 – 電郵

1. 例文

收件人：wholeschoolstudents@stg.edu.hk

發件人：wang1@stg.edu.hk

主題：中國的首都——北京

日期：2025年8月13日星期三

各位同學：

①你們好！我是學生會主席李小華。學校正在計劃在十月去北京的旅遊活動，我在這裏先向大家介紹一下北京。

回應題目

②北京是中國的首都，是中國的政治、文化中心。

回應“北京的天氣情況”

③北京一年有四個季節：春、夏、秋、冬。北京春天多風，但是春光明媚；夏天炎熱多雨，但萬木葱蘢、枝繁葉茂；秋天涼風習習，秋高氣爽；冬天天寒地凍，有時還會下雪，整個北京城被白雪覆蓋。我認爲，去北京旅遊，秋天最好，那時不冷也不熱，氣溫在20℃左右，除了可以看到金黄的落葉，還可以看到漫山遍野的紅葉，特別漂亮，也特別浪漫！

回應“北京的旅遊景點”

④北京有很多名勝古跡，如長城、故宫、頤和園、天壇等。長城是遊客必到的地方。中國人常説：不到長城非好漢。長城有20000多公里長，有2000多年的歷史。頤和園是以前皇帝避暑的地方，那裏有山有水，風景美極了。

⑤北京有很多美食，北京烤鴨是一定要吃的，北京還有炸醬麵、餃子、羊肉串等食物，都非常好吃。

回應“北京的交通情況”

⑥北京的交通比較擁堵，馬路上車很多。如果你想節省時間，最快的交通工具是地鐵。北京的公共汽車和地鐵上人很多，上班和下班的時間坐公共汽車和地鐵會很擠。北京的出租車很便宜，但是出租車司機的英語不太好，你最好在手機下載導航軟件。

⑦在北京買東西要去王府井大街，那裏有很多購物中心，中國的、外國的名牌都能買得到。想要買小東西或紀念品，可以去秀水街，那裏是外國遊客購物的好地方，中國的茶葉、山水畫、旗袍、剪紙都可以買到，帶給朋友和家人很不錯。

⑧ 總之，北京是一個旅遊的好地方，在那裏你會學到中國的文化和歷史。希望大家積極報名參加。想報名的同學直接回復這封電郵就可以了。截止日期是 9 月 15 日。

祝好！

學生會主席：李小華

HL 高級課程的作文對詞語的多元性和複雜性要求較高，包括多種多樣的慣用語（四字詞組、俗語、成語……）。以下爲在此例文中出現的一些慣用語。

① 春光明媚　② 炎熱多雨　③ 萬木蔥蘢
④ 枝繁葉茂　⑤ 涼風習習　⑥ 秋高氣爽
⑦ 天寒地凍　⑧ 漫山遍野　⑨ 不到長城非好漢
⑩ 有山有水

2. 思維導圖範例

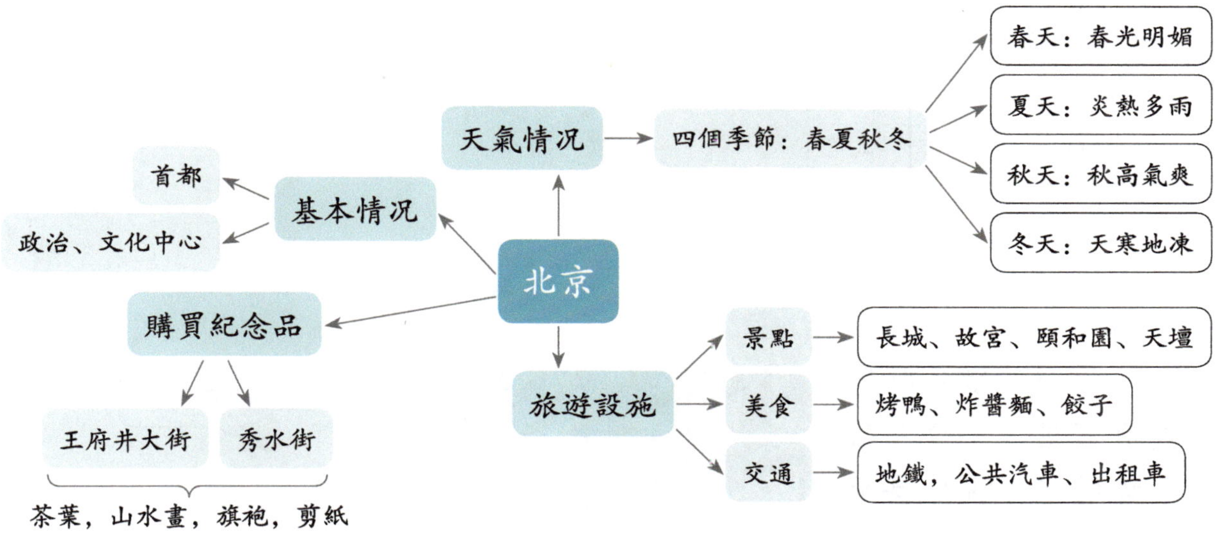

3. 寫作說明

（1）好的寫作必須具備的條件

- 回應主題和目的。
- 分段寫出對北京各方面的介紹，包括題目要求的兩個方面。
- 條理清楚、段落清晰。
- 內容要充實，有例子。
- 符合文體格式的要求和語氣。

（2）文體格式的選擇

①電郵：最適合，因爲通過群發電郵的方式向同學們介紹北京。

②演講稿：通常適合，因爲可以通過公開演講向同學們介紹北京，鼓勵同學們參加。

③文章：最不適合，因爲文章的語氣過于正式。

（3）電郵的文體格式要求

- 收件人電郵地址、發件人、主題、日期；
- 稱呼和問候；
- 主幹（條理清楚）；
- 祝詞；
- 身份 + 署名（寫在左下角）；
- 語氣根據受衆和情境而定。

（八）旅遊

例題：你的好朋友要來香港旅遊。作爲東道主，向你的朋友介紹香港的著名景點，并說明一下香港被稱爲“美食天堂”和“購物天堂”的理由。字數要求在 540—720 字。

– 採訪記錄 – 私人信 – 博客

1. 例文

小明：

你好！很長時間沒有寫信了，今天收到你的信，說你要來香港旅遊，還讓我給你介紹一下我的家鄉香港。那我現在就跟你說說吧！

回應題目

香港是一個國際化的大都市，也是亞洲的商業和金融中心。它位于中國的南部，是中國的南大門，人口有七百多萬。香港處處車水馬龍，大街小巷都充滿了繁華的都市氣息。

香港一年有四個季節：春、夏、秋、冬。春天多雨，夏天炎熱，秋天晴朗，冬天天氣最好，不冷也不熱，氣溫在20℃左右。一年四季，人們都喜歡游泳、爬山和打球。

香港的著名景點有海洋公園、迪士尼樂園、太平山頂、香港公園等。海洋公園裏有很多形態各异的動物，比如熊貓、海豚、水母等，還有特別刺激的過山車，喜歡挑戰的你一定會流連忘返。去完海洋公園，還可以去迪士尼樂園。那裏有童話世界裏的城堡，還有很多裝扮成動畫人物的演員，他們會主動走過來跟遊客拍照。另外，别忘了一定要在晚上去太平山頂。站在山頂，吹着晚風，俯瞰香港燈火通明的夜景，瞬間感覺身心放鬆。

回應“香港的著名景點”

很多人把香港稱爲“美食天堂”，因爲香港除了有地道的廣東菜外，還有上海菜、四川菜等。香港的中式點心非常好吃，如春卷、蝦餃等。

回應“香港被稱爲美食天堂的原因”

另外，在香港你也可以吃到世界各地的美食，包括法國菜、意大利菜和東南亞各國的佳肴。

香港也被稱爲“購物天堂”，除了國際名牌商品外，你還可以在香港買到很多來自中國內地的商品，如鞋子、茶葉等，物美價廉，應有盡有。

回應“香港被稱爲購物天堂的原因”

香港是一個中西方文化交融的國際大都市，這裏的很多人都會説英語，城市的交通也非常方便，的確是一個旅遊的好地方。你來了之後可以親身體驗一下。

好，今天就寫到這裏，盼早日收到你的回信。

祝你

學習進步！

小花

2025年6月3日

HL 高級課程的作文對詞語的多元性和複雜性要求較高，包括多種多樣的慣用語（四字詞組、俗語、成語……）。以下爲在此例文中出現的一些慣用語。

① 車水馬龍	② 大街小巷	③ 都市氣息
④ 形態各异	⑤ 流連忘返	⑥ 燈火通明
⑦ 身心放鬆	⑧ 物美價廉	⑨ 應有盡有

2. 思維導圖範例

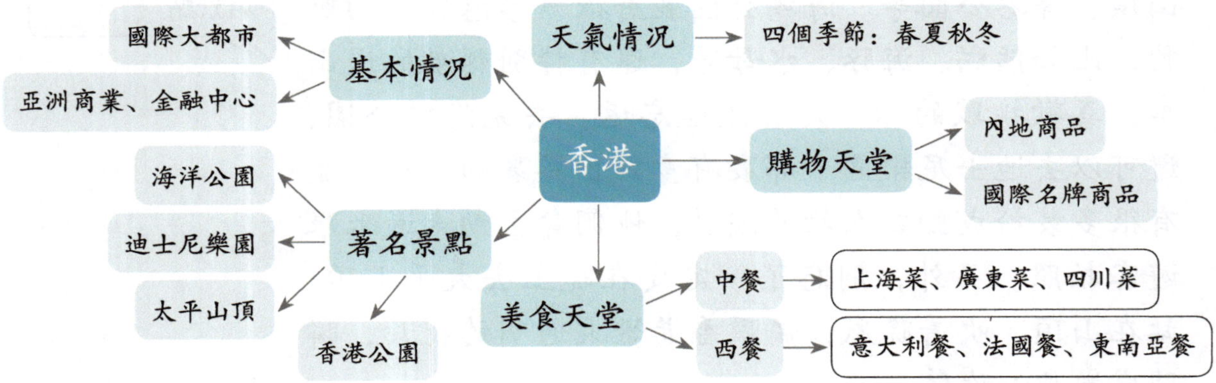

3. 寫作說明

（1）好的寫作必須具備的條件

- 清楚介紹香港的著名景點
- 有理有據地說明香港被稱爲美食天堂和購物天堂的原因。
- 條理清楚、段落清晰。
- 內容要充實。可以舉例說明。
- 符合文體格式的要求和語氣。

（2）文體格式的選擇

①私人信：最適合，因爲是好朋友之間的溝通。

②採訪記錄：通常適合，可以和好朋友通過一問一答的方式進行說明。

③博客：最不適合，因爲博客主要用于發表觀點。

（3）私人信的文體格式要求

- 遵照中國信的格式：
  - 稱呼（朋友或熟人之間可用昵稱，頂格寫）；
  - 問候（另起一行，空兩格）；
  - 正文（條理清楚）；
  - 祝詞（如“祝，身體健康”）；
  - 身份＋署名（朋友或熟人之間可用昵稱，寫在右下角）；
  - 日期（年月日，寫在右下角）；
  - 非正式語氣。

（九）娛樂與健康

例題：新科技的發展在帶來許多新的休閑活動的同時，也帶來諸如運動不足之類的新問題。作爲學生會的會長，你想與高中的學生們分享高中生的壓力來源、如何建立健康的休閑生活及其理由。字數要求在 540—720 字。

– 演講稿
– 書信
– 指南

1. 例文

如何建立健康的休閑生活

新科技的發展不僅使人類的生活更加便捷，而且豐富了我們的休閑方式。但是，在帶來許多新的休閑活動（如上網及線上游戲）的同時，也帶來了諸如運動不足、身體機能失調之類的新問題。

回應題目

高中生要面對不斷增加的學習壓力，比如學校的功課多、測驗和考試頻繁、成績不理想、老師的要求過高，等等。除此之外，高中生還要面對來自家庭、朋輩等方面的壓力，比如父母期望過高、與父母缺乏溝通、朋友的學習成績比自己的好，等等。

回應“壓力來源”

在這麼大壓力的情況下，高中生應該如何保持身心健康呢？以下幾點建議僅供參考。

（1）定時到户外走走，最好是與家人或志同道合的好朋友一起參加户外活動。户外有新鮮的空氣和綠色的植物，多接觸大自然和新鮮的空氣對人的心肺功

回應“如何建立健康的休閑生活，及其理由”

能、大腦和眼睛都有好處。和朋友、家人在一起還可以聊聊天，把自己心中的苦悶說出來，大家共同找出減輕壓力的方法。沒有了壓力，自然就會心情舒暢了。

（2）培養和尋找自己的運動愛好，比如打籃球、踢足球等。興趣和愛好可以使自己的生活更加充實，暫時忘記煩惱和壓力。

（3）走路上學。走路上學的好處實在太多了，比如可以強身健體，也可以欣賞大自然、呼吸户外的新鮮空氣，不僅環保，而且不會因爲堵車而上學遲到。

（4）制訂自己的運動時間表。有時候功課太多或沉迷電腦遊戲，就會忽略運動。制訂一個運動時間表，可以提醒自己按時放下書本，離開電腦去做一下運動。每天做一些運動不僅可以舒筋活骨，還有助于減輕壓力。

大家如能按照以上的建議去做，相信一定能夠使身體更健康，心情更愉快。科學實驗也證明，運動能使人感覺更愉快、更輕鬆。大家還可以遵守 333 定律（每週運動 3 次，每次至少 30 分鐘，心跳大約 130 下）來建立一種健康的休閒生活方式。

同學們，快點放下手機、電腦，跟我一起深呼吸，放鬆全身，做一點兒有氧運動吧！

HL 高級課程的作文對詞語的多元性和複雜性要求較高，包括多種多樣的慣用語（四字詞組、俗語、成語……）。以下爲在此例文中出現的一些慣用語。

① 僅供參考　② 志同道合　③ 心情舒暢
④ 強身健體　⑤ 舒筋活骨

2. 思維導圖範例

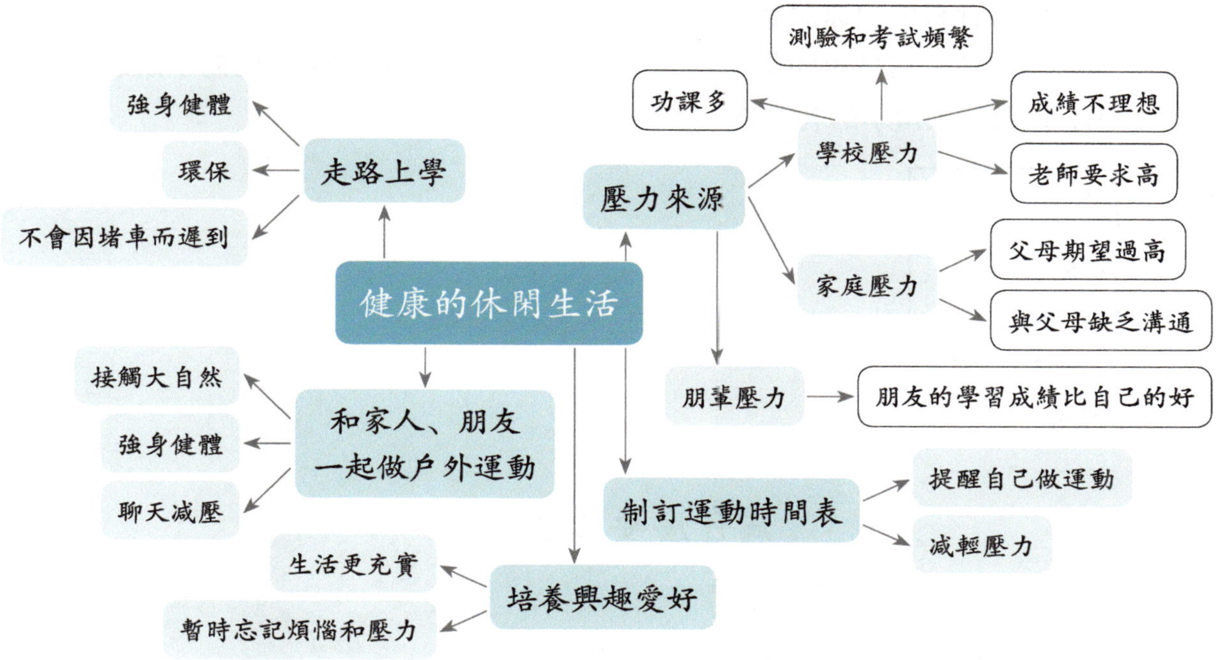

3. 寫作說明

（1）好的寫作必須具備的條件

- 回應主題。
- 清楚地說明高中生的壓力來源。
- 給出清晰的建立健康的休閑生活的建議。
- 有理有據地說明理由
- 符合文體格式的要求和語氣。

（2）文體格式的選擇

①指南：最適合，因爲指南可以針對某一群體給出建議，具有指導作用。

②演講稿：通常適合，因爲可以通過公開演講向同學們講明道理。

③書信：最不適合，因爲書信的受衆和語氣均不符合題目的情境要求。

（3）指南的文體格式要求

- 有標題；
- 列出重點大綱（至少三點）；
- 舉例說明（數據、科研成果、親身體驗）；
- 有前後呼應的結尾；
- 半正式或較爲正式的語氣。

（十）人生重大轉折和變化

例題：隨着社會的快速發展，人類已經進入了信息爆炸的時代。爲了獲得更多的知識，越來越多的人選擇出國留學。作爲校刊記者，你請兩位高中的同學談談出國留學的原因，以及出國留學的利與弊。字數要求在540—720字。

– 採訪稿
– 校報文章
– 建議書

1. 例文

爲什麼要出國留學

時間：五月八號　地點：校刊編輯室

接受採訪者：12年級的張同學和李同學

採訪者：校刊記者小王

主題：出國留學的好處

記者：隨着社會的快速發展，人類已經進入了信息爆炸的時代。爲了獲得更多的知識，越來越多的人選擇出國留學。聽説你們倆也都準備去美國和英國上大學。請問，你們爲什麼要選擇出國留學呢？

回應題目

張同學：出國留學給學生帶來了很多的好處，比如能夠擴展年輕人的知識和視野，使自己成爲學識淵博、見聞豐富的人，同時也可以培養一個人日常生活和待人處事方面的獨立性。

回應“出國留學的原因”

李同學：是啊，一個人離開父母在國外學習可以培養獨立生活的能力，強化自己的性格。在國外學習需要獨立處理很多問題，所以必須要學會如何適應新的環境，如何與老師和同學相處，等等。在這個過程中，我們還可以學習處理人際關係的技巧。

張同學：在國外留學還可以讓我們有一個良好的語言環境，使我們更好地掌握一門新的語言。外語是與人溝通的重要工具，它可以消除語言障礙，使人與人之間的交流更加容易。

回應“出國留學的好處”

李同學：出國留學對于學生來說是一個瞭解自己、瞭解世界的最好的方式。在國外學習期間，我們可以跟來自世界各地擁有不同文化背景的人進行交流。通過和外國學生的交往，我們能夠體驗到其他文化的特徵，從中發現與我們自己文化的差异。

記者：出國留學有沒有什麽弊端呢?

張同學：我覺得，如果語言不過關，上課會感到非常困難，有些同學可能會因此感到沮喪，整日鬱鬱寡歡，甚至患上抑鬱癥。

李同學：除了語言方面，我覺得到了國外，有時很難適應新的文化。另外，當地的文化和價值觀與自身文化和價值觀產生衝突的時候，自己會有挫敗感和迷失感，有些人因此不願與當地人交流，導致難以適應陌生的環境，最終放棄了在國外的學習，浪費了時間，也浪費了昂貴的學費。

回應“出國留學的弊端”

記者：非常感謝兩位同學接受我們的採訪。出國留學的確可以給我們更多的教育機會，并且可以豐富我們的生活經歷。相信留學經歷對開闊年輕人的視野和思路有極大的益處，對將來的工作也會非常有幫助。

HL 高級課程的作文對詞語的多元性和複雜性要求較高，包括多種多樣的慣用語（四字詞組、俗語、成語……）。以下爲在此例文中出現的一些慣用語。

① 學識淵博　② 見聞豐富　③ 待人處事
④ 語言障礙　⑤ 鬱鬱寡歡

2. 思維導圖範例

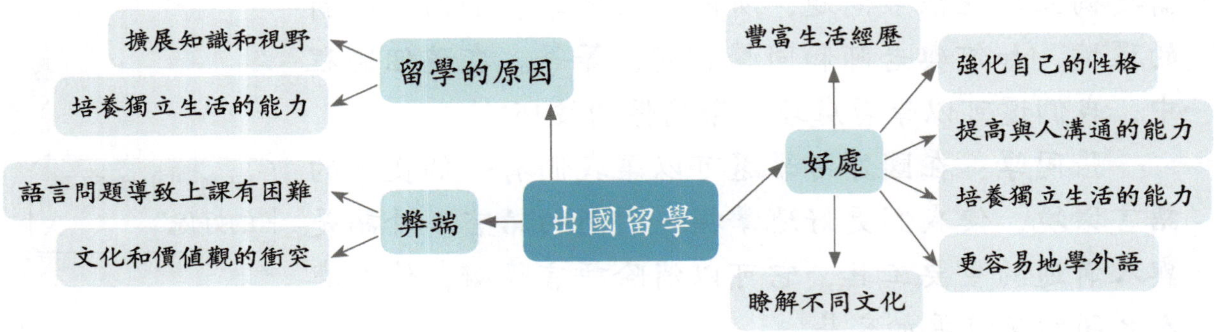

3. 寫作説明

（1）好的寫作必須具備的條件

- 對題目進行清楚的回應。
- 根據題目要求採訪兩位同學。
- 內容涵蓋出國留學的原因，以及出國留學的利與弊三個方面。
- 針對主題進行較爲深入的討論。
- 符合文體格式的要求和語氣。

（2）文體格式的選擇

①採訪稿：最適合，因爲題目明確説明了“請兩位高中的同學談談”。

②報刊文章：通常適合，因爲可以將採訪內容寫成報道文章。

③建議書：最不適合，因爲題目沒有要求提出建議。

（3）採訪稿的文體格式要求

- 標題；
- 開頭部分要包括採訪的背景介紹，如時間、地點、人物、目的；
- 訪談（問答方式）；
- 結尾總結概括；
- 語氣較爲正式。

二、參考題庫

（一）有些同學爲了某事發生激烈的爭吵。當時你在場旁觀，并沒有參與，但對整件事件你有自己的看法。請寫一篇文章，説明他們爭吵的原因、你對事件的看法，以及你認爲的正確解決方式。字數要求在 540— 720 字。【書信，日記，博客】

（二）你是一位學藝術的學生，希望進入一所有名的藝術學校繼續學習。請寫一篇文章，説明你的興趣愛好、你希望在藝術學校學習的理由，以及你的未來計劃。字數

要求在 540— 720 字。【日記，書信，采訪稿】

（三）因爲一件小事，你和父母又起了爭執。你無法理解父母的態度，父母也很傷心難過。寫一篇文章，説一下事情的經過、你當時的感受，以及你打算怎麼解決這個問題。字數要求在 540— 720 字。【書信，日記，演講稿】

（四）你們的畢業旅行是到中國的大城市遊玩一週。旅行中，你特别關注當地年輕人的打扮及流行時尚的特點。寫一篇文章介紹你所觀察到的中國年輕人的流行時尚，分析原因，闡述你對這個現象的看法。字數要求在 540— 720 字。【博客，書信，演講稿】

（五）你跟家人在中國的一個城市開車旅遊，不小心被開了罰單，可是你覺得那不是你們的錯。你跟你的朋友傾訴事情的經過、你當時的感受，以及你覺得不該被開罰單的理由。字數要求在 540— 720 字。【電郵，報刊文章，采訪稿】

（六）身爲高中籃球校隊隊員的你剛參加了在北京舉辦的長城杯籃球比賽。你想跟活動主辦方分享這次比賽最令你難忘的一件事，以及這次經歷給你帶來的收穫，表達你對他們的由衷感謝。字數要求在 540— 720 字。【書信，博客，演講稿】

（七）你作爲學生會的會長，要組織同學前往其他城市參加一次校外旅行。爲吸引更多的同學前來參加，你寫了一篇文章，説明旅行的内容和安排，并强調這次旅行對同學們的正面影響。字數要求在 540— 720 字。【宣傳册，電郵，采訪稿】

（八）你參加一個中文夏令營時，老師帶你們參觀了當地的一個博物館。寫一篇文章，描述一下參觀的過程、你當時的感受，以及你的收穫。字數要求在 540— 720 字。【報刊文章，書信，日記】

（九）你昨天和朋友去聽了一場音樂會，請寫一篇文章，説説這是一場什麼樣的音樂會，你對這場音樂會的感受，以及音樂會帶給你的啟示。字數要求在 540— 720 字。【日記，演講稿，電郵】

（十）一位很有影響力的名人到你的學校參加慈善晚會表演。你代表學生會訪問了這位名人。請寫一篇文章，跟全校師生分享這位名人的成就、這位名人參加慈善活動的原因，以及這位名人的故事帶給你的啟示。字數要求在 540— 720 字。【報刊文章，采訪稿，日記】

（十一）學校的露營社將舉辦一年一度的湖邊大露營。你是主辦人，你要告訴同學們這次露營的活動内容和安排，以及要注意的事項。字數要求在 540— 720 字。【宣傳册，書信，電郵】

（十二）高中的同學正在討論要不要在畢業前舉辦爲期五天的自助旅行。寫一篇文章，分析自助旅行的好處和壞處，以及你支持這個自助旅行的理由。字數要求在 540— 720 字。【演講稿，報刊文章，建議書】

（十三）學校的籃球隊最近第一次贏得了中國杯冠軍。你代表學校週報，請籃球隊隊長與你分享比賽的過程、他 / 她當時的心情，以及這個比賽帶給他 / 她的收穫。字數要求在 540— 720 字。【電郵，校報文章，采訪稿】

（十四）某位名人在許多方面給了青少年很多啟發。跟你的好友分享你對這位名人的看法，包括這位名人的成就、這位名人成爲青少年偶像的原因，以及這位名人如何影響青少年。字數要求在 540— 720 字。【電郵，日記，訪談】

（十五）你最近收到一名中國筆友的來信，這位筆友歡迎你到中國旅遊，你也接受了邀請。寫一篇文章，告訴這位筆友你目前的學習和旅遊計劃，以及你去中國旅遊的目的。字數要求在 540— 720 字。【書信，博客，電郵】

（十六）在一次校外旅遊的過程中發生了一件傷心的事情。請寫一篇文章，說明這個事情發生的經過、你的感受，以及你是如何克服你的負面情緒的。字數要求在 540— 720 字。【日記，博客，電郵】

（十七）到新學校的第一天發生了一件尷尬的事。請寫一篇文章，說明這個事情發生的起因和經過，以及你的感受。字數要求在 540— 720 字。【書信，日記，演講稿】

（十八）在一次去中國鄉村學校支教的過程中，有一件事情讓你感到一生難忘。請寫一篇文章，說明這個事情發生的起因和經過，以及你的感受。字數要求在 540— 720 字。【書信，訪談，博客】

（十九）在機場，你發現隨身攜帶的背包丟了。描寫一下事情的起因和經過，以及你的感受。字數要求在 540— 720 字。【訪談，日記，通告】

（二十）你今年生日的時候，意外地收到一個特別的生日禮物：父母從“愛護動物協會“領養的一隻小狗。你跟學校的同學們分享了這個故事。請寫一篇文章，分析人與動物的關係，說明人類應該如何與動物相處，以及怎樣才能達到人畜共融。字數要求在 540— 720 字。【演講稿，日記，校報文章】

（二十一）疫情期間，你家附近的餐廳生意非常不好。你在一次用餐期間和餐廳經理聊了起來。請寫一篇文章，說一下餐廳正在面對的問題，以及改善建議，并且說明這些建議怎樣能夠提高客人對餐廳的興趣。字數要求在 540— 720 字。【訪談，書信，校報文章】

（二十二）上了中學後，功課越來越難，你的成績也有退步，所以你的媽媽讓你去上補習班。寫一篇文章，根據你自己的經歷說說上補習班的好處和壞處，以及學生怎樣才能做到勞逸結合。字數要求在 540— 720 字。【辯論稿，書信，校報文章】

主題三：發明創造

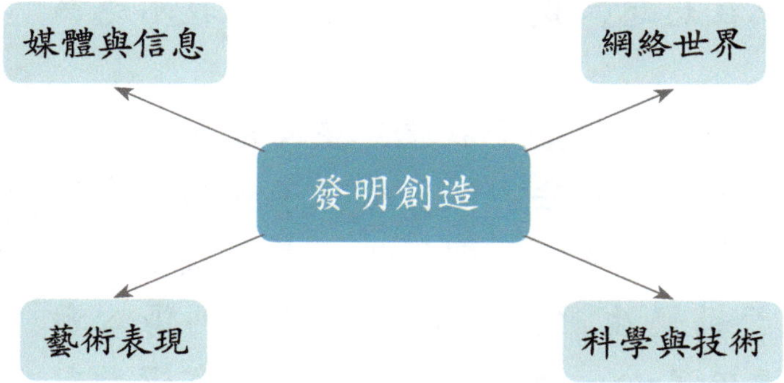

老師可根據學生的語言能力指導學生或讓學生自己從例文中找出需要記住的詞語和有用的句子。

一、參考例文

（一）網絡世界

例題：你和媽媽因爲玩電腦的問題有了一些誤會，還吵了架。請你寫篇文章，解釋一下你和媽媽之間的誤會，你當時的感受，以及電腦對你的學習有什麽影響。字數要求在 540—720 字。

– 日記 – 電郵 – 報刊文章

1. 例文

2025 年 5 月 19 日　星期一　陰

今天，我和媽媽吵架了，媽媽說我花在電腦上的時間太多，浪費了很多學習時間。我承認最近我玩遊戲有點兒上癮，但是，

回應題目

我那天確實沒有玩遊戲，我在做作業，用電腦查資料。我覺得媽媽太嚴格，所以我離家出走了，住在我朋友的家裏。現在想想，我覺得自己錯了，我不應該和媽媽吵架。

回應“和媽媽之間的誤會”

我知道，每個父母都望子成龍、望女成鳳。但過分強求孩子跟着他們的想法去做，給孩子施加太多壓力，結果只能是事與願違。看到媽媽生氣，我也感到愧疚，我不該惹媽媽生氣，更不應該讓媽媽傷心難過。媽媽爲我操碎了心，白天上班，晚上回家還要幫助我做作業。雖然如此，我還是希望媽媽可以理解我，在我遇到困難和挫折的時候支持我、鼓勵我。

回應“當時的感受”

雖然我那天在做作業，但是我的確經常玩遊戲，也常常因爲玩遊戲忘了做作業，這使得我這次數學考試不及格。我因爲天天坐在電腦前，身體越來越差，視力也下降了。我曾經答應媽媽週末和假期才玩電腦遊戲，但是我還是常常在星期一到星期五玩兒。我覺得確實應該少玩電腦，提醒自己不要在電腦上花太多時間，不要玩物喪志，要多學習和多做運動。

不過，電腦真的讓我對學習更有興趣了，學習效果我覺得也很不錯，我的學習能力也提高了。我有時在網上聊天，其實是在和同學談功課。還有的時候，我在網上看小說，因爲網上的小說很多，不用花錢。我不可能沒有電腦，它已經是我們現代青少年生活必不可少的日用品了。通過電腦，我增長了知識，開闊了眼界，所以我要跟媽媽說，我離不開電腦，但是我每天祇用兩個小時玩遊戲，之後就做作業。

回應“電腦對學習的影響”

我明天就回家，我要和媽媽說對不起。我還要和她談心，希望我們多溝通，互相理解，互相信任，這樣我們以後就不會吵架了。

HL 高級課程的作文對詞語的多元性和複雜性要求較高，包括多種多樣的慣用語（四字詞組、俗語、成語……）。以下爲在此例文中出現的一些慣用語。

①离家出走	②望子成龍	③望女成鳳
④事與願違	⑤玩物喪志	⑥必不可少

2. 思維導圖範例

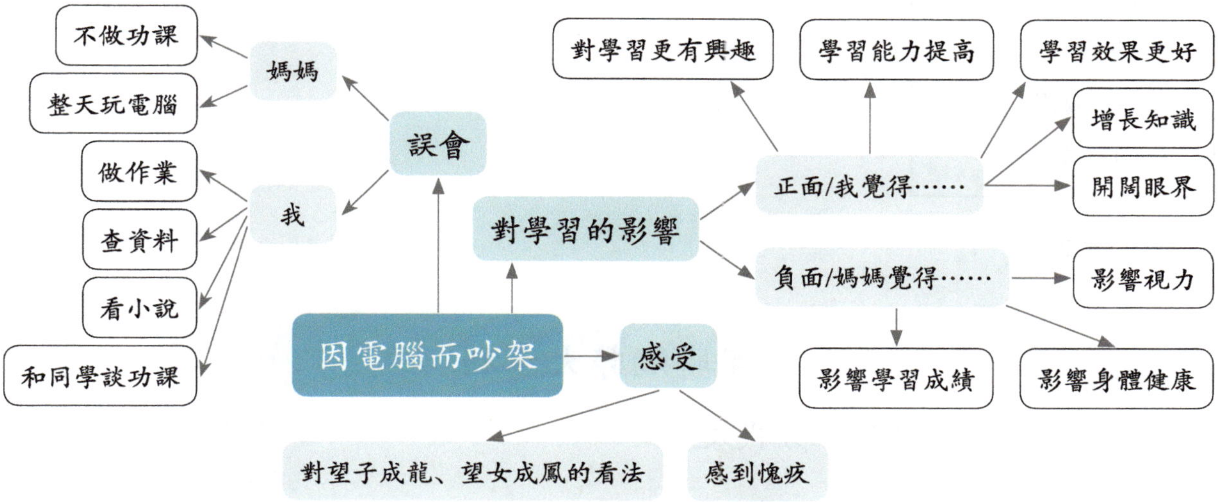

3. 寫作說明

（1）好的寫作必須具備的條件

- 明確地回應題目。
- 說明和媽媽之間的誤會。
- 寫出自己當時的感受。
- 闡述電腦對學習的影響。
- 內容充實，可以舉例說明。
- 符合文體格式的要求和語氣。

（2）文體格式的選擇

①日記：最適合，因爲日記可以用來記錄當天發生的事情和發泄情緒。

②電郵：通常適合，因爲題目中的受衆清楚，所以可以通過電郵與媽媽溝通。

③報刊文章：最不適合，因爲題目的受衆與報刊文章的受衆不符。

（3）日記的文體格式要求

- 上方列出日期、星期和天氣狀況；
- 正文（條理清楚）；
- 第一人稱；
- 一般是寫當天發生的事情；
- 語氣非正式。

（二）媒體與信息

例題：互聯網改變了我們的生活。你代表學校，在一個場合表達了自己的觀點——“互聯網弊大于利”。請寫一篇文章，說明互聯網的功能，闡述使用互聯網的不良現象，以及引起的後果。字數要求在 540—720 字。

– 博客
– 辯論稿
– 日記

1. 例文

互聯網弊大于利

主席、評委、老師和正方代表：

回應題目

大家好！

回應“互聯網的功能”

互聯網是 20 世紀最偉大的發明，它改變了我們的生活。在日常生活中，我們離不開互聯網，我們用它做作業、查資料、購物、聽音樂、看電影、聊天等，它已經成爲我們生活不可或缺的必需品。我的學校要求每個學生必須自備一部電腦來上課，因爲在中文課上，老師們會讓我們在互聯網上進行詞語比賽，或者讓我們在互聯網上查找有關某位名人的背景資料。有的時候，老師讓我們做分組角色扮演活動，并且制作出一個小視頻。這也需要我們通過互聯網來完成。

回應“使用互聯網的不良現象，以及導致的後果”

但是，由于青少年思想還不成熟，家長、學校、社會對他們怎樣使用互聯網也沒有正確的指導，所以很多學生沉迷上網，影響了學習和生活，因此我方認爲：互聯網弊大于利。

第一，由于學生過度沉迷互聯網，他們每天花很多時間在網上聊天、購物和玩遊戲，玩物喪志，浪費了很多時間和金錢，學習成績也日漸下降。因爲上網，他們還經常和父母吵架，增加了和父母之間的誤解，和家人的關係變得疎遠了。

第二，因爲花很多時間在網上，他們的身體越來越差，發胖，視力下降，有的學生還常常感到背疼、手痛等。另外，他們常常很晚還坐在電腦前，導致睡眠不足，第二天早上起不來，有的還逃學。

第三，由于網上什麼人都有，所以網上并不安全，隨便和陌生人聊天或見面很危險。最近就有報道說，有女中學生和網友約會，遇人不淑，被人騙財、騙錢、騙感情，甚至被殺害的案例都時有出現。另外，還有的青少年看色情網站，這對他們的身心健康不利。

總之，雖然互聯網對青少年有很多好處，但是由于青少年不懂得怎麼控制自己，因而互聯網對青少年的成長有很多負面的影響。因此我方認爲：互聯網弊大于利。

謝謝大家！

HL 高級課程的作文對詞語的多元性和複雜性要求較高，包括多種多樣的慣用語（四字詞組、俗語、成語……）。以下爲在此例文中出現的一些慣用語。

① 不可或缺　② 沉迷上網　③ 玩物喪志
④ 日漸下降　⑤ 睡眠不足　⑥ 遇人不淑
⑦ 時有出現

2. 思維導圖範例

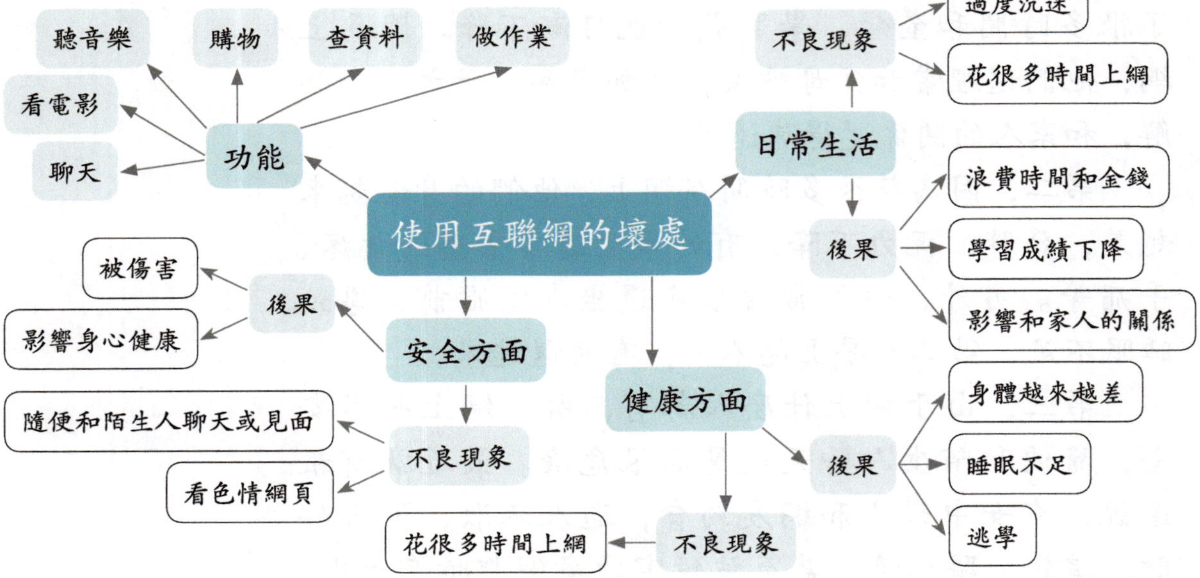

3. 寫作說明

（1）好的寫作必須具備的條件

- 明確回應題目，所持觀點清楚。
- 清楚介紹互聯網的功能。
- 有理有據地說明互聯網的壞處和引起的後果。
- 最少列舉出三條壞處。
- 可以用例子進行說明。
- 符合文體格式的要求和語氣。

（2）文體格式的選擇

①辯論稿：最適合，因爲說明自己有傾向性的觀點可以用辯論的方式表達。
②博客：通常適合，因爲博客可以用來表達自己的觀點和看法。
③日記：最不適合，因爲日記的語氣非正式，與這個題目的不相符。

（3）辯論稿的文體格式要求

- 恰當的開場白（如“尊敬的老師”“各位同學”）和主題；
- 辯論稿要寫明自己一方的立場；
- 主幹（條理清楚）；
- 恰當的總結；
- 最好以“謝謝大家”作爲結束語；
- 語氣較爲正式。

（三）科學與技術

例題：隨着科學技術的發展，手機已經成爲了我們生活中不可缺少的日用品。作爲一名中學生，你想說說手機的功能，并發表一下你對學生帶手機上學的好處和壞處的看法。字數要求在 540—720 字。

- 演講稿
- 校報文章
- 辯論稿

1. 例文

手機的利與弊

（作者：王大偉）

隨着科學技術的發展，手機已經成爲了我們生活中必不可少的日用品。現在，不衹是成年人，連中小學生都人手一部手機。手機給我們帶來了很多方便，但是，也造成了一些問題。

回應題目

現在的手機功能很多，人們可以用手機上網聽音樂、玩遊戲、發電郵、聊天、照相等，也有人把手機當作字典、鬧鐘、日曆、計算器等。手機和電腦相比，不僅體積小而且更加輕盈，更容易攜帶。我最喜歡手機的照相功能，無論走到哪裏，看到五顏六色的花朵、山清水秀的風景，或是在餐廳裏看到令人垂涎三尺的美食，都可以馬上掏出手機將它們全部記錄下來。在國外旅遊時看到不認識的詞語，也可以拿出手機進行翻譯，避免了“迷失”的情况出現。

回應“手機的功能”

對中學生來說，帶手機上學有好處，也有壞處。好處是：可以很方便地和父母及同學聯繫；下課後，

回應“使用手機的好處”

父母想知道孩子在哪裏也容易找到他們；還有，如果有什麼事情，也可以用手機向家長、老師和警察求助；另外，上課時，用它來查字或算數也很快。我認爲帶手機上學的好處數不勝數。

但是，帶手機也有壞處。比如有的同學上課玩手機，不專心聽老師講課，學習成績下降。有的學生上課前忘了關手機，上課時手機響了，影響老師上課。有的家境比較好的學生總是買最新的手機，然後拿到學校跟同學炫耀，令買不起最新手機的同學感到自卑。也有的同學經常把手機弄丟，然後再買新的手機，這樣會浪費很多錢。有的同學玩手機遊戲成癮，上課心不在焉，祇想玩手機。還有的同學每五分鐘就要看看有什麼新的信息或電郵，上課時根本無法專心聽講。另外，頻繁使用手機對眼睛不好，會使視力下降。有的同學因爲玩手機不出去做運動，身體變差了。有的同學走路的時候還玩手機，很不安全，容易發生意外。

回應“使用手機的壞處”

總之，雖然我們生活在離不開手機的時代，但是中小學生要學會善用手機，讓手機爲我們服務。

HL 高級課程的作文對詞語的多元性和複雜性要求較高，包括多種多樣的慣用語（四字詞組、俗語、成語……）。以下爲在此例文中出現的一些慣用語。

① 必不可少 ② 五顏六色 ③ 山清水秀
④ 垂涎三尺 ⑤ 睡眠不足 ⑥ 心不在焉

2. 思維導圖範例

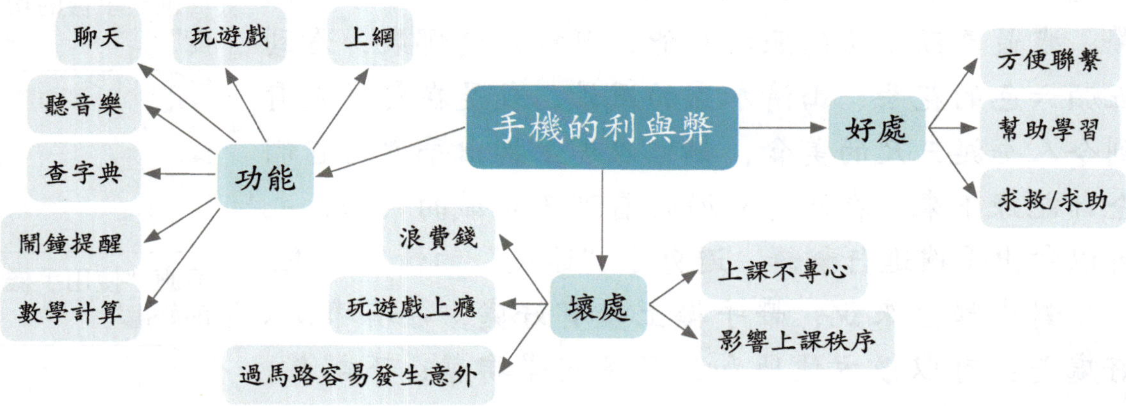

3. 寫作說明

（1）好的寫作必須具備的條件

- 清楚回應題目。
- 介紹手機的功能。
- 有理有據地說明學生使用手機的好處和壞處。
- 條理清楚，前後有序。
- 內容充實，可以舉例說明。
- 符合文體格式的要求和語氣。

（2）文體格式的選擇

①校報文章：最適合，因爲可以通過文章表達自己的觀點和看法。

②演講稿：通常適合，因爲演講稿可以闡述正反兩面的觀點。

③辯論稿：最不適合，因爲辯論時衹需要說明自己一方有傾向性的觀點。

（3）報刊文章的文體格式要求

- 標題；
- 有作者姓名；
- 有針對的讀者；
- 有正式的語氣。

（四）網絡世界

例題：隨着時代的變遷及科技的進步，互聯網迅速發展。網上交友成了極普遍的事。跟你的好朋友分享一下在網上交朋友的利與弊，以及你自己網上交朋友的經歷。字數要求在 540—720 字。

– 日記 – 訪談 – 私人信

1. 例文

小明：

你好！很長時間沒有見面了，你的學校生活好嗎？家庭生活怎麽樣？（回應題目）

隨着時代的變遷及科技的進步，互聯網迅速發展，網上交友成了家常便飯。我現在也迷上了在網上交朋友。我覺得在網上可以交到很多朋友，他們在世界上不同的國家生活和學習。我和在網上認識的朋友們經常談論不同國家有趣的事情，包括不同的風景、不同的美食、不同的節日慶祝活動、不同的風土人情等等，非常有意思。在網上交朋友可以令我們的生活圈子變大，朋友遍天下。通過和各國朋友交換信息，我們可以增廣見聞，不做孤陋寡聞的井底之蛙。

回應“網上交朋友的好處”

但是，我的父母說，我不應該在網上交朋友，因爲會遇到不好的朋友，很危險。

我已經 17 歲了，知道什麼是好的，什麼是不好的。我知道在網上交朋友有機會瞭解更多其他國家的文化，因爲網上的朋友來自世界各地。在網上交朋友也可以讓我學到不同的語言，用不同的語言跟不同的朋友聊天特別有意思。比如，我在網上認識了一個來自西班牙的朋友叫安娜，她現在是個學醫的大學生，在美國一所著名的大學學習。在網上，安娜不僅教了我很多西班牙語，還告訴了我很多大學裏的奇聞趣事。在大學假期的時候，安娜會西班牙看望她的家人。那時候，她也會在網上跟我分享西班牙美食，還教我做西班牙菜呢。

回應“自己網上交朋友的經歷”

除了以上的好處，我也知道，在網上交朋友容易受騙。有些人會騙你的感情，也有些人會騙你的金錢。還有，網上的人有時候不用他們的真名，也不說他們的真實年齡，所以你不知道你交的朋友是什麼樣的人。

回應“網上交朋友的壞處”

雖然這樣，網上還是有很多好人的。衹要我們小心一點兒，我覺得是可以交到好朋友的。小明，你同意我的說法嗎？等着你回信！

祝

好！

你的朋友　大明

2022 年 4 月 28 日

HL 高級課程的作文對詞語的多元性和複雜性要求較高，包括多種多樣的慣用語（四字詞組、俗語、成語……）。以下爲在此例文中出現的一些慣用語。

① 家常便飯　② 風土人情　③ 增廣見聞
④ 朋友遍天下　⑤ 孤陋寡聞　⑥ 井底之蛙
⑦ 奇聞趣事

2. 思維導圖範例

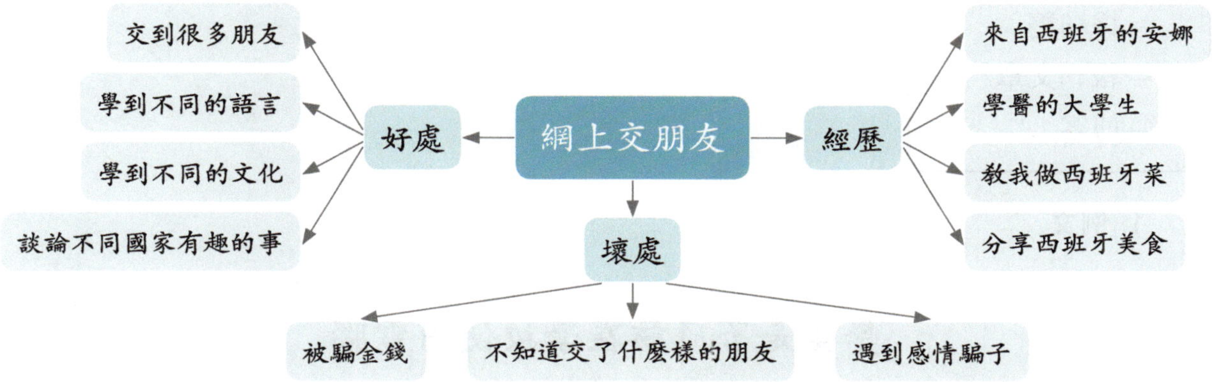

3. 寫作說明

（1）好的寫作必須具備的條件

- 明確回應題目。
- 有理有據地說明網上交友的好處和壞處。
- 舉例說明自己的網上交朋友的經歷。
- 內容應充實。
- 符合文體格式的要求和語氣。

（2）文體格式的選擇

①私人信：最適合，因爲是朋友之間的溝通交流。

②訪談：通常適合，因爲可以通過對話的方式說明網上交朋友的好處和壞處。

③日記：最不適合，因爲日記的受衆是自己，不符合題目要求。

（3）私人信的文體格式要求

- 遵照中國信的格式：
  - 稱呼（朋友或熟人之間可用昵稱，頂格寫）；
  - 問候（另起一行，空兩格）；
  - 正文（條理清楚）；
  - 祝詞（如“祝，身體健康”）；
  - 身份＋署名（朋友或熟人之間可用昵稱，寫在右下角）；

- 日期（年月日，寫在右下角）；
- 非正式語氣。

（五）科學與技術

例題：你的學校要求所有學生必須在學校使用電腦。你代表學校中文校刊跟學校學生會主席張明明進行了溝通，請他談談學生在學校使用電腦的利與弊，以及如何有效地在學校使用電腦。字數要求在 540—720 字。

– 採訪稿
– 報刊文章
– 博客

1. 例文

學生是否應該在學校使用電腦

回應題目

① 五月二十三日下午三點，北京學校中文雜誌的王一丁同學採訪了學校學生會主席張明明，請他就學校要求所有學生必須在學校使用電腦的問題發表一下自己的觀點。

② 王：你覺得學生在學校使用電腦有哪些好處？

回應“在學校使用電腦的好處”

③ 張：我覺得學生在學校使用電腦有數不勝數的好處。第一，現在流行探究式學習，就是老師給出一個探究問題，讓同學們自己上網去查資料、找答案。上網有助于拓展孩子的知識領域，通過網絡獲取廣泛的新知識。網上有很多資料，能夠使學生們在學習上受益匪淺。第二，很多課堂小組活動或作業是需要大家在網上同心協力共同完成的。這樣的活動可以培養同學之間的合作能力。第三，有時候，老師會讓學生在網上看一些多媒體的教學資料。在電腦上學習可以

使學生們的學習興趣倍增，學習能力也會相應提高。在課上學習的時候，學生也需要上網。

④ 王：但是很多老師說，學生不應該在課上用電腦，因爲他們常常玩遊戲或聊天。老師們認爲學生在學校用電腦弊大于利。

> 回應“在學校使用電腦的壞處”

⑤ 張：我認爲玩遊戲的學生還是少數，大部分學生都是用電腦學知識，所以在學校用電腦，還是利大于弊。但是，不可否認，在學校用電腦也的確有一些壞處，比如，學生一下課就開始玩電腦遊戲，不出去與朋友們交流，也不去操場運動。久而久之，不利于學生們溝通交流技能的培養，更加不利于學生們的身體健康。另外，學生們每天使用電腦的時間會較長。他們在學校用電腦上課，放學回家後還要用電腦做作業或玩電腦遊戲。長時間地使用電腦，對學生們的視力有很大的負面影響。

> 回應“如何有效地在學校使用電腦”

⑥ 王：你認爲學校應該怎樣教育學生，使學生可以有效地使用電腦?

⑦ 張：這需要學校的老師對學生進行教育，告訴他們不可以在學校玩遊戲或使用社交網絡。讓他們學會正確地使用互聯網。

⑧ 王：你覺得哪些學生需要特別提醒善用電腦呢?

⑨ 張：我覺得七、八年級的學生需要特別提醒，因爲他們年紀小，好奇心強，不知道什麽是有用的網頁，什麽是不好的網頁。另外，他們自控能力較差，所以老師要限制他們上網或用電腦的時間。

⑩ 王：謝謝張同學!

⑪ 張：不客氣!

HL 高級課程的作文對詞語的多元性和複雜性要求較高，包括多種多樣的慣用語（四字詞組、俗語、成語……）。以下爲在此例文中出現的一些慣用語。

① 數不勝數　② 久而久之　③ 知識領域
④ 受益匪淺　⑤ 同心協力

2. 思維導圖範例

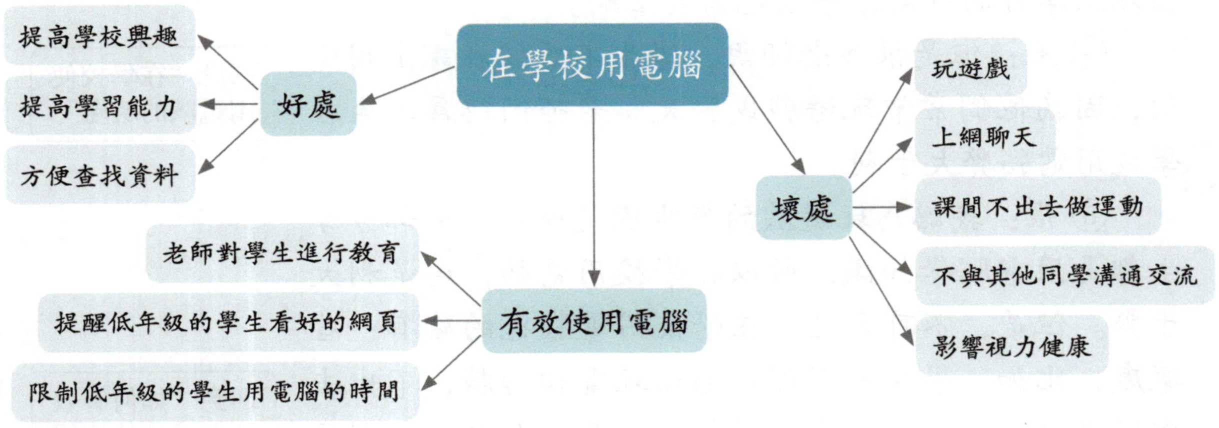

3. 寫作説明

（1）好的寫作必須具備的條件

- 回應題目。
- 針對主題進行較爲深入的討論。
- 必須涵蓋題目要求的三個方面。
- 符合文體格式的要求和語氣。

（2）文體格式的選擇

①採訪稿：最適合，題目中的“代表學校中文雜誌”已經是一個暗示。

②報刊文章：通常適合，因爲可以將採訪內容總結成一篇文章。

③博客：最不適合，因爲題目要求與博客的情境不符。

（3）採訪稿的文體格式要求

- 標題；
- 開頭（前言或背景介紹，如時間、地點、人物、採訪情景）；
- 訪談（問答方式）；
- 結尾總結概括；
- 語氣較爲正式。

（六）科學與技術

上個週末，你和爸爸去參觀了一個科技展覽。你非常喜歡這個展覽，想跟你的朋友介紹一下你在展覽館看到的展品、展品的用途，以及科技展覽帶給你的啟示。字數要求在 540—720 字。

– 演講稿
– 電子郵件
– 訪談

1. 例文

收件人：阿來
發件人：小小
主題：參觀科技館
日期：2017 年 6 月 8 日

阿來：

上個週末，爸爸帶我去參觀了一個科技館。一進門，我就被眼前各種各樣的科技展品給迷住了，我像一隻快活的小鳥，東看看，西看看，兩隻眼睛好像都不夠用了。

回應題目

科技館裏有許多又有趣又富有科學原理的作品，比如人機對抗的激光乒乓球比賽器，利用杠杆原理使一個大人敗在一個纖弱小女孩手下的拔河機，利用腦電波把你想說的話“打”在電腦屏幕上的頭帶，等等。

最令我感興趣是航模展覽館，那裏有許多造型奇特的飛機模型，有龐大的空中客車，有大肚子運輸機，有空中加油機，還有各種各樣的戰鬥機。特別吸引我注意的是無人機。爸爸告訴我，這些看起來不大的無人機用途可多了。它們不僅可以進行高清航拍，還可以幫快遞公司送貨。

回應“介紹展品”和“用途”

科技展覽不但讓我學到了很多科學知識，而且給我帶來了很多的啟示。科技館裏所展示的高科技產品

回應“展覽帶來的啟示”

讓我嘆爲觀止。這些科學技術和創新不僅可以促進社會進步，而且可以改善我們的生活質量，延長人類的壽命，給我們的生活帶來很多便利。這些科技產品都是科學家通過不懈努力得來的成果。我也要努力學習科學知識，將來成爲一名科學家。

時間在我渴求知識、遊玩欣賞中一分一秒不知不覺地過去了，天快黑了，科技館要關門了，我也衹好依依不舍地和爸爸走出科技館。坐在回家的車上，我不由地回頭望了望科技館，心裏產生一種強烈的欲望：也許有朝一日，這裏有我親自設計制造的科技展品！

阿來，如果你有時間，一定要去科技館看一看。你肯定會喜歡的！

祝你

學習進步！

你的朋友小小

HL 高級課程的作文對詞語的多元性和複雜性要求較高，包括多種多樣的慣用語（四字詞組、俗語、成語……）。以下爲在此例文中出現的一些慣用語。

① 嘆爲觀止　② 不懈努力　③ 一分一秒

④ 不知不覺　⑤ 依依不舍　⑥ 有朝一日

2. 思維導圖範例

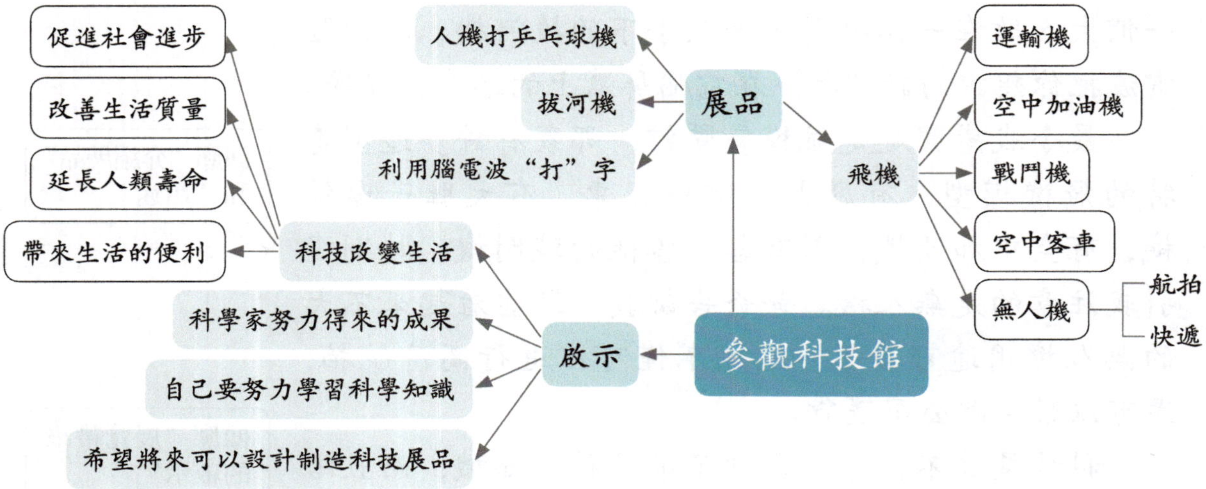

3. 寫作說明

（1）好的寫作必須具備的條件

- 回應題目。
- 清楚描述在展覽會上看到的展品和用途。
- 闡述展覽給自己帶來的啟示。
- 內容應充實。
- 符合文體格式的要求和語氣。

（2）文體格式的選擇

①電郵：最適合，題目中的“跟你的朋友分享”已經是一個暗示。

②訪談：通常適合，因爲可以是好朋友之間的溝通交流。

③演講稿：最不適合，因爲題目要求與演講的情境不符。

（3）電子郵件的文體格式要求

- 收件人或收件人電郵地址、發件人、主題、日期；
- 稱呼和問候。主幹（條理清楚）；
- 祝詞；
- 身份 + 署名（寫在左下角）；
- 非正式的語氣。

（七）媒體與信息

例題：最近的一項調查發現，很多青少年喜歡每天晚上追看電視劇集，從而影響了學習成績。作爲一名中學生，請向電視臺臺長表達一下你對電視節目的看法，包括看電視的利與弊，并提出你的建議。字數要求在 540—720 字。

– 書信 – 博客 – 採訪稿

1. 例文

尊敬的臺長先生：

① 我是長州一中的學生王師。最近的一項調查發現，很多青少年喜歡每天晚上追看電視劇集，從而影響了學習成績。我寫這封信是希望談談電視節目對青少年的影響。

回應題目

②现在，看電視成了很多人生活中不可缺少的一個活動，我有很多同學喜歡追劇，每天晚上都要看你們臺播放的電視連續劇，因而沒時間做作業，學習成績每况愈下。

③當然，看電視有不少好處，首先，看電視讓青少年坐在家裏就可以知道世界大事。通過看新聞節目，青少年能知道在世界各地發生的各種各樣的事情，可以增廣見聞，同時也可以提高個人修養。看一些有知識性的歷史文化節目，還可以令青少年學會從不同角度看問題，并能跟隨世界潮流，足不出户就可以“觀天下”。其次，適當地看電視能爲青少年在空閑的時候提供娛樂。通過看電視劇或一些綜藝節目，青少年能減輕學習上的壓力，放鬆心情。

回應“看電視的好處”

④可是，看電視也有不少壞處，比如，有些電視節目的内容沒有經過嚴格的過濾，青少年會不知不覺地吸收許多不正確的觀念。不少電視連續劇爲了增强感觀刺激，加入了不少暴力的内容，青少年看了這類節目就很容易建立錯誤的價值觀。這是因爲青少年心智尚未成熟，容易受到不良信息影響。再説，看電視對青少年的健康和學習能力構成影響。長時間看電視除了會導致視力下降以外，還有醫學報告説，會使腦部活動減弱，導致青少年的思考力和注意力大幅下降。

回應“看電視的壞處”

⑤我建議貴臺爲青少年挑選一些知識性强且充滿正能量的電影和電視劇，讓青少年在娛樂的同時也能學到新的知識，更可以接受正確的價值觀，爲自己加油打氣。另外，我還想建議貴臺不要把青少年節目放到晚上十點以後，以免影響青少年的睡眠時間。

回應“建議”

⑥ 總的來說，看電視能使青少年開闊眼界，并帶給他們輕鬆快樂的娛樂享受，但對青少年的健康和學習能力也有不好的影響。因此，青少年們必須要培養獨立思考的能力，慎重選擇適合自己的電視節目。

此致

敬禮！

長州一中　學生王師　敬上

2025 年 3 月 28 日

HL 高級課程的作文對詞語的多元性和複雜性要求較高，包括多種多樣的慣用語（四字詞組、俗語、成語……）。以下爲在此例文中出現的一些慣用語。

① 不可缺少　② 每況愈下　③ 增廣見聞
④ 個人修養　⑤ 足不出戶觀天下　⑥ 加油打氣

2. 思維導圖案例

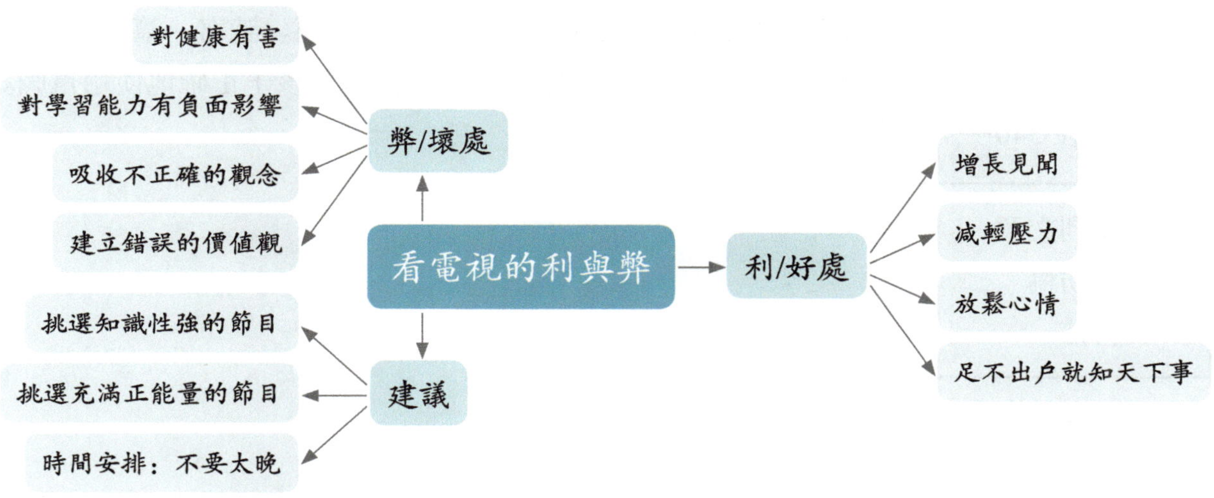

3. 寫作說明

（1）好的寫作必須具備的條件

- 回應題目。
- 有理有據地說明看電視的好處和壞處。
- 提出明確的建議。
- 內容應充實。
- 符合文體格式的要求和語氣。

（2）文體格式的選擇

①書信：最適合，題目中的“向電視臺臺長表達”已經是一個暗示。

②採訪稿：通常適合，因爲可以通過與電視臺臺長的交流表達觀點。

③博客：最不適合，因爲博客的受衆廣泛，與題目的要求不符。

（3）正式書信的文體格式要求

- 遵照中國信的格式：
  - 稱呼（頂格寫）；
  - 問候（另起一行，空兩格）；
  - 正文；
  - 祝詞（如“此致，敬禮”）；
  - 身份＋署名（全名，寫在右下角）；
  - 日期（年月日，寫在右下角）；
  - 正式語氣。

（八）網絡世界

例題：隨着科技的發展，電腦已經成爲我們日常生活中不可或缺的一部分。學生會最近在學校請一些同學談談“玩電腦會影響學習嗎”這個問題。請寫一篇文章，說明玩電腦對學習的正面影響和負面影響，以及家長應該如何引導孩子正確地使用電腦。字數要求在 540—720 字。

– 報刊文章 – 採訪稿 – 書信

1. 例文

玩電腦會影響學習嗎

隨着科技的發展，電腦已經成爲我們日常生活中不可或缺的一部分。對我們中學生來說，玩電腦會影響我們的學習嗎？學生會最近在學校做了一個關于“玩電腦會影響學習嗎”的訪問調查。接受採訪的同學是王紅和小星。（回應題目）

我：歡迎兩位同學！請問，你認爲玩電腦會影響我們的學習嗎？

小星：我認爲如果使用不當，玩電腦會影響我們的學習。現在有些同學迷上了電腦，天天上網玩電腦遊戲，無心向學。

回應“玩電腦的壞處”

我自己就是一個真實的例子。原來我在我們班名列前茅，在年級也排前幾名。可是後來我迷上了電腦，由前幾名一下子掉到了八九名，到最後竟排到了二百多名。爸爸媽媽天天逼着我學習，找這個補習班，找那個學校，可是我就是學不進去，腦子裏總是想着電腦遊戲，就是不願意學習。

我：那你呢？

王紅：我不同意小星的看法。電腦可以促進學習，在網上我們可以找一些有關學習的網址。網上有很多學習的資源，所以我們可以在網上找一些習題來做，不僅能學習新的知識，還能復習在學校學過的知識。玩電腦應該是學習之後的放鬆。青少年不能對電腦太癡迷。長時間玩電腦還會影響視力，不戴眼鏡才怪呢。所以我們必須要明白，玩電腦是要有時間限制的。

回應“玩電腦的好處”

我：我認爲這個問題不能一刀切。兩者各有利弊！在網上找些關于學習的網站進行學習，那就會是一件好事；整天就知道玩遊戲，那肯定會影響學習，是一件壞事。那麼，你們覺得家長應該如何引導孩子正確地使用電腦呢？

王紅：我認爲，父母首先要培養孩子良好的生活習慣，教他們如何安排學習和娛樂的時間，提高孩子的自控能力，也可以制訂一個使用電腦的時間表。

回應“如何引導孩子正確使用電腦”

小星：對于年紀比較小的孩子，家長應該告訴他們在電腦上可以做什麼。除了孩子最愛玩的遊戲外，也可以讓孩子在電腦上學畫畫、閱讀圖文并茂的童話、玩益智類的數學遊戲、學下圍棋，等等。網上除了遊戲之外，其實還有很多好玩兒的東西。在玩電腦的時間上，家長要和孩子達成共識，時間到了，孩子就知道自動停止。

我：你們說得都非常好！謝謝兩位同學接受我的採訪。希望每一位青少年都能正確地使用電腦，讓電腦成爲我們學習和生活中的得力助手。

HL 高級課程的作文對詞語的多元性和複雜性要求較高，包括多種多樣的慣用語（四字詞組、俗語、成語……）。以下爲在此例文中出現的一些慣用語。

① 不可或缺	② 使用不當	③ 無心向學
④ 名列前茅	⑤ 一刀切	⑥ 圖文并茂
⑦ 達成共識	⑧ 得力助手	

2. 思維導圖案例

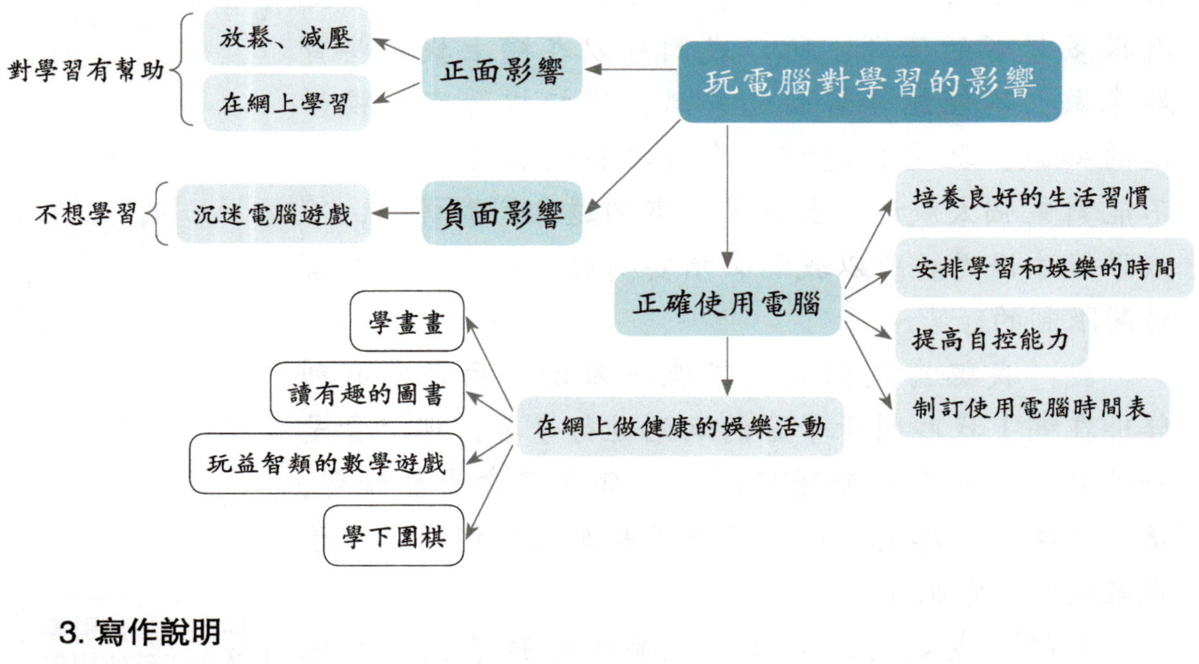

3. 寫作說明

（1）好的寫作必須具備的條件

- 清楚地回應題目。

- 涵蓋題目要求的三個方面。
- 最好收集兩個或兩個以上的同學的觀點。
- 針對主題進行較爲深入的討論。
- 符合文體格式的要求和語氣。

（2）文體格式的選擇

①採訪稿：最適合，題目中的“請一些同學談談”已經是一個暗示。

②報刊文章：通常適合，因爲可以綜合一些同學的觀點，寫出文章。

③書信：最不適合，因爲書信的語體與題目的要求不符。

（3）採訪稿的文體格式要求

- 標題；
- 開頭（前言或背景介紹，如時間、地點、人物、採訪情景）；
- 訪談（問答方式）；
- 結尾總結概括。

（九）媒體與信息

例題：今天，老師發給了我一本書，這本書的名字是《網絡安全與道德》。請寫一篇文章，介紹一下這本書的內容，你的讀後感，以及如何安全使用電腦。字數要求在540—720字。

– 校報文章 – 日記 – 電郵

1. 例文

2025年9月9日　星期二　天氣：下雨

今天，老師發給了我一本書，這本書的名字是《網絡安全與道德》。第一眼看見這本書的時候，我就覺得很有意思。這本書到底寫的是什麼內容呢？這本書并不太厚，但裏面的內容卻很豐富，是讓我們學會如何在網上做到自我保護，不受別人的欺騙。（回應題目）

這本書令我印象最深的是兩個案例。一個案例是有一個沉迷網絡的學生連續三個通宵在網吧上網，沒有回家。父母非常生氣，對他進行了批評教育。他因（回應“書的內容”）

爲不服，竟然一氣之下跳了樓，結果摔傷了，留下了殘疾，使得他的一生都受到了影響。他後悔不已，但已無法挽回。

還有一個案例是美國有一位少年“網蟲”上網成癮，整天茶不思飯不想的。最後，父母實在沒有辦法，衹得給他配備了輪椅，以便在吃飯時能將他從電腦前推開。他的手指總是不停地在動，好像想要移動想象中的鼠標。他衹是爲了活下去才吃飯、睡覺，除此之外，他從不離開電腦。經醫生確診，他已得了嚴重的網絡沉迷綜合徵。

喜愛電腦可以，不過千萬不要太迷戀它，否則你也會像他們那樣成爲“網蟲”的。那樣你和一個廢人將沒有什麽區别了。我想我們每一個人都希望成爲一個健康、聰明的人，所以，千萬不要去瀏覽那些對我們身心不利的網站和信息。

回應“讀後感”

不過，互聯網也有它的好處，比如查詢信息、網上學習、結交朋友。總之，要想和這個虛擬的世界做形影不離的“好朋友”，就一定要學會在虛擬世界做到自我保護，比如，不在網上泄露自己的私人敏感資料。網上别有用心的人很多，他們可能用你的私人資料去做違法的事情。另外，不要輕信網上的人。網上有很多騙子，他們在網上活動時不使用自己的真實姓名、真實年齡、真實職業等，他們上網找人聊天的目的有可能就是騙錢、騙感情。最後，要控制好上網的時間。長時間上網，對身體不好，尤其是對眼睛不好，也會玩物喪志，耽誤學習。我把這些當成自勉吧！

回應“如何安全使用電腦”

好了，已經不早了，所以就寫到這裏吧。

HL 高級課程的作文對詞語的多元性和複雜性要求較高，包括多種多樣的慣用語（四字詞組、俗語、成語……）。以下爲在此例文中出現的一些慣用語。

① 批評教育	② 一氣之下	③ 後悔不已
④ 無法挽回	⑤ 茶不思飯不想	⑥ 虛擬世界
⑦ 形影不離	⑧ 敏感資料	⑨ 玩物喪志

2. 思維導圖範例

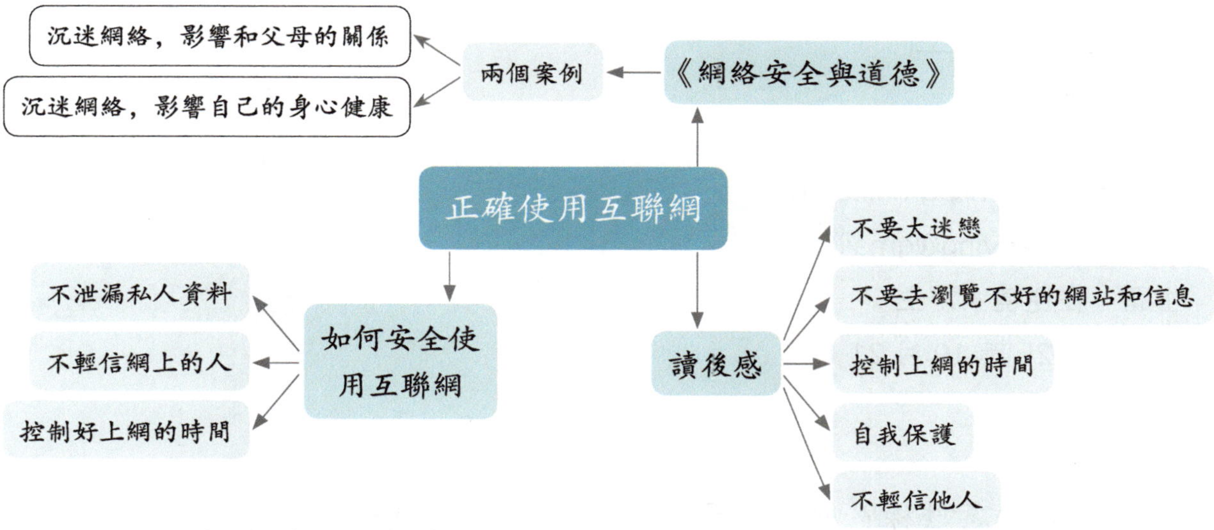

3. 寫作說明

（1）好的寫作必須具備的條件

- 對題目進行回應。
- 對原著進行概括總結式的介紹。
- 清楚闡明自己對原著的理解并有感而發。
- 說明如何安全地使用互聯網。
- 符合文體格式的要求和語氣。

（2）文體格式的選擇

①日記：最適合，因爲可以記錄當天發生的事，并發表自己的感想。

②電郵：通常適合，因爲通過電郵和朋友交流自己的觀點和看法。

③校報文章：最不適合，因爲文章的語氣過于正式。

（3）日記的文體格式要求

- 上方列出日期、星期和天氣狀況；
- 正文（條理清楚）；
- 語氣非正式；
- 第一人稱。

（十）藝術表現

例題：你最近看了一部電影。你想向你的朋友介紹這部電影的內容，并談談男主角值得敬佩的方面，以及這部電影給你的啟示。字數要求在 540—720 字。

- 電子郵件
- 日記
- 訪談

1. 例文

收件人：xiaomi@gmail.com
發件人：xiaoying@gmail.com
主題：在逆境中求生
日期：2025 年 10 月 21 日

小米：

你最近怎麼樣？我昨天看了一部叫《127 小時》的美國電影。電影中的主角勇敢、不怕失敗的個性令我十分感動，我特別想跟你分享一下。

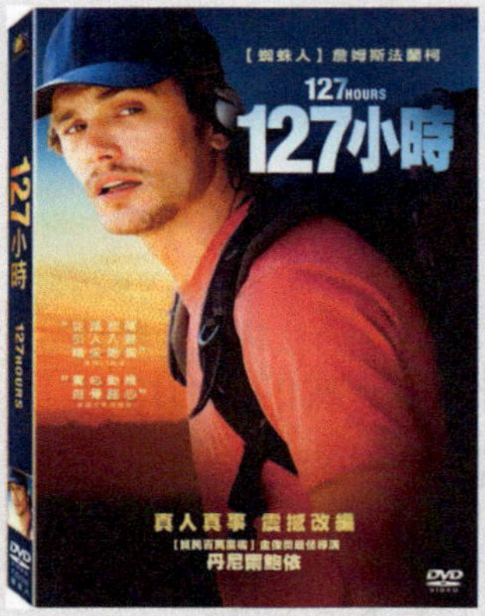

回應題目

《127 小時》是根據一個探險家的真人真事改編而成的電影。它講述了一個探險家在登山時遇到災難，跟外界失去聯繫 127 小時。在這 127 小時中，男主角經歷了很多磨難，包括他的右臂被倒塌下來的大石頭壓住不能移動。在等待救援的過程中，他做了很多勇敢的決定，例如喝自己的尿來維持生命、爲自己的手臂做手術等。靠着堅強的毅力，在經過了 127 個小時後，他終于獲救了。

回應“電影故事內容”

我特別佩服男主角勇于接受挑戰的精神。他爬的山還從來沒有被人成功徵服過，可是他憑着好奇心和

回應“男主角值得敬佩的方面”

好勝欲，竟然勇敢地去嘗試。其實人在一生中會不斷遇到各種各樣的挑戰，雖然不是每一次都危及生命，但是如果不踏出第一步，又怎麼能知道自己是否能夠成功呢?

我也特別敬佩男主角逆境求生的膽量。當他發現自己的手臂因爲被大石頭壓住而壞死的時候，他十分冷靜地找了一把小刀，自己割去壞死的部分。在整整127個小時裏，他有過沮喪，有過絶望，但卻沒有怨天尤人，而是十分積極地尋找活下去的方法。他的膽量和果斷令我由衷地敬佩。他積極面對困難和不怕失敗的心態更加值得我學習。

《127小時》是一部經典的獲得過奥斯卡獎的影片，簡單的故事情節，不簡單的人生哲理，小中見大。這部電影很有教育意義，也給了我很多啟示。無論遇到什麼困難和挫折，我們都要保持樂觀，堅持不懈，永不放棄，而且要運用我們的智慧找出解決問題的方法，這樣就有成功的希望。在我們的人生旅途中，一定會有很多選擇，我們一定要跟隨自己的心願，去做好每一件事。希望我們都能向男主角學習吧。

回應"電影給你的啟示"

祝

學習進步!

你的朋友：小英

HL 高級課程的作文對詞語的多元性和複雜性要求較高，包括多種多樣的慣用語（四字詞組、俗語、成語……)。以下爲在此例文中出現的一些慣用語。

① 真人真事　② 接受挑戰　③ 逆境求生
④ 怨天尤人　⑤ 人生哲理　⑥ 小中見大
⑦ 堅持不懈　⑧ 玩物喪志

2. 思維導圖範例

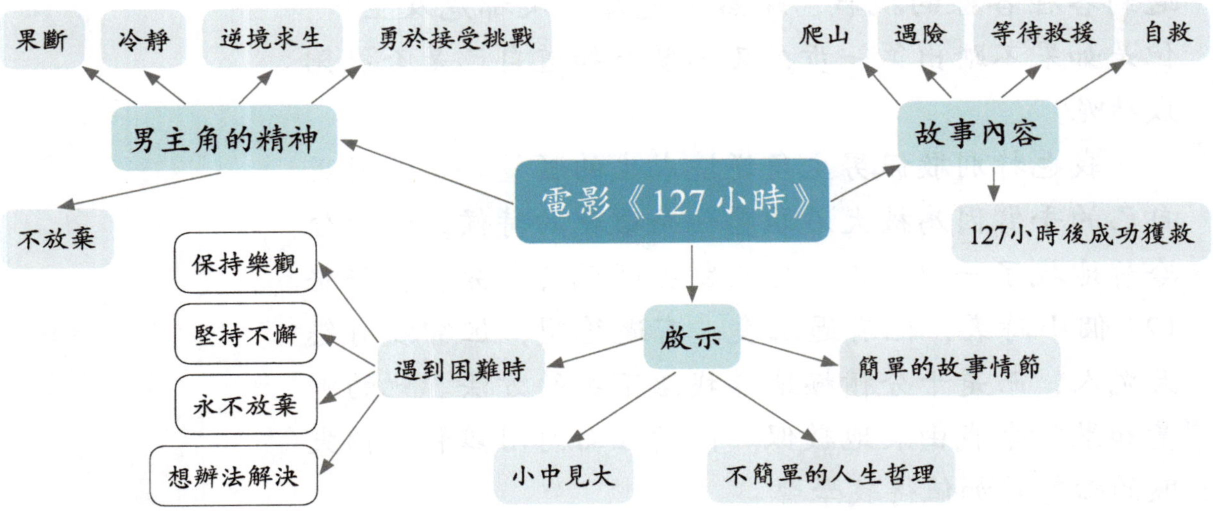

3. 寫作說明

（1）好的寫作必須具備的條件

- 對題目進行回應。
- 對電影進行概括總結式的介紹。
- 清楚闡明男主角值得敬佩的方面。
- 說明電影帶個自己的啟示。
- 符合文體格式的要求和語氣。

（2）文體格式的選擇

①電子郵件：最適合，因爲“向你的朋友……”已經是一個暗示。

②訪談：通常適合，因爲可以和朋友交流自己的觀點和看法。

③日記：最不適合，因爲受衆與題目要求不符。

（3）電子郵件的文體格式要求

- 收件人電郵地址、發件人、主題、日期；
- 稱呼和問候；
- 主幹（條理清楚）；
- 祝詞；
- 身份＋署名（靠左邊寫）；
- 非正式的語氣。

二、參考題庫

（一）你自己剛剛設計發明了一項新的科技產品，它可以幫助同學們更好地學習中文生詞，更好地翻譯中英文句子。寫一份文章介紹你的產品，說明使用產品的功能，以及產品如何讓你受益。字數要求在 540—720 字。【演講稿，説明書，指南】

（二）在市長的指揮領導下，你住的地方的交通情況有了很大的改善。作爲學生代表，你決定請市長介紹一下改善工作的過程，以及市民是怎樣從中受益的。字數要求在 540—720 字。【報刊文章，采訪記錄，博客】

（三）近年來，隨着學漢語人數的增多，越來越多的人開始在網上學漢語。你也在網上學了兩年漢語了。寫一篇文章，跟全校學生分享一下網上學漢語的方法，以及網上學漢語的優劣。字數要求在 540—720 字。【演講稿，日記，報刊文章】

（四）你們班計劃在下個星期討論現代科技如何改變人類的生活。你有一些看法，想跟同學們分享，包括現代科技有哪些產品，在哪些方面改變了人類的生活，以及現代科技是否會使人與人之間變得疎遠。字數要求在 540—720 字。【日記，演講稿，訪談】

（五）你覺得現在的電視臺非常缺乏有內容、有質量的好節目。你希望能跟電視臺溝通一下，説明你對節目播放的訴求及理由，并建議播放什麼樣的對青年人有益的節目。字數要求在 540—720 字。【建議書，博客，電郵】

（六）你的學校對讀書和看電視的問題做了一次調查，結果顯示，大部分同學喜歡看電視，衹有小部分同學喜歡看書。你想對看書和看電視的好處進行分析，并提出你的建議。字數要求在 540—720 字。【演講稿，博客，校報文章】

（七）近年來，網上教育的發展速度非常快。你的學校邀請了一位教育家來學校，跟學生們分享網上教育的好處和壞處，以及如何有效地開展網上教育。請寫出這篇文章。字數要求在 540—720 字。【采訪稿，演講稿，電郵】

（八）有人認爲家庭對孩子的成長起了非常大的作用，但也有人認爲媒體的作用更大。你代表學生會，和學校的一些同學就以上兩種不同觀點進行了討論，并提及如何將家庭教育和媒體作用結合起來。字數要求在 540—720 字。【采訪稿，報刊文章，博客】

（九）有些人認爲通過電郵溝通比面對面溝通更容易表達自己的觀點，但也有人認爲面對面溝通可以更真實地表達自己的看法。你對這個話題非常感興趣，和朋友就這兩種不同觀點進行了討論，并提及如何有效地提高與人溝通的技巧。字數要求在 540—720 字。【書信，演講稿，訪談】

（十）你因爲玩電腦遊戲和媽媽吵架了，媽媽責怪你玩電腦遊戲浪費了很多時間，但你不同意媽媽的說法。你希望告訴媽媽電腦遊戲的種類，你喜歡什麼類型的電腦遊戲，以及玩電腦遊戲的好處。字數要求在 540—720 字。【私人信，日記，博客】

（十一）現今社會，因爲科技發達，學生可以在互聯網上得到任何信息，他們也可以在家裏學習，不再需要去學校上課。請就此問題寫一篇文章，說明網上學習和在學校學習的相同點和不同點，并闡述如何結合網上學習和在學校學習使學習效果變得更加好。字數要求在 540—720 字。【電郵，博客，演講稿】

（十二）你的學校最近加入了政府最新的“校園太陽能板計劃”。你代表學校環保社，通知全校的師生這個計劃，包括這個計劃是什麼、學校加入的原因，以及這個計劃將如何影響整個學校。字數要求在 540—720 字。【宣傳冊，官方報道，校報文章】

（十三）現在越來越多人喜歡在網上買書。你家附近的一家實體書店受到了網上書店的影響，生意越來越差，決定關門了。作爲一名住在附近的中學生，你想告訴社區的居民：你在這家書店的一次美好經歷，需要保留實體書店的原因，以及將網上書店和實體書店結合帶給人們的好處。字數要求在 540—720 字。【報刊文章，電子郵件，演講稿】

（十四）現在，學校網絡欺淩現象越來越嚴重。你是學生會主席，希望告訴同學們網絡欺淩的危害，并給家長、老師及青少年提出建議。字數要求在 540—720 字。【演講稿，博客，電郵】

（十五）爲了使用更多的可再生能源，當地政府計劃建造大型風輪進行風力發電。然而，這個計劃會影響當地居民的生活，居民會因此要遷移到別的地方居住。你是這個計劃的參與者，你想告訴當地居民什麼是風力發電，爲什麼要改用風力發電，以及這個計劃的好處。字數要求在 540—720 字。【官方報道，演講稿，博客】

（十六）你的學校新成立了一個機器人俱樂部，你是這個俱樂部的會長。爲了吸引更多同學參加這個俱樂部活動，你寫了一篇文章，解釋這個俱樂部的活動內容和活動安排，以及這些活動對學生的益處。字數要求在 540—720 字。【宣傳冊，辯論稿，演講稿】

（十七）你有一個很好的創業項目，但這個想法需要科技的支援才能完成。你決定尋找一個本地的科技公司幫忙。爲此你寫了一篇文章介紹你的創業項目，并說明人們會如何從中受益，以及需要哪些科技支援才能讓你的項目成功。字數要求在 540—720 字。【書信，説明書，演講稿】

（十八）現在去博物館的人越來越少，因爲他們覺得可以通過互聯網看到所有歷史資料和美術作品。請寫一篇文章跟同學們分享你的觀點，包括你去博物館參觀的一次經歷、去博物館參觀的好處，以及在網上看歷史資料和美術作品的弊端。字數要求在 540—720 字。【演講稿，校報文章，日記】

（十九）你的學校正在舉辦“年輕人與愛好”的徵文比賽。請寫一篇文章介紹年輕人中最常見的愛好，并從正反兩個方面談談愛好如何影響年輕人。字數要求在 540—720 字。【日記，校報文章，演講稿】

（二十）如今，無人商店、無人駕駛汽車、會下棋的機器人等事例屢見不鮮。請寫一篇文章談談人工智能在哪些方面影響了人類，以及人工智能給人們的生活帶來的利與弊。字數要求在 540—720 字。【博客，建議書，演講稿】

（二十一）在我們的生活中，廣告幾乎無處不在。請寫一篇文章說說廣告的作用、廣告給青少年消費者帶來的影響，以及青少年應該怎樣正確看待廣告。字數要求在 540—720 字。【訪談，報刊文章，建議書】

（二十二）很多中學生會在學校使用各類電子產品。請寫一篇文章說明中學生使用電子產品的利與弊，以及你給學生的建議。字數要求在 540—720 字。【日記，報刊文章，建議書】

主題四：社會組織

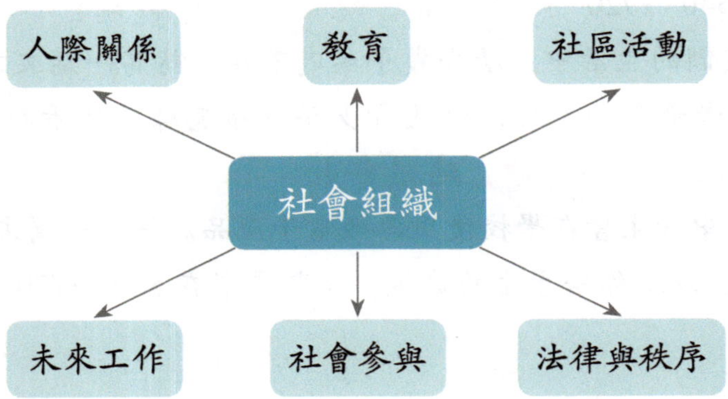

老師可根據學生的語言能力指導學生或讓學生自己從例文中找出需要記住的詞語和有用的句子。

一、參考例文

（一）教育

例題：現在，越來越多的家長“望子成龍”，他們希望子女努力學習，考上一個好學校。作爲一名中學生，你想談一談對這個問題的看法，包括：爲什麼會有“望子成龍”的觀點，“望子成龍”對子女的影響，以及解決方法。字數要求在 540—720 字。

- 報刊文章
- 博客
- 書信

1. 例文

www.dawei.com 大衛的博客

標題：望子成龍

發佈日期：2025 年 4 月 5 日

①隨着科技的發展，社會競爭越來越激烈，讀書考上一個好學校就顯得更爲重要。人們都在努力用知識充實自己，以避免自己被別人追上，被社會淘汰。

回應題目

作爲博主，我想在這裏跟大家討論一下“望子成龍”帶來的一些問題。

②什麽是“望子成龍”呢？“望子成龍”的意思就是希望自己的子女能在學業和事業上有成就。很多中國父母把希望寄托在自己的孩子身上，希望子女努力學習，將來可以上好的大學，之後有好的工作和好的收入，他們一家人的生活也會因此得到改善。

回應“望子成龍”的原因

③有些父母“望子成龍”。他們急于爲孩子的未來鋪路，給他們施加了太多壓力。雖然他們的出發點是爲孩子好，但他們沒有考慮孩子的感受，沒有换位思考，没有站在孩子的角度替孩子着想，導致結果適得其反。

回應“望子成龍”對子女的影響

④我有個同學的妹妹去年小學昇初中，盡管她媽媽對她的學習十分重視，但是，自從她上了六年級之後，學習成績就逐漸下滑。她媽媽十分擔憂，馬上給她報了各種補習班。每天放學後和每個週末，她的媽媽都讓她去補習班上課，弄得她每天都筋疲力盡，沒有精力做學校的作業。結果越補越糟，越補習她對學習越沒有興趣，以致于她没能考上理想的中學。

⑤從這個例子就可以看出，父母的一些好像對孩子好的決策，實際上是害了孩子。家長們應該因材施教，用正確的方法教育孩子，提高孩子的學習成績。另外，不要強迫孩子做他們不喜歡做的事情，不要過分給孩子施加壓力。當然，適當的壓力能成爲孩子進步的動力，但過多的壓力就會讓孩子失去信心，不但不會進步，反而會退步。

回應“解決方法”

⑥家長應該根據孩子的實際情况制定合理的學習

目標，不要將目標定得太高。過高的目標會使孩子失去信心，甚至產生自卑感。目標也不要定得太低，這樣會使孩子們過分自信，容易驕傲自大。

⑦ 總的來說，正確的教育方法會對孩子的成長有好處，而錯誤的教育方法則對孩子的一生有負面影響。

10 次閱讀　0 個評論

HL 高級課程的作文對詞語的多元性和複雜性要求較高，包括多種多樣的慣用語（四字詞組、俗語、成語……）。以下爲在此例文中出現的一些慣用語。

① 換位思考　② 適得其反　③ 筋疲力盡
④ 因材施敎　⑤ 施加壓力　⑥ 驕傲自大
⑦ 尤爲重要

2. 思維導圖範例

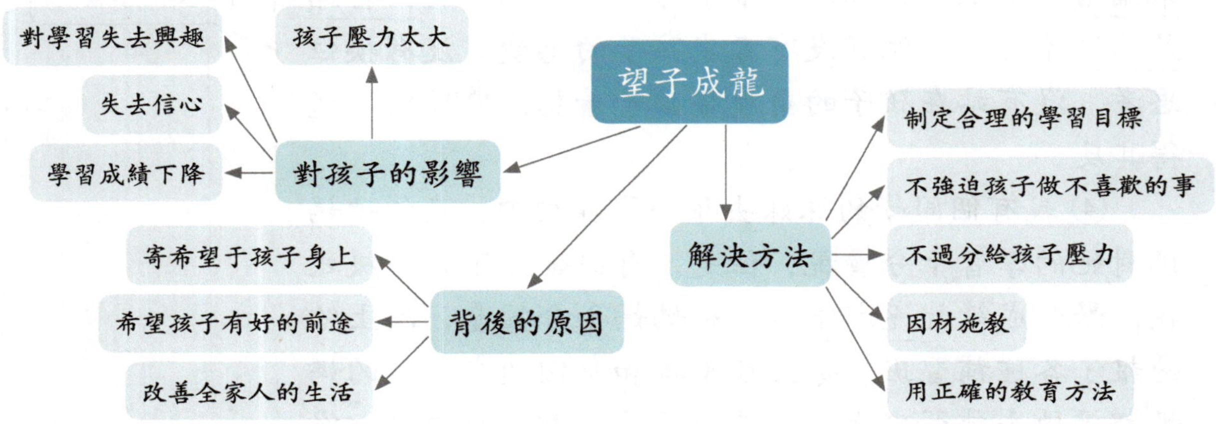

3. 寫作說明

（1）好的寫作必須具備的條件

- 說明主題和目的。
- 清楚說明望子成龍觀念產生的原因。
- 望子成龍對孩子的影響和解決問題兩方面都要寫到。
- 有適當的例子。
- 段落清楚、條理清晰、前後有序。
- 緊扣主題。
- 符合文體格式的要求和語氣。

（2）文體格式的選擇

①博客：最適合，因爲博客適合向廣泛的受衆發表自己的觀點。

②報刊文章：通常適合，因爲可以在報刊上向廣泛的受衆發表自己的觀點。

③書信：最不適合，因爲受衆有限，跟題目的情境和受衆不同。

（3）博客的文體格式要求：

- 以博主的口氣寫作；
- 必須在文章上方列出博主的博客地址或網站地址、題目、發佈日期；
- 博客下面要出現（一到兩個）×× 次閱讀，×× 個評論，×× 個轉載，×× 個回復；
- 語氣較爲正式。

（二）人際關係

例題：你最近跟一個好朋友因爲某件事分手了，感到非常難過。你希望跟學校的老師和同學分享你對“朋友”這個話題的看法，包括朋友的作用、什麽樣的人可以成爲朋友，以及爲什麽會失去朋友。請寫出這篇文章。字數要求在 540—720 字。

– 博客 – 演講稿 – 電郵

1. 例文

朋　友

老師們、同學們：你們好！

我最近跟一個好朋友因爲某件事分手了，感到非常難過。所以，我今天要跟你們談談“朋友“這個主題。

回應題目

朋友很重要。一個人如果沒有朋友，他的生活就會變得暗淡無光，生活也就失去了意義。朋友可以使人感到不再孤單，可以使人的生活充滿快樂。

回應“朋友的作用”

作爲學生，我們最盼望的就是每天在學校跟朋友見面。但是，如果我們不珍惜和朋友的友情，就會失去朋友，就會變成一個沒有朋友的孤獨者。

我們都知道，朋友得來不易。朋友之間要有同樣的愛好和同樣的目標，也就是志同道合。另外，朋友之間還要互相理解和互相尊重，遇到困難的時候要互相支持、互相幫助。有時候，即使那個人跟你的興趣相同，但你們性格不合，話不投機，也很難成爲朋友。

回應“什麼樣的人可以成爲朋友”

友情固然重要，但如果不珍惜、不互相理解或不能以寬容的態度對待對方，友情就容易出現裂痕，曾經的朋友也就不再是朋友。有時候，你跟朋友很久沒有聯繫，你們之間的關係也會變得疎遠、陌生，這個朋友也就慢慢地失去了。

俗話說:“路遙知馬力，日久見人心。”有些人在你得意的時候跟你做朋友，當你遇到挫折的時候就離你而去，那樣的“朋友”就不是真正的朋友。要找到一個真正的朋友是需要時間的。

回應“爲什麼會失去朋友”

能夠跟親密的朋友一起克服困難、享受快樂的時光是一件非常難得的事情，我們必須好好珍惜我們的朋友。

謝謝大家！

HL 高級課程的作文對詞語的多元性和複雜性要求較高，包括多種多樣的慣用語（四字詞組、俗語、成語……）。以下爲在此例文中出現的一些慣用語。

① 暗淡無光　② 得來不易　③ 志同道合
④ 性格不合　⑤ 話不投機　⑥ 固然重要
⑦ 疎遠陌生　⑧ 路遙知馬力，日久見人心。

2. 思維導圖範例

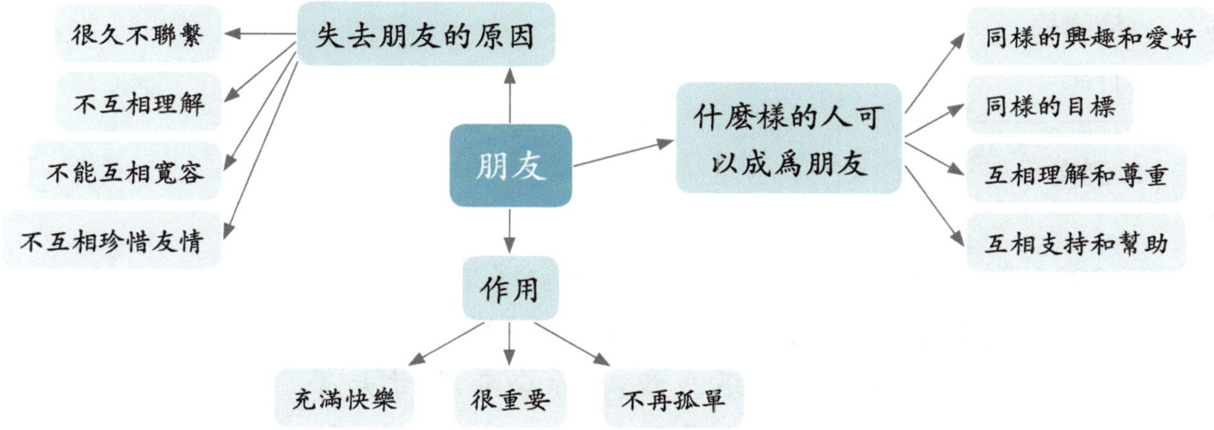

3. 寫作説明

（1）好的寫作必須具備的條件

- 回應題目。
- 清楚闡述朋友的作用，什麼樣的人可以成爲朋友，以及爲什麼會失去朋友，三方面缺一不可。
- 段落清楚、條理清晰、前後有序。
- 可以舉例説明。
- 内容要充實，有説服力。
- 符合文體格式的要求和語氣。

（2）文體格式的選擇

①演講稿：最適合，演講稿的語氣和目的與題目要求一致。

②博客：通常適合，因爲可以在博客上發表自己的觀點，但要有合適的受衆。

③電郵：最不適合，因爲受衆有限，語體也與題目要求不符。

（3）演講稿的文體格式要求

- 恰當的開場白（如“尊敬的老師”“各位同學”）和主題簡介；
- 主幹（條理清晰）；
- 總結，最好以“謝謝大家”作爲結束語；
- 語氣正式。

（三）教育與壓力問題

例題：媽媽對你的期望值太高，你感到有很大的壓力，于是你去找了學校的心理社工。請寫一篇文章，説説自己媽媽對自己期待的感受，并談談壓力對人的影響，以及如何減輕壓力。字數要求在540—720字。

– 書信
– 演講稿
– 日記

1. 例文

2025 年 11 月 5 日　星期三　天氣：多雲

今天，我的心情就跟外面的天氣一樣“多雲”。一大早起床，媽媽就開始跟我說：“你今年要考大學了，你要努力讀書。不用功學習，你就上不了大學。咱家就你一個孩子，媽媽就指望你了。”

回應題目

聽媽媽說這話時我的心情沉重極了。今年我要參加大學入學考試，我不僅要面對學校的壓力，還要在家承受來自媽媽的壓力，我感到心力交瘁。這幾天我晚上睡不好，也不想吃飯。今天我去找了學校的心理社工，希望得到他的幫助。

回應“心情和感受”

社工對我說，現在社會競爭激烈，父母對我要求高也是可以理解的。誰不希望自己的孩子有出息呢？其實，壓力是一把雙刃劍。良好地對待壓力，可以使人進步，反過來，它可能會成爲你失敗的根源。學生必須明白，前進需要動力，前進也需要壓力。如果沒有動力，就不能進步，同樣，沒有壓力，也不能前進。我們要把壓力變成動力，激發自己的學習熱情，努力進取。

回應“壓力對人的影響”

社工還告訴我，最大的壓力來源於我們自己。如果可以勇敢地應對壓力，我們的前途就會平坦光明，但是如果屈服于壓力，我們就會被壓力壓垮，甚至前途盡毀。要減輕壓力，除了多和三五知己一起出去做運動，以及保持足夠的睡眠以外，注意均衡的飲食也是非常重要的。社工說，高中時期正是長身體的關鍵階段，所以我們要重視飲食。因爲學習壓力大而不好好吃飯是不對的。我們應該按照食物金字塔的比例吃好一日三餐，吃健康的、有營養的食物，多吃蔬菜和水果，少吃快餐和零食。

回應“如何減輕壓力”

社工的話讓我明白，壓力其實不是祇屬于我們學生，社會上的每一個人都要面對不同的壓力。重要的是，我們要用健康的方法去減輕壓力，用積極的態度去解決問題。我要振作起來，以健康的生活方式去迎接考試的到來！

HL 高級課程的作文對詞語的多元性和複雜性要求較高，包括多種多樣的慣用語（四字詞組、俗語、成語……）。以下爲在此例文中出現的一些慣用語。

① 心力交瘁　② 社會競爭　③ 平坦光明

④ 前途盡毀　⑤ 三五知己

2. 思維導圖案例

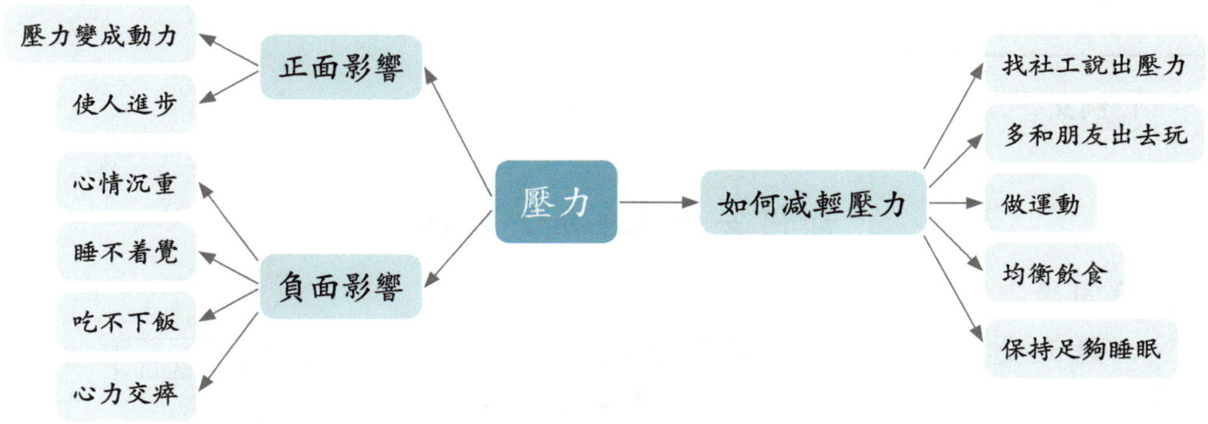

3. 寫作說明

（1）好的寫作必須具備的條件

- 要對題目進行回應。
- 從正反兩個方面闡述壓力對一個人的影響。

- 有條理地說明如何減輕壓力。
- 段落清楚、條理清晰、前後有序。
- 内容要充實，可以舉例說明。
- 符合文體格式的要求和語氣。

（2）文體格式的選擇

①日記：最適合，因爲題目要求說明自己的心情和感受。

②書信：通常適合，因爲可以和媽媽溝通交流，說出自己的心情和感受。

③演講稿：最不適合，因爲題目要求的受衆、語氣和情境都不適合演講稿。

（3）日記的文體格式要求

- 上方列出日期、星期和天氣狀況；
- 正文（條理清楚）；
- 用第一人稱寫；
- 語氣非正式。

（四）社區活動

例題：夏天是同學們參加暑期戶外活動的好時光，但也有可能發生意外。請代表學生會寫一篇文章，告訴同學們參加戶外活動的意義，以及如何安全地參加戶外活動，理由是什麼。字數要求在540—720字。

– 指南 – 電郵 – 演講稿

1. 例文

如何安全地參加戶外活動

各位同學：

夏天是同學們參加暑期戶外活動的好時光，但也有可能發生意外。因此，以下是參加戶外活動的意義，以及一些關于如何安全地參加戶外活動的建議。

（回應題目）

爲什麼要參加戶外活動呢？戶外的空氣新鮮，陽光充足，可以讓我們呼吸到更多的氧氣，補充維生素D，使我們的身體不易缺鈣，太陽光中的紫外線還能

（回應“參加戶外活動的意義”）

提高身體肌肉的活動能力。除此之外，戶外活動還可以加強心臟活動的能力，改善身體各器官的機能，促進生長發育。但是，我們在戶外活動，必須要注意安全，避免身體受到不必要的傷害。

第一，同學們參加戶外活動之前應該吃足夠的食物，特別是米飯、麵包、新鮮蔬菜和水果類食品，因爲這些食物能讓我們保持足夠的體力，精力充沛。如果同學們不吃飽飯，就不會有足夠的力量去參加戶外活動，就會增加發生意外的風險，比如受傷或者暈倒。

回應“安全注意事項，以及原因”

第二，同學們參加戶外活動時一定要記得多喝水，因爲活動時我們會出汗，需要及時補充水分。如果同學們不喝水，就會感到體虛，全身不舒服，從而增加發生意外的風險。

第三，同學們參加戶外活動之前應該做熱身。校醫指出，做熱身可以減少發生抽筋的情況，從而減少發生意外的風險。熱身包括慢跑、散步、拉筋等。

最後，同學們參加戶外活動時應該穿合適的衣服，比如淺色的襯衫和褲子，戴帽子、墨鏡等，防止中暑。還有，如果同學們參加戶外的體育活動，比如籃球、足球、游泳等，不應該戴任何飾品，比如耳環、項鏈等，以減少同學們意外划傷自己或者別人的風險。

希望各位同學注意以上事項，做好預防，避免風險，安全地參加戶外活動。

學生會

2025 年 4 月 25 日

HL 高級課程的作文對詞語的多元性和複雜性要求較高，包括多種多樣的慣用語（四字詞組、俗語、成語……）。以下爲在此例文中出現的一些慣用語。

① 空氣新鮮　② 陽光充足　③ 生長髮育

④ 精力充沛

2. 思維導圖範例

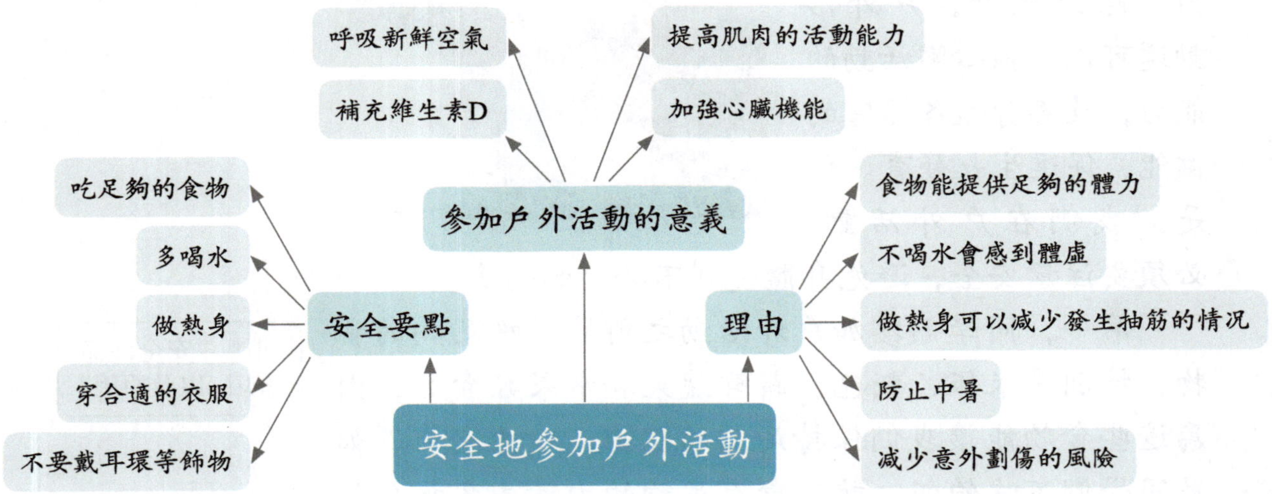

3. 寫作說明

（1）好的寫作必須具備的條件

- 要回應主題。
- 說明參加戶外活動的意義。
- 列出安全參加戶外活動的安全要點，及其理由。
- 條理要清楚。
- 內容應充實。
- 符合文體格式的要求和語氣。

（2）文體格式的選擇

①指南：最適合，因爲安全要點和理由用指南的格式最爲清楚有條理。

②電郵：通常適合，因爲可以通過群發電郵向同學們說明。

③演講稿：最不適合，因爲題目要求的語氣和情境都不適合演講稿。

（3）指南的文體格式要求

- 有標題；
- 舉例說明（數據、科研成果、親身體驗）；
- 有合適的結尾；
- 半正式或較爲正式的語氣。

（五）法律與秩序

例題：爲了防止毒品的泛濫，學校決定對高中生進行毒品抽查檢測。請寫一篇文章，說明學校毒品檢測的優點和缺點，以及防止學生吸毒的正確做法。字數要求在540—720字。

– 演講稿
– 校報文章
– 建議書

1. 例文

學校毒品檢測的優點和缺點

（作者：王大右）

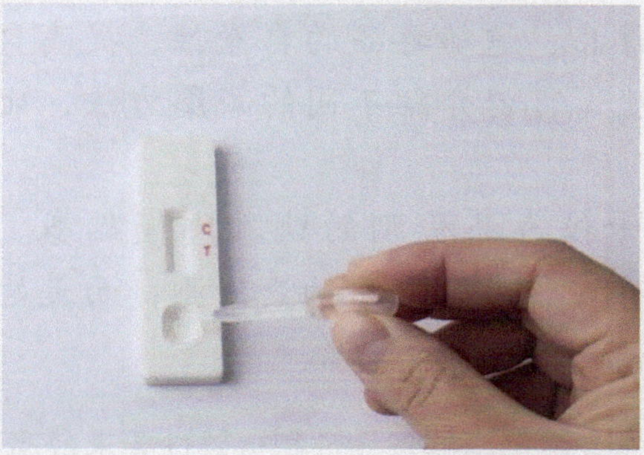

回應題目

爲了防止毒品的泛濫，學校決定對高中生進行毒品抽查檢測。衆所周知，毒品對青少年的身心發展有非常大的負面影響，它會直接影響學生們的身體健康和心理健康。這篇文章會分析學校毒品檢測的優點和缺點。

回應“檢測的優點”

毒品不僅會影響學生們的身體健康，而且會影響學生們的記憶力、辨别是非能力和專註力等。因此，在學校進行毒品檢測是一件好事，因爲這會對吸毒的學生有阻止的作用，預防毒品在校園蔓延。學生們會因爲擔心受罰，而不敢使用毒品。

可是，有些心理專家認爲學校毒品檢測是一件壞事，因爲它可能會令學生産生逆反情緒，更加想反抗學校的規矩，去接近毒品。

回應“檢測的缺點”

除此之外，心理專家還指出，學校毒品檢測不會從根本上解決學生們使用毒品的問題，達不到防止毒品泛濫的目的。根據學校最近進行的調查，使用毒品的學生中有百分之五十是爲了逃避學習的壓力。學校毒品檢測解決不了這個問題，反而可能令他們想辦法去隱藏他們的毒品。

還有，毒品檢測并不便宜。如果每一位學生都接受毒品檢測，學校會花費很多金錢和時間。

我認爲，防止青少年吸毒的正確做法包括：在全社會加強禁毒宣傳教育，注重學校教育、家庭教育、社會教育的有機結合；把防毒、禁毒教育作爲對品德教育的重要內容，充分發揮學校的教育作用，以達到防微杜漸、防患未然的目的；學校可以舉辦一些講座來增加學生們對毒品的瞭解，對青少年學生進行禁毒教育，增強拒絕毒品、遠離毒品的自覺性，提高自我防範的能力，講座還可以介紹不同的減壓方法，比如做運動、瑜伽等。

回應“正確做法”

總的來說，學校毒品檢測的缺點比優點多。因此，我認爲學校不應該進行毒品抽查檢測，而是應該通過教育的方法來防止毒品的泛濫。

HL 高級課程的作文對詞語的多元性和複雜性要求較高，包括多種多樣的慣用語（四字詞組、俗語、成語……）。以下爲在此例文中出現的一些慣用語。

① 衆所周知　② 身心發展　③ 逆反情緒
④ 防微杜漸　⑤ 防患未然　⑥ 自我防範

2. 思維導圖範例

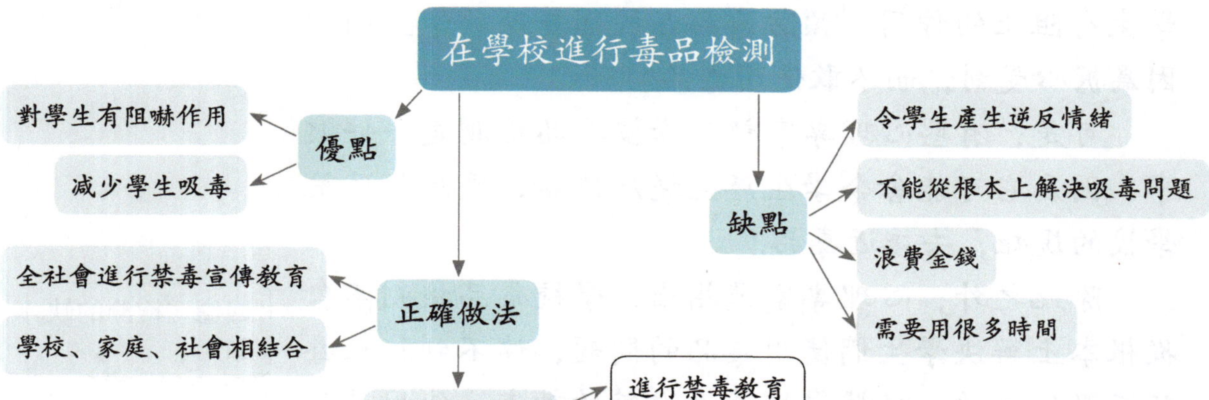

3. 寫作說明

（1）好的寫作必須具備的條件

- 對題目進行回應。
- 條理清楚，前後有序。
- 有理有據地說明在學校進行毒品檢測的優點和缺點，不可衹說一方面。
- 闡述防止學生吸毒的正確做法。
- 內容應充實。可以舉例說明。
- 符合文體格式的要求和語氣。

（2）文體格式的選擇

①校報文章：最適合，因爲可以在校報上發表對學校事情的觀點和看法。

②演講稿：通常適合，如果加上適當的受衆就可以通過演講發表觀點和看法。

③建議書：最不適合，因爲題目沒有要求提出建議。

（3）校報文章的文體格

- 有標題；
- 有作者姓名；
- 有針對性的讀者；
- 正式語氣。

（六）教育

例題：每位家長都希望自己的子女能出人頭地，所以給子女提出了很高的要求。作爲學生會代表，你要跟家長們分享中國傳統教育觀念，指出家庭教育的正確做法和不正確的做法。字數要求在 540—720 字。

1. 例文

各位家長：

你們好！

今天我代表學校的同學，在這裏講講關于我們學生面對的學習壓力的問題。其實，我們的學習壓力大部分來自家長，所以，在開始演講之

回應題目

前，我先要呼籲各位家長：不要在學習上給孩子太大的壓力！

我明白，每位家長都希望自己的子女將來能有出息、出人頭地。我也知道，中國有個傳統教育觀念，就是“學而優則仕”，就是說，努力學習取得好成績，將來就可以有大好前途。因此家長們“望子成龍”，很看重子女的學業，甚至給他們提出了很高的要求。

> 回應“中國傳統的教育觀念”

> 回應“家庭教育的錯誤做法”

我身邊很多同學都感受到了來自他們父母的不同程度的壓力。有些同學考試沒考好就會被父母責罵，甚至被懲罰，比如沒收手機或電腦等。

我很幸運，因爲我的父母并沒有像那些家長一樣在學習上給我壓力。我的父母當然也明白學習成績的重要，也希望我出人頭地，但他們從來都沒有向我提出過任何成績上的要求，反而常常告訴我要向自己擅長、有興趣的方面發展。在學習方面，他們只要求我盡力而爲，衹要盡了力，成績并不是最重要的。我的壓力都是來自于我對自己的高要求。我認爲，衹有現在努力讀書，取得好成績，將來才會有更好的發展。

> 回應“家庭教育的正確做法”

此外，我的父母認爲情緒控制能力和逆境應變能力比學習成績更重要。他們會在日常生活中訓練我，例如，我們一家出去旅行前，我的父母會把籌劃的工作交給我負責。通過訂機票和安排行程，我學會了怎樣與別人溝通，提高了組織能力和應變能力。我覺得這樣的訓練對我將來的生活有非常大的好處。

總的來說，判斷一個人是否成功，不衹是看他的學習成績，更重要的是要看他的品德、情緒控制和抗逆的能力。所以，家長們，請不要在子女學業方面給他們太大的壓力了！

謝謝各位家長聽我的演講！

HL 高級課程的作文對詞語的多元性和複雜性要求較高，包括多種多樣的慣用語（四字詞組、俗語、成語……）。以下爲在此例文中出現的一些慣用語。

① 出人頭地	② 學而優則仕	③ 大好前途
④ 望子成龍	⑤ 盡力而爲	⑥ 情緒控制
⑦ 逆境應變		

2. 思維導圖範例

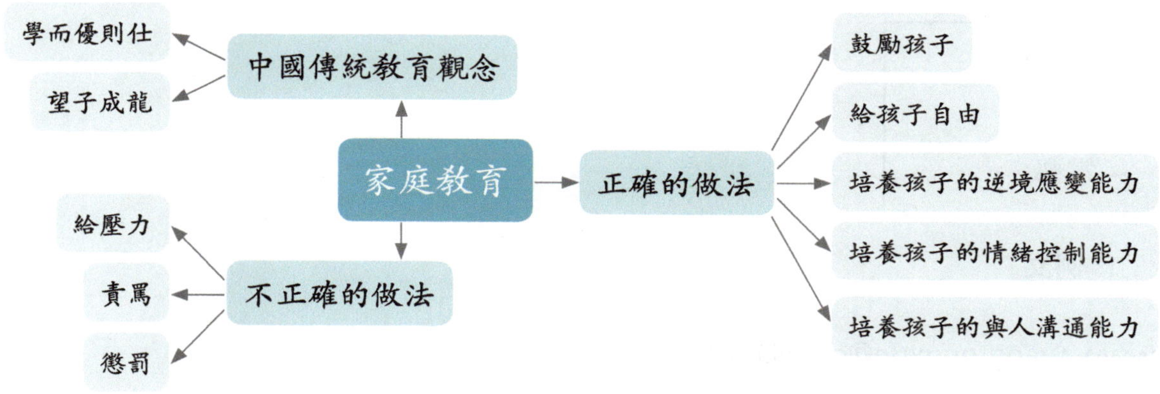

3. 寫作説明

（1）好的寫作必須具備的條件

- 對題目做出回應。
- 説明中國傳統的教育觀念。
- 清楚闡述家庭教育的正確做法和不正確做法，不可衹説一方面。
- 列出重點大綱。
- 段落清楚、條理清晰、前後有序。
- 內容要充實、有説服力。可以舉例説明。
- 符合文體格式的要求和語氣。

（2）文體格式的選擇

①演講稿：最適合，因爲可以在對適當的受衆發表自己的觀點和看法。

②採訪稿：通常適合，可以採訪適當的受衆，可以通過問答形式發表觀點和看法。

③博客：最不適合，因爲受衆過于廣泛，與題目要求不符。

（3）演講稿的文體格式要求

- 恰當的開場白（如“尊敬的老師”、“各位同學”）和主題簡介；
- 主幹（條理清楚）；
- 總結；
- 以“謝謝大家”作爲結束語；

- 正式的語氣。

（七）學校秩序

例題：最近學校發現有學生在校內抽烟，但衹給了記錄在案的處罰。你想對這件事發表你的看法，包括你對這件事的看法、處罰的作用，以及應該如何解決違反校規的問題。字數要求在540—720字。

– 演講稿
– 博客
– 電郵

1. 例文

www.wangtongxue@gmail.com
主題：學校應該如何處罰違反校規的學生
發佈日期：2025年5月3日

回應題目

回應“你對事件的看法”

今天在我的學校發生了一件事：一個高年級的學生被發現在校園內抽烟，可是學校衹在那個學生的檔案上記錄了這個錯誤行爲。我跟其他同學都覺得這樣的處罰太輕，根本不能糾正違規學生的不當行爲。

現在，全社會都已經採取措施禁止人們在室內和一些室外公共場所吸烟。任何人違反吸烟規定都要被罰款。中國教育部也已經發出了關于在全國各級各類學校禁烟的通知，强調吸烟有害健康。在校園裏吸烟屬于嚴重的不良行爲，學校應該對在校園內吸烟的學生進行重罰。那應該如何處理違反校規的事情呢？

回應“處罰的作用”

首先，處罰必須要有阻嚇作用。處罰不但可以提醒這個學生以後不要再犯同樣的錯誤，還可以警告其他學生不可以做違反校規的事。祇記錄在案對該名學生沒有太大的作用，將來他可能還會重蹈覆轍，犯同樣的錯誤。學校應該嚴格管教那些不遵守校規的學生，給他們適當的處罰，例如放學後留堂，停課甚至開除，當然，跟家長溝通是必不可少的。

此外，要解決學生違反校規的問題，我認爲應從教育入手。學校不僅是教授學生知識和技能的地方，更有責任爲社會培養品學兼優的人才。學生在學校的幾年裏不應當祇是應付各種考試，更重要的是要學習如何做一個有責任心、有獨立思考能力和辨別是非能力的人。因此，除了適當的處罰之外，學校還應該注重品德教育，教育學生要嚴格遵守學校的規則。

> 回應"如何解決違反校規的問題"

總的來說，違反校規的學生必須受到具阻嚇力的處罰。適當的處罰不僅有利於學校樹立好的校風，還可以使學生接受教訓，將來不致犯下大錯。當然，對學生進行正確的人生觀和價值觀教育才是徹底解決問題的方法。

不知道你們對這個話題有什麽看法。請在下面留言。

10 個閱讀　2 個贊

HL 高級課程的作文對詞語的多元性和複雜性要求較高，包括多種多樣的慣用語（四字詞組、俗語、成語……）。以下爲在此例文中出現的一些慣用語。

① 記錄在案　② 重蹈覆轍　③ 不當行爲
④ 必不可少　⑤ 辨別是非　⑥ 獨立思考
⑦ 品德教育

2. 思維導圖範例

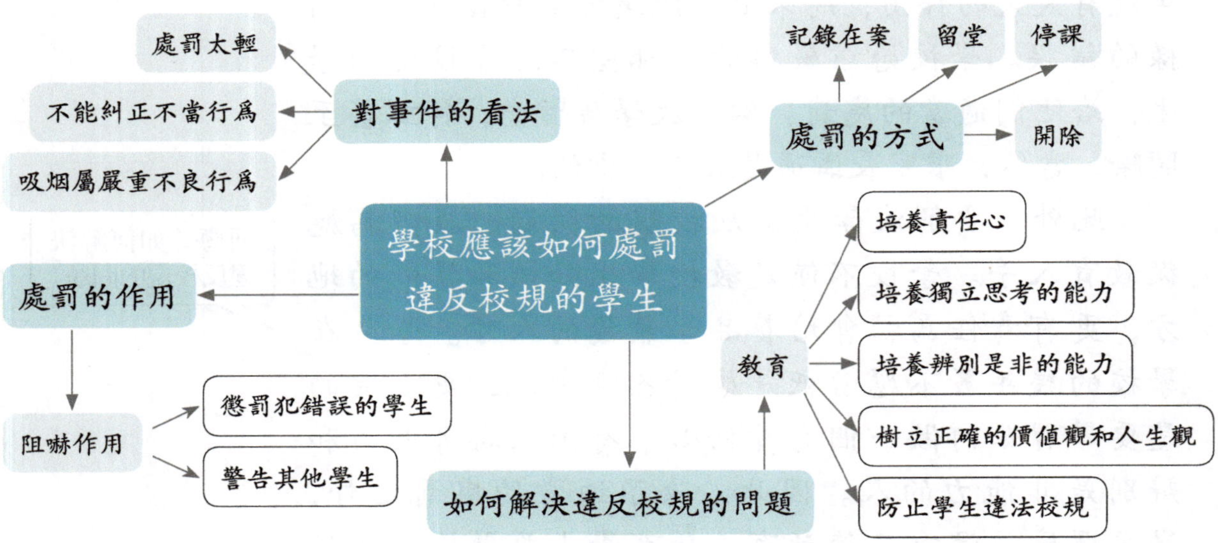

3. 寫作説明

（1）好的寫作必須具備的條件

- 對題目做出回應。
- 闡述對事件的看法。
- 處罰的作用和如何解決兩方面都要涵蓋。
- 段落清楚、條理清晰、前後有序。
- 全文緊扣主題。
- 符合文體格式的要求和語氣。

（2）文體格式的選擇

①博客：最適合，因爲這個話題和受衆都適合博客。

②演講稿：通常適合，如果有適當的受衆，可以通過演講發表觀點和看法。

③書信：最不適合，因爲受衆有限，與題目要求不符。

（3）博客的文體格式要求

- 以博主的口氣寫作；
- 必須在文章上方列出博主的博客地址或網站地址、題目、發佈日期；
- 博客下面要出現（一到兩個）×× 次閱讀，×× 個評論，×× 個轉載，×× 個回復；
- 語氣較爲正式。

（八）教育

例題：近年來，青少年吸毒的問題越來越嚴重，這已經成爲青少年犯罪的原因之一。你向一些曾經有吸毒問題的青少年瞭解了他們吸毒的原因，并說明吸毒對健康和家庭關係的危害。字數要求在540—720字。

- 採訪報道
- 指南
- 書信

1. 例文

對毒品說不

（記者：王一紅）

近年來，青少年吸毒的問題越來越嚴重，這已經成爲青少年犯罪的原因之一。那麼，爲什麼會有這麼多人吸毒呢？上個星期，我去了市內一所青少年戒毒中心，并在那裏採訪了一些正在接受戒毒的青少年，請他們談談他們吸毒的原因，以及他們現在對吸毒的看法。

回應題目

接受採訪的李同學說，跟大多數曾經吸毒的青少年一樣，他開始接觸毒品也是因爲好奇。那時候，他對毒品的危害不瞭解，試過一次之後就誤入歧途，不能自拔。有研究發現，因爲好奇而染上毒癮占青少年吸毒原因的百分之七十。

回應“吸毒的原因”

王同學說她的父母在她還很小的時候就離婚了，她的媽媽整天心情都不好，有時候還吸毒。受到不良的家庭環境影響，王同學也開始接觸毒品。家庭環境對青少年的成長至關重要。

張同學說他誤交損友，好朋友吸毒，讓他也試試，還說如果他不一起吸，就不跟他做朋友了。青少年不夠成熟，分辨是非的能力差，盲目從衆心理強，容易受到朋友的影響。

那麼，吸毒對青少年有什麼危害呢？

回應“吸毒對身體的危害”

王同學說，經過在戒毒中心的學習，她明白了，吸毒的最大壞處就是損害青少年的身心健康。各類毒品對人體都有嚴重危害，尤其是青少年身心發育還沒有成熟，受到的危害會更加嚴重。吸毒不僅會導致青少年記憶力衰退、營養不良、抵抗力下降、患上心臟病等，而且還會使他們出現神志不清、精神萎靡等現象。

李同學說，吸毒會嚴重影響家庭生活。他的爸爸媽媽因爲他吸毒的問題變得非常不開心，媽媽還被氣病了。他經常因爲吸毒的問題和爸爸媽媽吵架，導致家庭不和。

回應“吸毒對家庭關係的危害”

張同學說，吸毒對身體的危害特別大。他因爲吸毒導致精神不能集中，上課聽不進老師講的東西。另外，他還經常覺得疲勞，做什麽都沒有動力。

根據他們所說的，吸毒對青少年的身心危害都非常大。青少年一定不要吸毒，要學會對毒品說不，要珍愛自己的生命，珍惜和家人的關係。希望所有的青少年都能夠健康成長。

HL 高級課程的作文對詞語的多元性和複雜性要求較高，包括多種多樣的慣用語（四字詞組、俗語、成語……）。以下爲在此例文中出現的一些慣用語。

① 誤入歧途　② 不能自拔　③ 至關重要
④ 誤交損友　⑤ 分辨是非　⑥ 盲目從衆
⑦ 營養不良　⑧ 神志不清　⑨ 精神萎靡

2. 思維導圖範例

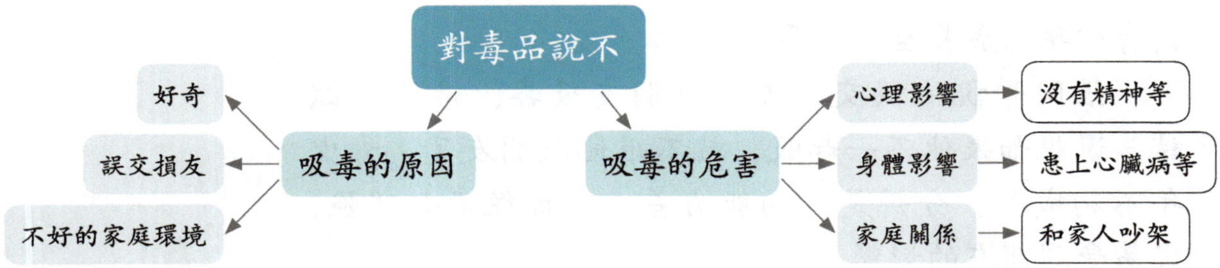

3. 寫作說明

（1）好的寫作必須具備的條件

- 明確地回應題目。

- 和兩個或兩個以上的同學聊天。
- 内容涵蓋題目要求的三個方面，并針對主題進行較爲深入的討論。
- 有合適的結尾總結。
- 符合文體格式的要求和語氣。

（2）文體格式的選擇

①採訪報道：最適合，因爲題目要求“向一些曾經有吸毒問題的青少年瞭解……”。

②書信：通常適合，如果有適當的受衆（比如媽媽），可以通過書信表達觀點和看法。

③指南：最不適合，因爲題目的情境和目的與指南不符。

（3）採訪報道的文體格式要求

- 以敘述方式報道：
  - 有標題；
  - 開頭（前言或主題）；
  - 主幹（條理清楚）；
  - 結尾總結；
  - 語氣較爲正式。

（九）義工活動

例題：你是一個大學一年級的學生。對于過去兩年你參加的義工活動，你深有體會。你跟你的還在上中學的朋友分享你對做義工態度的轉變，説明做義工活動的種類，以及做義工活動的收穫。字數要求在 540—720 字。

– 日記 – 書信 – 訪談

1. 例文

親愛的小文：

你好！

最近功課多嗎？你現在讀國際文憑課程，除了學六門科目以外，還要做“創意—行動—服務”的課外活動。這些活動可能要花很多時間，但是你一定會有收穫的。雖然我現在是大學生，但我在中學時也曾參

回應題目

加過很多類似的課外活動，并從那些活動，特别是義工活動中，得到了許多寶貴的經驗。現在就讓我和你談一談我做義工的經歷吧！

其實，剛開始的時候，我對做義工挺抗拒的，覺得浪費了我學習的時間。但做了幾次義工服務後，我發現自己挺有成就感的。我明白了助人爲樂的道理。其實，付出也是一種快樂。對我來説，做義工不再衹是因爲課程要求而去被動地接受，它已經成了我生活至關重要的一部分。那時候，我還認識了一些志同道合的朋友，直到現在我們還經常一起去做義工。

回應"態度的轉變"

義工服務有很多種，例如探望老人或孤兒、去鄉村教英文、幫助貧窮地區的兒童蓋學校等，你可以選擇自己感興趣的活動去參加。做義工也有各種形式和方法，你可以捐錢捐物，也可以拿出自己的時間，衹要盡力而爲，盡自己所能去做就行了。

回應"義工活動的種類"

記得有一次，學校組織我們去養老院做義工。走進養老院，我們看到很多老人坐着輪椅在院子裏曬太陽。剛開始的時候，在老人面前我們還有些拘謹，不知道怎麽跟老人聊天。老人們熱情的笑臉讓我們放鬆下來，我們把老人當作朋友一樣聊起天來。老人也給我們講他們自己的過去。看着老人們露出開心的笑容，我也覺得特别開心。我對尊老愛幼這個中華民族的傳統美德有了更深的體會。

總之，做義工是一件十分有意義的事。做義工服務讓我成長了，變得更有自信，生活也過得更充實。不要擔心做義工會影響你的功課或者社交生活，時間

回應"做義工活動的收穫"

是自己分配的，衹要安排得好，一定可以把書讀好，同時也可以幫助有需要的人。你還可以通過義工活動擴大你的朋友圈呢。我希望你在義工服務中也能收穫頗豐。

祝你

身體健康，學習進步！

朋友　小天

10 月 1 日

HL 高級課程的作文對詞語的多元性和複雜性要求較高，包括多種多樣的慣用語（四字詞組、俗語、成語……）。以下爲在此例文中出現的一些慣用語。

① 助人爲樂　② 至關重要　③ 志同道合
④ 捐錢捐物　⑤ 盡力而爲　⑥ 尊老愛幼
⑦ 傳統美德　⑧ 收穫頗豐

2. 思維導圖範例

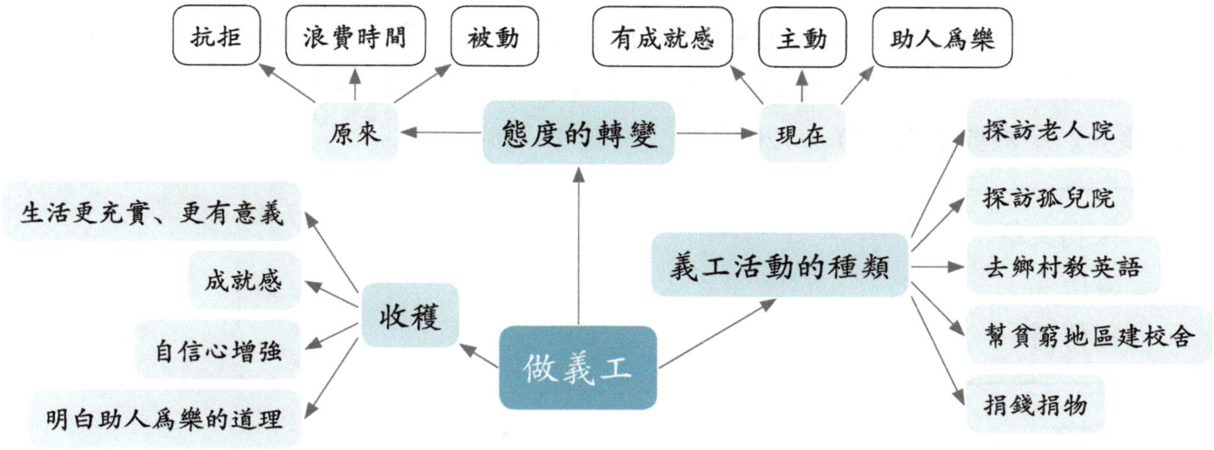

3. 寫作説明

（1）好的寫作必須具備的條件

- 明確地回應題目。
- 説明自己對義工活動態度的轉變。
- 清楚列明義工活動的種類。
- 有理有據地説明義工對青少年的影響。
- 可以舉例説明。

- 內容應充實。
- 符合文體格式的要求和語氣。

（2）文體格式的選擇

①書信：最適合，因爲題目要求“跟你的還在上中學的朋友說明……”。

②訪談：通常適合，因爲可以通過問答的形式進行說明。

③日記：最不適合，因爲題目的受衆和目的與日記不符。

（3）私人信的文體格式要求

- 遵照中國信的格式：
  - 稱呼（朋友或熟人之間可用昵稱，頂格寫）；
  - 問候（另起一行，空兩格）；
  - 正文；
  - 祝詞（如“祝，身體健康”）；
  - 身份 + 署名（朋友或熟人之間可用昵稱，寫在右下角）；
  - 日期（年月日，寫在右下角）；
  - 非正式語氣。

（十）網上教育

例題：近年來，網上教育越來越流行，就連學漢語都可以在網上進行。作爲中學生，你想結合自己學漢語的體會，談談網上學漢語的好處和壞處，以及線上和線下學習的差异。字數要求在 540—720 字。

– 報刊文章 – 書信 – 宣傳冊

1. 例文

網上學漢語的好處和壞處

（作者：馬小花）

近年來，網上教育越來越普及，就連學漢語都可以在網上進行。大家都知道，隨着中國經濟的突飛猛進，越來越多的人開始學漢語。爲了方便，很多人開始在網上自學漢語。那麽，到底這樣學漢語是好還是

回應題目

不好呢？

我覺得網上學漢語有好處也有壞處。以下是我的看法。

回應“網上學漢語的好處”

首先，網上學習的主要形式是視頻通話，老師變得跟網友一樣，學生和老師的關係變得更親近。這會使學生們不怕提問，使他們的學習壓力變小。同時，老師們可以發送圖片、錄音、電影等來回答學生們的提問。

還有，在網上學漢語使學習變得非常方便。老師和學生們可以在他們方便的時間和地點學習，師生都比較放鬆。學生們可以坐在家裏上課，而不需要到學校去。這特別適合工作繁忙、經常出差的學習者。除此之外，討論、寫作文都可以在網上進行，使學習更加輕鬆愉快。

回應“網上學漢語的壞處”

可是，網上學漢語也有一些壞處。首先，有些地區的網速不夠快，特別是山區或偏遠地區，那裏的學生學習會受影響。還有，有些家庭沒錢買新的電腦，而舊的電腦速度跟不上在線課堂的速度，使學習不能順利進行。因此，對某些學生來說，網上學習是可遇不可求的事情。另外，網上學漢語并不適合每一位學生。有些學生不習慣這種上課方式，容易分心。

回應“線上和線下學習的差异”

無論是線上還是線下，漢語教學中的師生互動都是關鍵一環。在線教學盡管突破了時空限制，但不可避免的是師生之間仍然隔着一個屏幕。相對線下學習，線上學習的優勢除了打破時空限制之外，也有利於學生自主學習能力的培養。相對線上學習，線下學習時參與多種課堂活動更加方便，測驗考試方式也更加多種多樣。

總的來說，網上學漢語這種學習方式絶對不應該成爲傳統課堂的替代品，因爲傳統學校裏的老師可以隨時隨地監督學生的行爲習慣。但網上學漢語的確有很多好處，所以學校應該鼓勵學生們在假期或週末在網上學漢語。

HL 高級課程的作文對詞語的多元性和複雜性要求較高，包括多種多樣的慣用語（四字詞組、俗語、成語……）。以下爲在此例文中出現的一些慣用語。

① 突飛猛進 ② 輕鬆愉快 ③ 可遇不可求
④ 時空限制 ⑤ 不可避免 ⑥ 自主學習
⑦ 多種多樣 ⑧ 隨時隨地

2. 思維導圖範例

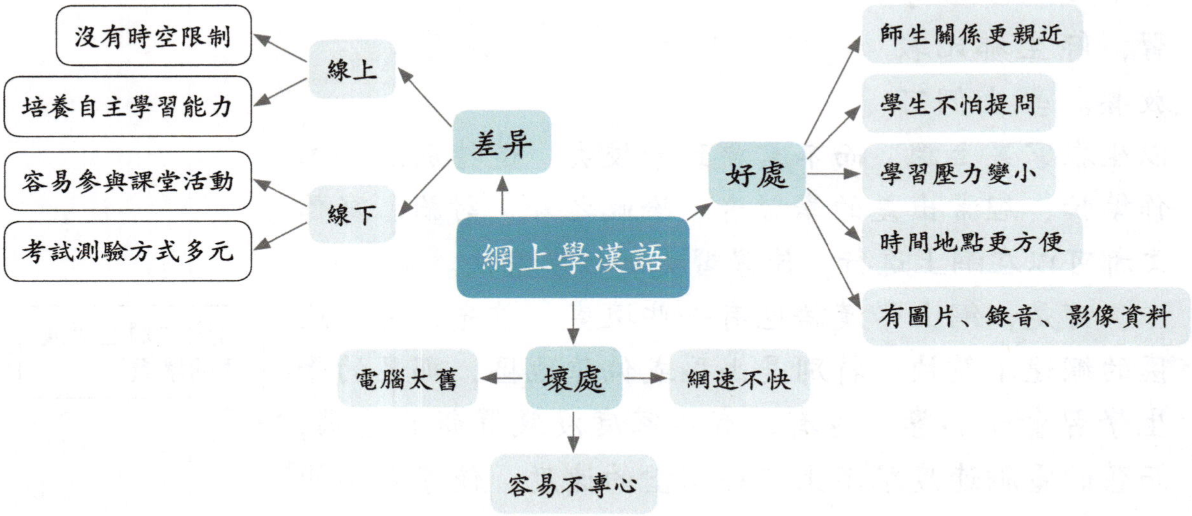

3. 寫作說明

（1）好的寫作必須具備的條件

- 明確地回應題目。
- 條理清楚，前後有序。
- 有理有據地說明網上學漢語的好處和壞處，不可衹說一方面。
- 闡明線上和線下學習的差异。
- 內容應充實，可以舉例說明。
- 符合文體格式的要求和語氣。

（2）文體格式的選擇

①報刊文章：最適合，因爲可以在報刊上發表自己的觀點。

②書信：通常適合，如果有適合的受衆，可以向受衆表達自己的觀點。

③宣傳冊：最不適合，因爲題目的受衆和目的與宣傳冊不符。

（3）報刊文章的文體格式要求

- 有標題；
- 有作者姓名；
- 正文（條理清楚）；
- 有針對的讀者；
- 語氣正式。

二、參考題庫

（一）在剛過去的暑假，你和一些同學去做了暑期工。你希望和中文班的老師和同學分享做暑期工的經歷，包括你做了什麼暑期工、暑期工對你的影響，以及你從做暑期工中得到的收穫。寫字數要求在540—720字。【演講稿，辯論稿，電郵】

（二）你經常與父母因爲看法不一樣而發生爭吵，爲此你感到很苦惱。寫一篇文章，表達你的想法，包括你和父母在哪些方面有不同的看法，造成不同看法的原因，以及如何改善與父母之間關係。寫出你的評論。字數要求在540—720字。【日記，指南，書信】

（三）你的學校將參加當地華人社區舉辦的一個中國地理展覽，你負責介紹一個中國城市。請寫一篇文章介紹這個城市的基本信息、著名景點，以及特色美食。字數要求在540—720字。【宣傳冊，演講稿，電郵】

（四）你的學校下個星期要舉辦一年一度的運動會。你是學校體育運動會的負責人，希望告訴同學們運動會的比賽內容和注意事項，以及運動對學習的影響。字數要求在540—720字。【通告，電郵，博客】

（五）你是學校文藝社的負責人，爲了吸引更多同學參加文藝社的活動，你想向他們介紹這個文藝社的創建目的、主要的活動內容，以及同學們如何從這些活動中受益。字數要求在540—720字。【校報文章，宣傳冊，電郵】

（六）有人認爲快樂取決于他的成功，但也有人認爲幫助別人才能讓自己感到快樂。你要與當地社區居民分享什麼是快樂，以及幫助別人給自己和他人帶來的影響。字數要求在540—720字。【演講稿，建議書，博客】

（七）有些家長對孩子的管束非常嚴格。請結合自己的親身體驗，從好壞兩個方面談談家長管束孩子的方法，并給家長們提出建議。字數要求在540—720字。【訪談，

辯論稿，演講稿】

（八）自從中國取消獨生子女政策以來，不少父母開始考慮生第二個孩子。同學們對此各抒己見，你想跟同學們分享你的看法，包括：你認爲家長爲什麼要生二胎，對父母生二胎的期待和擔憂，以及怎樣和弟弟妹妹相處。字數要求在 540—720 字。【演講稿，博客，電郵】

（九）你的學校校長決定把體育課列爲必修課，安排在每天早上第一節。作爲學生會的會長，你決定寫一篇文章説明這個改變的原因，以及這個改變的好處。字數要求在 540—720 字。【采訪稿，報刊文章，指南】

（十）你的學校最近新開設了一門人際關係的課程。假設你是校長，要寫一篇文章，説説開設這門課的原因、學生可以在這門課上學到什麼，以及這門課如何令學生受益。字數要求在 540—720 字。【建議書，演講稿，采訪記錄】

（十一）有人認爲分快慢班對學生的學習更好，但也有人認爲學生不應該按照學習成績分班。請寫一篇文章，説明分快慢班的好處和壞處，以及如何做到"因材施教"。字數要求在 540—720 字。【電子郵件，博客，校報文章】

（十二）你剛參加完一項在國外的義工活動歸來。主辦方需要一些反饋意見，你決定寫一篇文章，從正反兩方面説明這次活動的經歷，以及一些需要改進的方面。字數要求在 540—720 字。【官方報道，博客，正式信函】

（十三）你住的社區健身中心即將推出一系列運動訓練課程。爲吸引更多居民參加，作爲該項目的負責人，你要介紹這個運動訓練課程，以及個人和社區將如何受益于這項課程。字數要求在 540—720 字。【文章，電郵，宣傳册】

（十四）當地政府打算把小區裏的社區文娱中心改建成大型商場。你決定收集小區居民的意見，向當地政府反映。寫一篇文章，説説你在社區文娱中心的難忘經歷，以及居民贊成和反對興建大型商場的原因。字數要求在 540—720 字。【口頭報告，書信，傳單】

（十五）你申請到了兩個暑期實習工作的機會。你非常興奮，但祇能選一個。比較兩個工作的優點和缺點，以及你做最後決定的原因。字數要求在 540—720 字。【訪談，博客，日記】

（十六）"養兒防老"是中國社會的一個傳統觀念。中國人普遍認爲子女長大以後應該贍養父母。在和朋友們討論這個話題後，你發現有的人持相反意見。你想比較這兩種不同的觀點和理由，并闡述是否應該傳承這個傳統觀念。字數要求在 540—720 字。【博客，訪談，演講稿】

（十七）你和一些朋友週末去露營了。這是你第一次參加露營活動，雖然遇到了一些困難，但這次經歷還是讓你非常難忘。寫一篇文章，談談你這次露營的經歷，你從

這次露營中學到了什麽，以及對你一生的影響。字數要求在540—720字。【日記，演講稿，書信】

（十八）過去一個月，你一直在一家醫院做義工。這個經歷改變了你原本對醫療服務的一些看法。寫一篇文章，記錄你在醫院做義工期間的所見所聞，你的看法有了什麽改變，以及這次經歷對你一生的影響。字數要求在540—720字。【演講稿，日記，建議書】

（十九）在一次學校旅行活動中，老師要求一個男生和一個女生爲一組完成任務。寫一篇文章，談談和异性同學合作的好處和壞處，以及男女同學雙方可以怎樣從合作中受益。字數要求在540—720字。【報刊文章，演講稿，電郵】

（二十）學校最近開展了“讀書周”活動。作爲讀書俱樂部的代表，你要向同學們描述你自己的個人閱讀體驗，指出影響閱讀成效的因素，論述閱讀的必要性和重要性。字數要求在540—720字。【演講稿，書信，博客】

（二十一）你的父母工作非常忙，而且經常去外國出差，因此讓你和祖父母一起住。寫一篇文章，分析一下和祖父母一起住的好處和壞處，以及最理想的祖孫關係是什麽樣的。字數要求在540—720字。【報刊文章，書信，日記】

（二十二）老師常常告訴學生，堅持才能成功。請寫一篇文章，闡述什麽是成功，從正反兩個方面談談堅持和成功的關係。字數要求在540—720字。【演講稿，電郵，博客】

主題五：全球問題

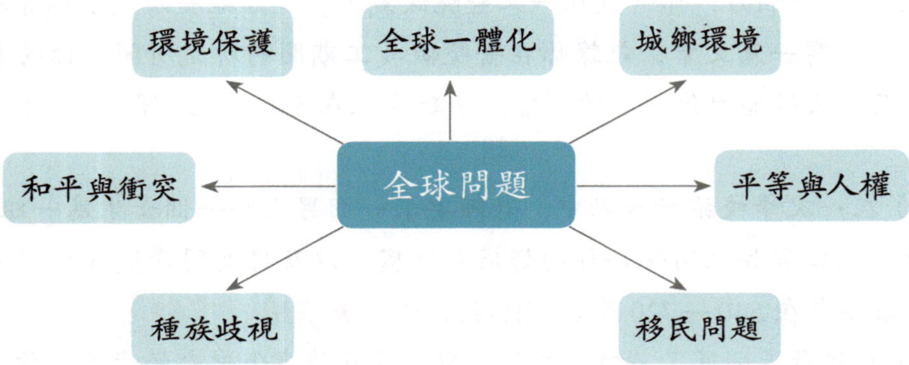

老師可根據學生的語言能力指導學生或讓學生自己從例文中找出需要記住的詞語和有用的句子。

一、參考例文

（一）環境保護

例題：由于油價的持續上漲，全世界都致力于新能源與可再生能源的開發，以解決全球氣候暖化的問題。你代表學校雜誌社與一位科學家進行了討論，包括氣候暖化現象、氣候暖化和能源的關係，以及我們可以爲解決氣候暖化問題做些什麽。字數要求在 540—720 字。

– 採訪稿 – 報刊文章 – 書信

1. 例文

氣候暖化對我們的影響

①記者：我們知道，由于油價的持續上漲，能源出現了前所未有的危機，全世界都在致力于新能源與可再生能源的開發，并且試圖找出減少碳排放的方法，目的是解決全球氣候暖化的問題。今天，我們有

回應題目

幸請到環保獎得主李明先生來跟我們談談有關的問題。

② 李明：你好！很榮幸能跟大家說一說全球氣溫上昇和減少碳排放的問題。

③ 記者：您可以爲我們簡單地描述一下地球近年來的變化嗎？

回應“氣候暖化的現象”

④ 李明：根據我們的研究，由于大量二氧化碳氣體的排放，全球的氣溫正在逐年上昇，這跟人類濫用資源和消耗能源有着直接的關係。全球氣溫上昇導致大片冰川融化，水位上昇，很多動植物面臨絶種的危險，同時也導致傳染病的蔓延。

⑤ 記者：是的，全球暖化真的跟我們每一個人都有着密不可分的關係。那麼，全球暖化又跟能源有什麼關係呢？

回應“氣候暖化和能源的關係”

⑥ 李明：現在很多國家都把石油當作他們唯一的能源，但是，全世界的石油卻分佈不均。其實，石油燃料也會造成很大的空氣污染和海洋污染。所以，很多現代的企業和政府都致力于開發新能源，以便減少碳排放。

⑦ 記者：我們一般市民能爲解決氣候暖化問題做些什麼呢？

⑧ 李明：我們在日常生活中應該儘量減少資源浪費，包括少用或不用塑料袋、塑料餐飲用具。另外，不要因爲追趕潮流而購買大量的電子產品，因爲生產電子產品會排放有毒的氣體。女孩子們不要隨便購買新衣服，因爲制造衣服的過程也會排放大量的廢氣廢水。要解決氣候暖化的問題還有一個最重要的方法，就是節約用電。除此之外，以步代車也是節省地球資源和減少碳排放的好辦法。

回應“可以爲解決氣候暖化的問題做的事”

⑨ 記者：多謝李明先生爲我們詳細講解了環保的問題。相信衹要我們大家共同努力，爲減少碳排放做出貢獻，全球暖化問題會逐步解決的。謝謝李先生！

HL 高級課程的作文對詞語的多元性和複雜性要求較高，包括多種多樣的慣用語（四字詞組、俗語、成語……）。以下爲在此例文中出現的一些慣用語。

① 持續上漲　② 前所未有　③ 逐年上昇
④ 濫用資源　⑤ 消耗能源　⑥ 密不可分
⑦ 分佈不均　⑧ 節約用電　⑨ 以步代車

2. 思維導圖範例

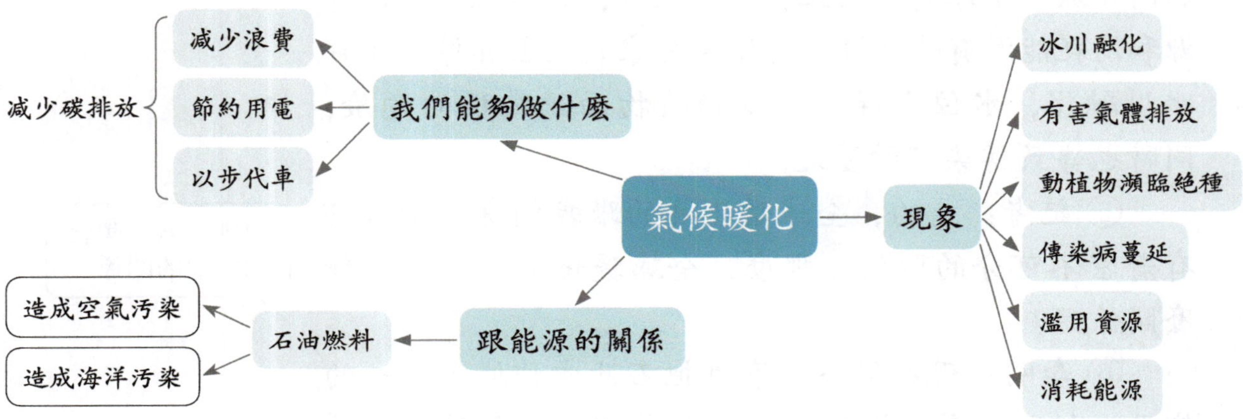

3. 寫作說明

（1）好的寫作必須具備的條件

- 明確地回應題目。
- 涵蓋題目要求的三個方面，并針對主題進行較爲深入的討論。
- 條理清楚，前後有序。
- 有理有據地說明題目要求的兩個部分，不可衹說一方面。
- 可以舉例說明。
- 內容應充實。
- 符合文體格式的要求和語氣。

（2）文體格式的選擇

①採訪稿：最適合，“代表學校雜誌社與一位科學家進行了討論”是一個提示。

②報刊文章：通常適合，可以綜合與科學家的討論內容在報刊上進行報道。

③書信：最不適合，因爲題目的情境與書信不符。

（3）採訪稿的文體格式要求

- 遵照採訪稿的文體格式：
  - 標題；
  - 開頭（前言或背景介紹，如時間、地點、人物、採訪情景）；
  - 訪談（問答方式）；
  - 結尾總結概括；
  - 語氣較爲正式。

（二）環境保護

例題：地球能源危機日漸嚴重。隨着可再生能源科技的進步，不少同學都希望學校能在這方面爲環保盡一分力。請寫一篇文章，指出學校的環保問題，提出你的環保建議并解釋原因。字數要求在540—720字。

– 通告 – 建議書 – 訪談

1. 例文

尊敬的黄校長：

①您好！地球能源危機日漸嚴重。隨着可再生能源科技的進步，不少同學都希望學校能在這方面爲環保盡一分力。

（回應題目）

②據我觀察，我們學校也有很多環保問題，比如學生不把飯菜吃完，在浪費了很多糧食的同時也產生了很多廚餘。又比如很多教室沒有人但冷氣和電燈都還開着，浪費了很多電力。還有些學生無論什麼資料都要打印出來，浪費了很多紙張。作爲學生會代表，我希望在此提出幾項環保建議，供您參考。

（回應"學校的環保問題"）

③首先，我建議從學校的廚餘入手。目前，學校超過百分之五十的垃圾都來自于廚餘，因此學校可以引入廚餘處理器，把廚餘垃圾加工處理成可再生的生物燃料，爲學校提供一些電力，從而減少使用碳燃料。

④ 其次，我建議學校考慮安裝太陽能發電板。學校的天臺一直都是空置的，在天臺裝上太陽能板既可以善用空間，又可以減少學校整體的碳排放量。此外，學校還可以借此提醒學生環保的重要性。這是一個一舉兩得的好方法。

回應“環保建議，以及理由”

⑤ 再者，我建議在學校的科學課上增加一個自制動力發電機的習作，讓學生參考真實的發電機創造一部能在學校生活中使用的動力發電機。這不但能夠提高學生對再生能源的認識，還可以將能源科技引入我們的日常生活。

⑥ 總的來說，隨着科技的日益進步，再生能源已經成爲了校園生活不可缺少的一部分。我希望校長能夠考慮并接納我的建議，讓我爲建設“綠色校園”做一份貢獻。

此致敬禮！

學生　陳小明

2025 年 5 月 3 日

HL 高級課程的作文對詞語的多元性和複雜性要求較高，包括多種多樣的慣用語（四字詞組、俗語、成語……）。以下爲在此例文中出現的一些慣用語。

① 日漸嚴重　② 善用空間　③ 一舉兩得
④ 日益進步　⑤ 不可缺少　⑥ 綠色校園

2. 思維導圖範例

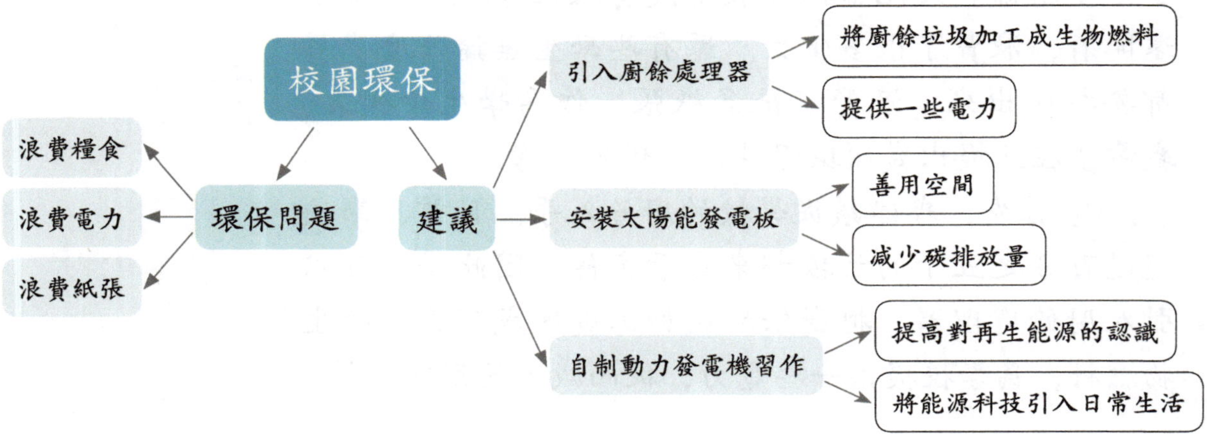

3. 寫作說明

（1）好的寫作必須具備的條件

- 明確地回應題目。
- 有理有據地提出環保的建議，并清楚地說明原因。
- 建議不少于三個，可以舉例說明。
- 條理清楚，前後有序。
- 符合文體格式的要求和語氣。

（2）文體格式的選擇

①建議書：最適合，題目的目的是提出建議。

②訪談：通常適合，可以對學校校長進行訪談，提出自己的建議。

③通告：最不適合，因爲題目的受衆和目的與通告不符。

（3）建議書的文體格式要求

- 有標題；
- 列出重點大綱（至少三點）；
- 舉例說明（數據、科研成果、親身體驗）；
- 半正式或較爲正式的語氣。

（三）環境保護

例題：地球上的物種正以驚人的速度消失。爲了更好地保護我們的環境，綠化我們的家園，你做了一個調查。寫一篇文章，介紹同學們對環保的看法和環保習慣，以及調查活動的安排。字數要求在 540—720 字。

– 訪談 – 博客 – 校報文章

1. 例文

保護我們的環境

（作者：謝小蘭）

地球上的物種正以驚人的速度消失。爲了更好地保護我們的環境，綠化我們的家園，今天我做了一個調查，主題是“保護我們的環境”。

回應題目

我首先問了一些同學怎樣看待環保這個問題。同學們的答案令人滿意。他們都認爲在保護環境問題上，每個人都責無旁貸，而且必須從身邊的小事做起。另外，國家要立法，資金要投入，還要加大宣傳力度。環境的保護和改善需要大家齊心協力才能得以實現。他們還說，現在社會上環保意識雖然增強了，但還是很不夠的，因爲還經常見到有人隨地吐痰和隨地亂扔垃圾的現象。

回應“對環保的看法”

通過調查，我發現大部分的同學都有分類扔垃圾的習慣。除此之外，他們看見地上有垃圾時會及時撿起來扔到垃圾桶裏，不使用一次性餐具，平時都自己帶水瓶喝水。

回應“環保習慣”

通過這個調查可以看到，大部分同學的環保意識還是比較強的，這說明同學們已經意識到了環保的重要性。

爲了增加調查的趣味，我還讓大家做了一份知識問答，包括：1）損害城市綠化及其設施的行爲有哪些？ 2）多種樹對環保有什麼影響？ 3）住宅區周圍需不需要綠化，綠化率應達到多少？ 4）如何保護豐富的野生動植物資源？這是一些簡單的知識問答，但它可以擴大同學們的知識面，提高同學們的環保意識。

回應“環保調查的活動安排”

看了我的調查，大家一定深有感觸吧？大家一定都想在乾淨的環境裏學習、生活吧？如果我們不保護環境，隨便亂砍濫伐樹木，不做綠化，我們的環境能好嗎？所以，讓我們從今天做起，從現在做起，愛護我們的家園，保護我們的環境！

HL 高級課程的作文對詞語的多元性和複雜性要求較高，包括多種多樣的慣用語（四字詞組、俗語、成語……）。以下爲在此例文中出現的一些慣用語。

① 令人滿意　② 責無旁貸　③ 宣傳力度
④ 齊心協力　⑤ 得以實現　⑥ 深有感觸

2. 思維導圖範例

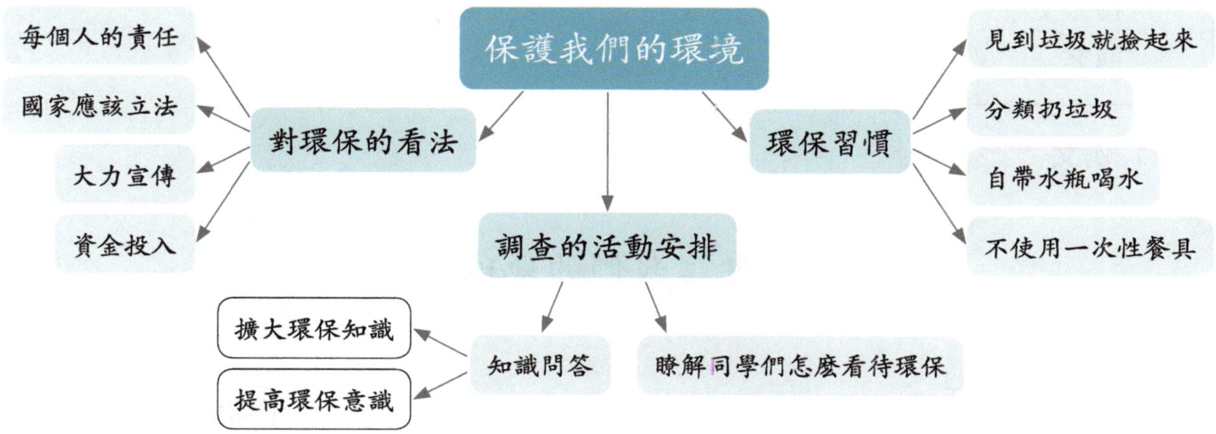

3. 寫作説明

（1）好的寫作必須具備的條件

- 明確地回應題目。
- 涵蓋題目要求的三個方面。
- 針對主題進行清晰的介紹，可以舉例説明。
- 條理清楚，前後有序。
- 符合文體格式的要求和語氣。

（2）文體格式的選擇

①校報文章：最適合，可以總結調查内容，在校報上發表。

②訪談：通常適合，可以對同學進行訪談，瞭解情况。

③博客：最不適合，因爲題目的受衆和目的與博客不符。

（3）校報文章的文體格式要求

- 有題目；
- 有作者姓名；
- 有正式的語氣；
- 有針對的讀者。

（四）環境保護

例題：現在天氣炎熱，放學之後同學們都已經回家，但教室裏的空調仍開着。你和學校的同學們分享了爲什麽要節約用電，怎樣培養環保的好習慣，以及環保建議。請寫出這篇演講稿，字數要求在540—720字。

- 演講稿
- 校報文章
- 博客

1. 例文

愛護我們的地球

同學們：

回應題目

①現在天氣炎熱，放學之後同學們都已經回家，但教室裏的空調仍開着。我也和同學們一樣，回家後一定會打開空調，一邊享受冰涼的飲料，一邊看電視。但大家在享受的同時，有沒有想過空調、冰箱、電視的電都是從哪兒來的？

回應“爲什麽要節約用電”

②其實，地球上的電大部分都是靠石油和煤等燃料來提供的，而這些燃料是不可再生能源。有專家指出，從現在全世界的用電量來看，這些燃料將在未來七十年消失殆盡，那時人類需要找其他能源來代替。除此之外，使用這些燃料時會產生二氧化碳等溫室氣體，加深溫室效應，令地球不斷昇溫。

③地球上的資源有限，我們應該適當地運用這些資源。其實，都市人有些生活習慣在無意中浪費了地球的資源，比如，出門不關燈，停車不熄火等。這些壞習慣既浪費了資源，又增加了電費和水費。如果同

學們有這些習慣，請現在就改掉。

④ 環保要從我做起，從現在做起。我們要在日常生活中培養環保好習慣。比如：上學或放學最好步行，減少私家車的使用次數；多走樓梯，少坐電梯；採用節能生活方式，天氣不太熱的時候不開或少開空調。

> 回應“環保的好習慣”

⑤ 以下我會提出一些環保的建議。第一，自帶喝水杯。在我們的學校就有很多免費飲水機，同學們衹需要帶一個水杯就能喝到飲水機裏的水，既環保又省錢，真是一舉兩得！第二，節約用電。同學們下課後幫着把教室裏的燈和空調關掉，舉手之勞，何樂而不爲呢？

> 回應“環保建議”

⑥ 大家想想，如果我們不停地浪費地球上的資源，將來受苦的是我們的下一代！同學們，爲了地球的將來，爲了我們的下一代，請大家都來保護環境吧！其實，保護環境一點都不難，衹要大家持之以恒，一定能令人類的“安樂窩”——地球變得更加美好。

⑦ 同學們，讓我們一起來愛護我們的地球吧！謝謝大家！

HL 高級課程的作文對詞語的多元性和複雜性要求較高，包括多種多樣的慣用語（四字詞組、俗語、成語……）。以下爲在此例文中出現的一些慣用語。

① 天氣炎熱	② 消失殆盡	③ 一舉兩得
④ 舉手之勞	⑤ 何樂而不爲	⑥ 持之以恒

2. 思維導圖範例

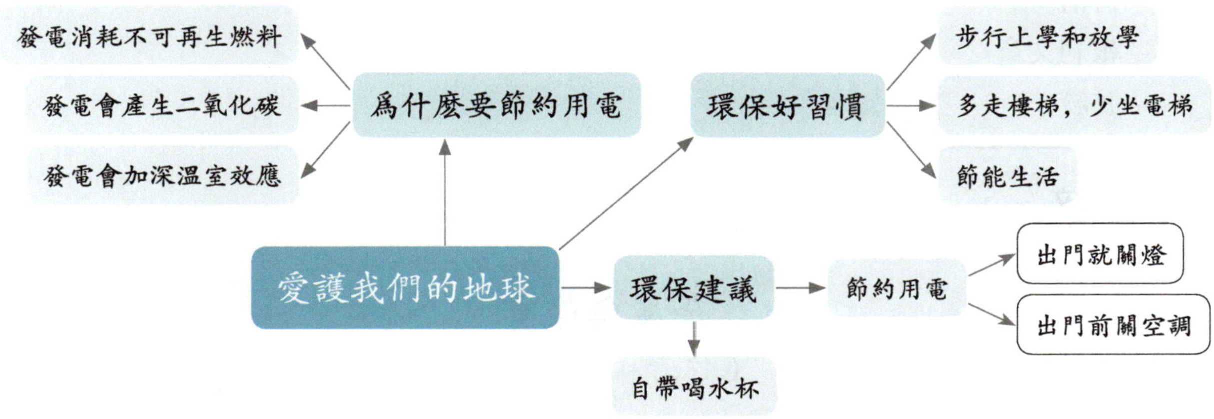

3. 寫作説明

（1）好的寫作必須具備的條件

- 明確地回應題目。
- 清楚地闡述爲什麽要節約用電和環保的好習慣。
- 有理有據地提出環保建議。
- 段落清楚、條理清晰、前後有序。
- 内容要充實、有説服力。
- 符合文體格式的要求和語氣。

（2）文體格式的選擇

①演講稿：最適合，因爲可以在校會上跟同學們分享自己的觀點，并呼籲一起環保。

②校報文章：通常適合，可以在校報上刊登文章，説明自己的觀點。

③博客：最不適合，因爲博客的受衆更加廣泛，與題目的受衆要求不符。

（3）演講稿的文體格式要求

- 必須符合演講稿的格式：
  - 恰當的開場白（如“尊敬的老師”“各位同學”）和主題簡介；
  - 主幹；
  - 總結，最好以“謝謝大家”作爲結束語；
  - 正式的語氣。

（五）發展與保育

例題：在社會發展的過程中，有一對不可避免的矛盾一直存在着，那就是“發展與保育”的矛盾。作爲一名中學生，從正反兩方面向關注這個話題的人分析發展和保育的問題，以及如何在兩者間取得平衡。字數要求在540—720字。

– 書信 – 報刊文章 – 訪談

1. 例文

發展與保育

（作者：李大同）

①在社會發展的過程中，有一對不可避免的矛盾

回應題目

一直存在着，那就是“發展與保育”的矛盾。這對矛盾不衹在我們國家存在，在世界各地都存在。

②“發展”指的是社會向好的方向進步，主要是指經濟和市容的發展。“保育”是對事物的保護和養育，包括對自然生態的保育，以及對歷史建築物的保育。

③那麼，我們應該怎樣處理發展與保育之間的關係呢？有些人認爲發展比保育重要。支持這個觀點的人認爲歷史是向前發展的，我們不能抱着舊事物不放。比如，香港有很多老舊的房子，它們占地面積大，但住户不多。爲了適應香港日漸增多的人口，香港政府決定把它們拆掉，再在原地建造高層建築，既美化了市容也解決了香港人住房的問題。

回應“發展比保育重要”

④雖然這個決定得到了很多市民的支持，但也有不同的聲音。他們覺得不應該把老舊的建築物全部拆掉，因爲有些建築物不僅有很高的歷史價值，還是香港人的集體回憶。不僅如此，它們還反映出了人們的身份認同和傳承民族文化的精神。這些保育人士認爲，這些建築物必須保留，因爲它們是香港的象徵，每年吸引很多世界各地的遊客前來參觀遊覽。沒有了這些建築物，香港也就失去了它獨一無二的特徵，保留這些建築物是對社會發展有利的。

回應“保育比發展重要”

⑤那麼發展與保育可以平衡嗎？我認爲發展和保育可以平衡。舉個例子，香港尖沙咀火車站于1975年搬到現在的火車總站，而尖沙咀的舊火車站大樓則于1978年被拆掉，香港政府在原地興建了香港太空館和香港文化中心。建于1915年的鐘樓作爲舊火車站的一

回應“如何在兩者間取得平衡”

部分被保留下來，直到現在，這個鐘樓仍然是香港的重要的地標之一，也是著名的旅遊景點。

⑥ 總而言之，發展和保育各有好處。兩者雖有矛盾，但缺一不可。香港政府應該想出一個兩全其美的辦法，令發展和保育得到平衡，把香港建成一個獨具特色的現代化國際大都市。

HL 高級課程的作文對詞語的多元性和複雜性要求較高，包括多種多樣的慣用語（四字詞組、俗語、成語……）。以下爲在此例文中出現的一些慣用語。

① 不可避免	② 自然生態	③ 歷史價值
④ 集體回憶	⑤ 獨一無二	⑥ 重要標誌
⑦ 缺一不可	⑧ 兩全其美	⑨ 獨具特色

2. 思維導圖範例

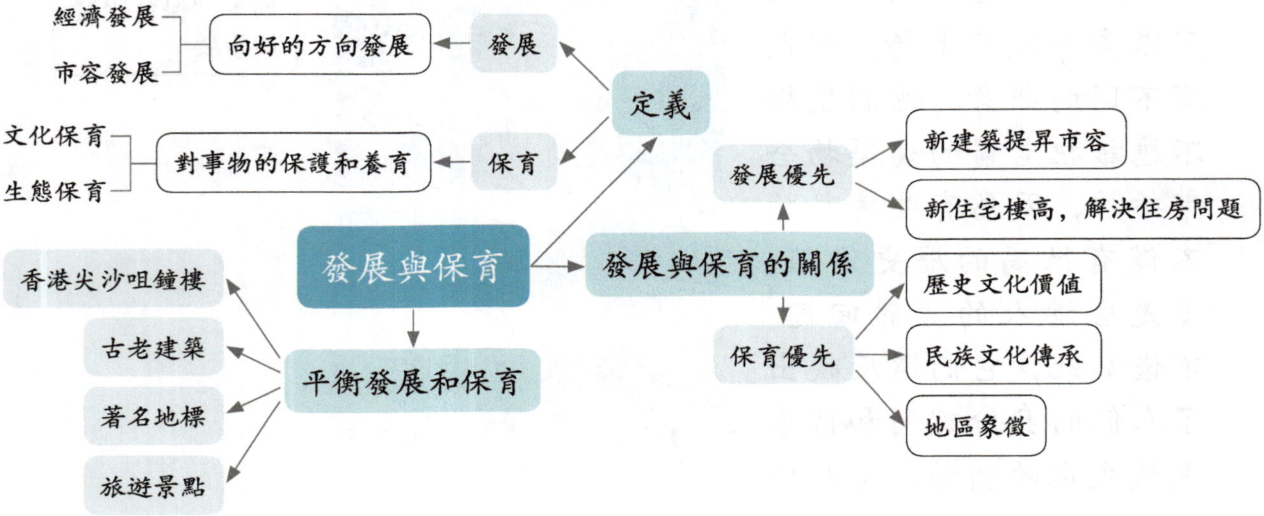

3. 寫作說明

（1）好的寫作必須具備的條件

- 明確地回應題目。
- 條理清楚，前後有序。
- 從正方兩方面有理有據地說明發展與保育的關係。
- 清楚解釋如何平衡發展與保育。
- 內容應充實。可以舉例說明。
- 符合文體格式的要求和語氣。

（2）文體格式的選擇

①報刊文章：最適合，因爲在報刊上發表文章說明自己的觀點。

②訪談：通常適合，可以請專家發表對這個話題的觀點。

③書信：最不適合，因爲書信的受衆有限，與題目的受衆要求不符。

（3）報刊文章的文體格式要求

- 有標題；
- 有作者姓名；
- 有介紹、有評論；
- 有恰當的結尾（前後呼應）；
- 正式語氣。

（六）環境保護

例題：衆所周知，環境問題已經成了全世界關注的大問題，你要代表學校環保俱樂部給全校師生介紹地球的現狀，提出一些低碳生活的建議，并說明低碳生活的好處。字數要求在 540—720 字。

– 日記 – 建議書 – 演講稿

1. 例文

低碳生活救地球

老師們、同學們：

大家好！衆所周知，環境問題已經成了全世界關注的大問題，我代表學校環保俱樂部寫這份建議書，目的是讓同學們瞭解如何實現低碳生活，改善我們的環境。

回應題目

回應“地球的現狀“

我們的地球已病入膏肓，而它的這場大病是人類一手造成的。近十年的氣溫是地球有史以來最高的。地球南北極同時出現了异常高溫，秋季的南極站溫度居然上昇到了零下 12.2 度，比往年的零下 50 多度高出了 40 度！這個現象不但嚴重影響地球生態環境，還會令大量冰川融化，海平面加速上昇。因此，實現低碳生活已是刻不容緩！

實現低碳生活是指在我們日常生活中儘量使用耗能低和碳排放低的設備，減少對空氣的污染，減緩全球暖化。實現低碳的生活方式易如反掌。

首先，我們可以多搭乘公共交通工具，或步行、騎自行車，這些都可以有效減少廢氣的排放，提昇空氣質量。

回應"建議"

其次，在購買電器時，我們可以選擇一些有能效標識的電器，這是最簡單的減碳方法。而且，不使用的電器我們要把它們的電源關掉，因爲處於待機模式的電視、空調和電腦等都會消耗電力。據統計，這樣做之後，一個家庭每年可以減排 100 公斤的二氧化碳。

此外，我們可以在夏天時多開窗，少開空調；洗衣服時，要確保洗衣機在裝滿衣服後才開動；洗澡時以淋浴代替浸浴；最好選用節能燈泡；養成多菜少肉的飲食習慣等。我們衹要多注意生活上的細節，便可輕鬆地實現低碳生活！

我認爲低碳生活可減少二氧化碳的排放，既可以節能又可以減緩全球氣候暖化和環境惡化的速度。因此，我們應持之以恒，選擇"低碳生活"方式，盡我們作爲地球一分子的責任！

回應"低碳生活的好處"

如果同學們按照建議書上提到的方法去做，我們的環境一定可以得到改善。

學校環保俱樂部

2025 年 3 月 20 日

HL 高級課程的作文對詞語的多元性和複雜性要求較高，包括多種多樣的慣用語（四字詞組、俗語、成語……）。以下爲在此例文中出現的一些慣用語。

① 衆所周知　② 病入膏肓　③ 生態環境
④ 冰川融化　⑤ 刻不容緩　⑥ 易如反掌
⑦ 待機模式　⑧ 持之以恒

2. 思維導圖範例

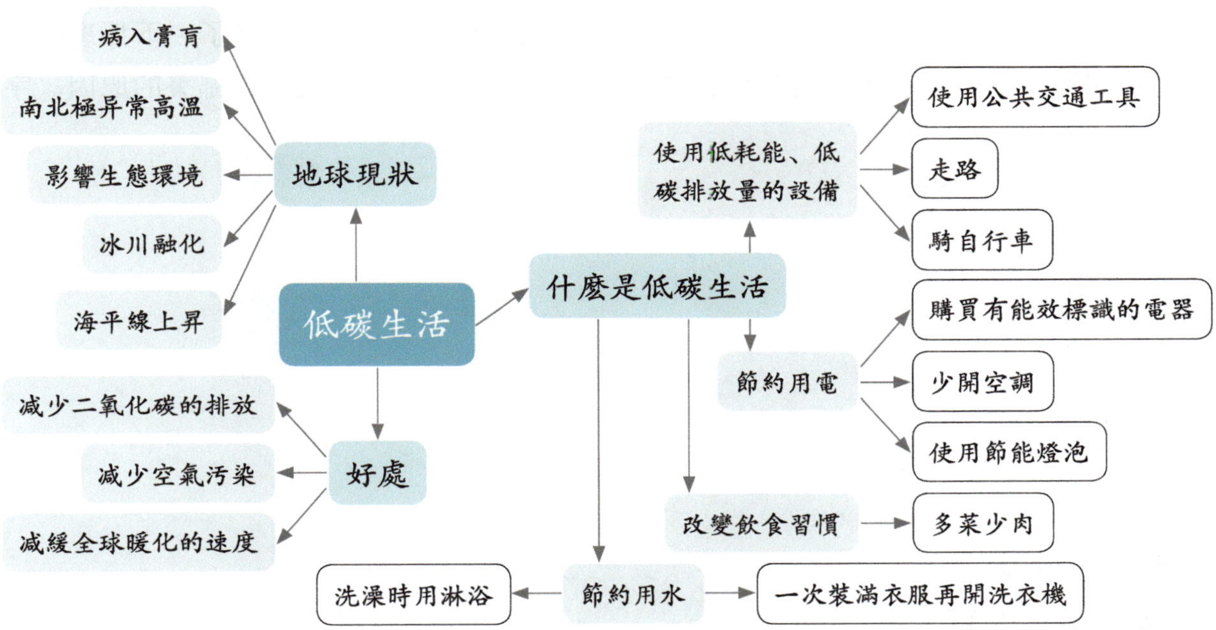

3. 寫作説明

（1）好的寫作必須具備的條件

- 明確地回應題目。
- 條理清楚，前後有序。
- 舉例説明地球的現狀。
- 清楚解釋什麽是低碳生活和低碳生活的好處，不可以衹寫一方面。
- 内容應充實，可以舉例説明。
- 符合文體格式的要求和語氣。

（2）文體格式的選擇

①建議書：最適合，因爲在題目明確説明了“建議全校師生……”。

②演講稿：通常適合，題目要求的受衆清楚，可以通過公開演講建議并鼓勵大家環保。

③日記：最不適合，因爲日記的受衆與題目的受衆要求不符。

（3）建議書的文體格式要求

- 有標題；
- 列出至少三點建議；
- 舉例說明（數據、科研成果、親身體驗）；
- 半正式或較爲正式的語氣；
- 有合適的結尾。

（七）城鄉差別

例題：你是一個生活在大城市的青少年，最近跟學校去鄉村感受了一下那裏的生活。你想跟大家分享城市和鄉村生活各自的特點，以及你更喜歡住在哪裏的原因。字數要求在540—720字。

– 校報文章 – 博客 – 日記

1. 例文

www.huanbao@gmail.com

博主：汪大文

主題：城市和鄉村

日期：2025年9月15日

城市和鄉村

回應題目

我是一個生活在大城市的青少年，最近跟學校去鄉村感受了一下那裏的生活。我想跟大家分享城市和鄉村生活的不同之處。城市與鄉村，兩者各有美好之處。雖然它們相隔不遠，卻是兩個不同的世界。

回應“城市的特點”

城市是熱鬧的代名詞。在城市裏，人們來來往往，非常繁忙。城市裏有各式各樣的商店，所有新奇有趣的事物在這裏都可以找到。白天的城市車水馬龍，人們在街上忽忙行走。到了晚上，街燈下的城市依然熱鬧非凡，就像一個不夜城。除此之外，在城市裏生活着各種各樣的人，有來去忽忽的上班族，有背着書包穿着校服的學生，還有退休老人。雖然每個人的生活是不一樣的，但生活的節奏好像不會慢下來，隨時都在奔跑着。

鄉村是寧靜的代名詞。那裏的人們生活簡單純樸，日出而作，日落而息。在那裏，空氣特別清新，一切都是那麼簡單自然，就像“世外桃源”。到了晚上，萬籟俱寂，衹剩月光照耀着大地，星星在夜空眨着眼，萬物都沉睡了，每一處都純淨又安詳。

回應“鄉村的特點”

我在城市出生長大，我最喜歡的地方也是城市。雖然它沒有鄉村的靜謐與悠閑，但卻有鄉村所無法帶來的快樂。雖然每天都那麼忙碌，但我卻樂在其中。我生活的每一天都有令我興奮的事情發生，還有購物的快樂和品嘗美食的快樂，這些都是鄉村無法比的。

回應“更喜歡住在哪裏的原因”

其實，每個地方都有它的優缺點，就看你怎麼看了。從小生長在城市裏的我對于城市的一切都已經瞭如指掌。對我而言，城市裏的一切都是最好的，城市裏的生活令我的每一天都五光十色、精彩非凡。

你最喜歡的地方又是哪一個？是跟我一樣喜愛繁華的城市，還是喜歡自然舒適的鄉村呢？請在下面留言。

10 個閱讀　2 個回復

HL 高級課程的作文對詞語的多元性和複雜性要求較高，包括多種多樣的慣用語（四字詞組、俗語、成語……）。以下爲在此例文中出現的一些慣用語。

① 相隔不遠	② 各式各樣 / 各種各樣	③ 新奇有趣
④ 車水馬龍	⑤ 忽忙行走	⑥ 熱鬧非凡
⑦ 來去忽忽	⑧ 簡單純樸	⑨ 日出而作，日落而息。
⑩ 世外桃源	⑪ 萬籟俱寂	⑫ 樂在其中

⑬ 瞭如指掌　　⑭ 五光十色　　⑮ 精彩非凡
⑯ 自然舒適

2. 思維導圖範例

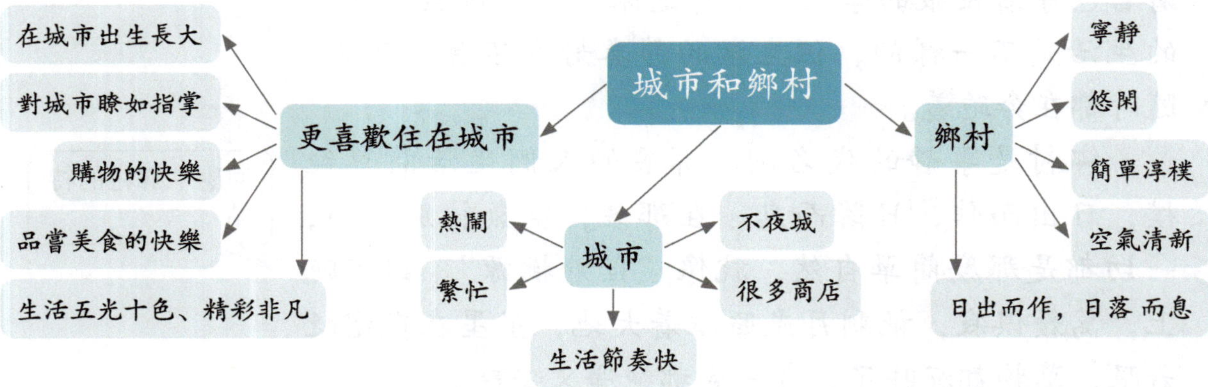

3. 寫作說明

（1）好的寫作必須具備的條件

- 明確地回應題目。
- 寫出城市和鄉村的差別。
- 闡述喜歡住在哪裏的理由，可以有適當的例子。
- 段落清楚、條理清晰、前後有序。
- 緊扣主題。
- 符合文體格式的要求和語氣。

（2）文體格式的選擇

①博客：最適合，因爲“跟大家分享”受衆廣泛，與博客的特點相符。

②校報文章：通常適合，因爲如果受衆清楚，也可以在報刊上發表文章進行說明。

③日記：最不適合，因爲“跟大家分享”，與日記的受衆範圍不符。

（3）博客的文體格式要求

- 以博主的口氣寫作；
- 必須在文章上方列出博主的博客地址或網站地址、題目、發佈日期；
- 博客下面要出現（一到兩個）×× 次閱讀，×× 個評論，×× 個轉載，×× 個回復；
- 語氣較爲正式。

（八）飲食全球化

例題：全球一體化帶動了飲食全球化，越來越多的融合創新菜式在市場上出現。

你請廚師向你解釋了什麼是融合創新菜、融合創新菜出現的原因，以及融合創新菜對社會的影響。字數要求在540—720字。

- 報刊文章
- 建議書
- 採訪稿

1. 例文

從融合創新菜式到融合文化

回應題目

全球一體化帶動了飲食全球化，越來越多的融合創新菜式在市場上出現。爲了弄清楚這種現象出現的原因，以及這種融合文化的利弊，我採訪了張廚師，請他跟我們談談這個問題。

我：張廚師，你好！請問什麼是融合創新菜？

回應“什麼是融合創新菜”

張：不同地方的飲食文化各具特色，融合創新菜就是把不同地方飲食文化特色的元素進行融合，經過廚師心思巧妙地選擇及搭配煮出來的創新菜式。這個創新菜式既有當地飲食文化的特色，又有外地飲食文化的特點。融合創新菜式體現了跨越國界的特性，我們稱它爲飲食全球一體化。

我：你覺得爲什麼會有融合創新菜式的出現？

回應“融合創新菜出現的原因”

張：全球化是融合創新菜式出現及形成的一個主要因素。移民直接影響了飲食的融合。深受香港人喜愛的咖喱魚蛋其實就是早期的融合創新菜。大家都知道，香港是一個融合了不同種族的地方。很多人很早就從東南亞地區移民來香港居住，隨之而來的還有他們當地的美食。傳統上，中國人并不吃咖喱，將東南亞的咖喱與魚蛋同煮，卻收到了意想不到的效果。這麼多年來，咖喱魚蛋這道街邊小食一直都深受香港人的歡迎。

我：你覺得融合創新是好事還是壞事？

張：我認爲是好事，因爲如果沒有創新，社會發展就會停下來，飲食文化也是一樣。飲食反映的是一種生活方式，一種文化表現。我經常到不同的地方旅行，品嘗風味各异的美食，體驗不同國家饒有趣味的風土人情，吸收各方面的新知識。我認爲融合創新菜式是融合不同文化和傳統、重新自我建立的一個過程。它不僅不會令不同文化之間變得相似，還會產生出新的多元文化元素。

回應“融合創新菜對社會的影響”

我：謝謝張廚師的講解。融合創新菜式的出現可以反映出一個全球化的現象，推動了全球化的發展，促進了世界不同國家之間的交流。所以說，融合創新菜是文化交流的結果，是全球化的趨勢，也是社會進步的標誌。

HL 高級課程的作文對詞語的多元性和複雜性要求較高，包括多種多樣的慣用語（四字詞組、俗語、成語……）。以下爲在此例文中出現的一些慣用語。

① 各具特色　② 心思巧妙　③ 隨之而來

④ 意想不到　⑤ 風味各异　⑥ 饒有趣味

2. 思維導圖範例

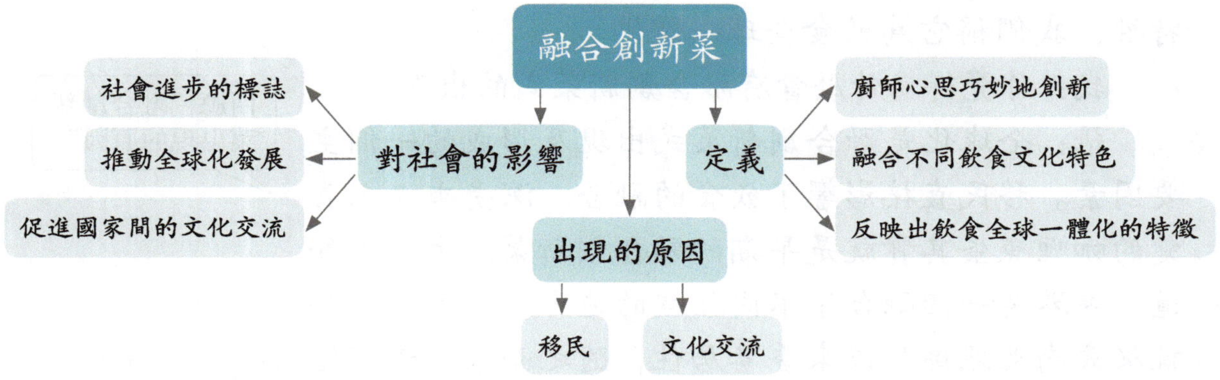

3. 寫作說明

（1）好的寫作必須具備的條件

- 明確地回應題目。
- 清楚解釋什麼是融合創新菜，以及融合創新菜出現的原因。
- 闡述融合創新菜對社會的影響，有適當的例子。
- 段落清楚、條理清晰、前後有序。
- 針對主題進行較爲深入的討論。
- 符合文體格式的要求和語氣。

（2）文體格式的選擇

①採訪稿：最適合，因爲“請一位廚師……”已經是一個提示。

②校報文章：通常適合，因爲校報的受衆範圍略微不夠。

③建議書：最不適合，因爲情境和目的與建議書不符。

（3）採訪稿的文體格式要求

- 有標題；
- 有恰當的開頭（前言或背景介紹，如時間、地點、人物、採訪情景）；
- 訪談（問答方式）；
- 結尾總結概括；
- 語氣較爲正式。

（九）環境與健康

例題：你從報紙上看到，現在越來越多的國家立法禁止人們在公共場所吸烟。你對這個決定表示贊成，在一個公開場合，你闡述了吸烟對健康的危害，說明了社會不接受吸烟的表現，以及措施帶來的正面影響。字數要求在540—720字。

– 辯論稿 – 電郵 – 宣傳冊

1. 例文

吸烟不被當今社會提倡

尊敬的主席、評委、反方代表：

　　大家好！我最近從報紙上看到，越來越多的國家

回應題目

立法禁止人們在公共場所吸烟。我對此表示非常贊同。

吸烟是危害身體健康的壞習慣。吸烟可引發多種疾病，例如：肺炎、癌癥、心血管疾病等。據統計，80%的肺部疾病都是由吸烟引起的。另外，科學研究已經發現，香烟裏含有幾十種致癌物質，對我們的健康造成了極大的威脅。雖然吸烟對健康百害而無一利，但有些人還是不肯戒烟。爲此，政府制定了一系列的措施禁止人們在公共場所吸烟。

回應“吸烟對健康的危害”

我是正方的代表。我方堅決反對吸烟，認爲“吸烟是不被社會提倡的”，理由如下：

（1）學校從小教育孩子吸烟對身體有害，告訴他們吸烟是非常不好的行爲。當這些孩子長大以後，我相信他們中的大多數人都不會吸烟，也不會接受周圍有吸烟的人，這樣就會使整個社會形成一個不吸烟的大環境。

回應“社會不接受吸烟的具體表現，以及措施帶來的正面影響。”

（2）像很多國家一樣，中國政府也立下了禁止在所有的室內公共場所包括餐廳裏吸烟、也不能在大部分的室外公共場所吸烟等規定，違反規定的人會被罰款。這不僅有警世勸誡的作用，也充分説明了吸烟已經成爲不被社會接受的事實。

（3）中國政府近年來大大提高了烟草税，直接增加了吸烟者的經濟預算，不少人因爲不堪重負而開始戒烟。

（4）現在社會上經常有各種健康講座和展覽，用圖文并茂的方式告訴人們吸烟對人體的危害，還免費派發幫助人們戒烟的“口香糖”等。這也是社會不提倡吸烟的表現。

綜上所述，現在的年輕人、社會以及政府都持有不提倡吸烟的態度。因此我方認爲吸烟不被當今社會提倡。在此，我們鄭重地告誡那些仍然吸烟的人，爲了您和您家人的安全和健康，請立即戒烟！

謝謝大家！

HL 高級課程的作文對詞語的多元性和複雜性要求較高，包括多種多樣的慣用語（四字詞組、俗語、成語……）。以下爲在此例文中出現的一些慣用語。

① 百害而無一利　② 警世勸誡　③ 不堪重負

④ 圖文并茂　⑤ 綜上所述

2. 思維導圖範例

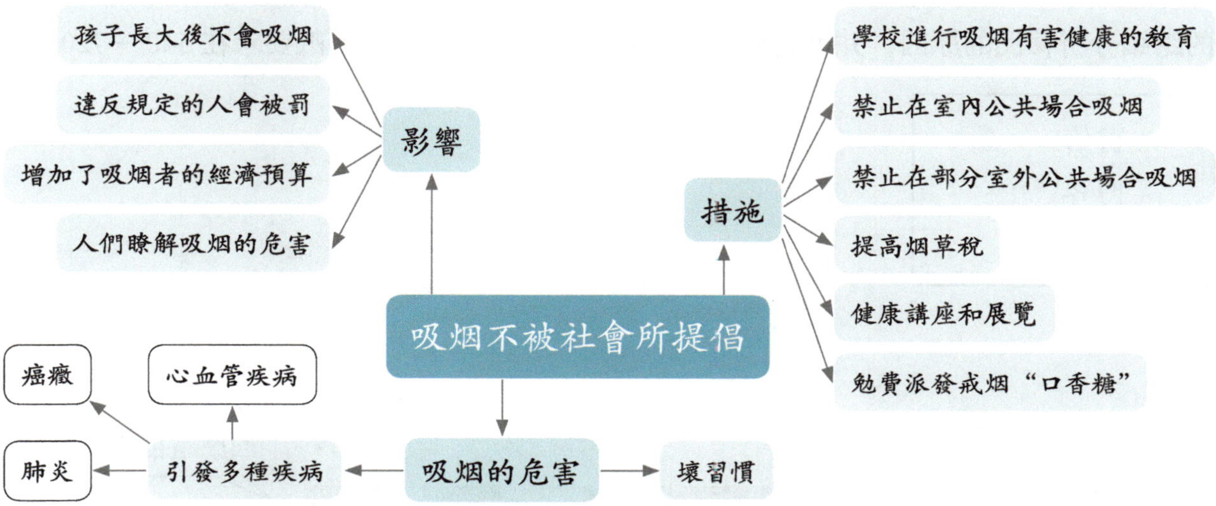

3. 寫作説明

（1）好的寫作必須具備的條件

- 明確地回應題目。
- 必須涵蓋題目要求的三個方面。
- 最好列舉出三個或以上的措施。
- 可以舉例説明。
- 所持觀點清楚。
- 段落清楚、條理清晰、前後有序。
- 符合文體格式的要求和語氣。

（2）文體格式的選擇

①辯論稿：最適合，因爲可以表明自己有傾向性的觀點和看法。

②電郵：通常適合，如果受衆清晰且適當，也可以向對方闡述自己的觀點。

③宣傳冊：最不適合，因爲情境和目的與宣傳冊不符。

（3）辯論稿的文體格式要求

- 恰當的開場白（如"尊敬的老師""各位同學"）和主題，辯論稿要寫明自己一方的立場；
- 主幹（條理清楚）；
- 總結，最好以"謝謝大家"作爲結束語；
- 正式的語氣。

（十）移民問題

例題：你最近在雜誌上看到一篇文章，說移民的人都沒有經過認真思考，而是別人怎麽做自己也怎麽做，而且移民會令自身的文化傳統消失。作爲讀者，你希望跟雜誌的總編分析移民的原因，并闡述移民的好處，以及你的理由。字數要求在540—720字。

– 書信
– 博客
– 訪談

1. 例文

尊敬的張總編：

回應題目

您好！我剛剛看了您寫的關于香港人移民的文章。您認爲大部分移民的人都沒有經過認真思考，而是別人怎麽做自己也怎麽做。您還認爲移民到別的國家會令自身的文化傳統消失。我不同意您的看法。

隨着時代的發展，人們的出行方式變得多種多樣，增加了出國旅行的便利和機會。不少人的眼界變得更加開闊，他們渴望嘗試新的居住環境和生活方

回應"移民的原因"

式，于是移民逐漸成爲了一種熱潮。據調查，人們移民的原因五花八門，各有不同：一些人移居到其他國家是爲自己尋找更好的生活；還有些人移居到別的國家是爲了上好的大學，提昇自己的學術資質；也有些人是爲了孩子的教育，這些家長認爲，國外的教育是全人素質教育，對孩子成長非常有利，他們寧願付高昂的學費把子女送到國外去留學。

香港每年都有很多人移民到不同的國家，但我認爲，移民不會令中國人的傳統消失，反而會推廣我們的中華文化和傳統。比如，如果香港人移民去了英國、美國、澳大利亞、加拿大等國家，那些國家就會更加瞭解中國人的傳統習俗、中國的語言，以及中國的傳統美食，會有更多人瞭解中華文化，來到中國探索我們悠久的歷史文化和優美的山川景色。

回應“移民的好處和理由”

移民到別的國家的人除了可以親身體驗异國文化和風土人情，開闊視野，還可以增強自信心和培養獨立性，在遇到困難的時候憑借自己的信心勇敢地戰勝困難。

想象一下，如果沒有人移民，大家都守着自己出生長大的地方生活一輩子，那麼大家就會成爲井底之蛙，不知道世界原來如此之大，世界上還有那麼多我們不知道的東西。

總的來說，移民可以令我們大開眼界，經歷更多新鮮事物，學習更多豐富的歷史文化和風土人情方面的知識。因此，我認爲移民是一件好事。

希望我的想法能令您對移民的問題有所改觀。

此致

敬禮！

學生　汪大偉

2025 年 4 月 8 日

HL 高級課程的作文對詞語的多元性和複雜性要求較高，包括多種多樣的慣用語（四字詞組、俗語、成語……）。以下爲在此例文中出現的一些慣用語。

① 認真思考	② 出行方式	③ 多種多樣
④ 五花八門	⑤ 各有不同	⑥ 學術資質
⑦ 山川景色	⑧ 异國文化	⑨ 風土人情
⑩ 開闊視野	⑪ 井底之蛙	⑫ 大開眼界
⑬ 有所改觀		

2. 思維導圖範例

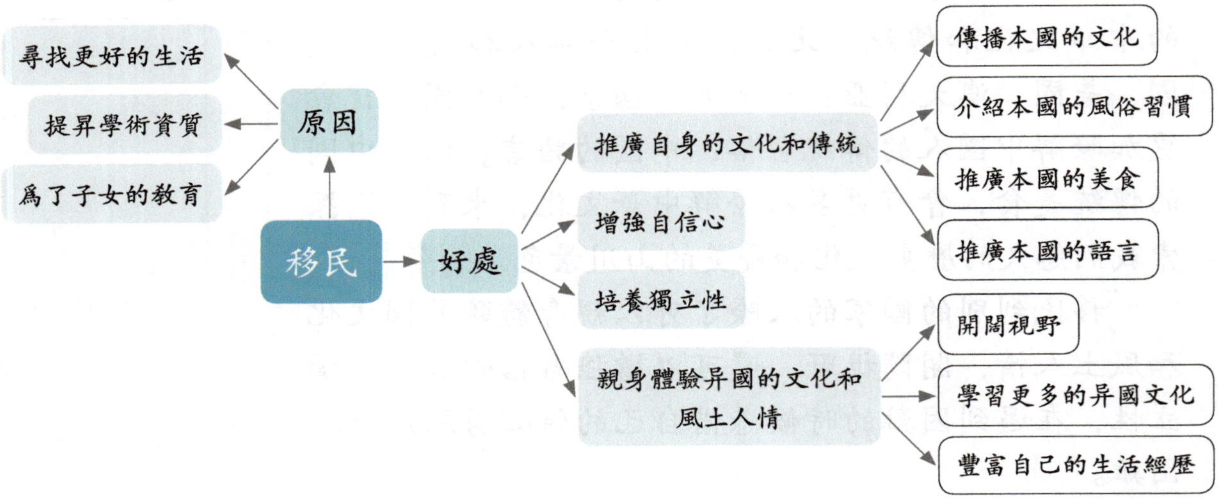

3. 寫作說明

（1）好的寫作必須具備的條件

- 明確地回應題目。
- 分析移民的原因。
- 有理有據地說明移民的好處和理由。
- 內容應充實，可以舉例說明。
- 所持觀點清楚。
- 段落清楚、條理清晰、前後有序。
- 符合文體格式的要求和語氣。

（2）文體格式的選擇

①書信：最適合，因爲可以與雜誌總編書面溝通，表達自己的觀點。

②訪談：通常適合，因爲可以與雜誌總編口頭溝通，表達自己的觀點。

③博客：最不適合，因爲題目要求的受衆與博客不符。

（3）書信的文體格式要求

- 遵照中國信的格式：
  - 稱呼（頂格寫）；
  - 問候（另起一行，空兩格）；
  - 正文；
  - 祝詞（如“此致，敬禮”）；
  - 身份 + 署名（全名，寫在右下角）；
  - 日期（年月日，寫在右下角）；
  - 語氣正式。

二、參考題庫

（一）你的學校要參加一次世界和平青年大會。你是參加這次大會的學校代表之一。請寫一篇文章，介紹這次大會的目的、大會令你印象最深的一件事，以及你對世界和平的看法。字數要求在 540—720 字。【日記，博客，指南】

（二）你的城市最近舉辦了一次全球青年領袖高峰會議。作爲國際文憑的學生，你將在會上談論這次會議的宗旨、成爲世界公民的資質，以及成爲世界公民的好處。寫出這篇演講稿。字數要求在 540—720 字。【電郵，演講稿，訪談】

（三）在全球化的過程中，國家之間的界限逐漸被打破，人們的生活方式、價值觀和意識形態有了更多交流與融合的機會。寫一篇文章，向全校師生說明“全球化的利與弊”，以及全球化對個人的影響。字數要求在 540—720 字。【演講稿，校報文章，電子郵件】

（四）最近，世界各地又出現了新的疾病危機。你希望寫一篇文章，說一下這個疾病對人類的危害，疫情對全球化的影響，以及世界各國政府怎樣一起應對疫情。字數要求在 540—720 字。【報刊文章，訪談，指南】

（五）隨着生活水平的提高，生活在大城市裏的人的身體健康越來越差。請你寫一篇文章，告訴人們常見的都市病有哪些、出現這些都市病的原因是什麼，以及怎樣預防這些都市病。字數要求在 540—720 字。【博客，指南，書信】

（六）我們生活必需的很多自然資源，比如水、森林、石油等都在日益減少。作爲一名環保人士，你要寫一篇文章，告訴人們自然資源減少的原因和帶來的影響，以及我們應該怎麼做才可以節省自然資源。字數要求在 540—720 字。【演講稿，建議書，辯論稿】

（七）隨着全球化進程，很多傳統風俗和生活方式都在消失。有人認爲沒必要去挽救那些正在失去的傳統風俗和生活方式。你對這個說法表示反對，決定寫一篇文章，分享一個你所熟悉的傳統風俗和生活方式，闡述保留傳統風俗和生活方式的重要性，并提出建議。字數要求在540—720字。【訪談，博客，通告】

（八）高科技手段可以令現在的食物制作更便宜，但有些用這些方法制作出來的食物對人類的健康不好。請跟負責食品健康的政府部門聯繫，向他們說明哪些食物對人類的健康有不好的影響，闡述健康飲食對人們身體健康的重要性，并對食品制作提出你的建議。字數要求在540—720字。【日記，電郵，建議書】

（九）有人認爲空中交通應該被限制，因爲它造成了嚴重的空氣污染，同時也消耗了大量的石油資源。作爲一名旅遊愛好者，你希望參與這個話題的討論，你的觀點包括：你的親身體驗，以及空中交通對人們出行的重要性和如何改善空中交通對空氣污染造成的問題。字數要求在540—720字。【辯論稿，博客，書信】

（十）很多國家老年人口不斷增加，不利于社會發展。作爲一名中學生，你想對老人話題發表一下你的看法，包括老人問題對社會的影響，老年人對社會的貢獻，以及年輕人應該如何對待老年人。字數要求在540—720字。【報刊文章，采訪稿，建議書】

（十一）在全球化的影響下，你發現越來越多的年輕人祇重視學習英文，卻忽視了自己母語的學習。作爲“國際母語日”活動的主辦人，你希望向社區中的年輕人介紹“母語日”的活動內容、母語學習的重要性，以及母語學習對個人的影響。字數要求在540—720字。【傳單，采訪稿，博客】

（十二）你剛從國外旅行回來，在旅途中你感受到中西飲食相互影響，你想與外校的學生分享你的親身經歷，討論中西飲食文化交流的好處和壞處。字數要求在540—720字。【博客，辯論稿，電郵】

（十三）每個國家都有移民。有人歡迎移民，也有人反對移民。你想寫一篇文章，談談移民對一個國家的利與弊，以及對個人的影響。字數要求在540—720字。【博客，演講稿，日記】

（十四）你將代表學校參加一個國際會議，主題是：在快速變化的世界中，保留自己民族的文化所面臨的挑戰。回到學校後，你想和全球的老師和同學介紹這次會議，并談談保留自己民族的文化遇到的挑戰，以及保留自己民族文化的重要性。字數要求在540—720字。【演講稿，日記，報刊文章】

（十五）新冠疫情結束後，你們當地政府希望儘快恢復當地的旅遊業，吸引世界各國的遊客前來參觀。請寫一篇文章，介紹一下當地的旅遊資源，提出恢復旅遊業的建議，并說明這些建議如何吸引各國遊客。字數要求在540—720字。【建議書，日記，訪談】

（十六）當地政府剛剛推出了一系列的文物保護措施。作爲一名市民，你希望就這個問題發表自己的看法，包括：從正反兩個方面談談你對政府文物保護措施的評價，以及你對文物保護的建議。字數要求在 540—720 字。【博客，日記，書信】

（十七）人類開採石油、煤礦等資源，常常對自然環境造成破壞。你希望向學校的環保社說明開採不可再生資源對人類生活造成的影響，闡述環保的重要性，提出環保的改善建議。字數要求在 540—720 字。【演講稿，建議書，博客】

（十八）在全球氣候暖化日益嚴重的今天，有人認爲我們應該學會適應氣候而不是防止氣候變化。請寫一篇文章，說明全球氣候暖化的現象，以及個人和政府應該如何應對日益嚴重的氣候暖化的問題。字數要求在 540—720 字。【演講稿，訪談，辯論稿】

（十九）有人說，增強旅遊業的發展能使一個國家更加富有，而且可以提高當地人們的生活質量。請寫一篇文章，介紹當地的旅遊資源，從正反兩個方面分析旅遊業對當地居民的影響。字數要求在 540—720 字。【博客，通告，書信】

（二十）現在，很多父母送子女出國留學，你也是其中一個留學生。請寫一篇文章，分享自己留學生活的體驗，從正反兩個方面分析留學對一個人的影響。字數要求在 540—720 字。【報刊文章，電郵，演講稿】

（二十一）有人認爲，發展經濟比保護環境更加重要。作爲一名學生，你要寫一篇文章，從正反兩個方面闡述發展經濟和保護環境之間的關係，并說明如何在兩者間取得平衡。字數要求在 540—720 字。【采訪記錄，博客，電郵】

（二十二）你的父母由于工作的原因將要搬到另一個國家生活一年。他們不確定應該帶你一起去國外，還是把你留在當地上寄宿學校。請寫一篇文章，說一下你的感受，分析去國外上學和上當地寄宿學校各自的好處。字數要求在 540—720 字。【演講稿，日記，電郵】

第四章 個人口頭表達

個人口頭表達考查學生的接受技能（閱讀）和表達技能（口語），占考核總成績的25%。這項考試基于學生在兩年課程中學習的兩部文學作品。文學作品可以包括小說和散文。一般來說，7 篇散文可以相當於一部作品，而 BHL 學生的閱讀作品一般以短篇小說爲主，老師可以根據學生對漢語的掌握程度選擇較爲容易的中篇小說。

考試包括三個部分：第一部分，學生對所學文學作品的其中一部進行分析描述，并發表個人看法（4 分鐘左右）；第二部分，學生與老師就以上表述進行討論（4 分鐘左右）；第三部分，學生就五個主題的內容與老師進行問答（4 分鐘左右）。

考試過程包括 20 分鐘的準備時間和 12—15 分鐘的考試時間。

注意事項

1. 老師提供兩段各 350 字左右的文學作品選段，考生從中選出一個進行考試。
2. 文學作品均是上課學過的。
3. 選段最好標出行號。
4. 考試過程必須錄音。

文學作品舉例

中篇小說：《城南舊事》《親愛的安德烈》《駱駝祥子》《撒哈拉的沙漠》

短篇小說：西西《像我這樣的一個女子》

散文集：《中華百年百篇經典散文賞析》，龍應臺《目送》，朱自清散文集

一、基本疑問詞

1. 問人物、時間、處所和數量

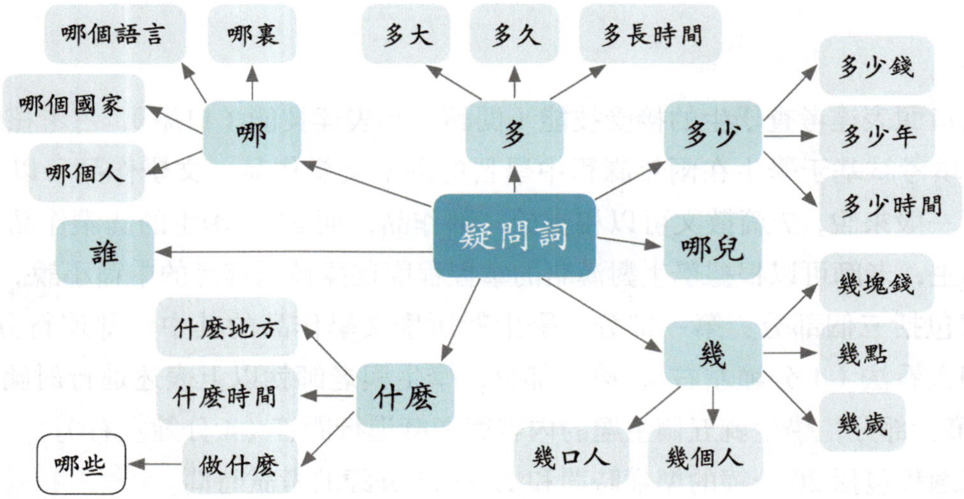

2. 問方式、原因

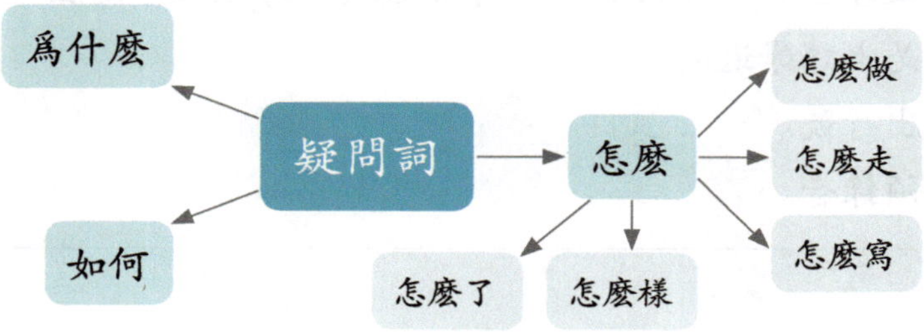

3. 句式疑問詞

二、文學作品選段要求

1. 選段約爲 360 個漢字長度。

2. 文學作品應爲上課學過的作品。
3. 一定是中文原創的作品。
4. 可以展現中國文化的作品。
5. 詩歌、散文、小說都可以。
6. 選文上要標明作品和作者名。

三、口頭表述要點範例

- 選段出自哪裏。
- 作者名字和寫作年代。
- 簡單介紹作品寫作背景。
- 簡單介紹作品的寫作目的。
- 簡單介紹作品的主題。
- 說明選段出自作品的哪個部分。
- 選段裏面詞語的含義、修辭和寫作手法，以及作者的意圖。
- 修辭手法包括比喻、象徵、排比、對偶、對比、擬人、設問、反問等等。

範例一：魯迅《祝福》選段

舊曆的年底畢竟最像年底，村鎮上不必說，就在天空中也顯出將到新年的氣象來。灰白色的沉重的晚雲中間時時發出閃光，接着一聲鈍響，是送竈的爆竹；近處燃放的可就更強烈了，震耳的大音還沒有息，空氣裏已經散滿了幽微的火藥香。我是正在這一夜回到我的故鄉魯鎮的。雖說故鄉，然而已沒有家，所以祇得暫寓在魯四老爺的宅子裏。他是我的本家，比我長一輩，應該稱之曰“四叔”，是一個講理學的老監生。他比先前并沒有什麽大改變，單是老了些，但也還未留鬍子，一見面是寒暄，寒暄之後說我“胖了”，說我“胖了”之後即大罵其新黨。但我知道，這并非借題在罵我：因爲他所罵的還是康有爲。但是，談話是總不投機的了，于是不多久，我便一個人剩在書房裏。

這個選段出自魯迅的短篇小說《祝福》。《祝福》是在 1924 年寫的，是魯迅的代表作之一。

小說通過描述祥林嫂悲劇的一生，表現了作者對當時社會最底層婦女的同情，以及對封建思想封建禮教的無情揭露。

小說寫了離開故鄉的知識分子“我”在舊曆年底回到故鄉慶祝新年時，看到四叔家以前的女傭祥林嫂悲慘死去的情景。作者用了環境描寫來烘托氣氛，將人們的幸福快樂和祥林嫂的孤苦伶仃做了鮮明的對比，更加突出了祥林嫂悲劇的結局和社會的殘忍。

在選段的前兩行，作者用了“新年的氣象”，接着在第 3—4 行具體描寫了大年除夕放爆竹的情形。“閃光、鈍響、震耳的大音、幽微的火藥香”，作者用了生動的描寫使讀者在視覺、聽覺、嗅覺上充分感受到了新年祝福時的熱鬧和快樂。但同時，“灰白色沉重的晚雲”又給人一種壓抑的感覺，喻示着當時的封建制度對人的捆綁，壓得人喘不過氣，揭露了當時的人受封建思想和封建制度壓迫而失去自由的社會現象。

在提到魯四老爺時，魯迅用了“沒什麼大改變，單是老了些”。這顯示了辛亥革命以後中國農村的狀況。雖然時代在前進，但當時改變社會制度的辛亥革命剛剛發生，中國農村的階級關係、風俗習慣、封建迷信思想、人們的思想意識等都還沒有任何改變。在選段的第 9 行，作者說四叔大罵新黨。魯四老爺頑固不化，是封建舊思想的代表，他大罵新黨說明他不願意改革，不能接受社會改變，衹願意抱着舊思想、舊制度一直生活下去。而作者覺得自己的新思想已經和這些不求進取、不思改變的舊思想格格不入，所以衹好自己一個人躲起來了。

口語考試第二部分參考問答題

1. 舊曆的年底大概是在什麼時候？
2. 爲什麼“他”在說“我”胖了之後就開始大罵新黨？兩者之間有什麼關係？

範例二：朱自清《背影》選段

我看見他戴着黑布小帽，穿着黑布大馬褂，深青布棉袍，蹣跚地走到鐵道邊，慢慢探身下去，尚不大難。可是他穿過鐵道，要爬上那邊月臺，就不容易了。他用兩手攀着上面，兩脚再向上縮；他肥胖的身子向左微傾，顯出努力的樣子。這時我看見他的背影，我的淚很快地流下來了。我趕緊拭乾了淚，怕他看見，也怕別人看見。我再向外看時，他已抱了硃紅的橘子往回走了。過鐵道時，他先將橘子散放在地上，自己慢慢爬下，再抱起橘子走。到這邊時，我趕緊去攙他。他和我走到車上，將橘子一股腦兒放在我的皮大衣上。于是撲撲衣上的泥土，心裏很輕鬆似的。過一會兒說：“我走了，到那邊來信！”我望着他走出去。他走了幾步，回過頭看見我，說：“進去吧，裏邊沒人。”等他的背影混入來來往往的人裏，再找不着了，我便進來坐下，我的眼淚又來了。

這個選段出自朱自清的散文《背影》。《背影》是朱自清在 1925 年寫的一篇回憶性散文。

這篇散文敘述的是作者離開南京到北京上大學，父親送他到火車站，照料他上車，并替他買橘子的情形。在作者腦海裏印象最深刻的，是他父親替他買橘子時在月臺爬上爬下時的背影。作者用樸素的文字，把父親對兒女的愛表達得深刻細膩、真摯感人，從平凡的事件中表現出父親對子女的關懷和愛護。

《背影》中的父親形象是慈父的形象。這段選文是父親送作者到火車站後幫作者買橘子的情景。在選文的第 1 行，作者詳細描寫了父親的衣着：黑布小帽，穿着黑布大馬褂，深青布棉袍。從這裏可以看出當時的知識分子的清貧和簡樸。第 1—2 行，父親“蹣跚地走到鐵道邊”，“蹣跚”一詞，說明父親年紀大了，步履不穩，過鐵路去買橘子絕不是一件容易的事。爲了兒子，父親蹣跚前往，“用兩手攀着上面，兩脚再向上縮；他肥胖的身子向左微傾，顯出努力的樣子”。細緻的描寫讓讀者和作者一樣感到心酸。第 4 行，“我的淚很快地流下來了”。望着父親吃力的背影，“我”禁不住熱淚涌流，但“怕他看見”，“我”又“趕緊拭乾了淚”。這體現了父子之間互相體諒的真情。父親終于買來了橘子。當他走“到這邊時”，第 7 行，“我趕緊去攙他”。這趕緊去攙的動作，表現了作者又心疼又慚愧，然而又欣然若釋的複雜心理。心疼的是父親爲他受累，慚愧的是父親爲他買橘子，欣然若釋的是父親終于安全歸來。父親回來之後，作者雖然沒講一句話，但一腔深情都流露在這“趕緊去攙扶”的動作之中。回到車上，父親“將橘子一股腦兒放在我的皮大衣上”。“一股腦兒”一詞，表現了父親當時高興的心情。父親高興的是爲兒子買到了橘子。第 8 行，父親“撲撲衣上的泥土，心裏很輕鬆似的”。從這句中的動作和心理描寫可以看出，父親完成了“買橘子”的任務後心裏感到了輕鬆、滿意和放心。從父親臨別之前說的兩句簡短的話“我走了，到那邊來信”和“進去吧，裏邊沒人”可以看出父親對兒子非常牽掛，但同時又不願讓兒子爲他擔心。

總的來說，這篇感人的散文通過一系列細緻的描寫，包括外貌描寫、動作描寫、語言描寫和心理描寫等，深入而細膩地刻畫出了父子之間的感情，特別是父親對兒子的關懷和愛護。

口語考試第二部分參考問答題

1. 爲什麼作者衹描寫了父親的背影，而沒有描寫父親的面容？

2. 父親說的兩句話都不超過 8 個字，從這兒可以看出父親有什麼樣的性格特點？

範例三：胡適《差不多先生》選段

有一天，他忽然得了急病，趕快叫家人去請東街的汪醫生。那家人急急忙忙地跑去，一時尋不着東街的汪大夫，卻把西街牛醫王大夫請來了。差不多先生病在床上，知道尋錯了人；但病急了，身上痛苦，心裏焦急，等不得了，心裏想道：“好在王大夫同汪大夫也差不多，讓他試試看罷。”于是這位牛醫王大夫走近床前，用醫牛的法子給差不多先生治病。不上一點鐘，差不多先生就一命嗚呼了。

差不多先生差不多要死的時候，一口氣斷斷續續地說道：“活人同死人也差……差……差不多，……凡事衹要……差……差……不多……就……好了，……何……何……必……太……太認真呢？”他說完了這句格言，方才絶氣了。

他死後，大家都很稱讚差不多先生樣樣事情看得破，想得通；大家都說他一生不肯認真，不肯算賬，不肯計較，真是一位有德行的人。于是大家給他取個死後的法號，叫他做圓通大師。

他的名譽越傳越遠，越久越大。無數無數的人都學他的榜樣。于是人人都成了一個差不多先生。——然而中國從此就成爲一個懶人國了。

《差不多先生傳》是胡適在 1919 年創作的一篇傳記題材寓言。這篇寓言以淺顯生動的語言諷刺了當時中國社會那些處事不認真的人。

整篇散文除了語言生動淺白，還使用了排比、映襯等寫作手法。在遣詞造句上，作者考慮到主角的個性和身份，選擇了十分淺白易懂的詞語，做到文如其人，使讀者能透過差不多先生的言語瞭解他的爲人。例如，選文第一段（1—6 行）寫差不多先生病得痛苦，顧不上找來的醫生是人醫還是獸醫，反正都差不多，就說：“好在王大夫同汪大夫也差不多，讓他試試看罷。”從這句話可以看到差不多先生隨便的個性。

選文的第二段（7—10 行）寫差不多先生的臨終遺言，用了許多省略號，生動地表現出差不多先生病情嚴重、說話吃力的樣子。而寫他的死，也延續了全文風趣自然的風格，用“一命嗚呼”“絶了氣”，而不用“過世”“與世長辭”等嚴肅的字眼。

在修辭技巧上，作者善用排比和映襯，不但使文章頗見韻律，還能加強感染力。例如第 3—4 行“身上痛苦，心裏焦急”，通過這個對比，表現差不多先生馬虎的程度與事情的嚴重性。而選文第三段（11—13 行）的“不肯認真，不肯算賬，不肯計較”這樣的排比修辭，不但念起來有節奏感，也加深了主題的效果。這三個“不肯”更明確寫出了差不多先生“懶”的程度。他所犯的錯誤都是“不肯”所致，而不是“不能”。

在選文的第三段（11—13 行）和第四段（14—16 行），作者使用了諷刺的寫作手法，說明大家不但認同差不多先生的態度，甚至尊崇他、效倣他，與整篇散文的開頭句“是中國全國人的代表”相呼應。在選文的第三段，作者寫了大家都稱讚差不多先生“真是一個有德行的人”，還給他起了一個法號“圓通大師”，其實是在諷刺國人處事圓滑，凡事敷衍不認真。

選文的最後一句“然而中國從此就成爲一個懶人國了”，諷刺如果全中國的人都以差不多先生爲榜樣，那麼全中國的人就都像差不多先生一樣，從顏色不分、東西不分，到時間、金錢的苟且隨便，最後因糊塗而以死收場。以諷刺的寫作手法總結全文，使首尾相應，也是作者對國人“差不多”的態度最嚴厲的諷刺與最深切的憂慮。

口語考試第二部分參考問答題

1. 你覺得差不多先生臨死前知道自己錯了嗎？爲什麼？
2. 你覺得現在社會上還有差不多先生嗎？請舉個例子說明一下。

四、口語考試第三部分參考問答題

在這部分中，老師和考生的問答必須基于課程大綱的五個主題：身份認同、經歷體驗、發明創造、社會組織、全球問題。老師可根據學生對漢語的掌握程度選擇問題。

（一）主題一、二

1. 飲食習慣

① 你喜歡吃什麼食物？

② 你媽媽的拿手菜是什麼？

③ 你平時在家吃什麼？

④ 你平時在學校吃什麼？

⑤ 你最喜歡吃的中餐菜是什麼?
⑥ 你最喜歡吃的西餐菜是什麼?
⑦ 你們家常吃快餐嗎?
⑧ 你覺得吃快餐有什麼好處和壞處?
⑨ 你喜歡吃中餐、西餐還是快餐?爲什麼?
⑩ 中、西餐在煮法上有什麼不同的地方?
⑪ 中式早餐通常可以吃什麼?
⑫ 西式早餐通常有什麼吃的?
⑬ 健康的飲食習慣是什麼?
⑭ 你認爲哪些食品是健康食品?
⑮ 你們家愛吃零食嗎?如果愛吃,會吃什麼樣的零食?
⑯ 你媽媽最常買哪些水果?
⑰ 請你介紹兩三個你經常吃的菜。
⑱ 你們家經常出去吃飯嗎?
⑲ 你們家常去哪一家飯店吃飯?
⑳ 如果出去吃東西,你們家大部分都吃些什麼?
㉑ 你們家常去的餐館有些什麼好吃的菜?
㉒ 出去吃飯有什麼好處和壞處?
㉓ 你認爲香港是“美食天堂”嗎?
㉔ 香港有哪些有名的“大排檔”?
㉕ 爲什麼很多香港人喜歡光顧“大排檔”?

2. 運動與愛好

① 你有什麼愛好?
② 你最愛做什麼運動?
③ 你週末都有些什麼活動?
④ 你喜歡聽哪一類音樂?
⑤ 你最愛看哪一類的書(漫畫/雜誌/小說)?爲什麼?
⑥ 你平常會做哪些運動?
⑦ 運動和健康有什麼關係?
⑧ 怎樣才可以保持身體健康?
⑨ 要保持好的身體,需要注意什麼?
⑩ 工作忙的人,你會建議他們做什麼運動好?

⑪ 做運動對健康有什麽影響？

⑫ 談一下你上一次生病和看病的經歷。

⑬ 你認爲“節食減肥”好嗎？爲什麽？

⑭ 如果你的好朋友很胖，你會怎麽建議他減肥？

⑮ 你覺得健康是最重要的嗎？爲什麽？

⑯ 你常常做運動嗎？做什麽運動？

⑰ 你平時怎麽讓自己放鬆？

⑱ 你感到不開心的時候會做什麽？

3. 風俗與傳統

① 一年中你最喜歡哪個假期？

② 你去過哪些國家旅遊？

③ 這個暑假 / 寒假你會怎麽過？

④ 上個暑假 / 寒假你是怎麽過的？

⑤ 如果有朋友要到你的國家來旅遊，你會建議你的朋友去哪兒玩？

⑥ 如果你有朋友要在八月來你的國家旅遊，你會建議你朋友帶些什麽衣服？

⑦ 在你去過的地方中，你最喜歡哪一個國家或城市？爲什麽？

⑧ 你去過哪個國家度假？看了哪些風景名勝？對那個國家的印象怎麽樣？

⑨ 你旅遊時體驗過什麽風土人情和文化？

⑩ 你去旅遊的時候，通常住在什麽地方？爲什麽？

⑪ 你住的地方有哪些風景名勝？

⑫ 你住的地方有什麽風俗習慣？

⑬ 你喜歡哪種旅遊方式？自由行還是跟團旅遊？爲什麽？

⑭ 在中國有哪些重要的節日？

⑮ 介紹一兩個節日，它們有些什麽特色的食物？

⑯ 中國人最重要的節日是什麽？怎麽慶祝？

⑰ 過春節的時候，中國人會吃一些什麽特别的食物？

⑱ 過春節的時候，中國人爲什麽要穿紅色和金黄色的衣服？

⑲ 過春節的時候，中國人的見面問候語通常都有哪些？

⑳ 過春節的時候，中國人一般會有什麽慶祝活動？

㉑ 你的家每年怎麽過春節？

㉒ 在你住的地方人們會怎麽慶祝聖誕節？

㉓ 你的家每年都會慶祝聖誕節嗎？

㉔ 過聖誕節的時候，你的家人會吃一些什麼特別的食物？
㉕ 傳統的聖誕節衣服是什麼顏色的？
㉖ 過聖誕節的時候，人們見面通常會說什麼？
㉗ 過聖誕節的時候，人們一般會有什麼慶祝活動？
㉘ 除了聖誕節，你還知道哪些西方節日？
㉙ 比較一下你知道的一個中國傳統節日和一個西方傳統節日的共同點和不同點。

（二）主題三

1. 媒體與電子娛樂

① 電腦對青少年有什麼影響？
② 你通常是怎樣跟朋友聯繫的？
③ 你認爲自己關心時事嗎？一般都是從哪兒得到這些消息的？
④ 現今的媒體發達對你的生活有什麼影響？
⑤ 互聯網給人類生活、工作和學生的學習帶來哪些好處和壞處？
⑥ 你每天都用電腦嗎？用電腦做什麼？
⑦ 你的父母會限制你用電腦或玩電子遊戲嗎？你對父母的做法有什麼看法？
⑧ 學校說以後的新學生上課都要準備一臺電腦，你對這件事有什麼看法？
⑨ 談談你對科技發展與社會生活的看法。
⑩ 談談科技發達對傳統的學習方式造成了什麼改變。

2. 電影與媒體

① 你喜歡聽哪一類音樂？
② 你最愛看哪一類的書（漫畫 / 雜誌 / 小說）？爲什麼？
③ 你最愛看哪一類的電視節目或電影？爲什麼？
④ 你一天花在看電視、玩電腦上的時間多嗎？
⑤ 電視和電腦是很多人的休閑和娛樂，你認爲這是健康的嗎？
⑥ 電視對青少年有什麼影響？

（三）主题四

1. 家庭關係和代溝

① 你們家養動物嗎?（如果有，是什麼動物? 什麼人照顧它? 怎麼照顧它?）
② 你們家住在哪兒? 附近環境怎麼樣?
③ 在家裏，是誰煮飯、燒菜和做家務的?
④ 你的臥室裏有什麼家具?
⑤ 你和家人在一起通常會做些什麼活動?
⑥ 說一下你平日一天的生活。
⑦ 週末你和家人會做什麼?
⑧ 你怎麼安排自己的課餘時間?
⑨ 你放長假的時候會和家人去哪兒旅行?
⑩ 請介紹一下你的家。
⑪ 你喜歡大家庭還是小家庭? 爲什麼?
⑫ 你有沒有兄弟姐妹? 你覺得做獨生子女好不好? 爲什麼?
⑬ 你的親戚都住在同一個國家嗎? 有沒有常來往?
⑭ 你和家人的關係怎麼樣?
⑮ 你認爲怎樣才可以建立好的家庭關係?
⑯ 有困難的時候，你會找家人來幫忙嗎? 爲什麼?
⑰ 如果和家人有誤會時，你會怎麼去解決問題?
⑱ 你心情不好的時候通常會做什麼?
⑲ 你跟父母能夠很好地溝通嗎? 舉個例子。
⑳ 談談你對“自由，獨立”的看法。

2. 青年人的問題

① 你認爲年輕人的煩惱是什麼?
② 你贊成學生在求學期間談戀愛嗎?
③ 談談你對單親家庭中成長的孩子的看法。
④ 你怎麼看香港的老人問題?
⑤ 談談你對校園毒品問題的看法。
⑥ 談談你對青少年吸毒問題的看法。
⑦ 你覺得香港有歧視現象嗎?

⑧ 你同意“望子成龍，望女成鳳”的思想觀念嗎?

⑨ 中國家長和西方家長在教育孩子上有什麼不同?

3. 朋友及友情

① 你有要好的朋友嗎?

② 你的朋友是哪國人?

③ 你是如何跟朋友相處的?

④ 遇到困難或壓力大的時候，你會找朋友來幫忙嗎?

⑤ 你認爲怎樣才可以和別人建立良好關係?

⑥“網上交友”越來越普遍了，你認爲結交網上朋友要注意些什麼?

⑦ 你認爲能夠做好朋友最重要的因素是什麼? 爲什麼?

⑧ 你認爲一個好朋友需要具備什麼條件?

⑨ 你覺得怎樣才算是真正的好朋友?

⑩ 朋友有困難時，你會給他什麼樣的幫助?

⑪ 你同意“近朱者赤，近墨者黑”這句話嗎? 爲什麼?

⑫ 你對“患難見真情”這句話有什麼看法?

4. 學校與教育

① 你的學校叫什麼名字? 你上幾年級? 學校有多少學生? 多少老師?

② 你的學校是一個什麼樣的學校?

③ 你來這個學校多久了? 爲什麼來這個學校讀書?

④ 你喜歡你的學校嗎? 喜歡哪些地方?

⑤ 說一下你一天的學校生活。(每天幾點上課? 上幾節課? 一節課多長時間? 幾點放學? 幾點回家?)

⑥ 你中午在學校買飯還是自己帶飯?

⑦ 學校的飯菜怎麼樣? 價錢貴不貴?

⑧ 你今年學了哪幾門課? 最喜歡哪一門? 最不喜歡哪一門?

⑨ 你學漢語學了多久了? 你覺得怎樣才能把漢語學好?

⑩ 除了漢語，你的學校的學生還可以修其他外語嗎?

⑪ 同學們在中午的時候會做些什麼?

⑫ 你的學校有哪些課外活動? 你參加過哪些課外活動?

⑬ 學校裏有什麼設備?

⑭ 你覺得你的學校有什麼好的地方和不好的地方？

⑮ 你的學校有什麼需要改善的地方？

⑯ 你的學校每年會舉辦哪些大型活動？這些活動對學生有什麼好處？

⑰ 考試前你會怎樣做準備？

5. 未來計劃和社會參與

① 你以後打算上大學嗎？

② 你中學畢業後準備去哪裏上大學？

③ 你最想上哪所大學？爲什麼？

④ 你想在大學裏主修什麼？

⑤ 你想學什麼專業？爲什麼？

⑥ 你覺得學習中文最難的地方是什麼？

⑦ 你覺得學習中文對以後工作有什麼好處？

⑧ 你念完書想做哪一類型的工作？

⑨ 不用上課時，你會考慮當義工嗎？

⑩ 如果有機會當義工，你會做哪一種義工服務？

⑪ 暑假時，如果你有打工的機會，你會考慮嗎？

⑫ 你有喜愛的職業嗎？

⑬ 對你來說，什麼是理想的工作？

⑭ 你的爸爸、媽媽是做什麼的？你希望將來長大以後和他們做一樣的工作嗎？爲什麼？

⑮ 長大以後你想做什麼工作？

⑯ 要做好這個工作需要什麼條件？

⑰ 你有沒有想過你以後要留在你住的地方工作還是去別的地方工作？爲什麼？

⑱ 你認爲什麼樣的工作才算是好工作？

（四）主題五

1. 城市與郊外生活

① 你家附近有什麼設施？

② 介紹一下你住的地方四季的天氣。

③ 你覺得你住的地方的居住環境怎麼樣?
④ 你住的地方的主要交通工具是什麼?
⑤ 談一談你住的地方的交通網絡。
⑥ 朋友要來你住的地方，你會帶他 / 她到哪兒去玩? 爲什麼?
⑦ 朋友要來你住的地方，你會帶他 / 她到哪兒去吃東西? 爲什麼?
⑧ 你住的地方有哪些風景名勝?
⑨ 談談你住的地方的文化和建築。
⑩ 你的朋友來你住的地方購物，你會帶他去哪裏? 爲什麼?
⑪ 你住的地方有哪些著名的購物街 / 商場?
⑫ 如果你的朋友想買名牌，你會帶他 / 她去哪裏買? 爲什麼?
⑬ 談談你對購物的看法。

2. 居住環境

① 你家住什麼樣的房子? 有什麼房間?
② 你家客廳裏有什麼家具?
③ 你自己有一個房間還是和別人合住? 請介紹一下你的房間。
④ 從你的房間裏往外看，風景怎麼樣?
⑤ 你家周圍的環境怎麼樣? 你喜歡不喜歡? 爲什麼?
⑥ 你家附近有什麼公共設施?
⑦ 你家附近交通方不方便? 從你家來學校可以坐什麼車?
⑧ 從學校到你家該怎麼走?
⑨ 學校的圖書館怎麼走?
⑩ 你喜歡住在城市還是郊區? 你覺得住在城市 / 郊區有什麼好處 / 壞處?
⑪ 如果讓你選擇，你想住在什麼樣的地方? 爲什麼?
⑫ 你家附近有什麼樣的商店?
⑬ 你經常到商店買什麼東西?
⑭ 你經常去哪兒買東西? 喜歡和誰去? 買什麼?
⑮ 最近你買了什麼新衣服? 花了多少錢?
⑯ 你在現在的家住多久了? 喜歡嗎? 爲什麼?
⑰ 你認爲你的社區的文娛康樂設施是否足夠? 哪些設施需要改善?
⑱ 你認爲你的社區應該怎樣改善環境衛生?
⑲ 你住的地方爲居民提供了一些什麼公共服務?
⑳ 你覺得這些服務做得好不好?

㉑ 你住的地方的主要交通工具是什麽?
㉒ 你對你住的地方的交通情況有什麽看法?
㉓ 你認爲應該怎樣改善你住的地方的交通情况?
㉔ 你住的地方的自然環境怎麽樣?
㉕ 在你住的地方一年四季適合做什麽活動?

3. 環境問題

① 你住的地方的天氣一般是怎樣的?
② 你最喜歡哪個季節? 爲什麽?
③ 你今天有沒有聽過天氣預報? 今天天氣怎麽樣?
④ 你有沒有參加過環保活動，如種樹、清潔海灘等?
⑤ 你居住的國家或地區在環保方面做得怎麽樣? 採取了哪些措施?
⑥ 談談你對環境保護的認識。
⑦ 你住的地方經常有哪些自然災害發生?
⑧ 人類在創造文明的同時給地球帶來了什麽負面的影響?
⑨ 太陽能可以爲人類做哪些事?
⑩ 你認爲市民應該怎樣參與改善保護環境?
⑪ 你認爲學校應該怎樣推行環保教育?
⑫ 全球暖化帶給人類什麽影響? 如何改善?
⑬ 你們學校有哪些活動是用來幫助保護環境的?
⑭ 你認爲我們應該怎樣保護環境?
⑮ 你住的地方空氣污染問題嚴重嗎? 你覺得怎樣可以改善空氣污染的問題?

第五章 寫作卷模擬試題

模擬試題一

從下面的題目中選一題作答。字數爲 540—720 字。

第一題

你在中文課上學習了有關中國傳統文化禮儀的內容，老師讓你把中國文化儀式和你所熟悉的另外一個國家的文化禮儀進行比較，看看它們之間有什麼相同與不同，并告訴同學們你更喜歡哪一個禮儀及原因。

- 演講稿
- 電子郵件
- 宣傳冊

第二題

你自己剛剛設計發明了一項新的科技產品。這個產品可以幫助同學更好地學習中文生詞，更好地翻譯中英文句子。請從下列的文本類型中選擇一個，談談你的設計理念，說明這個產品的好處，以及學生如何可以從中受益。

- 電子郵件
- 宣傳冊
- 採訪稿

第三題

你的城市要舉辦一次世界青年和平大會，一位著名的諾貝爾和平獎獲得者將在會上發言。學校派你去參加了這次大會，并讓你和這位獲獎者溝通交流。請從下列的文本類型中選擇一個，介紹這次大會的主題，說明世界和平對人類的影響，以及我們青少年應該怎麼做。

- 採訪稿
- 博客
- 電子郵件

模擬試題二

從下面的題目中選一題作答。字數爲540—720字。

第一題

你的學校將在春節前舉辦中國文化週活動，并邀請了一位做中國菜的廚師向同學們介紹中國節慶食品，分析中國飲食文化的特色，闡述中國飲食與健康。

– 訪談
– 日記
– 校報文章

第二題

你的父母告訴你，你七十多歲的奶奶雖然身體還算健康，但是內心卻很孤寂。請從下列的文本類型中選擇一個，跟父母談談奶奶需要什麼樣的生活，以及你和父母應該如何讓奶奶的生活更加豐富和快樂。

– 書信
– 訪談
– 演講稿

第三題

你的學校是個國際學校，你發現學校裏有很多同學跟父母之間經常因爲觀點不同而爭吵。請從下列的文本類型中選擇一個，跟大家談談什麼是代溝，代溝對家庭關係的影響，以及應該如何改善父母與孩子之間關係。

– 演講稿
– 校報文章
– 日記

模擬試題三

從下面的題目中選一題作答。字數爲 540—720 字。

第一題

你們學校將組織一次多元文化週活動。作爲班級的代表，你將向全校師生介紹中國春節的傳統習俗、節慶活動，以及特色美食。

– 博客
– 演講稿
– 校報文章

第二題

近年來，互聯網迅速發展，使用電腦的人數和人們花費在電腦上的時間不斷增加，導致讀書的人和讀書的時間逐漸減少了。請寫一篇文章，介紹電腦的功能，討論電腦如何改變了學生的學習生活，以及如何平衡使用電腦的時間與讀書的時間。

– 博客
– 書信
– 訪談

第三題

你們學校的學生最近去與你們學校有交流合作項目的中國學校參觀，得到了那所學校老師和同學的熱情接待。你希望跟那所學校的校長分享這次活動讓你最難忘的一件事，以及這次活動給你帶來了什麼樣的體驗和收穫。

– 書信
– 訪談
– 演講稿

模擬試題四

從下面的題目中選一題作答。字數爲 540—720 字。

第一題

你和家人剛從中國的一個城市旅行回來。這次旅行讓你見識了當地的文化及風俗習慣。請從下列的文本類型中選擇一個，寫出最令你難忘的一個文化習俗、你內心的感受，以及旅遊的好處。

- 日記
- 電郵
- 博客

第二題

你學校的同學們圍繞"父母應不應該給孩子零用錢"這個話題展開了討論。請從下列的文本類型中選擇一個，談談給孩子零用錢的好處和壞處，并給家長提出建議。

- 演講稿
- 博客
- 通告

第三題

學校的露營社將舉辦一年一度的湖邊露營。作爲活動的主辦人，你要負責向同學說明這次露營活動的目的和活動安排，以及需要注意的事項。

- 日記
- 電郵
- 通告

模擬試題五

從下面的題目中選一題作答。字數爲540—720字。

第一題

今年假期你在中國旅遊的時候生病住院了。住院期間你對醫院的設備、醫護人員的服務有好的也有不好的體驗。出院回到家以後，你決定跟醫院的院長說說有哪些好的體驗和不好的體驗，并提出改善服務的建議。

– 電郵 – 訪談 – 博客

第二題

現代科技讓我們的生活有了非常大的改變。你代表學生會走訪了一些家長，瞭解了他們對于這個問題的看法，包括現代科技對人際關係的正面影響和負面影響。

– 校報文章 – 辯論稿 – 採訪記錄

第三題

即將中學畢業的同學們正在討論要不要在考試結束後舉辦一次爲期五天的自助旅行。請從下列的文本類型中選擇一個，說明自助旅行的利與弊，以及你的理由。

– 辯論稿 – 校報文章 – 電郵

FOLLOW ME THROUGH BHL

突破IB中文B高级课程难关

（修订版）

冯薇薇（Vivienne Fung）编著

SinolinguA

华语教学出版社

First Edition 2025

ISBN 978-7-5138-2667-9

Published by Sinolingua Co., Ltd
24 Baiwanzhuang Road, Beijing 100037, China
Tel: (86) 10-68320585 68997826
Fax: (86) 10-68997826 68326333
https://www.sinolingua.com.cn
E-mail: hyjx@sinolingua.com.cn
Printed by Beijing Zhongke Priting Co., Ltd

Printed in the People's Republic of China

前　言

IB 中文考试中，写作无疑是最大的挑战。写作在 IB 考试中占据重要地位，因此必须根据课程大纲的要求加强写作教学。然而，目前的写作教学面临许多问题。许多学生对作文感到畏惧，写作时常感到烦恼，难以表达出自己的思想，且写作速度缓慢。写作文常被学生们形容为“喝中药”。“一看题目就摇头，摊开稿纸咬笔头，苦思冥想皱眉头，一个小时没开头”就是学生们的生动写照。

为了帮助学生更好地备考 IB 中文写作，笔者特意编写了本套教材——《突破 IB 中文 B 普通课程难关》和《突破 IB 中文 B 高级课程难关》，希望广大的 IB 考生对如何准备 IB 中文 B 普通课程（BSL）、高级课程（BHL）考试有一个清晰的认识，以便更好地复习，更有信心地走进考场，从容地写出 7 分（满分）的作文。

从课程新大纲开始实施起，对考题的要求逐渐清晰和完善。为了更贴近考题形式和要求，本书进行了修订。《突破 IB 中文 B 高级课程难关》（修订版）依照 IBDP 中文 B 的 2018 年大纲书面表达及个人口头表达的内容和评分标准进行编写，从构思、文体、话题、词语、句子结构等方面指导考生进行复习。本书第一章简单介绍教学大纲和评分标准；第二章给出了中文基本句子结构、语法和常用关联词；第三章集中在“身份认同”“个人经历”“发明创造”“社会组织”和“全球问题”等五个主题的写作；第四章以个人口头表达为主，针对中文 B 普通课程的个人口头表达要点进行讲解；主要包括口头表述要点范例和问答参考题。第五章为写作卷模拟试题。

书面表达部分，虽然普通课程（BSL）和高级课程（BHL）的主题一致，但在语言运用、写作内容、作文字数、句子结构等方面不尽相同，具体差异详见下表：

	普通课程（BSL）	高级课程（BHL）
语言运用	文通字顺，词汇多种多样。句子通顺，使用正确的复杂句结构。	词汇多元，必须使用 3 个以上的成语、四字词等惯用语。准确使用复杂句结构，且多种多样。

续表

写作内容	要涵盖题目要求的两个写作要点	要涵盖题目要求的三个要点
作文字数	300—480 个汉字	540—720 个汉字

个人口头表达部分，两本教材中的主体一致，但在语言表达、描述内容、沟通交流等方面的要求不尽相同，具体差异详见下表：

	普通课程（BSL）	高级课程（BHL）
语言表达	表达自然流畅，词汇多种多样、富有变化，语法结构符合中文口语表达习惯。语音、语调容易理解，不妨碍交流。	表达自然流畅，词汇多种多样，富有变化，且能够使用适量的成语、四字词等惯用语。语法结构多样，符合中文口头表达习惯。语音、语调清楚准确，接近母语表达程度。
描述内容	对图片所提供的讯息能够准确地描述说明，并加以评论。口头表达与中国文化有明显的关联。	对课上学过的文学作品选段能够准确、细致地进行分析说明并加以评论，并强调了与中国文化之间的关联。
沟通交流	能够即时理解老师提出的问题，并做出准确且有个人独到见解的回应。互动交流自然流畅，没有障碍。	能够即时理解老师提出的问题，做出准确且有个人独到见解的回应，并能够自然地与老师进行讨论。互动交流自然流畅，生动有趣，没有障碍。

《突破 IB 中文 B 高级课程难关》（修订版）中的第三章是本书重点，分为书面表达和个人口头表达两部分。书面表达部分按“参考例文”和“参考题库”展开，每篇参考例文都加了注解，列出文章的结构特点及所关联的中国文化元素。例文后还有思维导图、文体格式要求等写作指导。个人口头表达部分则包括文学选段、针对文学选段所做的口语讨论参考题，以及针对课程五大主题的口语参考问答题。全书内容系统实用，方便老师和学生参考、应用和练习。

两本教材均配备了阅读理解练习册。书中的练习题都是按照相应考试的“试卷二：阅读理解”的题型、对应普通、高级教材中的例文编写，方便老师对学生进行阅读理解训练。

该套教材是一套 IB 中文 B 考生必备的实用复习资料，跟着本套教材按部就班地复习，定能让你在考试中有所突破，从而取得令人满意的成绩。

目　录

开篇

为什么要学母语之外的语言

1. 如果你用别人能理解的语言与对方交谈，那么交谈会进入对方的大脑。如果你用对方的语言与之交谈，那么交谈会进入对方的心灵。

   If you talk to a man in a language he understands, that goes to his head. If you talk to him in his own language, that goes to his heart.

   ——Nelson Mandela

2. 一种语言可以为你的人生开启一条走廊，两种语言则会在你人生走廊的沿途开启更多的大门。

   One language sets you in a corridor for life. Two languages open every door along the way.

   ——Frank Smith

3. 语言的限制就是对我的世界的限制。

   The limits of my language are the limits of my world.

   ——Ludwig Wittgenstein

4. 学习一切你所能学的，无论什么时间，无论学习的对象是谁。总有一天你会为你所做的感到欣慰。

   Learn everything you can, anytime you can, from anyone you can; there will always come a time when you will be grateful you did.

   ——Sarah Caldwell

5. 学习是自己一辈子的财富。

   Learning is a treasure that will follow its owner everywhere.

   ——Chinese proverb

6. 除非你掌握了两门以上的语言，否则你永远无法真正理解一门语言。

You can never understand one language until you understand at least two.

——Geoffrey Willans

7. 掌握另一门语言，拥有第二个灵魂！

To have another language is to possess a second soul.

——Charlemagne

第一章 中文B考试大纲及写作、口语部分评分标准

一、考试大纲概要

高级课程（Higher Level）	分数占比
试卷一（90分钟）书面表达技能（一篇540—720字的写作）（30分）	25%
试卷二（120分钟）接受技能（65分） 听力理解（60分钟）（25分） 阅读理解（60分钟）（40分）	听力：25% 阅读：25%
个人口头表达（基于所学过的一或两篇/部文学作品）（30分） （20分钟准备＋12—15分钟考试）	25%

（一）试卷一（写作卷）的考试范围及文体格式

1．考试范围

五个主题（个人经历、身份认同、发明创造、社会组织、全球问题）。卷子上有三道题，分属五个主题中的任意三个，考生可以从中任选一题，在规定的90分钟内完成一篇540—720个汉字的作文。

2．中文B主要文体类型

个人文本	专业/正式文本	大众传媒文本
博客 电子邮件 个人信件 日记	博客 电子邮件 正式信函 报告 建议书 官方报道	博客 文章（报纸、杂志） 访谈/采访稿 新闻报道 演讲稿 辩论稿 小册子 传单 宣传海报/宣传册 旅行指南

（二）试卷二（听力理解及阅读理解）的考试范围及问题形式

考试范围包括五个主题（个人经历、身份认同、发明创造、社会组织、全球问题）。阅读文本和考题类型如下：

文本的文体类型	理解问题类型
采访报道 访谈记录 博客 新闻报道	词语类： 选出正确词语（多项选择） 字词填空 词语配对
影评 网络文章 专栏文章 日记	句子类： 人称代词理解 句子配对（完成句子） 选出正确句子（多项选择）
独白自述 议论文 说明文 记叙文	整篇文章类： 段意 判断对错（要写明理由） 问答题

（三）口语考试部分

个人口头表达（30 分）

考试过程包括 20 分钟的准备时间和 12—15 分钟的考试时间。

这项考试基于学生在两年课程中学习的两部文学作品。文学作品可以包括小说和散文。一般来说，7 篇散文相当于一部作品。小说方面，BHL 学生的阅读作品一般以短篇小说为主，老师也可以根据学生程度选择较为容易的中篇小说。

考试分为三个部分：第一部分，学生对所学的其中一部文学作品进行分析描述，并发表个人看法；第二部分，学生与老师就以上表述进行讨论；第三部分，学生就五个主题的内容和老师进行问答。

注意事项

1. 老师提供两段各350字左右（最多360个汉字）的文学作品选段，考生从中选出一个进行考试。
2. 文学作品均是上课学过的。
3. 考试过程必须录音。

二、评分标准

（一）试卷一（话题写作）

标准A	语言	12分
标准B	讯息	12分
标准C	概念性理解	6分
总计	30分	

标准A：语言（写作没有达到最低字数，不会在此项标准内扣分）（12分）

- 学生在何种程度上有效和准确地使用了语言？

分数	描述
10—12分	非常有效和准确地掌握了所学语言。非常准确和有效地使用了范围广泛的词汇，手法多样地强调了信息内容，包括有目的地使用习惯用法。在较复杂的语法结构中有个别小错误出现，不妨碍交流。
7—9分	有效和基本准确地掌握了所学语言。准确地使用了范围广泛的词汇，包括习惯用语的使用，偶尔出现错误，不妨碍交流。文中有一些清晰正确的复杂句结构。
4—6分	部分有效地掌握了所学语言。准确地使用了一定范围的词汇，但仍有一些错误，偶尔妨碍交流。简单句的结构清晰，一些复杂句式也使用恰当。
1—3分	对所学语言掌握得有限，所使用的词汇有限，有许多基本错误，妨碍交流。简单句的结构有时清晰，也有一些使用复杂句式的尝试。
0分	写作没有达到以下细则描述的任何标准。

标准 B：讯息（12 分）

■ 学生可以在何种程度上清楚地展开和组织相关的思想观点？

10—12 分	出色地传达了讯息。思想观点都是相关和有效的。思想观点的展开条理清晰并且透彻，支持性细节非常合适。
7—9 分	很好地传达了讯息。思想观点都是相关的。思想观点的展开条理清楚并且有效，支持性细节都合适。
4—6 分	比较好地传达了讯息。思想观点大都相关。思想观点的展开条理清楚，支持性细节大都合适。
1—3 分	讯息得到了部分传达。思想观点在一定程度上是相关的。思想观点的展开有时显而易见，支持性细节有时合适。
0 分	写作没有达到以下细则描述的任何标准。

标准 C：概念性理解（6 分）

■ 学生在何种程度上正确地按照所要求的文本类型完成了写作？

■ 语体和语气在何种程度上对应了写作的情境、目的和受众？

■ 在何种程度上恰当地应用了文本类型的写作惯用手法？

5—6 分	选择的文本类型适合情境、目的或受众。 语体和语气适合写作的情境、目的和受众。 所采用的文本类型的写作惯用手法清晰可辨且正确。
3—4 分	选择的文本类型基本适合情境、目的或受众。 语体和语气偶尔适合写作的情境、目的和受众。 所采用的文本类型的写作惯用手法可以辨识。
1—2 分	选择的文本类型基本不适合情境、目的或受众。 语体和语气不适合写作的情境、目的和受众。 所采用的文本类型的写作惯用手法有限。
0 分	写作没有达到以下细则描述的任何标准。

注意事项

● 选取了“最不适合”的文体格式，不一定得 0 分，要综合考虑受众、目的、语气等概念性理解因素。

- 选取了“最适合”的文体格式，但受众、目的、语气等概念性理解因素不符合，也不能拿高分。
- 选取了“通常适合”的文体格式，但受众、目的、语气等概念性理解因素符合，也可以视为“最适合”。
- 选取了题目规定的三个文体格式之外的格式，最多可以得到2分。

（二）个人口头表达（30分）

标准A	语言	12分
标准B1	讯息—文学作品选段（第一部分）	6分
标准B2	讯息—对话（包括第二部分和第三部分）	6分
标准C	沟通交流	6分
总计		30分

标准A：语言（12分）

- 学生说话时在何种程度上成功地应用了语言？
- 学生说话的流利和清晰程度如何？
- 学生所使用的语言的准确和变化程度如何？
- 学生的语调在何种程度上有助于交流？

分数	描述
10—12分	准确有效地掌握了所学语言。说话流利，基本上像说母语。语言富有变化并且符合中文口语表达习惯。有目的地使用了一些习惯用语。语音语调非常清楚，令交流十分流畅、生动、有趣。
7—9分	有效并且大多准确地掌握了所学语言。说话大都流利。语言在总体上正确，词语富有变化并符合中文口语表达习惯。使用了一些习惯用语。语音语调很清楚，有助于交流。
4—6分	部分有效地掌握了所学语言。所说的话可以理解，有时是流利的。有一些正确多变的复杂句式和语法结构，但有时出现错误。偶尔妨碍交流。语音语调基本清楚，不太妨碍交流。

1—3 分	对所学语言掌握得有限。说话犹豫，有时难以理解。用词用语常常是不正确或贫乏的。语音语调大致清楚，但有时不够准确，妨碍交流。
0 分	学生的表现没有达到以下细则描述的任何标准。

标准 B1：讯息 − 文学作品节选（6 分）

- 在会话中，学生在何种程度上表现出对文学作品节选的理解和表达能力？

5—6 分	口头表达与选段关系紧密。能有效地对选段进行有深度的评论，有独特的个人见解。
3—4 分	口头表达与选段大部分有关联。对选段的使用恰当，评论到位，有个人见解。
1—2 分	口头表达与选段基本不相关（离题）。对选段的评论和见解空泛，过于肤浅和简单。
0 分	学生的表现没有达到以下细则描述的任何标准。

标准 B2：讯息—对话（6 分）

- 在会话中，学生在何种程度上清楚并完整地回答了内容？
- 学生回答问题到什么深度？

5—6 分	回答非常恰当，全部问题都得到了展开，内容有深度和广度，包括个人独特的思想观点。
3—4 分	回答大部分恰当，有些得到了展开，内容有深度和广度。
1—2 分	回答虽然恰当，但十分简短，深度和范围有限。
0 分	学生的表现没有达到以下细则描述的任何标准。

标准 C：沟通交流（6 分）

- 在会话中，学生在何种程度上表现出理解和互动交流能力？
- 学生可以在何种程度上表达思想观点和看法？
- 学生可以在何种程度上持续进行会话？

5—6 分	对问题的理解没有难度，且互动交流通畅无阻。回答问题准确无误，且有个人独到的见解。
3—4 分	理解大多数的问题，且互动交流顺利。会话大多流畅连贯，提问偶尔需要重述或改述。
1—2 分	理解和互动交流有限。会话不够流畅连贯，提问需要重述或改述才能理解。
0 分	学生的表现没有达到以下细则描述的任何标准。

第二章 中文基本句子结构、语法和常用关联词

在开始说话和写作之前，学生必须掌握的是基本句型和基本语法。有些老师和学生太注重词汇，以为多用一些成语就可以得高分，这是一个误导，这就好比在学会走路之前先学跑步一样。没有正确流畅的句子，再好的词汇也不可能让人读懂文章。

以下是一些最基本的句型和语法：

一、基本句子结构

类型一

S+V+O

（主语＋谓语＋宾语）

例 我学中文。

扩展：

- S + time + V + O

（主语＋时间＋谓语＋宾语）

例 我每天晚上七点学中文。

- S + 在 place + V +O

（主语＋地点＋谓语＋宾语）

例 我在学校学中文。

- S + time + 在 place + V + O

（主语＋时间＋地点＋谓语＋宾语）

例 我星期六下午四点半在家学中文。

类型二

S+Adj.

（主语＋形容词谓语）

例 我的中文很好。

扩展：

S + V（with complete meanings）+ V（core）+ 得 + Adj.

（主语＋谓语词组＋谓语动词＋得＋形容词）

例 我说中文说得很好。

类型三（时间段）

S + time + 在 place + V（with complete meanings）+ V（core）+ time duration

（主语 + 时间 + 地点 + 谓语词组 + 谓语动词 + 时间段）

例 我每天晚上在家学中文学一个小时。

扩展（过去式）：

S + time + 在 place + V（with complete meanings）+ V（core）+ 了 + time duration

（主语 + 时间 + 地点 + 谓语词组 + 谓语动词 + 了 + 时间段）

例 我昨天在家学中文学了一个小时。

二、基本语法

1. 的、地、得

的 + 名词（Noun） 例 这是我的学校。

地 + 动词（Verb） 例 我快乐地学中文。

得 + 形容词（Adj.） 例 我的中文说得不太好。

2. 了、过

了：V+ 了 = past tense 例 我去年去了中国。

过：V+ 过 = past perfect tense 例 我去过很多国家。

3. “把”字句

基本句型：S+V+O（主语 + 谓语 + 宾语） 例 我看书。

“把”字句：S+ 把 O+V（宾语提前） 例 我把书看了。

4. 年、月、日

英文表达习惯：DD/MM/YY

中文表达习惯：YY/MM/DD 例 2021 年 3 月 18 日

5. 时间表达法

英文表达法：从小到大 例 10 a.m. yesterday

中文表达法：从大到小 例 昨天上午 10 点

6. 日期

前年、去年、今年、明年、后年

上个月、这个月、下个月

前天、昨天、今天、明天、后天

上个星期、这个星期、下个星期

星期一、星期二、星期三、星期四、星期五、星期六、星期日（星期天）

7. 时间

清晨、早上、上午、中午、下午、傍晚、晚上、夜里、半夜

8. 地址书写顺序

国家＋城市＋区＋街道＋单位　例 中国北京市西城区教场胡同 4 号北京四中

三、常用关联词

1. 并列句（各分句间的关系是平行并列的）

又……又……

既……又……

一边……一边……

那么……那么……

是……也是……

不是……而是……

2. 承接句（各分句表示连续发生的事情或动作，分句有先后顺序）

……接着……

……就……

……于是……

……又……

……便……

3. 递进句（分句间是进一层的关系）

不但……而且……

不仅……还……

……更（还）……

……甚至……

4. 选择句（各分句列出几种情况，表示从中选出一种）

不是……就是……

或者……或者……

是……还是……

要么……要么……

宁可（宁愿）……也不……

与其……不如……

5. 转折句（后一个分句与前一个分句的意思相反或相对，或部分相反）

虽然……但是……

尽管……可是……

……然而……

……却……

6. 因果句（分句间是原因和结果的关系）

因为（由于）……所以……

……因而（因此）……

既然……就……

之所以……是因为……

7. 假设句（一个分句表示假设的情况，另一个分句表示假设实现后的结果）

如果……就……

即使……也……

8. 条件句（一个分句说明条件，另一个分句表示在这一个条件下产生的结果）

只要……就……

无论（不管、不论）……也（都）……

只有……才……

凡是……都……

除非……才……

第三章 书面表达

课程大纲规定，老师必须对五个主题（身份认同、个人经历、发明创造、社会组织、全球问题）的内容进行教学。IB 每年会从五个主题中任选其中三个进行考核。

主题一：身份认同

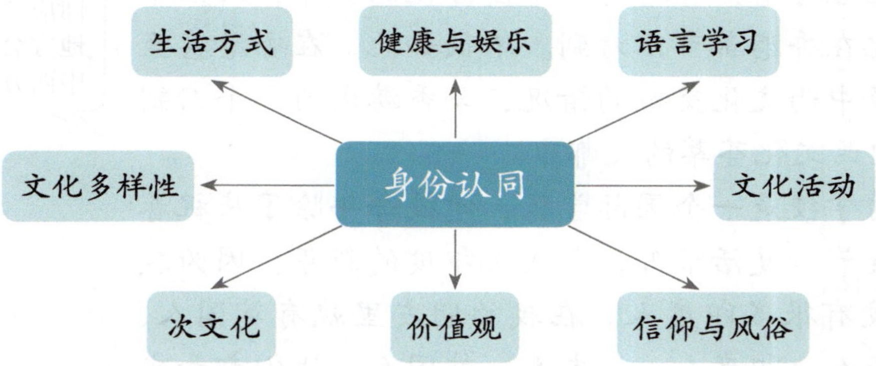

老师可根据学生的语言能力指导学生或让学生自己从例文中找出需要记住的词语和有用的句子。

一、参考例文

（一）文化多样性

随着科技的快速发展，人们的沟通和交流变得越来越方便，中西方的文化交流也越来越多。作为学生会主席，你要向全校的老师和同学讲一讲你居住的地方会庆祝哪些中西方的节日，请说明中西方节日的节庆习俗，以及中西方节日互相影响的好处。请从下面的文体格式中选择一个，用 540—720 字左右写出这篇文章。

– 日记 – 演讲稿 – 校报文章

1. 例文

中西方节日的互相影响

老师们、同学们：

大家好！我今天要讲的题目是“中西方节日的互相影响”。随着科技的快速发展，世界已经变成了“地球村”，人们的沟通和交流变得越来越方便，中西方的文化交流也越来越多。现在，很多中国人也庆祝西方的圣诞节和复活节，一些西方国家，比如美国、英国和澳大利亚也开始庆祝中国新年。

回应题目

我住在香港，香港是一个国际化的城市，所以中西方文化在香港都可以看到。不仅如此，在香港甚至还出现了中西文化交融的情况，令香港成为一个名副其实的中西文化荟萃的大都市。

回应“你居住的地方会庆祝哪些中西方的节日”

我的学校是一个国际学校，学校每年除了庆祝春节、圣诞节和复活节外，也庆祝印度的新年，因为我们的学校有很多印度人。在我的朋友里就有英国人、澳大利亚人、印度人、日本人、韩国人，他们都和我们中国人一样庆祝春节和端午节。他们也喜欢在端午节划龙舟，他们的爸爸和妈妈也会在春节给他们发红包。同样，在圣诞节的时候，我也会在家里摆圣诞树，我和家人也会互相送圣诞礼物。我的妈妈最喜欢给朋友写圣诞卡。她每年十二月都会让摄影师来给我们一家拍“全家福”，然后贴在圣诞卡上发给亲朋好友。

回应“中西方节日的节庆习俗”

今年的端午节，我的学校派出了一支龙舟队参加香港学界龙舟比赛。这支龙舟队的成员不仅有中国人，更多的是英国人、印度人、澳大利亚人等等。龙舟比赛场地热闹非凡，比赛过程竞争激烈，最后，我们的校队夺得了第一名！

还记得今年春节前，学校举办了一次庆祝活动，学生和老师无论来自哪里，在那一天都穿上了红色的中式服装。学生们还表演了精彩无比的中国民族歌舞，很多家长都特意来到学校观看。

中西方节日互相影响可以让我们开阔视野，更加了解别国的文化，也更加尊重别国的文化。通过庆祝圣诞节，我们了解了圣诞节的宗教背景，以及圣诞节的传统美食和特色服饰。外国人也通过庆祝春节，知道了“年的故事”，了解了我们中国人在春节的过年禁忌，避免了尴尬和误会的情况出现。

> 回应“中西方节日互相影响的好处”

总而言之，中西方节日互相影响是一件好事。好了，我今天就讲到这里，谢谢大家！

HL 高级课程的作文对词语的多元性和复杂性要求较高，包括多种多样的惯用语（四字词组、俗语、成语……）。以下为在此例文中出现的一些惯用语。

① 名副其实　② 文化荟萃　③ 亲朋好友
④ 热闹非凡　⑤ 竞争激烈　⑥ 精彩无比
⑦ 开阔视野

2. 思维导图范例

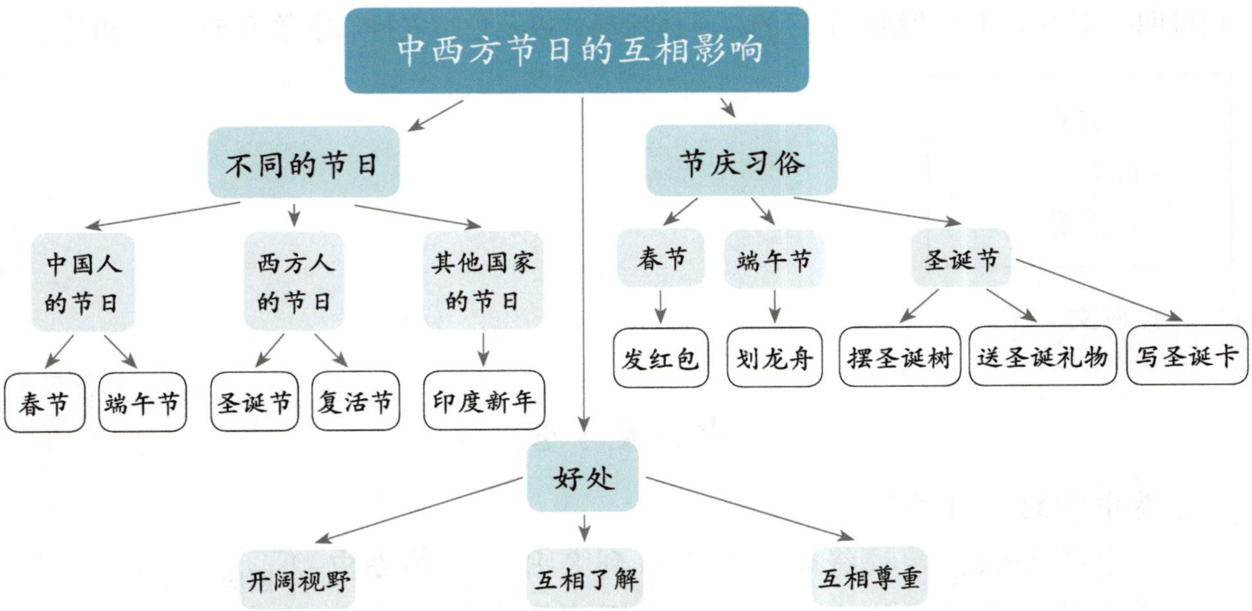

3. 写作说明

（1）好的写作必须具备的条件

- 清楚说明自己所在地区庆祝中西方节日的情况。
- 举例说明中西方节日的节庆习俗。
- 陈述中西方节日互相影响的好处。
- 段落清楚、条理清晰、前后有序。
- 全文扣住主题。
- 符合文体格式的要求和语气。

（2）文体格式的选择

①演讲稿：最适合，因为“你要向老师和同学讲一讲”，最适合进行口头表达。

②校报文章：通常适合，有合适的受众，主题观点也可以进行书面表达。

③日记：最不适合，因为日记的受众是自己，不能是“老师和同学”。

（3）演讲稿文体格式要求

- 恰当的开场白（如“尊敬的老师”、“各位同学”）；
- 主题介绍；
- 主干（条理清楚）；
- 总结，最好以“谢谢大家”作为结束语；
- 正式的语气。

（二）文化活动

你的学校将举办中文夏令营，你是这次活动的主办人。请你写一篇文章，向同学们说明一下中文夏令营活动的目的、具体活动，以及住宿安排。字数为540—720字。

– 演讲稿 – 博客 – 宣传册

1. 例文

中文夏令营

香港中学的各位同学：

今年暑假，学校将于7月1日到8月1日举办中文夏令营。我是组织人林小明，我现在来介绍一下今

回应题目

年这个夏令营的情况。

今年中文夏令营的地点在北京，为期一个月。俗话说，读万卷书不如行万里路。我们在课本上学到了很多关于中国历史和文化的知识，也在电影上看过有关北京人的生活故事，在课堂上和同学们练习过中文口语表达，但你可能还没有机会真正和中国人进行对话。所以，我们这个夏令营的目的就是：学习中国的历史和文化，体验北京人的生活，提高同学们的中文水平。

回应“中文夏令营的目的”

这个中文夏令营活动的内容包括：星期一到星期四，上午学习中文，有听力课、阅读课、写作课和口语课，下午是一些文化活动，包括国画班、功夫班、剪纸班、书法班等；星期五和周末，去参观各种名胜古迹，如长城、故宫、北海公园、天安门等。我们还准备举办一个古都风光摄影比赛，让同学们把北京的优美风景用相机记录下来。除了旅游观光之外，在星期五和周末，我们也会去参观当地的中学，和那里的中学生聊天、交朋友，还会去他们的家做客。另外，夏令营还会组织一些比赛，如唱中国歌比赛、中国功夫比赛等。希望通过一个月的夏令营活动，同学们能了解中国，对中国文化和语言产生兴趣。

回应“中文夏令营的活动安排”

我们将乘坐中国航空公司的飞机去北京，住在北京十一中学的学生宿舍里。学校位于市中心，交通非常方便。学校的宿舍环境优美，房间干净整齐，设施齐全。

回应“中文夏令营的住宿安排”

希望同学们积极参加。具体内容请看学校的网站。报名时间从4月3日开始，6月1日结束。这个夏令营的人数为20人，先到先得，所以，请有兴趣的同学尽

快在学校的网上报名，网址是 www.xialingying.com。

中文夏令营组织人：林小明

2025 年 2 月 7 日

HL 高级课程的作文对词语的多元性和复杂性要求较高，包括多种多样的惯用语（四字词组、俗语、成语……）。以下为在此例文中出现的一些惯用语。

① 读万卷书不如行万里路 ② 名胜古迹 ③ 古都风光
④ 环境优美 ⑤ 干净整齐 ⑥ 设施齐全
⑦ 先到先得

2. 思维导图范例

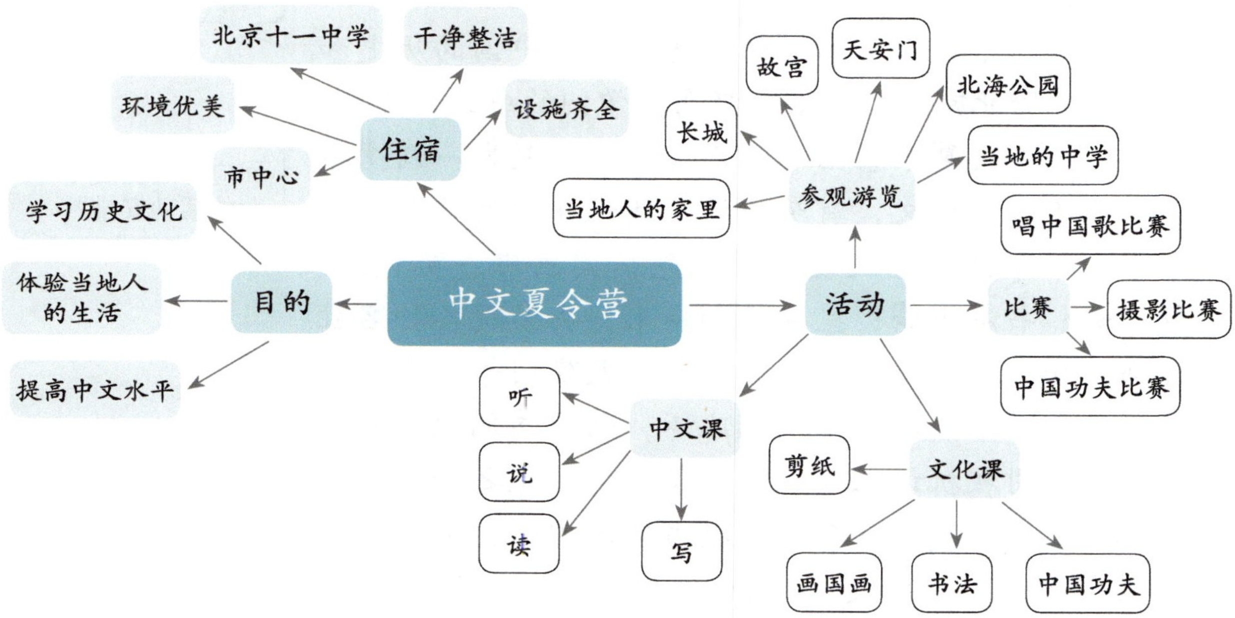

3. 写作说明

（1）好的写作必须具备的条件

- 回应中文夏令营的目的。
- 清楚地陈述活动内容，包括语言学习和文化活动。
- 说明住宿安排。
- 在说明信息上，段落分明，前后有序。
- 时间、地点、联系方式要交代清楚。
- 符合文体格式的要求和语气。

（2）文体格式的选择

①宣传册：最适合，因为题目要求“向同学们说明活动的内容和目的”，宣传册可

以起到鼓励同学们参加的作用。

②演讲稿：通常适合，因为“向同学们说明活动的内容和目的”，可以口头传播信息，鼓励同学们参加。

③博客：最不适合，因为博客的受众过于广泛，而且目的是发表观点，不是说明事实，所以不适合。

（3）宣传册的文体格式要求

- 有标题；
- 可以列点说明，也可以分段说明；
- 背景资料，包括时间、地点、联系方式齐全；
- 有受众，有落款署名；
- 半正式语气；
- 有日期。

（三）语言学习

你即将中学毕业，打算去北京大学学中文。你想联系北京大学中文系的系主任，告诉系主任你为什么学中文，以及你的中文成绩、你想上北京大学的理由。字数为540—720字。

– 正式书信
– 采访稿
– 建议书

1. 例文

尊敬的中文系主任：

您好！我叫李大卫，是英国人，今年十七岁，在香港中学读十三年级。我明年就要中学毕业，希望能够在贵校中文系学中文。

回应题目

我希望在贵大学读书，因为北京大学是中国的著名学府。我知道，

北京大学历史悠久，从建校到现在已经有一百多年了，而且校友中有很多著名的作家、科学家和商人，可谓人才济济。我也渴望将来成为一个有名的“中国通”，为贵校争光。

回应“想上北京大学的原因”

我在学校学习国际文凭课程（IB），我选了六门课，它们是中文、英文、数学、历史、音乐和生物。我的考试预测分是四十分，中文老师给了我七分满分。虽然我是外国人，中文对我来说很有挑战性，但是我觉得中文是非常重要的一门语言，我也对中文非常感兴趣。我的中文老师也经常鼓励我，她告诉我，只要有决心，再加上坚持不懈地努力，就一定可以学好中文。

我觉得中文很重要的原因是：第一，全世界有百分之二十的人讲中文，所以中文是世界上的主要语言之一；第二，中国的经济发展很快，越来越多的外国人希望跟中国人做生意；第三，学好中文才能更好地了解中国的历史和文化。

回应“为什么学中文”

我觉得我的中文水平不错，特别是口语很流利。去年，在香港的汉语讲故事比赛上，我还得到了第二名。所以我想在大学继续学中文。我的理想是大学毕业后可以在北京的公司工作，成为一名商人。希望您能帮助我梦想成真。

回应“中文成绩”

除了中文，我对中国文化也非常感兴趣，所以参加了学校的舞狮队和中国功夫班。我每个星期放学后都有两天留在学校练习舞狮和中国功夫。除此之外，我还学了三年中国画，我最喜欢画熊猫和竹子。

随信附上我的成绩单和简历。期待早日收到您的回信。

此致

敬礼！

李大卫

2025 年 1 月 3 日

HL 高级课程的作文对词语的多元性和复杂性要求较高，包括多种多样的惯用语（四字词组、俗语、成语……）。以下为在此例文中出现的一些惯用语。

①著名学府　　②历史悠久　　③人才济济

④坚持不懈　　⑤梦想成真

2. 思维导图范例

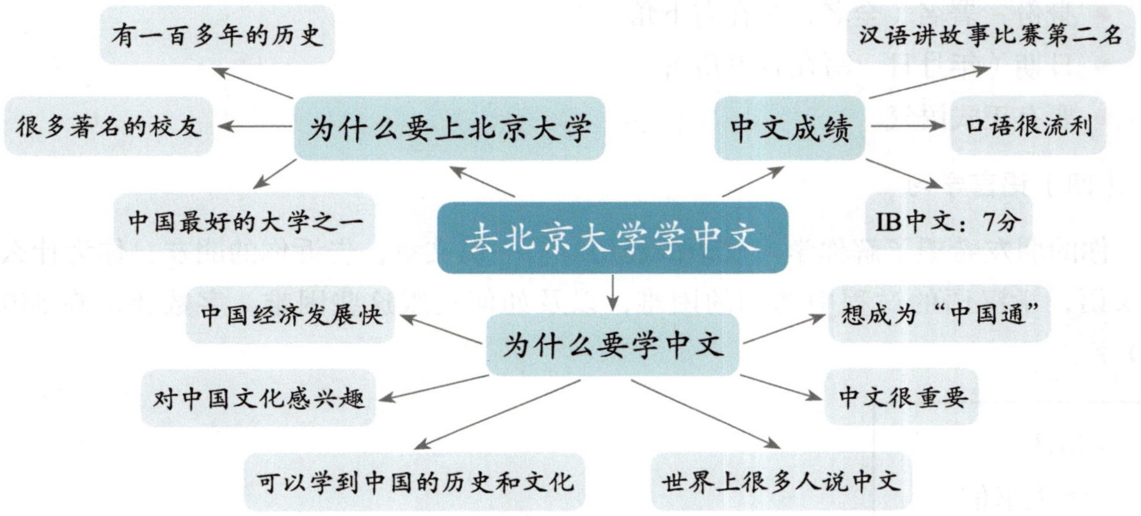

3. 写作说明

（1）好的写作必须具备的条件

- 清楚地陈述自己学中文的原因，自己的中文成绩，以及申请上北京大学的理由。不可以只写一个方面。
- 清楚地进行自我介绍。
- 段落清楚、条理清晰、前后有序。
- 全文围绕主题展开。
- 符合文体格式的要求和语气。

（2）文体格式的选择

①正式书信：最适合，因为“联系北京大学中文系的系主任”非常适合用正式文体的书信。

②采访稿：通常适合，因为可以当成是系主任对学生的面试。

③建议书：最不适合，因为建议书的写作目的是提出建议，与这篇作文的题目的目的不符。

（3）正式书信的文体格式要求

遵照中国信的格式：

- 称呼（顶格写）；
- 问候（另起一行，空两格）；
- 正文（条理清晰）；
- 祝词（如“此致，敬礼”）；
- 身份 + 署名（全名，写在右下角）；
- 日期（年月日，写在右下角）；
- 要有正式语气。

（四）语言学习

你的朋友希望了解你学习汉语的经历。写一篇文章，告诉你的朋友，你为什么要学汉语，学汉语的过程中遇到的困难，以及如何克服这些困难。字数要求在540—720字。

– 访谈 – 私人书信 – 演讲稿

1. 例文

小明：

你好！很长时间没有写信了，很高兴今天收到你的信。你让我讲讲学习汉语的经历，我就介绍一下吧。

> 回应题目

我是从中学一年级开始学习汉语的。我想学汉语有三个原因。第一，我的父母让我学。他们说随着中国经济的快速发展，中国在世界上的地位变得举足轻重，汉语也就越来越重要，要想找一份好工作，就要学好汉语。第二，我对中国文化和历史很感兴趣。我去过中国的历史博物馆和文化博物馆参观，看到很多展品的解说都是用中文写的。我觉得如果学会了中文，我就能更好地理解那些展品了。第三，

> 回应“为什么要学汉语”

我的学校是香港的国际学校，中文是必修课，所以每个学生都要学汉语。

回应“学汉语的困难”

跟所有学中文的学生一样，我在学中文的过程中也遇到了很多的困难。我也觉得汉语非常难学，特别是写汉字很难。中国字太多了，每一个字都不一样。有些字看上去一模一样，其实只是多了一个点，或者少了一个笔画。还有些字写法一样，但发音不一样。也有些字发音一样，但意思却完全不同。看中文书的时候，我经常“丈二和尚摸不着头脑”，弄不清句子的意思。

回应“学汉语的方法”

虽然如此，我从不放弃，坚持不懈地勤学苦练。我每天都用十分钟写汉字。遇到不明白意思的字，我会查字典。我也常常看中文电视节目，我觉得这很有用。我的老师说，我的中文听力进步了。我听了之后特别开心。暑假的时候，我经常参加中文夏令营。去年我去了上海。在那里，我了解了上海的风土人情，还和当地人用中文聊天。从夏令营回来，我的中文口语能力突飞猛进。

我的汉语老师是北京人。上课时，她让我们做游戏，还让我们演戏。我觉得中文课非常有意思。最近老师还给我们看了一本动画故事书——《三毛流浪记》。我特别喜欢这本书，因为我觉得书中的插图形象生动，故事也十分有趣。

我中学毕业后会去北京大学学中文。大学毕业后，我希望能在上海工作，当一名银行家。

今天就写到这里，希望早日收到你的回信。

祝

学习进步！

笔友　小花

2025 年 6 月 3 日

HL 高级课程的作文对词语的多元性和复杂性要求较高，包括多种多样的惯用语（四字词组、俗语、成语……）。以下为在此例文中出现的一些惯用语。

① 举足轻重　② 一模一样　③ 丈二和尚摸不着头脑
④ 从不放弃　⑤ 坚持不懈　⑥ 勤学苦练
⑦ 风土人情　⑧ 突飞猛进　⑨ 形象生动

2. 思维导图范例

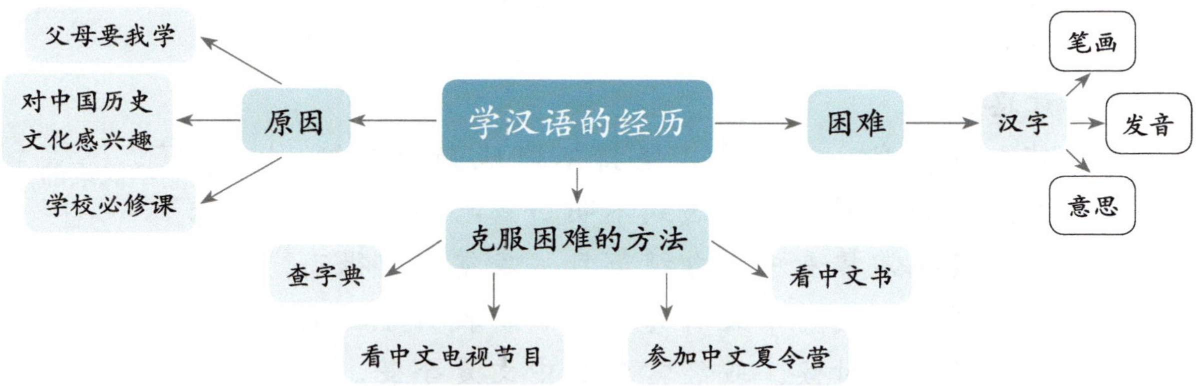

3. 写作说明

（1）好的写作必须具备的条件

- 清楚地陈述自己学汉语的原因，遇到的困难和解决困难的方法。不可以只写一个方面。
- 原因最好有三个或三个以上。
- 有具体事例支持。
- 段落清楚、条理清晰、前后有序。
- 全文扣住主题。
- 符合文体格式的要求和语气。

（2）文体格式的选择

①私人书信：最适合，因为可以通过写私人信“告诉朋友学习汉语的经历”。

②访谈：通常适合。可以是给朋友打电话，谈对学习汉语的看法，但文章形式必

须正确。

③演讲稿：最不适合，因为演讲稿的受众是很多人。

（3）私人书信的文体格式要求

- 遵照中国信的格式：
  - 称呼（朋友或熟人之间可用昵称，顶格写）；
  - 问候（另起一行，空两格）；
  - 正文；
  - 祝词（如“祝，身体健康”）；
  - 身份＋署名（昵称，写在右下角）；
  - 日期（年月日，写在右下角）；
  - 非正式语气。

（五）健康生活

例题：最近学校又出现了新的传染病。假设你是学校的护士，跟同学们分享应该如何预防疾病，提出预防措施的原因，以及如何创造一个卫生的学习环境。字数要求在540—720字。

– 电邮 – 采访稿 – 宣传单张

1. 例文

如何预防疾病、保持健康

最近，学校又出现了新的传染病。以下各点会告诉大家如何才能预防疾病、保持健康。

回应题目

第一，应该培养戴口罩的习惯。春天气候干燥，万物重生，因此有特别多的传染病毒出现，其中最常见的就

回应“如何预防疾病，以及提出预防措施的原因”

是流感病毒。如果同学们传染上这些病毒就会发烧、流鼻涕、咳嗽，甚至还会周身酸痛、乏力，影响学习。戴上口罩会减少传染病毒的机会。去医院就诊或探望病人的时候，同学们一定要记得戴口罩，因为医院里有特别多各种各样的病菌、病毒，有可能直接危害同学们的身体健康。另外，打扫房间的时候也应该戴口罩，因为房间里有很多灰尘，可能会令同学们不停地咳嗽，严重的还有可能得肺炎。

第二，必须要常洗手。从学校回到家应该首先把手洗干净，因为同学们在学校接触到各种各样的东西，有可能把病菌、病毒带回家。洗手是保持个人卫生的良好习惯，既能防止传染病的传播，又能减少患病的可能。如果不洗手，同学们用沾染了病菌、病毒的手去吃饭或做作业，就很容易传播病菌和病毒。为了保护自己和其他人，同学们在任何时候都要养成常洗手的好习惯。

第三，感到不舒服的时候一定要告诉家长、老师或学校的护士，而且要留在家里休息。如果同学们继续上课，就很容易把病菌、病毒传染给其他同学，而且还会伤害自己的身体健康。同学们千万不要因为担心学习成绩而坚持上课，那样做很有可能令自己的病情加重，耽误治疗。

回应"如何创造一个安全的学习环境"

总之，为了防患于未然，同学们应该在需要的时候戴口罩，还要养成常洗手的好习惯。另外，不舒服的时候一定要及时告诉老师和家长。如果在家里感到不舒服，就给老师发一封电邮；如果在学校觉得自己生病了，就马上给父母打电话，让他们来学校接你回家。这样做会减少病菌和病毒传播的机会，也可以有效地保持同学们的身体健康，使同学们可以在一个卫生的学习环境中愉快地学习。

校医室　肖护士

2025 年 3 月 10 日

HL 高级课程的作文对词语的多元性和复杂性要求较高，包括多种多样的惯用语（四字词组、俗语、成语……）。以下为在此例文中出现的一些惯用语。

① 气候干燥　② 万物重生　③ 各种各样
④ 防患于未然　⑤ 周身酸痛　⑥ 全身乏力

2. 思维导图范例

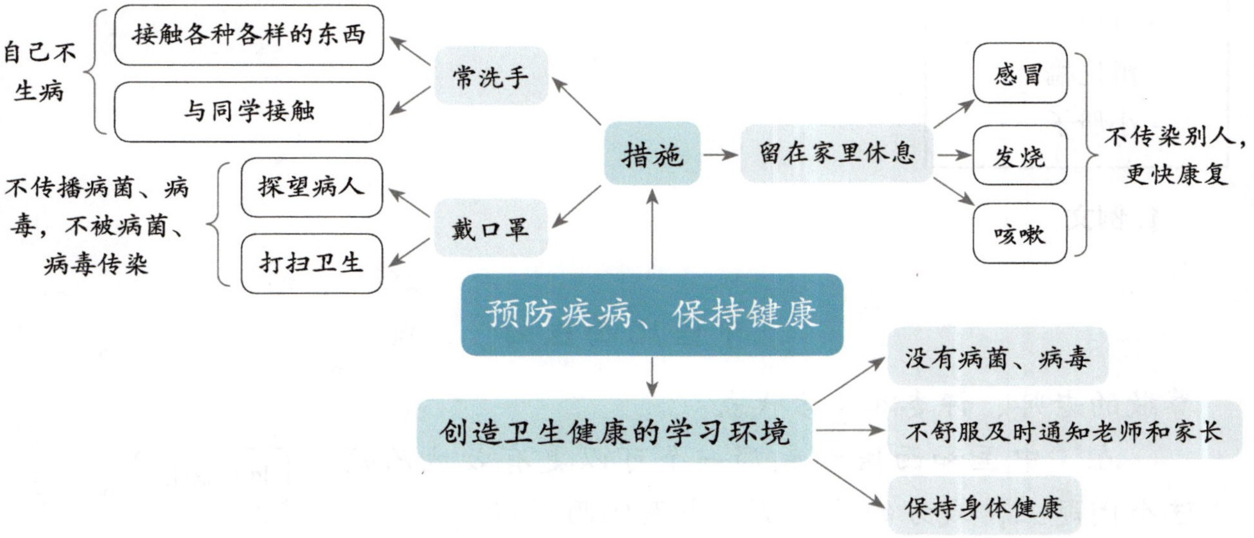

3. 写作说明

（1）好的写作必须具备的条件

- 清楚地陈述预防疾病的方法和原因。最好列举三个或三个以上的方法，并有具体事例或强有力的理由支持。
- 说明如何创造一个安全的学习环境。
- 段落清楚、条理清晰、前后有序。
- 全文扣住主题。
- 符合文体格式的要求和语气。

（2）文体格式的选择

①宣传单张：最适合，因为宣传单张是广为宣传的手法，可以“跟同学们分享”。

②电邮：通常适合，因为电邮可以群发，便于“跟同学们分享”。

③采访稿：最不适合，因为采访稿的受众有限，与题目要求的受众不符。

（3）宣传单的文体格式要求

- 有标题；
- 有对宣传单目标人的称呼。正文（条理清楚）；
- 有署名（全名，写在右下角）；

● 有日期（年月日，写在右下角）；
● 使用正式语气。

（六）健康

例题：你今天在中文课上学习并比较了中医和西医这两种医治方法。写一篇文章，表达一下你对中医和西医的看法，以及你的看病经历。字数要求在 540—720 字。

– 日记 – 辩论稿 – 小册子

1. 例文

中医比西医好

尊敬的老师、评委和正方代表：

在“中医和西医到底哪一个可以更有效地治病”这个问题上，我方的答案是“中医比西医好”。

回应题目

大家都知道，中医和西医是完全不同的两种医治方法。虽然很多人认为生了病到西医那里吃点药，打一针，一两天就可以好起来，但其实，西医治标不治本，头疼医头，脚疼医脚。虽然病人吃药后看起来好了，但实际上，病还没有完全好。而中医就不一样了，中医讲究调理身体，也就是我们说的“治本”。如果有慢性病，看中医、吃中药可以把身体慢慢地养好，达到治病的目的。有人说中药很苦，非常难喝，但“良药苦口”，汤药苦但有效。中医历史悠久，是中华民族传统的治病方法。在西医西药没有传到中国以前，中国人都是靠中医中药来治病的。另外，相比西医西药，中医中药比较便宜。

回应“对中医和西医的看法”

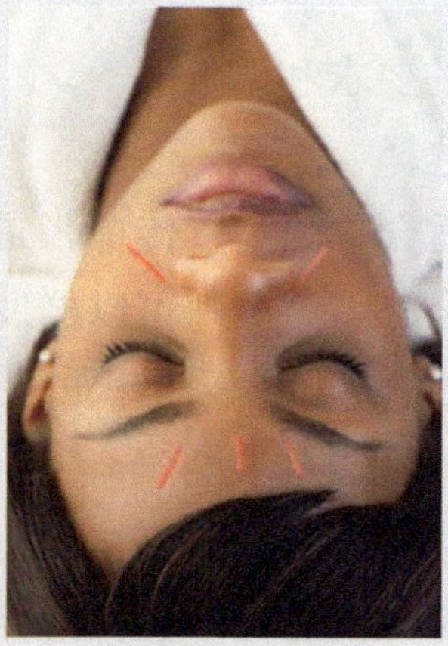

对于以上的观点，我是有切身体会的。有一次在学校我得了感冒，头痛欲裂，嗓子也像刀割一样疼痛难忍，还发高烧。学校老师打电话给我妈妈。妈妈心急如焚，马上跑到学校，接我去看西医。医生给我做了检查后说：“没事儿，不用着急。吃药，过几天就会好。”医生还让我多喝水和多睡觉。第二天，我真的觉得好多了，但是，我还是一直咳嗽。妈妈又带我去看了几次西医，又吃了很多药，但还是治不好我的咳嗽。最后，妈妈带我去看了中医，吃了几剂中药，还扎了几次针灸，我的咳嗽就完全好了。

回应“自己看病的经历”

根据以上我所说的，我方坚定地认为，中医比西医好。

谢谢大家！

HL 高级课程的作文对词语的多元性和复杂性要求较高，包括多种多样的惯用语（四字词组、俗语、成语……）。以下为在此例文中出现的一些惯用语。

①调理身体　②良药苦口　③历史悠久
④切身体会　⑤疼痛难忍　⑥头痛欲裂
⑦心急如焚

2. 思维导图范例

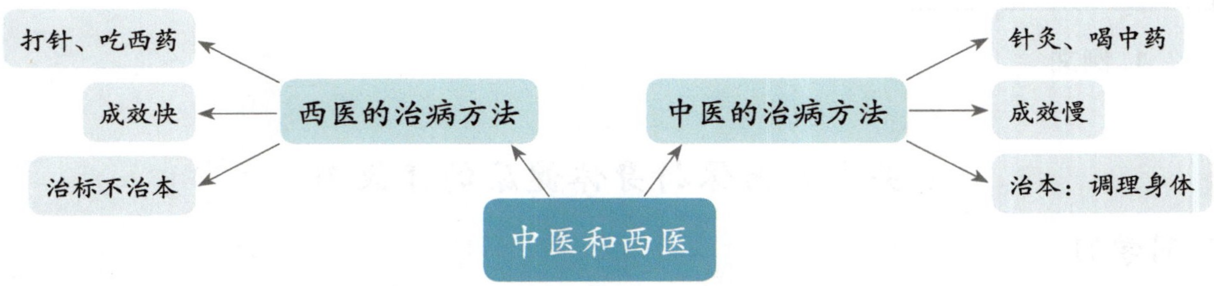

3. 写作说明

（1）好的写作必须具备的条件

- 清楚地回应对中医和西医的看法。
- 有具体事例支持。
- 举例说明自己看病的经历。

- 条理清晰。
- 全文扣住主题。
- 符合文体格式的要求和语气。

（2）文体格式的选择

①辩论稿：最适合，因为辩论稿可以表达自己的观点。

②日记：通常适合，因为日记可以记录当天发生的事情和自己的想法。

③小册子：最不适合，因为小册子是说明性的语体，与这篇作文的语体不符。

（3）辩论稿的文体格式要求

- 恰当的开场白（如"尊敬的老师""各位同学"）和主题，辩论稿要写明自己一方的立场；
- 主干（条理清楚，有理有据）；
- 总结，最好以"谢谢大家"作为结束语；
- 正式的语气。

（七）健康

例题：进入了考试阶段，很多同学都忙着复习备考。有些同学觉得压力大，不想吃饭，不想睡觉，所以常常生病。作为学生会主席，你想告诉同学们身体健康的重要性，如何保持身体健康，以及为什么要这样做。字数要求在540—720字。

– 建议书 – 校报文章 – 通告

1. 例文

关于如何保持身体健康的建议书

同学们：

进入了考试阶段，很多同学都忙着复习备考。有些同学觉得压力大，不想吃饭，不想睡觉，所以常常生病。我认为，身体健康对我们每个人来说都是至关重要的。有了健康的身体我们才有精力去努力学习。如果身体不健康，在学习的过程中就容易感到疲倦，上课的时候就不能集中精神，记忆力也会变

（回应题目）

（回应"身体健康的重要性"）

差。为了保护身体，我要在这里提出一些保持健康的建议，供同学们参考。

首先，每天用一到两个小时来做运动，可以打篮球、踢足球，也可以跑步。上学时，如果家住得不远，应该尽量多走路，不要总是坐车。大量的科学研究已经证明，走路是最好的运动，它不仅可以让我们舒筋活骨，还可以呼吸更多的氧气，令我们的大脑更加灵活。

回应“应该怎么做和为什么要这样做”

其次，多吃一些健康的食品，如青菜、水果等，因为这些食物可以加速我们身体的新陈代谢，帮助我们保持健康。

再次，当遇到压力时，应该尽量放松心情，听听好听的音乐，找朋友聊聊天。听自己喜欢的音乐，和朋友聊天，都可以使我们心情愉悦，暂时忘记压力和烦恼，令我们保持身心健康。

最后，良好的睡眠也能保证我们有一个健康的身体。相信大家在生物课上都学过，每天睡七到八个小时对身体来说是最好的，因为这样可以使我们的身体有充足的时间进行自我调节，睡醒之后感到神清气爽，从而有精神去面对第二天的挑战。

如果能够按照这些建议去做，我相信大家一定会有更健康的身体，并能更好地生活、更好地学习。

学生会主席：李大同

2025 年 3 月 1 日

HL 高级课程的作文对词语的多元性和复杂性要求较高，包括多种多样的惯用语（四字词组、俗语、成语……）。以下为在此例文中出现的一些惯用语。

① 至关重要　② 舒筋活骨　③ 新陈代谢
④ 放松心情　⑤ 心情愉悦　⑥ 自我调节
⑦ 神清气爽

2. 思维导图范例

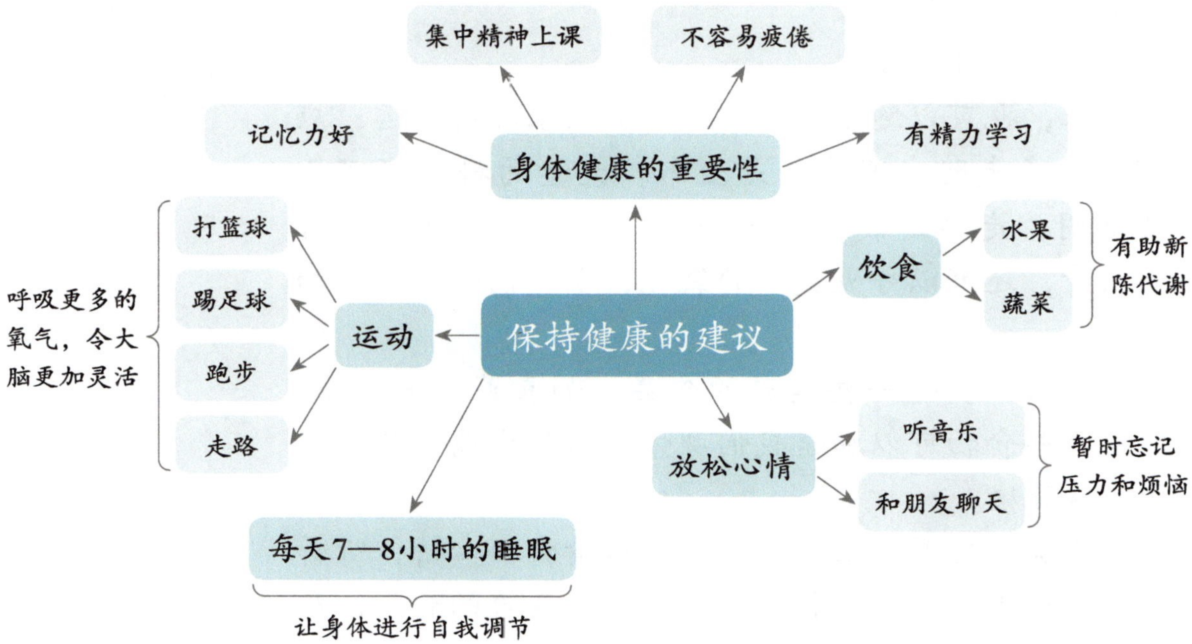

3. 写作说明

（1）好的写作必须具备的条件

- 回应题目。
- 要针对问题说明应该怎么做（建议）和这么做的原因。
- 分条写，至少有三项建议。
- 条理清楚，有理有据有例子。
- 符合文体的格式要求和语气。

（2）文体格式的选择

①建议书：最适合。可以有针对性地建议同学们做什么。

②校报文章：通常适合，可以在校报上把这些建议传达给同学们。

③通告：最不适合，因为通告是宣传性的语体方式。

（3）建议书的文体格式要求

- 有标题；
- 列出重点大纲（至少三点）；

- 举例说明（数据、科研成果、亲身体验）；
- 有前后呼应的结尾；
- 语气半正式或较为正式。

（八）健康

例题：在新的一年的第一天，你要为自己制订了一个在新的一年的健康计划。请写一篇文章，解释这个计划，并说明为什么要有这样的计划，以及如何从这个计划中受益。字数要求在 540—720 字。

– 书信 – 演讲稿 – 日记

1. 例文

1 月 1 日　星期三　天气：晴

今天是新一年的开始，这一年也是我考大学的关键年。我为自己制订了一个健康计划，希望自己健康快乐地度过这至关重要的一年。

回应题目

我的健康计划包括：每天运动一个小时；每天定时吃好三餐；不熬夜，早睡早起，并保持每天睡八个小时。

回应“说明这个计划”

为什么要每天运动一个小时呢？运动学专家说，每天做适量的运动，可以保持心脏的强健，促进血液循环，有助于活跃大脑，提升我们的专注力和记忆力，使我们学习起来事半功倍。有些人认为出去运动一个小时会浪费我们宝贵的学习时间，其实这个想

回应“解释制订这个计划的原因”

法是不对的。一直坐在那儿，看起来好像在利用每一分钟，可实际上大脑已经疲惫不堪，书根本就读不进去了。

除了运动，我还要每天定时吃好三餐。俗话说："早餐吃得饱，午餐吃得好，晚餐吃得少。"早餐特别重要，因为它提供给我们能量，让我们有足够的精力应付整个上午的学习。有时候，我因为怕上学迟到，所以来不及吃早餐，结果上课的时候就不能集中精神，甚至还会头昏眼花。所以定时吃饭非常重要，它可以直接提升我们的学习效果。

我的第三条计划就是不熬夜，最好做到早睡早起，而且睡足八个小时。我的同学因为考试有压力，每天都要学习到早上三四点才睡觉，结果第二天早上起不来，无法去上学，错过了很多老师讲的复习重点，还经常生病。

总之，新年新计划。我要把我的计划贴在墙上，时时刻刻提醒自己保持健康的重要性。这个计划可以让我在多方面受益，比如：运动可以帮助我减轻压力，做到劳逸结合；充足的睡眠和健康的饮食习惯可以让我精力充沛。我相信，按照这个计划去做，一定会对我的健康有益。有了健康的身体才能有精力去应付一切压力，才能向着成功进发。

> 回应"如何从这个计划中受益"

HL 高级课程的作文对词语的多元性和复杂性要求较高，包括多种多样的惯用语（四字词组、俗语、成语……）。以下为在此例文中出现的一些惯用语。

① 至关重要　② 事半功倍　③ 疲惫不堪
④ 头昏眼花　⑤ 劳逸结合　⑥ 精力充沛

2. 思维导图范例

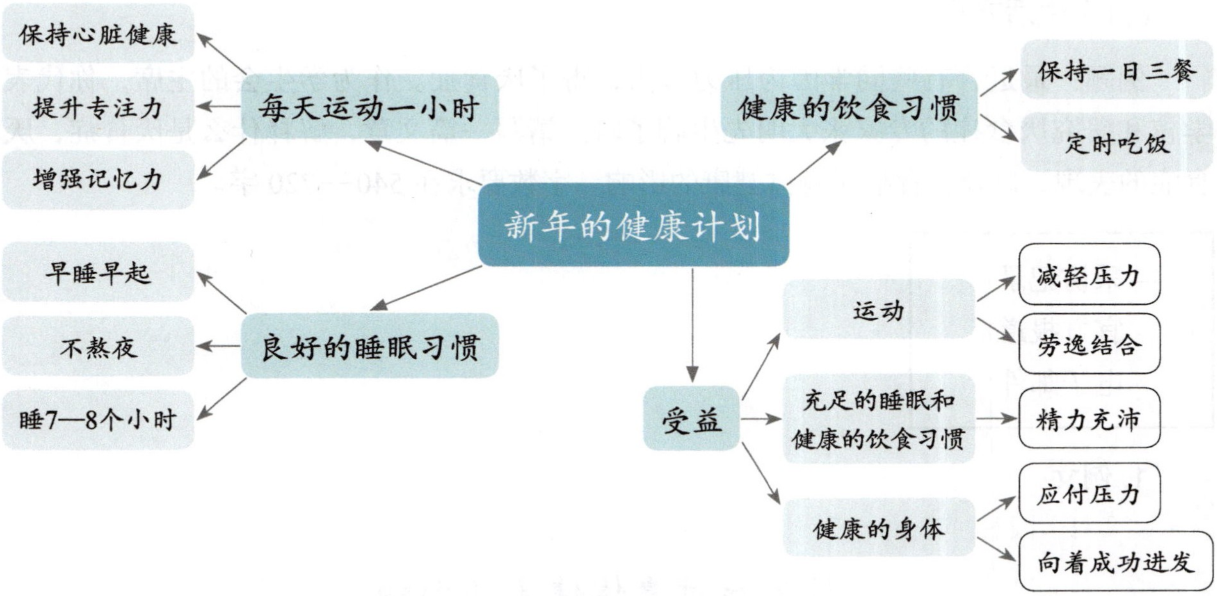

3. 写作说明

（1）好的写作必须具备的条件

- 明确回应题目。
- 针对问题列出计划。
- 列出计划的内容，最好不少于三项。
- 清楚说明这个计划如何让自己受益。
- 有理有据，有条有理，前后呼应。
- 有恰当的结尾。
- 符合文体的格式要求和语气。

（2）文体格式的选择

①日记：最适合，因为是为自己做计划，受众是自己。

②书信：通常适合。只要有恰当的受众，比如，家人或好朋友，也可以在信件中告诉他们自己的计划。

③演讲稿：最不适合，因为演讲稿的受众比较多，而且语气比较正式，不适合这个题目的要求。

（3）日记的文体格式要求

- 上方列出日期、星期和天气状况；
- 使用第一人称表达；
- 正文（条理清楚）；
- 有恰当的结尾，比如“今天就写到这里了”；

- 语气非正式。

（九）生活方式

例题：最近，有些同学因为压力过大，得了厌食症。作为学生会的主席，你代表学校和研究厌食症的专家张大明先生聊了聊。请写一篇文章，解释什么是厌食症，厌食症的表现，以及厌食症对身体健康的影响。字数要求在 540—720 字。

- 采访记录
- 官方报道
- 电子邮件

1. 例文

厌食症对身体健康的影响

①我：最近，有些同学因为压力过大，得了厌食症，所以，今天我们请来了北京第一医院研究厌食症的专家张大明先生，请他给我们谈谈有关厌食症的问题。张先生，您好！

回应题目

②张：李同学，你好。

③我：首先想问您，什么是厌食症？

④张：厌食症是指为了减肥而故意不让自己吃饭的这个行为。经常不吃饭会给身体带来损害，久而久之就会出现病态，形成厌食症。

回应“什么是厌食症”

⑤我：那正在减肥的人是不是或多或少都有厌食症的倾向？

⑥张：减肥和厌食症不能同日而语。因为本身过于肥胖而令自己出现健康问题时，减肥是必要的医疗

手段，但是对于因为心理原因而去减肥的人，可能就会有厌食症的倾向。

⑦ 我：厌食症的表现是什么？

⑧ 张：故意不让自己吃饭，或者吃了饭以后再想办法把饭吐出来。严重的厌食症患者见到食物就会觉得恶心。

回应“厌食症的表现”

⑨ 我：那厌食症对身体有什么危害呢？

⑩ 张：厌食症对身体健康，特别是处于发育期的青少年的身体健康危害非常大。你想想，体重过轻、身体过瘦的人，身体脂肪和能量肯定不足以应付日常的工作和学习，对青少年的发育会带来很多负面的影响，严重的还会导致死亡。

回应“厌食症对身体健康的影响”

⑪ 我：您刚才说的有些厌食症患者看见食物就恶心，这是怎么回事？

⑫ 张：那说明他们已经到了厌食症非常严重的阶段。到了这个阶段，他们的肝脏可能已经受到了不可逆转的损害。其实，厌食症是一种心理疾病。由于心理的原因造成身体的损害，所以厌食症患者的心理和身体都有问题。

⑬ 我：您对现在社会上，特别是在青少年中出现的减肥风有什么看法？

⑭ 张：现在社会上的减肥风确实对青少年的成长发育百害而无一利。很多青少年错误地认为，身材苗条一些更容易被人接受。很多青少年歧视、取笑身材肥胖的同学，这是非常不好的风气。为了自己的身体健康，为了更好地应付紧张的学习和考试，我奉劝青少年朋友们一定要爱惜自己的身体。有了好的身体，才能更好地学习，有更好的前途。

⑮ 我：谢谢张先生。同学们，让我们以积极乐观的心态和健康的身体迎接我们学习上的一切挑战。再次感谢张先生！

HL 高级课程的作文对词语的多元性和复杂性要求较高，包括多种多样的惯用语（四字词组、俗语、成语……）。以下为在此例文中出现的一些惯用语。

① 久而久之　② 或多或少　③ 同日而语

④ 不可逆转　⑤ 百害而无一利

2. 思维导图范例

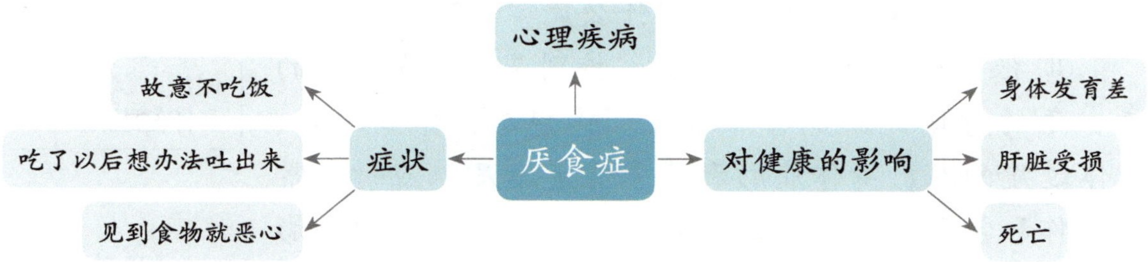

3. 写作说明

（1）好的写作必须具备的条件

- 回应题目。
- 清楚说明什么是厌食症，厌食症的症状，以及厌食症对健康的影响三个方面。
- 针对主题进行较为深入的讨论。
- 有恰当的结尾。
- 符合文体的格式要求和语气

（2）文体格式的选择

①采访稿：最适合，因为是和“研究厌食症的专家张大明先生聊了聊”。

②官方报道：通常适合，可以将采访内容综合进行报道。

③电子邮件：最不适合，因为电子邮件的受众有限。

（3）采访记录（采访稿）的文体格式要求

- 标题；
- 开头（前言或背景介绍，如时间、地点、人物、采访情景）；
- 访谈（问答方式）；
- 结尾总结概括。

（十）素食文化

例题：素食文化日趋流行，有关素食文化的讨论也越加常见。作为一位素食主义者，你希望向市民推广素食。说说你选择成为素食者的个人原因，介绍素食的好处，说明人们不接受素食的原因。字数要求在 540—720 字。

– 博客
– 日记
– 演讲稿

1. 例文

爱分享
https://www.aifenxiang.com
2022 年 3 月 15 日　星期五　20:48

素食文化

① 素食文化日趋流行，有关素食文化的讨论也越来越常见。作为一位素食主义者，我希望更多市民可以尝试成为素食者。

回应题目

② 我成为素食者最重要的一个原因是，全球暖化的问题使我更加重视环保的生活方式，特别是在饮食方面。畜牧业是造成全球二氧化碳高排放量的因素之一，它加快了全球变暖。相比之下，种植蔬菜的二氧化碳排放率较低，更加环保。另外，为了满足世界日益增长的肉类需求，在动物的养殖过程中使用了抗生素和激素，长期进食含有这些物质的肉类会提高患各种疾病的风险。因此，为了保持身体健康，同时过"绿色"的低碳生活，我决定成为素食者。

回应"为什么成为素食者"

③ 那么，素食有哪些好处呢？

④ 首先，素食对我们的身体健康有利。素食以蔬果、水果和豆类为主，含有丰富的营养，是身体所需的多种维他命和食物纤维最好的来源。素食含有的维他命 C 会增强我们的抵抗力，帮助我们变得更加健康强壮，降低患病的风险。素食含有的纤维促进身体的新陈代谢。很多医生认为吃素食是最好的养生之道。

回应"素食的好处和理由"

⑤ 其次，素食帮助我们过更加环保的"绿色"生

活。畜牧业除了水电需求极大，还排放大量的有毒废料，造成空气污染、水污染和土壤污染，破坏我们的环境。相比之下，蔬菜和水果种植业的水电需求很小，并且不会排放大量的有毒废料，十分环保。

⑥ 对许多人来讲，接受素食文化是一件很困难的事情。这是因为他们“无肉不欢”，每餐一定要吃肉。除此之外，有些人担心不吃肉会营养不良，体弱乏力。但是，素食文化也强调饮食均衡的营养，素食中也有大量的蛋白质，只是用植物蛋白质代替了动物蛋白质。

⑦ 素食文化对身体健康和环境保护都有好处，一举两得。接受素食文化、成为素食者不仅可以帮助我们变得更加健康，而且也可以保护环境。朋友们，你们读了我成为素食者的故事，你们有什么看法呢？请在下面评论。

HL 高级课程的作文对词语的多元性和复杂性要求较高，包括多种多样的惯用语（四字词组、俗语、成语……）。以下为在此例文中出现的一些惯用语。

① 新陈代谢	② 养生之道	③ 无肉不欢
④ 营养不良	⑤ 体弱乏力	⑥ 一举两得

2. 思维导图范例

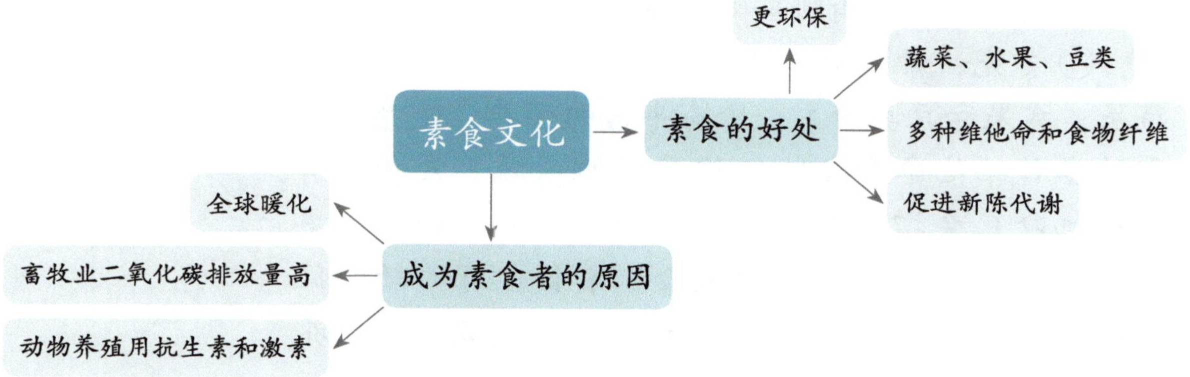

3. 写作说明

（1）好的写作必须具备的条件

- 回应主题，说明写作目的。
- 题目要求的三个方面都要写到（为什么成为素食者，素食的好处及其理由）。
- 有亲身体会。
- 段落清楚、条理清晰、前后有序。
- 全文扣住主题。
- 符合文体的格式要求和语气。

（2）文体格式的选择

①博客：最适合，因为博客可以用来发表自己对某件事的观点。

②演讲稿：通常适合，可以通过演讲对其他人做出呼吁。

③日记：最不适合，因为日记的受众是自己，不符合这个题目的情境。

（3）博客的文体格式要求

- 以博主的口气写作；
- 必须在文章上方列出博主的博客或网站网址，以及题目、发布日期；
- 正文条理清晰，有理有据；
- 博客下面要出现（一到两个）×× 次阅读，×× 个评论，×× 个转载，×× 个回复。

二、参考题库

（一）你们学校将组织一次多元文化周，你是活动组织者。请向全校师生介绍中国春节的节庆习俗，并说明春节与外国传统节日有什么相同和不同的地方。字数要求在540—720字。**【演讲稿，电邮，校报文章】**

（二）在一次学校旅行中，老师带你们参加了一个传统中国文化仪式（如生日庆祝或婚庆活动）。请写一篇文章，介绍你参加的这个活动，并联系你所熟悉的另外一个国家的文化庆祝活动，说明你更喜欢哪一个仪式及其原因。字数要求在540—720字。**【访谈，报刊文章，小册子】**

（三）身为中国文化社社长，你找到了你学校的中文老师，请她谈谈一个中国传统节日的来源、风俗习惯，以及新的节庆变化。请写出这篇文章。字数要求在540—720字。**【演讲稿，访谈，报刊文章】**

（四）你所住的城市正在计划争取奥运会的举办权。作为申办志愿者代表，你想向市民介绍这个计划，表达自己对此计划的看法，提出你支持或反对的理由。字数要求在540—720字。**【书信，采访稿，日记】**

（五）你的中文班已经教了你中文简体字或繁体字。作为“语言周”庆祝活动的一部分，你想写一篇有关语言学习的文章，说明简体字和繁体字的异同，并讨论学习简体字或繁体字的好处和坏处。字数要求在540—720字。**【演讲稿，指南，报刊文章】**

（六）你的学校校长打算从明年开始要求所有学生必须穿校服上学。你想对这个决定发表自己的看法，分析一下穿校服有什么好处和坏处，以及改进的建议。字数要求在540—720字。**【报刊文章，电邮，说明书】**

（七）你最近参加了一个你的学校与一个中国公立学校开展的交流合作项目。请写一篇文章，介绍这个交流合作项目，以及这个活动给你带来哪些困难，又有什么样的经验与收获。字数要求在540—720字。**【官方报道，日记，演讲稿】**

（八）在一次学校的调查中你发现，很多同学的家长在孩子做完家务后给孩子零用钱作为奖励。你想写一篇文章，谈谈你对这个话题的看法，包括给零用钱的好处和坏处，以及如何给零用钱的建议。字数要求在540—720字。**【博客，建议书，日记】**

（九）最近在网上有人在讨论“应该分男校女校，还是应该男女合校”的话题。你对这个话题有兴趣，希望加入讨论，发表自己的看法，包括支持和反对的理由，以及学生在校园文化中能起到的作用。字数要求在540—720字。**【采访报道，专栏文章，日记】**

（十）你刚刚在学校的中文写作比赛得了冠军，你感到非常骄傲，希望跟学校的同学分享你学习中文的原因，所遇到的挑战，以及战胜挑战的经验。字数要求在540—720字。**【演讲稿，校报文章，博客】**

（十一）你的学校正在组织暑假去中国的游学活动，并会住在中国当地人的家里，以便可以亲身体验中国的文化。你想参加这个游学活动，写一篇文章，说明你想参加游学活动的原因，你最期待的活动，以及你对住在中国人家里的看法。字数要求在540—720字。**【书信，日记，访谈】**

（十二）你的学校决定将中文列为必修课。你想写一篇文章说明你的观点，包括中文在国际上的地位，以及赞成还是反对学校将中文列为必修课的原因，以及你的建议。字数要求在540—720字。**【辩论稿，博客，日记】**

（十三）你的学校将在下个星期举办一个多元文化周的活动。你是活动主办人之一，在活动的第一天要告诉同学们什么是多元文化，介绍多元文化周的活动内容，说明学校可以怎样帮助学生理解和尊重多元文化。字数要求在540—720字。**【演讲稿，采访记录，通告】**

（十四）你的学校校长担心学生对体育运动的兴趣下降。作为学生会的代表，你请校长解释一下为什么他有这样的担忧，为什么做运动跟学习一样重要，以及他对提高学生对体育运动兴趣的具体计划。字数要求在540—720字。**【访谈，日记，演讲稿】**

（十五）今年假期你在中国旅游的时候生病住院了。住院期间你对医院的设备、医护人员的服务等有正反两方面的体验，你决定向医院的院长反映这个情况。请写一篇文章，说明你为什么住院，对于好的体验你表示感谢，对于不好的部分你提出一些建议，希望医院做出改进。字数要求在 540—720 字。**【书信，博客，访谈】**

（十六）你学校的食堂决定从下个星期开始取消素食日。你想向食堂经理表达你和同学们对这个决定的看法，并解释素食与健康的关系。字数要求在 540—720 字。**【校报文章，采访记录，建议书】**

（十七）你七十多岁的奶奶虽然身体还算健康，但是内心却感到很孤寂。你想说明你和奶奶的关系，分享如何可以让生活更加丰富和快乐的建议，以及快乐与健康的关系。字数要求在 540—720 字。**【书信，日记，访谈】**

（十八）你最近经常因为生活方式不同而与父母发生争吵。写一篇文章，说一下你和父母争吵的细节，你和父母那一代人在生活方式上有哪些不同，以及应该如何改善和父母的关系。字数要求在 540—720 字。**【日记，报刊文章，电邮】**

（十九）在中国文化周期间，学校邀请了一位做中国菜的厨师来给学生讲有关中国饮食的话题。写一篇文章，介绍一下中国菜的种类和烹饪特点，以及中国菜和健康的关系。字数要求在 540—720 字。**【采访记录，电邮，演讲稿】**

（二十）你们学校要在端午节即将到来的时候举办一次包粽子比赛。作为活动的组织者，你想向同学们介绍一种中国有名的节庆食品，包括这种食品的由来和特色，以及比赛的规则。字数要求在 540—720 字。**【书信，演讲稿，通告】**

（二十一）你刚和家人从中国的一个城市旅游回来。这次旅行让你见识了当地的文化及风俗习惯。请写一篇文章，比较这个城市和你所住的城市的相同和不同，以及一个令你印象最深的风俗习惯。字数要求在 540—720 字。**【演讲稿，日记，宣传册】**

（二十二）你所住的城市的博物馆最近举办了一个中国文化展览。作为学校的老师，你要组织这次校外参观活动。写一篇文章，说明这个展览的内容，了解中国文化的重要性，以及这次旅行的安排。字数要求在 540—720 字。**【演讲稿，通告，电邮】**

主题二：个人经历

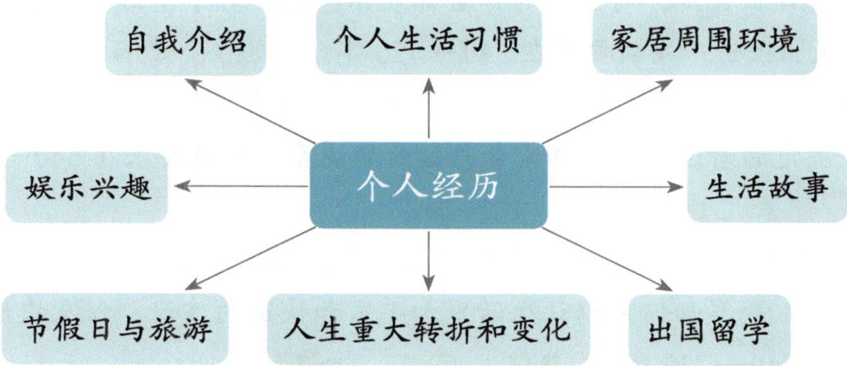

老师可根据学生的语言能力指导学生或让学生自己从例文中找出需要记住的词语和有用的句子。

一、参考例文

（一）节假日与旅游

例题：春节快到了，你的很多朋友都来中国感受春节的气氛。请写一篇文章，分享你接待朋友们的经历，包括有关春节的传说故事、节庆习俗，以及节庆食品。字数要求在 540—720 字。

– 校报文章
– 博客
– 演讲稿

1. 例文

中国春节

（作者：张大华）

春节快到了，我的很多朋友都来中国感受春节的气氛。他们只在课本上和电影里看到过中国人过春节，还没亲身体验过，所以特别兴奋，也特别期待。他们不停地问我过春节的习俗，我告诉他们：春节也

回应题目

叫中国新年，是中国人最大和最重要的节日。春节的时间每年都不一样，有时候在一月，有时候在二月，但是，都是农历正月初一。春节一共有十五天，农历正月十五是春节的最后一天，也是中国的另一个传统节日元宵节。

我还给朋友们讲了“年的故事”：很久以前，一只叫“年兽”的怪物每到农历大年三十晚上就从海里爬出来伤害人类和动物。为了躲避年兽，在三十的晚上，人们都不出门，也不敢睡觉，在家里和家人一起吃饭、喝酒、聊天。等到大年初一的早晨，年兽走了，人们才敢出门。人们见面互相祝贺道喜，庆幸没被年兽吃掉。后来，有人发现，年兽怕红、怕光、怕响声，所以每年春节将至，家家户户就贴红色的对联、穿红色的衣服、挂红色的灯笼，敲锣打鼓、燃放爆竹，这样年兽就不敢再来了。

回应“春节的传说故事”

春节期间，中国人要说很多吉利的话，包括“新年快乐”“恭喜发财”“大吉大利”“心想事成”“龙马精神”等。春节期间，中国人会去亲朋好友的家里拜年，还在自己家的门上或墙上贴“春”或者“福”字，有时故意倒着贴，取其谐音，意思是“春到了”“福到了”。

回应“春节的习俗”

农历十二月三十日是“年三十”。这一天，无论你在哪里，都要回家吃年夜饭。年夜饭也叫团圆饭，是一家人团聚的大日子。年夜饭上有鱼、年糕、饺子等，因为吃鱼代表“年年有余”，吃年糕代表“年年高升”，吃饺子有“包住福气”的意思。大人们还给小孩子送红包。红包就是一个红色的信封，里面装着钱，即压岁钱。我最喜欢他们的这个传统风俗。因为我是小孩子，所以我每

回应“春节的节庆食品”

年春节都可以收到很多红包。

这就是对中国人来说最重要的传统节日——春节。

HL 高级课程的作文对词语的多元性和复杂性要求较高，包括多种多样的惯用语（四字词组、俗语、成语……）。以下为在此例文中出现的一些惯用语。

① 亲身体验　② 祝贺道喜　③ 春节将至
④ 家家户户　⑤ 敲锣打鼓　⑥ 燃放爆竹
⑦ 大吉大利　⑧ 心想事成　⑨ 龙马精神
⑩ 年年有余　⑪ 年年高升

2. 思维导图范例

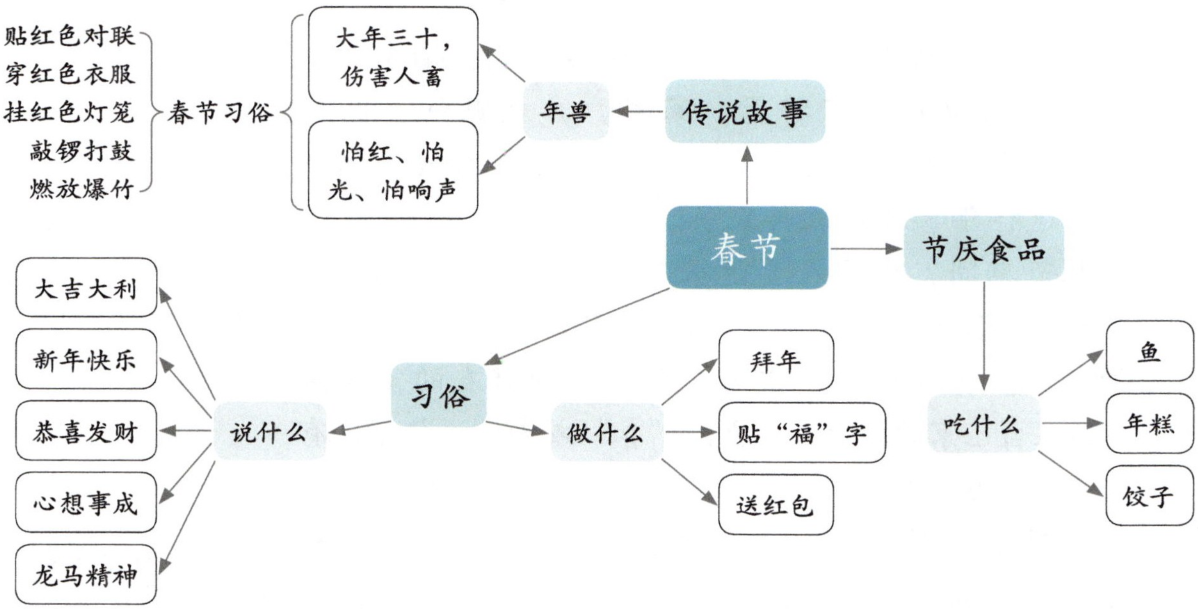

3. 写作说明

（1）好的写作必须具备的条件

- 清楚地陈述自己对春节习俗的观察。
- 介绍春节特色食品和它们的意思。
- 概括有关春节的传说故事。
- 段落清楚、条理清晰、前后有序。
- 符合文体格式的要求和语气。

（2）文体格式的选择

①校报文章：最适合，因为可以在校报上与其他同学分享自己的观察和经历。

②演讲稿：通常适合，因为可以通过演讲向学校的学生说明自己的观察和经历。

③博客：最不适合，因为博客主要是用来与其他网友分享对某件事的观点和看法。

（3）报刊文章的文体格式要求

- 醒目的标题；
- 作者的姓名；
- 正文（条理清楚）；
- 有正式的语气；
- 有明确的受众。

（二）生活故事

例题：你的中国朋友过生日，她请你去她家参加生日派对。你买了礼物，并在生日会上送给了你的中国朋友。写一篇文章，谈谈生日会上你们做了什么，送礼物时的情况及其背后的中西文化差异。字数要求在540—720字左右。

– 日记
– 私人书信
– 演讲稿

1. 例文

妈妈：

您好！上个星期是我的中国朋友小月的生日，她请我去她家参加生日派对。我欣然接受了小月的邀请，还买了礼物送给她。我们在她家吃了很多美味可口的食物，比如鱼肉、鸡肉、羊肉、牛肉、饺子、面条等，还吃了生日蛋糕。生日蛋糕是用各种不同的水果做的，比如草莓、蓝莓、芒果等，不但好看，还特别好吃。我还用中文给她唱了生日歌。唱完生日歌，我和所有在场的人都一个一个地跟她说生日快乐，并把礼物送给她。

回应题目

回应“做了什么”

可是，当我把礼物拿出来送给她的时候，她看也不看，就把礼物放在了一边。我非常希望她打开礼物，看看喜欢不喜欢，然后再一起拿着礼物照一张照片。我想，如果有人给我礼物，我一定会迫不及待地打开看，称赞礼物，表示感谢。我认为这是对送礼物的人的一种尊重。

回应"送礼物时的情景"

昨天，我见到小月，她告诉我，她非常喜欢我的礼物，还谢谢我。我问她，你那天为什么不打开看？她说，中国人收到朋友的礼物以后，一般不马上打开看，这是一种尊重。她还说，什么礼物不重要，重要的是友谊和心意，也就是"礼轻情意重"。我明白了，这就是大家常说的文化差异。

回家后，我上网查了一些资料，了解到，中国人的送礼方式体现了中国深厚的文化传统和社会习俗。送礼时，人们会投其所好，根据对方的喜好选择适合的礼物，以示对收礼人的重视和尊重。常见的礼品包括食品、茶叶、酒、保健品等，这些礼物寓意吉祥和健康。另外，不同的场合也会选择不同的礼物，例如，婚礼、生日、节庆等场合，礼物的类型和价值会有所不同。在传统节日春节、中秋节时，人们通常会送一些体现祝福和团圆意义的礼物。

回应"送礼物背后的文化差异"

相比中国的送礼方式，西方人的送礼方式相对随意。他们经常选择一些不那么昂贵的礼物，例如一盒巧克力或一朵玫瑰花。此外，中国人在送礼时往往不太注重包装，甚至可能没有包装，而西方人则更倾向于包装精美的礼品，以提升礼物的整体美感。

妈妈，您觉得有意思吗？我要多学点儿中文，也要多学一点儿中国的文化，这样才不会出现误会和尴尬。

祝妈妈身体健康！

女儿　小花

2025年6月3日

HL 高级课程的作文对词语的多元性和复杂性要求较高，包括多种多样的惯用语（四字词组、俗语、成语……）。以下为在此例文中出现的一些惯用语。

① 欣然接受　　② 美味可口　　③ 迫不及待

④ 礼轻情意重　　⑤ 投其所好　　⑥ 包装精美

2. 思维导图范例

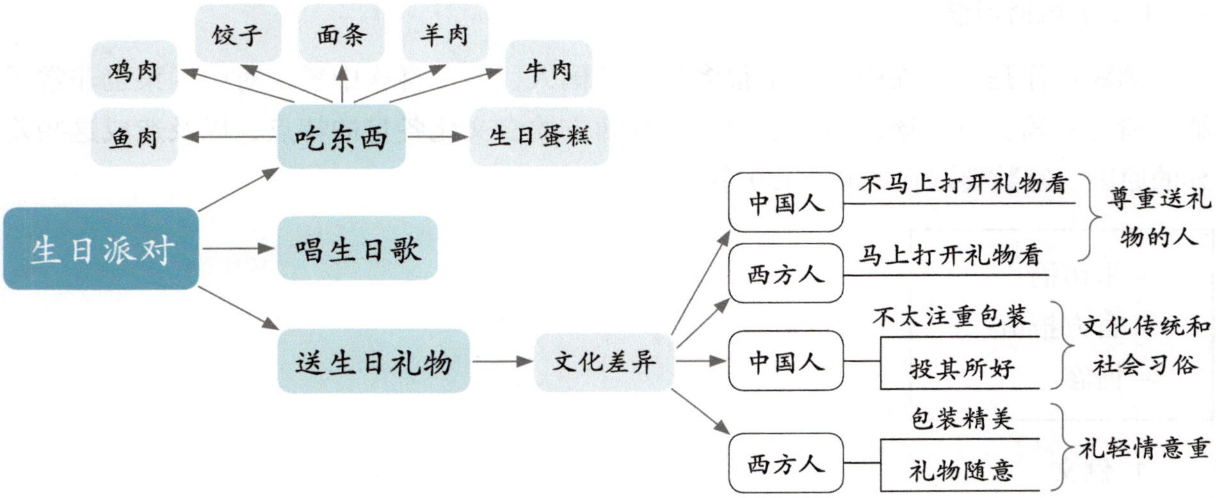

3. 写作说明

（1）好的写作必须具备的条件

- 清楚陈述生日派对的情景。
- 说明自己对生日派对上送礼物的情况，及其背后的文化差异。
- 有具体事例支持。
- 段落清楚、条理清晰、前后有序。
- 全文紧扣主题。
- 符合文体格式的要求和语气。

（2）文体格式的选择

①私人书信：最适合，作者可以跟家人通过书信交流，分享自己的经历。

②日记：通常适合，作者可以记录在日记里记录自己的经历和感受。

③演讲稿：最不适合，因为演讲是正式且公开的，不适合这个题目的情境和受众要求。

（3）私人书信的文体格式要求

- 遵照中国信的格式：
  - 称呼（朋友或熟人之间可用昵称，顶格写）；

- 问候（另起一行，空两格）；
- 正文；
- 祝词（如“祝，身体健康”）；
- 身份＋署名（朋友或熟人之间可用昵称，写在右下角）；
- 日期（年月日，写在右下角）；
- 非正式语气。

（三）风俗习惯

例题：你是一个在中国住了很多年的英国人，非常喜欢中餐，对中国菜也非常了解。请写一篇文章，谈谈中国饮食文化和西方饮食文化各自的特点，以及造成这些差异的原因。字数要求在540—720字。

– 采访稿 – 官方报道 – 博客

1. 例文

www.foodanddrink.com
2016年4月8日

中西方饮食文化的差异

回应题目

我是一个英国人，但在中国已经住了很多年了，非常喜欢中餐，对中国菜也非常了解，所以我想写这个博客，目的是希望更多的西方人了解中国菜，以及中西方饮食文化的差异。

回应“中西饮食文化各自的特点”

其实，中西方饮食文化和习惯是非常不同的。中国人吃饭用筷子，西方人用刀叉。中国人的餐桌大多

是圆形的，代表团团圆圆。因为中国人喜欢一家团圆的感觉和热闹的气氛，所以吃饭的时候，不管有多少道菜，都要放在桌子中间，大家共同分享。西方人的饭桌大多是长方形的，自己要吃的食物都放在自己的盘子里，自己吃自己的。另外，西方人特别喜欢跟朋友一起去公园野餐，但是中国人更喜欢和朋友到饭馆大吃一顿。

我在中国已经住了很多年了，对中国菜可以说非常了解。我知道中国菜有八大菜系，它们是：川菜、湘菜、粤菜、闽菜、苏菜、浙菜、徽菜和鲁菜。奇怪的是，在这八大菜系里，怎么没有北京菜呢？我最喜欢吃北京菜里的北京烤鸭，色味俱佳，令人回味无穷。除了美食，我还特别喜欢喝中国茶。中国茶和英国茶不一样，中国茶不加奶，也不加糖，而英国茶一般要加牛奶和糖。

我觉得西餐厅的气氛太严肃、太安静，而中餐厅的气氛就特别热闹，大家可以一边吃一边有说有笑，而且是大家抢着吃同一盘菜，很好玩儿，也很亲切。

世界各地有各式各样的菜肴和饮品出现，是受到地域特征、气候环境和风俗习惯等因素的影响，致使食物原料、口味、烹调方法、饮食习惯上出现了差异。而中西方不同的思维方式、养生观念也造就了中西饮食文化的差异。

回应“造成中西方饮食文化差异的原因”

希望你们看了我的文章后，对中西饮食文化的差异有所了解。如果你也对这个话题感兴趣，请在下面留言。

10 次阅读

5 个转载

HL 高级课程的作文对词语的多元性和复杂性要求较高，包括多种多样的惯用语（四字词组、俗语、成语……）。以下为在此例文中出现的一些惯用语。

① 大吃一顿	② 色味俱佳	③ 回味无穷
④ 有说有笑	⑤ 各式各样	

2. 思维导图范例

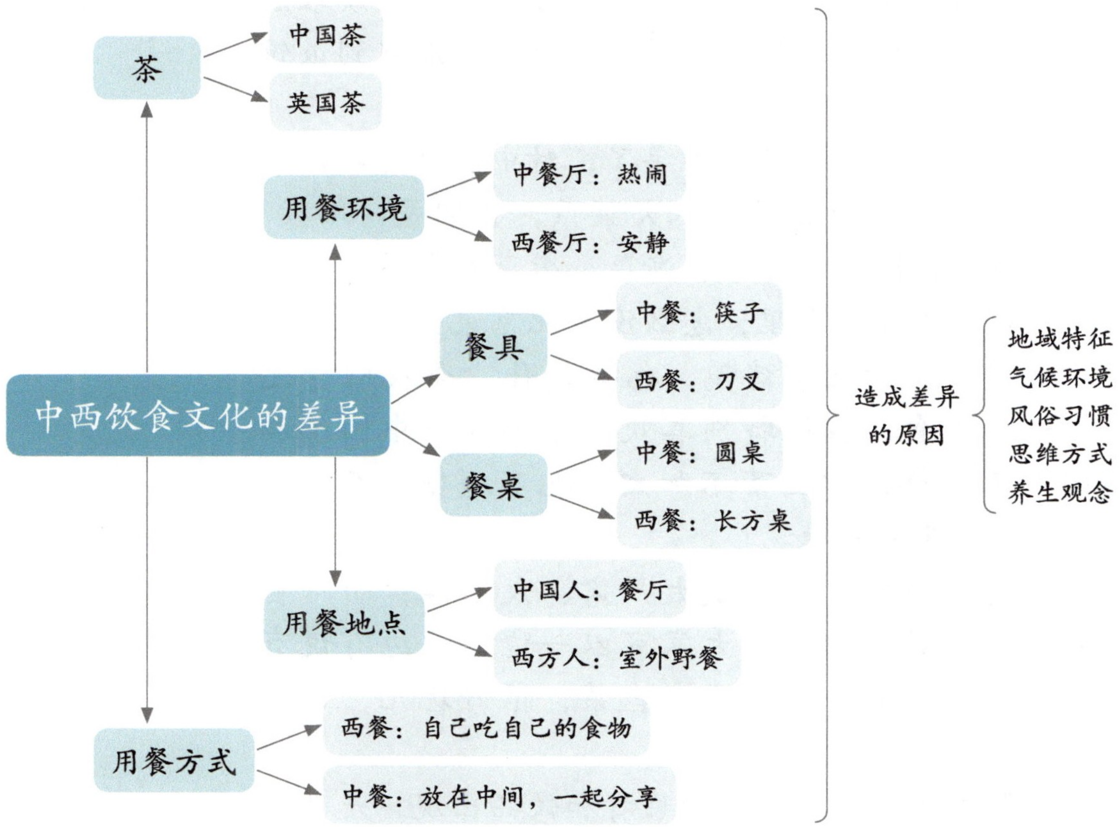

3. 写作说明

（1）好的写作必须具备的条件

- 清楚说明主题和写作目的。
- 以对比方式写出中国饮食文化和西方饮食文化各自的特点。
- 清楚阐述造成中西饮食文化差异的原因
- 有亲身体会。
- 段落清楚、条理清晰、前后有序。
- 全文紧扣主题。
- 符合文体格式的要求和语气。

（2）文体格式的选择

①博客：最适合，因为作者可以在博客上分享自己的经历和观点。

②演讲稿：通常适合，如果有合适的受众，可以通过演讲分享自己的经历和观点。

③官方报道：最不适合，因为官方报道不适合这类个人观察和看法的文章。

（3）博客的文体格式要求

- 以博主的口气写作；
- 必须在文章上方列出博主的博客或网站网址，以及题目、发布日期；
- 正文（条理清楚）；
- 博客下面要出现（一到两个）×× 次阅读，×× 个评论，×× 个转载，×× 个回复。

（四）生活习惯

例题：随着生活水平的提高，人们越来越注重外表，对流行时尚也越来越敏锐。写一篇文章，说一下中国年轻人的流行服饰，出现这个现象的原因，以及如何改变这个现象。字数要求在 540—720 字。

– 建议书 – 报刊文章 – 采访稿

1. 例文

中国年轻人的流行服饰

（作者：王小兰）

随着生活水平的提高，人们如今越来越注重外表，对流行时尚的感觉也越来越敏锐。

> 回应题目

现在，在中国，无论大街小巷，还是在社交网站上，你都可以看到追求时尚的年轻人的身影，比如：穿着宽松的白色衬衫或超大号的西装、配高腰牛仔裤和白色球鞋的女生，既时髦又有气质；穿着宽松的连帽衫配肥大的牛仔裤的男生，时尚又帅气。这种现象反映了中国年轻人对时尚的追求越来越国际化。他们不仅关注中国国内的流行服装趋势，也关注韩国、日本及欧美国家的最新时装潮流。对于出现这种现象，我认为有以下几点原因。

> 回应"出现的流行服饰现象"

第一，追求个性表达已成为年轻人的重要心理需

求。他们希望通过服装彰显独特的个人形象，展现独特的气质和个性特点。现在的年轻人更加关注时尚元素，渴望与众不同的个性化装扮。

回应“出现这种服饰现象的原因”

第二，年轻人对时尚趋势感觉敏锐。快捷的信息传播和日益便利的购物渠道使他们能随时了解最新的时尚趋势，并及时跟上最新潮流。他们喜欢通过购买时尚产品来彰显自己的生活品味，借此获得同伴的关注和认可。

第三，流行文化的全球化也在一定程度上影响了中国年轻人的时尚审美。韩剧、日漫及西方时尚潮流的广泛传播，使年轻人的审美观日趋多元和开放。

中国年轻人对流行时尚的关注和追赶既与他们追求独特个性的心理需求有关，也反映了他们所处的多元文化环境，这些因素相互作用使当代中国年轻人流行时尚千姿百态。但我认为，过度追求个性或过度迷恋时尚容易令青少年之间互相攀比，忽视个人的内在修养，对青少年的心理健康成长带来不利影响。

回应“如何改变这个现象”

为了改变这个现象，我认为家长、学校和社会应该引导青少年树立正确的价值观和审美观，一方面鼓励青少年在时尚中表达独特个性，帮助他们认识“内在美”的重要性，另一方面引导青少年理性地看待流行趋势，培养独立思考的能力，不盲目跟风随众。只有这样，中国年轻人的流行服饰才能真正体现他们积极进取、自我认同的气质和风貌。

HL 高级课程的作文对词语的多元性和复杂性要求较高，包括多种多样的惯用语（四字词组、俗语、成语……）。以下为在此例文中出现的一些惯用语。

① 大街小巷　② 与众不同　③ 生活品味
④ 千姿百态　⑤ 内在修养 / 内在美　⑥ 独立思考
⑦ 跟风随众　⑧ 积极进取　⑨ 自我认同

2. 思维导图范例

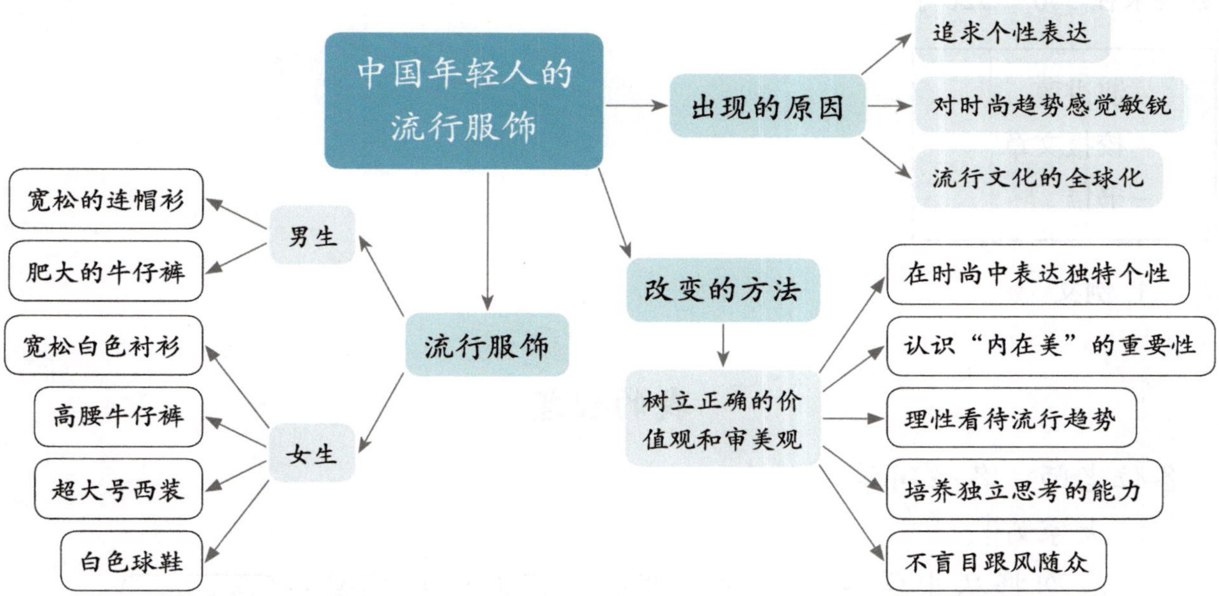

3. 写作说明

（1）好的写作必须具备的条件

- 清楚地陈述自己对中国年轻人流行服饰现象的观察。
- 有条理地阐述出现这个现象的原因，至少写出三个原因。
- 回应改变这个现象的方法。
- 段落清楚、条理清晰、前后有序。
- 全文紧扣主题。
- 符合文体格式的要求和语气。

（2）文体格式的选择

①报刊文章：最适合，因为题目中的情境和目的符合报刊文章的特点。

②采访稿：通常适合，因为可以通过采访把自己对于服饰流行的观察和观点说出来。

③建议书：最不适合，因为这个题目没有要求提出建议。

（3）报刊文章的文体格式要求

- 有标题；
- 作者的姓名；
- 正文条理清晰；
- 有正式的语气。

（五）娱乐兴趣

例题：你即将从中学毕业。老师让大家谈谈自己的理想。你准备跟老师和同学分

享你的理想是什么，你向这个理想努力的经历，以及这个经历给你的启发和感悟。字数要求在 540—720 字。

– 演讲稿 – 校报文章 – 书信

1. 例文

我的理想

各位老师，各位同学：

大家好！

我即将从中学毕业。你们可能想问我这些问题：你以后想做什么？你有什么理想？我今天就要和你们分享“我的理想”。

回应题目

首先，我先说一下什么是理想。理想是对自己未来的合理的设想或希望。理想对我们每一个人来说都是非常重要的，因为理想可以让我们发掘自己的兴趣，还可以帮助我们设定长远的目标，找到前进的方向。

我的理想是做一个音乐家。我三岁的时候就已经开始学习弹钢琴。刚开始的时候，我只是把弹钢琴当成一个游戏，但后来弹钢琴渐渐变成了我的兴趣。我不仅在钢琴班弹钢琴，还在家里和学校里弹钢琴。学校教会了我很多音乐知识，而在家里练习弹钢琴让我的钢琴技巧越来越娴熟。我甚至还参加了钢琴比赛，还得了几个奖！这让我有了更多的自信

回应“你有什么理想”

回应“向这个理想努力的经历”

心。每次弹钢琴，我都觉得自己好像做梦一样，特别享受弹钢琴的过程。

其实，我小时候没有想过做一个音乐家，是我的钢琴老师鼓励我走这条路的。有一次，我的钢琴老师请我到法国参加钢琴比赛。我本来想拒绝，但是我的音乐老师却好像知道我在担心什么，便说：“不用担心，你的实力完全有能力在比赛中取得好成绩。你不是想往音乐这个方向发展吗？为什么遇到困难或压力就要退缩呢？”老师的话给了我很大的信心，令我鼓足勇气跟着老师去参加了比赛，并取得了好成绩。我真是非常感谢我的音乐老师。没有她，我就不会有今天的好成绩。

从那以后，我开始珍惜每一次比赛或表演的机会，还会读一些关于音乐历史的书来加强我对音乐的认识和理解。我在音乐这条路上还要坚定地走下去，直到实现我的梦想。

有人说，成功源自于坚持。有了理想，就有了前进的方向。但是，前进的路上不会是一帆风顺的，弹钢琴的艰辛磨练了我的意志，成就了我的品格，让我学会了坚持。世上无难事，只怕有心人。坚定自己的信念，坚持自己的理想，再加上勤奋努力，最终一定会梦想成真。这就是我从自己的故事里得到的启发和感悟。

> 回应“从自己的故事里得到的启发和感悟”

谢谢大家！

HL 高级课程的作文对词语的多元性和复杂性要求较高，包括多种多样的惯用语（四字词组、俗语、成语……）。以下为在此例文中出现的一些惯用语。

① 鼓足勇气　② 一帆风顺　③ 世上无难事，只怕有心人。
④ 勤奋努力　⑤ 梦想成真

2. 思维导图范例

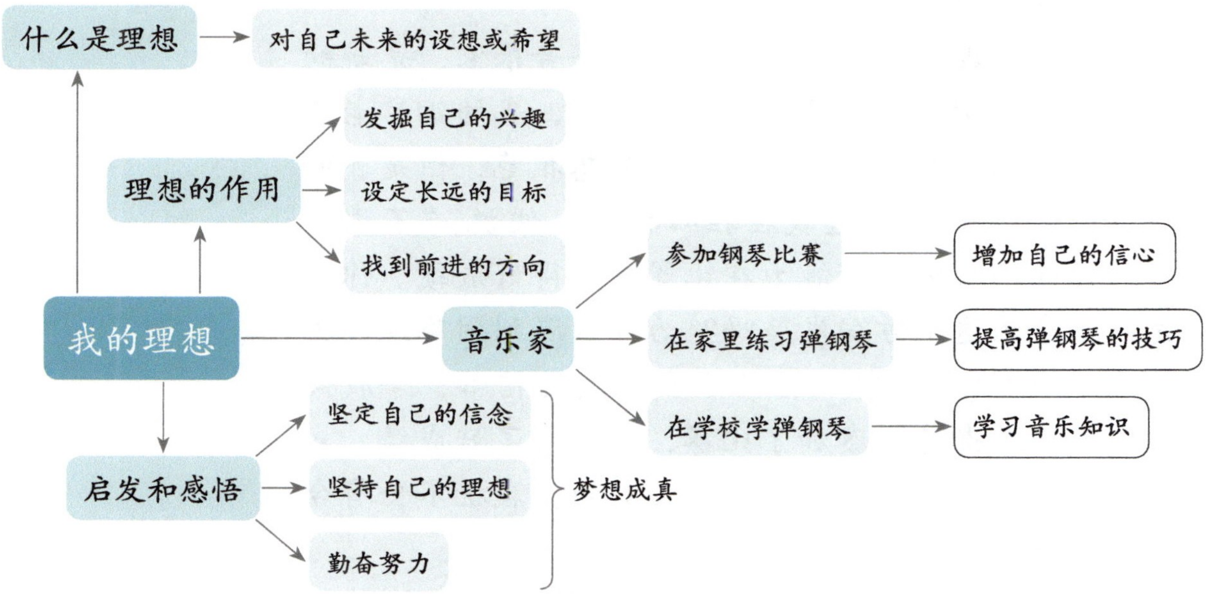

3. 写作说明

（1）好的写作必须具备的条件

- 清楚地陈述自己的理想是什么。
- 清楚地陈述自己向着这个理想努力的经历。
- 要有强有力的证据或例子支持。
- 段落清楚、条理清晰、前后有序。
- 全文紧扣主题。
- 符合文体格式的要求和语气。

（2）文体格式的选择

①演讲稿：最适合，因为可以通过公开演讲表达自己的观点，符合题目中的“谈谈”。

②校报文章：通常适合，因为可以通过书面文章表达自己的观点。

③书信：最不适合，因为书信的受众有限。

（3）演讲稿的文体格式要求

- 必须符合演讲稿的格式：
  - 恰当的开场白（如“尊敬的老师”“各位同学”）和主题简介；
  - 主干（条理清楚）；
  - 总结（前后呼应）；
  - 最好以“谢谢大家”作为结束语；
  - 有正式的语气。

（六）旅游

例题：暑假期间，很多同学和家人，包括你自己，都去了国外旅游。开学后，你跟大家分享你的旅游经历，并解释旅游给你带来的好处，以及对身心健康的影响。字数要求在 540—720 字。

- 演讲稿
- 日记
- 博客

1. 例文

老师们、同学们：

大家好！

很多老师和同学，包括我自己，都刚刚从国外旅游回来，收获都非常大吧？我今天就是想谈谈旅游的好处。

回应题目

在这个暑假，我和我的家人去了上海。上海是繁华美丽的城市，那里有很多高楼大厦。在上海，我看见了高耸入云的环球金融中心，妈妈告诉我，那是上海最高的建筑物。我还去过东方明珠电视塔，站在塔顶，整个上海都能尽收眼底。上海最著名的要算外滩。那里有许多观光船，我们坐着观光船游览黄浦江。我还照了很多照片留念呢。

回应"旅游经历"

旅游虽然辛苦，但是却能给人带来不少好处。旅游的第一个好处是：减轻学习和工作的压力，使精神得到彻底放松。旅游是在没有学习或工作的情况下进行的，并且是去一个新的地方，因而完全抛开了原来的生活环境，使精神得到了彻底放松。

回应"旅游对身心的影响"

旅游的第二个好处是：给人带来无穷的快乐和幸福。旅游的过程虽有点累，但却充满了快乐。看风景、品美食、住宾馆、赏民俗、听故事，每一样都给人带来无穷的快乐和幸福。一次旅游归来，常常让人兴奋好多天。

> 回应"旅游的好处"

旅游的第三个好处是：开阔眼界，增长知识和见闻。通过旅游，人们不仅可以亲眼看到美丽的自然风光和人文景观，还可以了解各地不同的气候、动植物和特产，亲身体验各地不同的民风民俗、饮食习惯和宗教信仰，还可以听到各种传说、典故和奇闻异事。每一次旅游都能给人带来新的感受、新的知识和见闻。

旅游的第四个好处是：广交朋友。很多旅游是以团队形式进行的。几天或十几天的行程下来，人们由不熟悉到熟悉，志趣相投的自然就成了朋友。旅游的那些日子能给人带来快乐和美好的回忆。

老师们、同学们，有时间就多去旅游吧！谢谢大家！

HL 高级课程的作文对词语的多元性和复杂性要求较高，包括多种多样的惯用语（四字词组、俗语、成语……）。以下为在此例文中出现的一些惯用语。

① 繁华美丽	② 高楼大厦	③ 高耸入云
④ 尽收眼底	⑤ 开阔眼界	⑥ 自然风光
⑦ 人文景观	⑧ 民风民俗	⑨ 奇闻异事
⑩ 志趣相投		

2. 思维导图范例

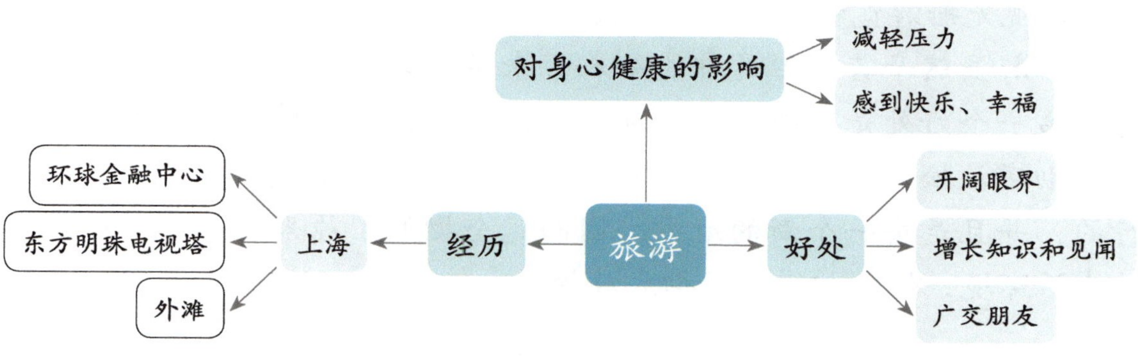

3. 写作说明

（1）好的写作必须具备的条件

- 对题目有明确的回应。
- 列出了重点大纲。
- 讨论旅游所带来的好处。
- 说明旅游对身心健康的影响。
- 内容要充实。可以举例说明。
- 符合文体格式的要求和语气。

（2）文体格式的选择

①演讲稿：最适合，因为可以通过公开演讲表达自己的观点。

②博客：通常适合，因为通过互联网表达自己的观点。

③日记：最不适合，因为日记的受众是自己。

（3）演讲稿的文体格式要求

- 恰当的开场白（如“尊敬的老师”“各位同学”）和主题简介；
- 主干（条理清楚）；
- 总结，最好以“谢谢大家”作为结束语；
- 有正式的语气。

（七）旅游

例题：你的学校正在计划一次去北京的旅游活动。为吸引更多同学参加，作为这次活动的组织者，你要向全校同学介绍北京的天气情况、旅游景点，以及北京的交通情况。字数要求在 540—720 字。

– 文章 – 演讲稿 – 电邮

1. 例文

收件人：wholeschoolstudents@stg.edu.hk

发件人：wang1@stg.edu.hk

主题：中国的首都——北京

日期：2025 年 8 月 13 日星期三

各位同学：

① 你们好！我是学生会主席李小华。学校正在计划在十月去北京的旅游活动，我在这里先向大家介绍一下北京。

回应题目

② 北京是中国的首都，是中国的政治、文化中心。

回应"北京的天气情况"

③ 北京一年有四个季节：春、夏、秋、冬。北京春天多风，但是春光明媚；夏天炎热多雨，但万木葱茏、枝繁叶茂；秋天凉风习习，秋高气爽；冬天天寒地冻，有时还会下雪，整个北京城被白雪覆盖。我认为，去北京旅游，秋天最好，那时不冷也不热，气温在20℃左右，除了可以看到金黄的落叶，还可以看到漫山遍野的红叶，特别漂亮，也特别浪漫！

回应"北京的旅游景点"

④ 北京有很多名胜古迹，如长城、故宫、颐和园、天坛等。长城是游客必到的地方。中国人常说：不到长城非好汉。长城有20000多公里长，有2000多年的历史。颐和园是以前皇帝避暑的地方，那里有山有水，风景美极了。

⑤ 北京有很多美食，北京烤鸭是一定要吃的，北京还有炸酱面、饺子、羊肉串等食物，都非常好吃。

回应"北京的交通情况"

⑥ 北京的交通比较拥堵，马路上车很多。如果你想节省时间，最快的交通工具是地铁。北京的公共汽车和地铁上人很多，上班和下班的时间坐公共汽车和地铁会很挤。北京的出租车很便宜，但是出租车司机的英语不太好，你最好在手机下载导航软件。

⑦ 在北京买东西要去王府井大街，那里有很多购物中心，中国的、外国的名牌都能买得到。想要买小东西或纪念品，可以去秀水街，那里是外国游客购物的好地方，中国的茶叶、山水画、旗袍、剪纸都可以买到，带给朋友和家人很不错。

⑧ 总之，北京是一个旅游的好地方，在那里你会学到中国的文化和历史。希望大家积极报名参加。想报名的同学直接回复这封电邮就可以了。截止日期是9月15日。

祝好！

学生会主席：李小华

HL 高级课程的作文对词语的多元性和复杂性要求较高，包括多种多样的惯用语（四字词组、俗语、成语……）。以下为在此例文中出现的一些惯用语。

① 春光明媚	② 炎热多雨	③ 万木葱茏
④ 枝繁叶茂	⑤ 凉风习习	⑥ 秋高气爽
⑦ 天寒地冻	⑧ 漫山遍野	⑨ 不到长城非好汉
⑩ 有山有水		

2. 思维导图范例

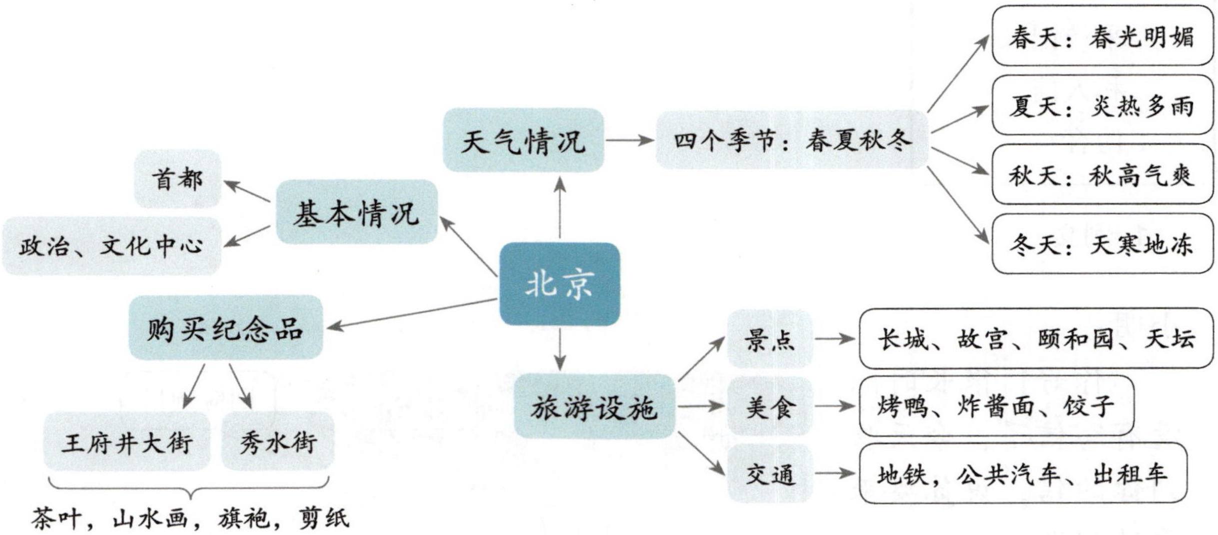

3. 写作说明

（1）好的写作必须具备的条件

- 回应主题和目的。
- 分段写出对北京各方面的介绍，包括题目要求的两个方面。
- 条理清楚、段落清晰。
- 内容要充实，有例子。
- 符合文体格式的要求和语气。

（2）文体格式的选择

①电邮：最适合，因为通过群发电邮的方式向同学们介绍北京。

②演讲稿：通常适合，因为可以通过公开演讲向同学们介绍北京，鼓励同学们参加。

③文章：最不适合，因为文章的语气过于正式。

（3）电邮的文体格式要求

- 收件人电邮地址、发件人、主题、日期；
- 称呼和问候；
- 主干（条理清楚）；
- 祝词；
- 身份 + 署名（写在左下角）；
- 语气根据受众和情境而定。

（八）旅游

例题：你的好朋友要来香港旅游。作为东道主，向你的朋友介绍香港的著名景点，并说明一下香港被称为“美食天堂”和“购物天堂”的理由。字数要求在 540—720 字。

– 采访记录 – 私人信 – 博客

1. 例文

小明：

你好！很长时间没有写信了，今天收到你的信，说你要来香港旅游，还让我给你介绍一下我的家乡香港。那我现在就跟你说说吧！

回应题目

香港是一个国际化的大都市，也是亚洲的商业和金融中心。它位于中国的南部，是中国的南大门，人口有七百多万。香港处处车水马龙，大街小巷都充满了繁华的都市气息。

香港一年有四个季节：春、夏、秋、冬。春天多雨，夏天炎热，秋天晴朗，冬天天气最好，不冷也不热，气温在20℃左右。一年四季，人们都喜欢游泳、爬山和打球。

香港的著名景点有海洋公园、迪士尼乐园、太平山顶、香港公园等。海洋公园里有很多形态各异的动物，比如熊猫、海豚、水母等，还有特别刺激的过山车，喜欢挑战的你一定会流连忘返。去完海洋公园，还可以去迪士尼乐园。那里有童话世界里的城堡，还有很多装扮成动画人物的演员，他们会主动走过来跟游客拍照。另外，别忘了一定要在晚上去太平山顶。站在山顶，吹着晚风，俯瞰香港灯火通明的夜景，瞬间感觉身心放松。

> 回应“香港的著名景点”

很多人把香港称为“美食天堂”，因为香港除了有地道的广东菜外，还有上海菜、四川菜等。香港的中式点心非常好吃，如春卷、虾饺等。

> 回应“香港被称为美食天堂的原因”

另外，在香港你也可以吃到世界各地的美食，包括法国菜、意大利菜和东南亚各国的佳肴。

香港也被称为“购物天堂”，除了国际名牌商品外，你还可以在香港买到很多来自中国内地的商品，如鞋子、茶叶等，物美价廉，应有尽有。

> 回应“香港被称为购物天堂的原因”

香港是一个中西方文化交融的国际大都市，这里的很多人都会说英语，城市的交通也非常方便，的确是一个旅游的好地方。你来了之后可以亲身体验一下。

好，今天就写到这里，盼早日收到你的回信。

祝你

学习进步！

小花

2025年6月3日

HL 高级课程的作文对词语的多元性和复杂性要求较高，包括多种多样的惯用语（四字词组、俗语、成语……）。以下为在此例文中出现的一些惯用语。

① 车水马龙	② 大街小巷	③ 都市气息
④ 形态各异	⑤ 流连忘返	⑥ 灯火通明
⑦ 身心放松	⑧ 物美价廉	⑨ 应有尽有

2. 思维导图范例

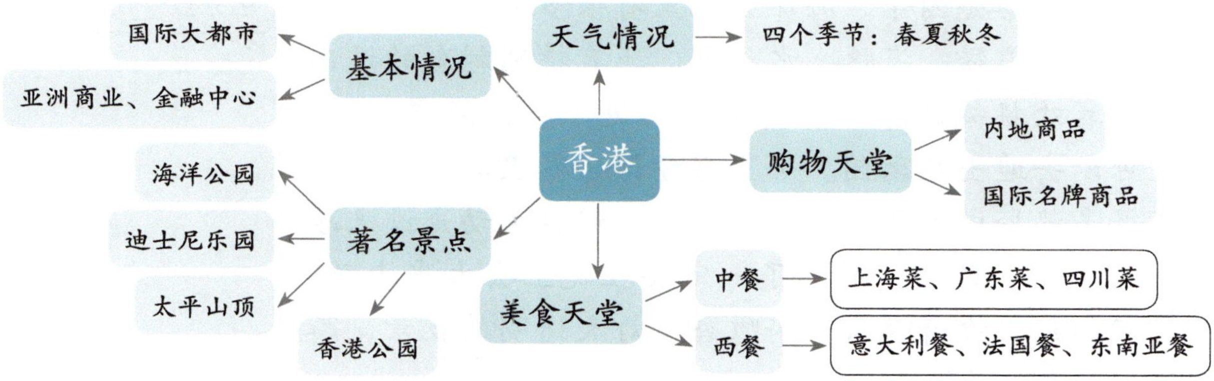

3. 写作说明

（1）好的写作必须具备的条件

- 清楚介绍香港的著名景点
- 有理有据地说明香港被称为美食天堂和购物天堂的原因。
- 条理清楚、段落清晰。
- 内容要充实。可以举例说明。
- 符合文体格式的要求和语气。

（2）文体格式的选择

①私人信：最适合，因为是好朋友之间的沟通。

②采访记录：通常适合，可以和好朋友通过一问一答的方式进行说明。

③博客：最不适合，因为博客主要用于发表观点。

（3）私人信的文体格式要求

- 遵照中国信的格式：
  - 称呼（朋友或熟人之间可用昵称，顶格写）；
  - 问候（另起一行，空两格）；
  - 正文（条理清楚）；
  - 祝词（如“祝，身体健康”）；
  - 身份＋署名（朋友或熟人之间可用昵称，写在右下角）；
  - 日期（年月日，写在右下角）；
  - 非正式语气。

（九）娱乐与健康

例题：新科技的发展在带来许多新的休闲活动的同时，也带来诸如运动不足之类的新问题。作为学生会的会长，你想与高中的学生们分享高中生的压力来源、如何建立健康的休闲生活及其理由。字数要求在540—720字。

- 演讲稿
- 书信
- 指南

1. 例文

如何建立健康的休闲生活

新科技的发展不仅使人类的生活更加便捷，而且丰富了我们的休闲方式。但是，在带来许多新的休闲活动（如上网及线上游戏）的同时，也带来了诸如运动不足、身体机能失调之类的新问题。

回应题目

高中生要面对不断增加的学习压力，比如学校的功课多、测验和考试频繁、成绩不理想、老师的要求过高，等等。除此之外，高中生还要面对来自家庭、朋辈等方面的压力，比如父母期望过高、与父母缺乏沟通、朋友的学习成绩比自己的好，等等。

回应“压力来源”

在这么大压力的情况下，高中生应该如何保持身心健康呢？以下几点建议仅供参考。

（1）定时到户外走走，最好是与家人或志同道合的好朋友一起参加户外活动。户外有新鲜的空气和绿色的植物，多接触大自然和新鲜的空气对人的心肺功

回应“如何建立健康的休闲生活，及其理由”

能、大脑和眼睛都有好处。和朋友、家人在一起还可以聊聊天，把自己心中的苦闷说出来，大家共同找出减轻压力的方法。没有了压力，自然就会心情舒畅了。

（2）培养和寻找自己的运动爱好，比如打篮球、踢足球等。兴趣和爱好可以使自己的生活更加充实，暂时忘记烦恼和压力。

（3）走路上学。走路上学的好处实在太多了，比如可以强身健体，也可以欣赏大自然、呼吸户外的新鲜空气，不仅环保，而且不会因为堵车而上学迟到。

（4）制订自己的运动时间表。有时候功课太多或沉迷电脑游戏，就会忽略运动。制订一个运动时间表，可以提醒自己按时放下书本，离开电脑去做一下运动。每天做一些运动不仅可以舒筋活骨，还有助于减轻压力。

大家如能按照以上的建议去做，相信一定能够使身体更健康，心情更愉快。科学实验也证明，运动能使人感觉更愉快、更轻松。大家还可以遵守 333 定律（每周运动 3 次，每次至少 30 分钟，心跳大约 130 下）来建立一种健康的休闲生活方式。

同学们，快点放下手机、电脑，跟我一起深呼吸，放松全身，做一点儿有氧运动吧！

HL 高级课程的作文对词语的多元性和复杂性要求较高，包括多种多样的惯用语（四字词组、俗语、成语……）。以下为在此例文中出现的一些惯用语。

① 仅供参考　　② 志同道合　　③ 心情舒畅
④ 强身健体　　⑤ 舒筋活骨

2. 思维导图范例

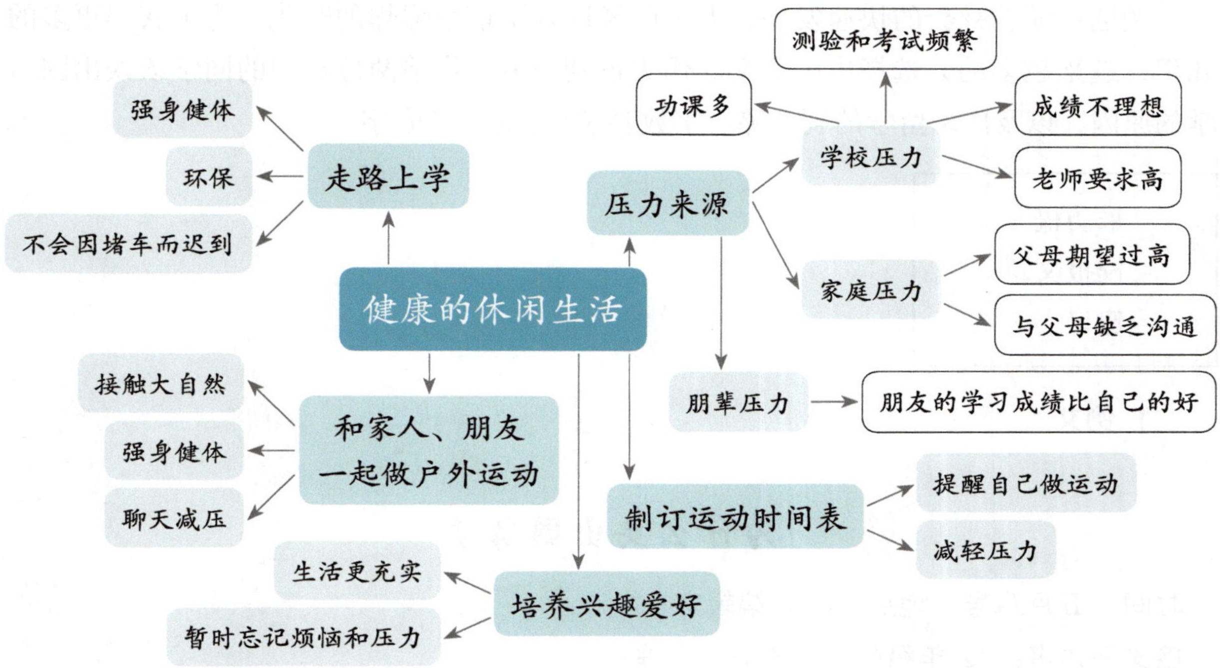

3. 写作说明

（1）好的写作必须具备的条件

- 回应主题。
- 清楚地说明高中生的压力来源。
- 给出清晰的建立健康的休闲生活的建议。
- 有理有据地说明理由
- 符合文体格式的要求和语气。

（2）文体格式的选择

①指南：最适合，因为指南可以针对某一群体给出建议，具有指导作用。

②演讲稿：通常适合，因为可以通过公开演讲向同学们讲明道理。

③书信：最不适合，因为书信的受众和语气均不符合题目的情境要求。

（3）指南的文体格式要求

- 有标题；
- 列出重点大纲（至少三点）；
- 举例说明（数据、科研成果、亲身体验）；
- 有前后呼应的结尾；
- 半正式或较为正式的语气。

（十）人生重大转折和变化

例题：随着社会的快速发展，人类已经进入了信息爆炸的时代。为了获得更多的知识，越来越多的人选择出国留学。作为校刊记者，你请两位高中的同学谈谈出国留学的原因，以及出国留学的利与弊。字数要求在540—720字。

– 采访稿
– 校报文章
– 建议书

1. 例文

为什么要出国留学

时间：五月八号　地点：校刊编辑室

接受采访者：12年级的张同学和李同学

采访者：校刊记者小王

主题：出国留学的好处

回应题目

记者：随着社会的快速发展，人类已经进入了信息爆炸的时代。为了获得更多的知识，越来越多的人选择出国留学。听说你们俩也都准备去美国和英国上大学。请问，你们为什么要选择出国留学呢？

回应"出国留学的原因"

张同学：出国留学给学生带来了很多的好处，比如能够扩展年轻人的知识和视野，使自己成为学识渊博、见闻丰富的人，同时也可以培养一个人日常生活和待人处事方面的独立性。

李同学：是啊，一个人离开父母在国外学习可以

培养独立生活的能力，强化自己的性格。在国外学习需要独立处理很多问题，所以必须要学会如何适应新的环境，如何与老师和同学相处，等等。在这个过程中，我们还可以学习处理人际关系的技巧。

张同学：在国外留学还可以让我们有一个良好的语言环境，使我们更好地掌握一门新的语言。外语是与人沟通的重要工具，它可以消除语言障碍，使人与人之间的交流更加容易。

回应“出国留学的好处”

李同学：出国留学对于学生来说是一个了解自己、了解世界的最好的方式。在国外学习期间，我们可以跟来自世界各地拥有不同文化背景的人进行交流。通过和外国学生的交往，我们能够体验到其他文化的特征，从中发现与我们自己文化的差异。

记者：出国留学有没有什么弊端呢？

张同学：我觉得，如果语言不过关，上课会感到非常困难，有些同学可能会因此感到沮丧，整日郁郁寡欢，甚至患上抑郁症。

李同学：除了语言方面，我觉得到了国外，有时很难适应新的文化。另外，当地的文化和价值观与自身文化和价值观产生冲突的时候，自己会有挫败感和迷失感，有些人因此不愿与当地人交流，导致难以适应陌生的环境，最终放弃了在国外的学习，浪费了时间，也浪费了昂贵的学费。

回应“出国留学的弊端”

记者：非常感谢两位同学接受我们的采访。出国留学的确可以给我们更多的教育机会，并且可以丰富我们的生活经历。相信留学经历对开阔年轻人的视野和思路有极大的益处，对将来的工作也会非常有帮助。

HL 高级课程的作文对词语的多元性和复杂性要求较高，包括多种多样的惯用语（四字词组、俗语、成语……）。以下为在此例文中出现的一些惯用语。

① 学识渊博　② 见闻丰富　③ 待人处事
④ 语言障碍　⑤ 郁郁寡欢

2. 思维导图范例

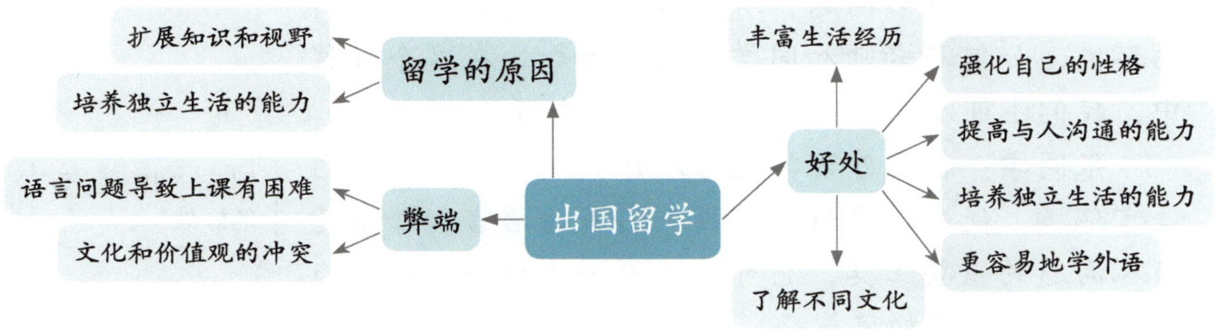

3. 写作说明

（1）好的写作必须具备的条件

- 对题目进行清楚的回应。
- 根据题目要求采访两位同学。
- 内容涵盖出国留学的原因，以及出国留学的利与弊三个方面。
- 针对主题进行较为深入的讨论。
- 符合文体格式的要求和语气。

（2）文体格式的选择

①采访稿：最适合，因为题目明确说明了“请两位高中的同学谈谈”。

②报刊文章：通常适合，因为可以将采访内容写成报道文章。

③建议书：最不适合，因为题目没有要求提出建议。

（3）采访稿的文体格式要求

- 标题；
- 开头部分要包括采访的背景介绍，如时间、地点、人物、目的；
- 访谈（问答方式）；
- 结尾总结概括；
- 语气较为正式。

二、参考题库

（一）有些同学为了某事发生激烈的争吵。当时你在场旁观，并没有参与，但对整件事件你有自己的看法。请写一篇文章，说明他们争吵的原因、你对事件的看法，以及你认为的正确解决方式。字数要求在 540 — 720 字。**【书信，日记，博客】**

（二）你是一位学艺术的学生，希望进入一所有名的艺术学校继续学习。请写一篇文章，说明你的兴趣爱好、你希望在艺术学校学习的理由，以及你的未来计划。字数

要求在 540— 720 字。**【日记，书信，采访稿】**

（三）因为一件小事，你和父母又起了争执。你无法理解父母的态度，父母也很伤心难过。写一篇文章，说一下事情的经过、你当时的感受，以及你打算怎么解决这个问题。字数要求在 540— 720 字。**【书信，日记，演讲稿】**

（四）你们的毕业旅行是到中国的大城市游玩一周。旅行中，你特别关注当地年轻人的打扮及流行时尚的特点。写一篇文章介绍你所观察到的中国年轻人的流行时尚，分析原因，阐述你对这个现象的看法。字数要求在 540— 720 字。**【博客，书信，演讲稿】**

（五）你跟家人在中国的一个城市开车旅游，不小心被开了罚单，可是你觉得那不是你们的错。你跟你的朋友倾诉事情的经过、你当时的感受，以及你觉得不该被开罚单的理由。字数要求在 540— 720 字。**【电邮，报刊文章，采访稿】**

（六）身为高中篮球校队队员的你刚参加了在北京举办的长城杯篮球比赛。你想跟活动主办方分享这次比赛最令你难忘的一件事，以及这次经历给你带来的收获，表达你对他们的由衷感谢。字数要求在 540— 720 字。**【书信，博客，演讲稿】**

（七）你作为学生会的会长，要组织同学前往其他城市参加一次校外旅行。为吸引更多的同学前来参加，你写了一篇文章，说明旅行的内容和安排，并强调这次旅行对同学们的正面影响。字数要求在 540— 720 字。**【宣传册，电邮，采访稿】**

（八）你参加一个中文夏令营时，老师带你们参观了当地的一个博物馆。写一篇文章，描述一下参观的过程、你当时的感受，以及你的收获。字数要求在 540— 720 字。**【报刊文章，书信，日记】**

（九）你昨天和朋友去听了一场音乐会，请写一篇文章，说说这是一场什么样的音乐会，你对这场音乐会的感受，以及音乐会带给你的启示。字数要求在 540— 720 字。**【日记，演讲稿，电邮】**

（十）一位很有影响力的名人到你的学校参加慈善晚会表演。你代表学生会访问了这位名人。请写一篇文章，跟全校师生分享这位名人的成就、这位名人参加慈善活动的原因，以及这位名人的故事带给你的启示。字数要求在 540— 720 字。**【报刊文章，采访稿，日记】**

（十一）学校的露营社将举办一年一度的湖边大露营。你是主办人，你要告诉同学们这次露营的活动内容和安排，以及要注意的事项。字数要求在 540— 720 字。**【宣传册，书信，电邮】**

（十二）高中的同学正在讨论要不要在毕业前举办为期五天的自助旅行。写一篇文章，分析自助旅行的好处和坏处，以及你支持这个自助旅行的理由。字数要求在 540— 720 字。**【演讲稿，报刊文章，建议书】**

（十三）学校的篮球队最近第一次赢得了中国杯冠军。你代表学校周报，请篮球队队长与你分享比赛的过程、他 / 她当时的心情，以及这个比赛带给他 / 她的收获。字数要求在 540— 720 字。**【电邮，校报文章，采访稿】**

（十四）某位名人在许多方面给了青少年很多启发。跟你的好友分享你对这位名人的看法，包括这位名人的成就、这位名人成为青少年偶像的原因，以及这位名人如何影响青少年。字数要求在 540— 720 字。**【电邮，日记，访谈】**

（十五）你最近收到一名中国笔友的来信，这位笔友欢迎你到中国旅游，你也接受了邀请。写一篇文章，告诉这位笔友你目前的学习和旅游计划，以及你去中国旅游的目的。字数要求在 540— 720 字。**【书信，博客，电邮】**

（十六）在一次校外旅游的过程中发生了一件伤心的事情。请写一篇文章，说明这个事情发生的经过、你的感受，以及你是如何克服你的负面情绪的。字数要求在 540— 720 字。**【日记，博客，电邮】**

（十七）到新学校的第一天发生了一件尴尬的事。请写一篇文章，说明这个事情发生的起因和经过，以及你的感受。字数要求在 540— 720 字。**【书信，日记，演讲稿】**

（十八）在一次去中国乡村学校支教的过程中，有一件事情让你感到一生难忘。请写一篇文章，说明这个事情发生的起因和经过，以及你的感受。字数要求在 540— 720 字。**【书信，访谈，博客】**

（十九）在机场，你发现随身携带的背包丢了。描写一下事情的起因和经过，以及你的感受。字数要求在 540— 720 字。**【访谈，日记，通告】**

（二十）你今年生日的时候，意外地收到一个特别的生日礼物：父母从“爱护动物协会“领养的一只小狗。你跟学校的同学们分享了这个故事。请写一篇文章，分析人与动物的关系，说明人类应该如何与动物相处，以及怎样才能达到人畜共融。字数要求在 540— 720 字。**【演讲稿，日记，校报文章】**

（二十一）疫情期间，你家附近的餐厅生意非常不好。你在一次用餐期间和餐厅经理聊了起来。请写一篇文章，说一下餐厅正在面对的问题，以及改善建议，并且说明这些建议怎样能够提高客人对餐厅的兴趣。字数要求在 540— 720 字。**【访谈，书信，校报文章】**

（二十二）上了中学后，功课越来越难，你的成绩也有退步，所以你的妈妈让你去上补习班。写一篇文章，根据你自己的经历说说上补习班的好处和坏处，以及学生怎样才能做到劳逸结合。字数要求在 540— 720 字。**【辩论稿，书信，校报文章】**

主题三：发明创造

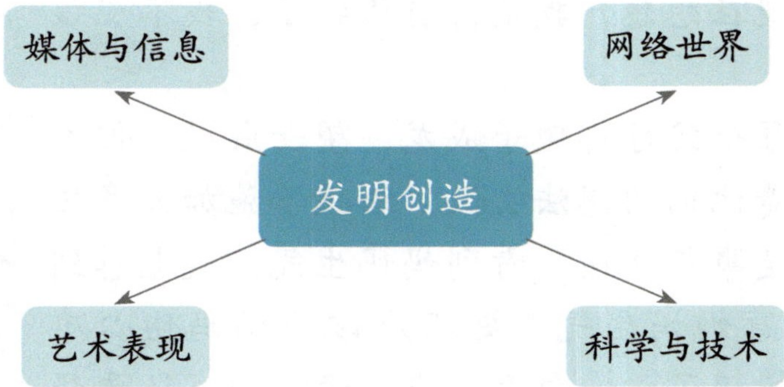

老师可根据学生的语言能力指导学生或让学生自己从例文中找出需要记住的词语和有用的句子。

一、参考例文

（一）网络世界

例题：你和妈妈因为玩电脑的问题有了一些误会，还吵了架。请你写篇文章，解释一下你和妈妈之间的误会，你当时的感受，以及电脑对你的学习有什么影响。字数要求在 540—720 字。

- 日记
- 电邮
- 报刊文章

1. 例文

2025 年 5 月 19 日　星期一　阴

今天，我和妈妈吵架了，妈妈说我花在电脑上的时间太多，浪费了很多学习时间。我承认最近我玩游戏有点儿上瘾，但是，

回应题目

我那天确实没有玩游戏，我在做作业，用电脑查资料。我觉得妈妈太严格，所以我离家出走了，住在我朋友的家里。现在想想，我觉得自己错了，我不应该和妈妈吵架。

回应“和妈妈之间的误会”

我知道，每个父母都望子成龙、望女成凤。但过分强求孩子跟着他们的想法去做，给孩子施加太多压力，结果只能是事与愿违。看到妈妈生气，我也感到愧疚，我不该惹妈妈生气，更不应该让妈妈伤心难过。妈妈为我操碎了心，白天上班，晚上回家还要帮助我做作业。虽然如此，我还是希望妈妈可以理解我，在我遇到困难和挫折的时候支持我、鼓励我。

回应“当时的感受”

虽然我那天在做作业，但是我的确经常玩游戏，也常常因为玩游戏忘了做作业，这使得我这次数学考试不及格。我因为天天坐在电脑前，身体越来越差，视力也下降了。我曾经答应妈妈周末和假期才玩电脑游戏，但是我还是常常在星期一到星期五玩儿。我觉得确实应该少玩电脑，提醒自己不要在电脑上花太多时间，不要玩物丧志，要多学习和多做运动。

不过，电脑真的让我对学习更有兴趣了，学习效果我觉得也很不错，我的学习能力也提高了。我有时在网上聊天，其实是在和同学谈功课。还有的时候，我在网上看小说，因为网上的小说很多，不用花钱。我不可能没有电脑，它已经是我们现代青少年生活必不可少的日用品了。通过电脑，我增长了知识，开阔了眼界，所以我要跟妈妈说，我离不开电脑，但是我每天只用两个小时玩游戏，之后就做作业。

回应“电脑对学习的影响”

我明天就回家，我要和妈妈说对不起。我还要和她谈心，希望我们多沟通，互相理解，互相信任，这样我们以后就不会吵架了。

HL 高级课程的作文对词语的多元性和复杂性要求较高，包括多种多样的惯用语（四字词组、俗语、成语……）。以下为在此例文中出现的一些惯用语。

① 离家出走	② 望子成龙	③ 望女成凤
④ 事与愿违	⑤ 玩物丧志	⑥ 必不可少

2. 思维导图范例

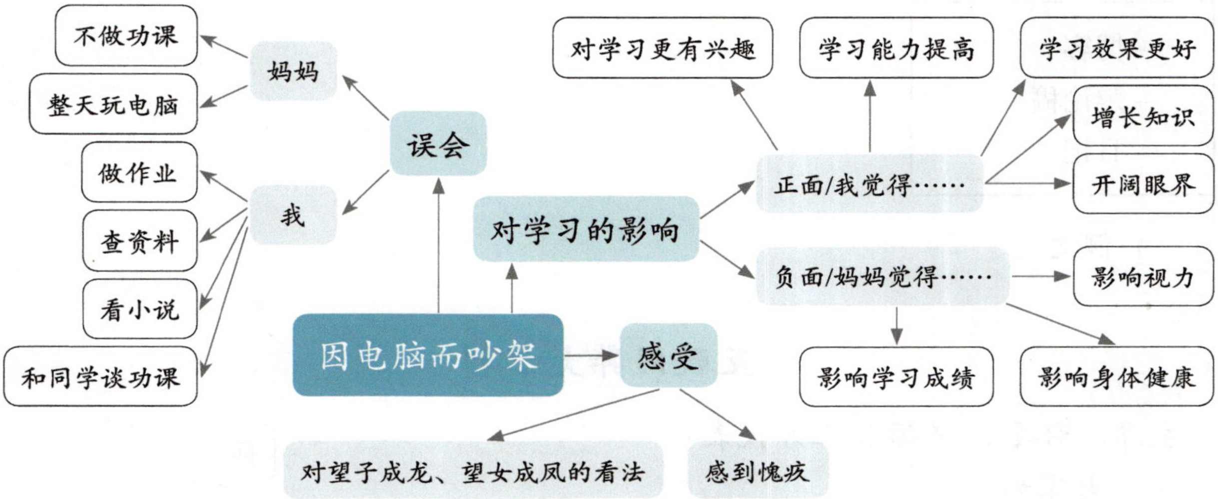

3. 写作说明

（1）好的写作必须具备的条件

- 明确地回应题目。
- 说明和妈妈之间的误会。
- 写出自己当时的感受。
- 阐述电脑对学习的影响。
- 内容充实，可以举例说明。
- 符合文体格式的要求和语气。

（2）文体格式的选择

①日记：最适合，因为日记可以用来记录当天发生的事情和发泄情绪。

②电邮：通常适合，因为题目中的受众清楚，所以可以通过电邮与妈妈沟通。

③报刊文章：最不适合，因为题目的受众与报刊文章的受众不符。

（3）日记的文体格式要求

- 上方列出日期、星期和天气状况；
- 正文（条理清楚）；
- 第一人称；
- 一般是写当天发生的事情；
- 语气非正式。

（二）媒体与信息

例题：互联网改变了我们的生活。你代表学校，在一个场合表达了自己的观点——“互联网弊大于利”。请写一篇文章，说明互联网的功能，阐述使用互联网的不良现象，以及引起的后果。字数要求在 540—720 字。

– 博客 – 辩论稿 – 日记

1. 例文

互联网弊大于利

主席、评委、老师和正方代表：

回应题目

大家好！

回应“互联网的功能”

互联网是 20 世纪最伟大的发明，它改变了我们的生活。在日常生活中，我们离不开互联网，我们用它做作业、查资料、购物、听音乐、看电影、聊天等，它已经成为我们生活不可或缺的必需品。我的学校要求每个学生必须自备一部电脑来上课，因为在中文课上，老师们会让我们在互联网上进行词语比赛，或者让我们在互联网上查找有关某位名人的背景资料。有的时候，老师让我们做分组角色扮演活动，并且制作出一个小视频。这也需要我们通过互联网来完成。

但是，由于青少年思想还不成熟，家长、学校、社会对他们怎样使用互联网也没有正确的指导，所以很多学生沉迷上网，影响了学习和生活，因此我方认为：互联网弊大于利。

回应“使用互联网的不良现象，以及导致的后果”

第一，由于学生过度沉迷互联网，他们每天花很多时间在网上聊天、购物和玩游戏，玩物丧志，浪费了很多时间和金钱，学习成绩也日渐下降。因为上网，他们还经常和父母吵架，增加了和父母之间的误解，和家人的关系变得疏远了。

第二，因为花很多时间在网上，他们的身体越来越差，发胖，视力下降，有的学生还常常感到背疼、手痛等。另外，他们常常很晚还坐在电脑前，导致睡眠不足，第二天早上起不来，有的还逃学。

第三，由于网上什么人都有，所以网上并不安全，随便和陌生人聊天或见面很危险。最近就有报道说，有女中学生和网友约会，遇人不淑，被人骗财、骗钱、骗感情，甚至被杀害的案例都时有出现。另外，还有的青少年看色情网站，这对他们的身心健康不利。

总之，虽然互联网对青少年有很多好处，但是由于青少年不懂得怎么控制自己，因而互联网对青少年的成长有很多负面的影响。因此我方认为：互联网弊大于利。

谢谢大家！

HL 高级课程的作文对词语的多元性和复杂性要求较高，包括多种多样的惯用语（四字词组、俗语、成语……）。以下为在此例文中出现的一些惯用语。

① 不可或缺　② 沉迷上网　③ 玩物丧志
④ 日渐下降　⑤ 睡眠不足　⑥ 遇人不淑
⑦ 时有出现

2. 思维导图范例

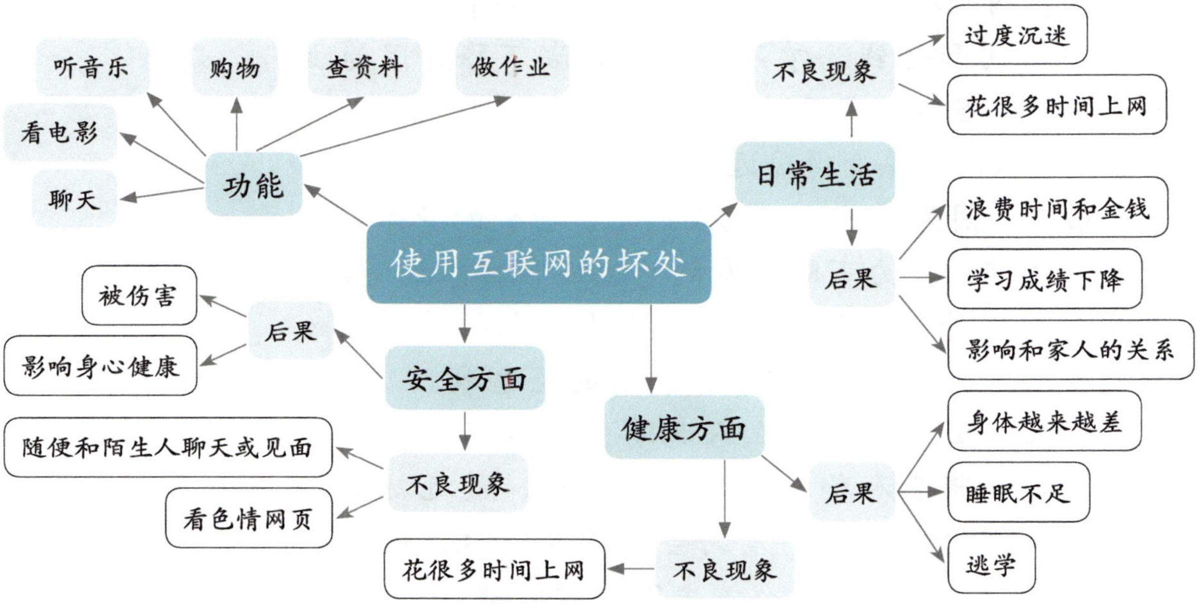

3. 写作说明

（1）好的写作必须具备的条件

- 明确回应题目，所持观点清楚。
- 清楚介绍互联网的功能。
- 有理有据地说明互联网的坏处和引起的后果。
- 最少列举出三条坏处。
- 可以用例子进行说明。
- 符合文体格式的要求和语气。

（2）文体格式的选择

①辩论稿：最适合，因为说明自己有倾向性的观点可以用辩论的方式表达。

②博客：通常适合，因为博客可以用来表达自己的观点和看法。

③日记：最不适合，因为日记的语气非正式，与这个题目的不相符。

（3）辩论稿的文体格式要求

- 恰当的开场白（如“尊敬的老师”“各位同学”）和主题；
- 辩论稿要写明自己一方的立场；
- 主干（条理清楚）；
- 恰当的总结；
- 最好以“谢谢大家”作为结束语；
- 语气较为正式。

（三）科学与技术

例题：随着科学技术的发展，手机已经成为了我们生活中不可缺少的日用品。作为一名中学生，你想说说手机的功能，并发表一下你对学生带手机上学的好处和坏处的看法。字数要求在 540—720 字。

- 演讲稿
- 校报文章
- 辩论稿

1. 例文

手机的利与弊

（作者：王大伟）

随着科学技术的发展，手机已经成为了我们生活中必不可少的日用品。现在，不只是成年人，连中小学生都人手一部手机。手机给我们带来了很多方便，但是，也造成了一些问题。

回应题目

现在的手机功能很多，人们可以用手机上网听音乐、玩游戏、发电邮、聊天、照相等，也有人把手机当作字典、闹钟、日历、计算器等。手机和电脑相比，不仅体积小而且更加轻盈，更容易携带。我最喜欢手机的照相功能，无论走到哪里，看到五颜六色的花朵、山清水秀的风景，或是在餐厅里看到令人垂涎三尺的美食，都可以马上掏出手机将它们全部记录下来。在国外旅游时看到不认识的词语，也可以拿出手机进行翻译，避免了“迷失”的情况出现。

回应“手机的功能”

对中学生来说，带手机上学有好处，也有坏处。好处是：可以很方便地和父母及同学联系；下课后，

回应“使用手机的好处”

父母想知道孩子在哪里也容易找到他们；还有，如果有什么事情，也可以用手机向家长、老师和警察求助；另外，上课时，用它来查字或算数也很快。我认为带手机上学的好处数不胜数。

但是，带手机也有坏处。比如有的同学上课玩手机，不专心听老师讲课，学习成绩下降。有的学生上课前忘了关手机，上课时手机响了，影响老师上课。有的家境比较好的学生总是买最新的手机，然后拿到学校跟同学炫耀，令买不起最新手机的同学感到自卑。也有的同学经常把手机弄丢，然后再买新的手机，这样会浪费很多钱。有的同学玩手机游戏成瘾，上课心不在焉，只想玩手机。还有的同学每五分钟就要看看有什么新的信息或电邮，上课时根本无法专心听讲。另外，频繁使用手机对眼睛不好，会使视力下降。有的同学因为玩手机不出去做运动，身体变差了。有的同学走路的时候还玩手机，很不安全，容易发生意外。

> 回应“使用手机的坏处”

总之，虽然我们生活在离不开手机的时代，但是中小学生要学会善用手机，让手机为我们服务。

HL 高级课程的作文对词语的多元性和复杂性要求较高，包括多种多样的惯用语（四字词组、俗语、成语……）。以下为在此例文中出现的一些惯用语。

① 必不可少 ② 五颜六色 ③ 山清水秀

④ 垂涎三尺 ⑤ 睡眠不足 ⑥ 心不在焉

2. 思维导图范例

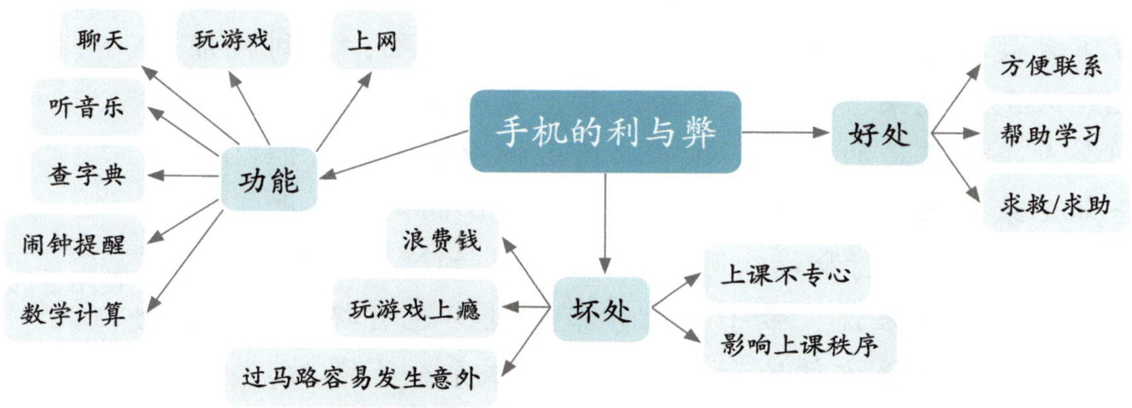

3. 写作说明

（1）好的写作必须具备的条件

- 清楚回应题目。
- 介绍手机的功能。
- 有理有据地说明学生使用手机的好处和坏处。
- 条理清楚，前后有序。
- 内容充实，可以举例说明。
- 符合文体格式的要求和语气。

（2）文体格式的选择

①校报文章：最适合，因为可以通过文章表达自己的观点和看法。

②演讲稿：通常适合，因为演讲稿可以阐述正反两面的观点。

③辩论稿：最不适合，因为辩论时只需要说明自己一方有倾向性的观点。

（3）报刊文章的文体格式要求

- 标题；
- 有作者姓名；
- 有针对的读者；
- 有正式的语气。

（四）网络世界

例题：随着时代的变迁及科技的进步，互联网迅速发展。网上交友成了极普遍的事。跟你的好朋友分享一下在网上交朋友的利与弊，以及你自己网上交朋友的经历。字数要求在 540—720 字。

– 日记 – 访谈 – 私人信

1. 例文

小明：

你好！很长时间没有见面了，你的学校生活好吗？家庭生活怎么样？（回应题目）

随着时代的变迁及科技的进步，互联网迅速发展，网上交友成了家常便饭。我现在也迷上了在网上

交朋友。我觉得在网上可以交到很多朋友，他们在世界上不同的国家生活和学习。我和在网上认识的朋友们经常谈论不同国家有趣的事情，包括不同的风景、不同的美食、不同的节日庆祝活动、不同的风土人情等等，非常有意思。在网上交朋友可以令我们的生活圈子变大，朋友遍天下。通过和各国朋友交换信息，我们可以增广见闻，不做孤陋寡闻的井底之蛙。

回应"网上交朋友的好处"

但是，我的父母说，我不应该在网上交朋友，因为会遇到不好的朋友，很危险。

我已经 17 岁了，知道什么是好的，什么是不好的。我知道在网上交朋友有机会了解更多其他国家的文化，因为网上的朋友来自世界各地。在网上交朋友也可以让我学到不同的语言，用不同的语言跟不同的朋友聊天特别有意思。比如，我在网上认识了一个来自西班牙的朋友叫安娜，她现在是个学医的大学生，在美国一所著名的大学学习。在网上，安娜不仅教了我很多西班牙语，还告诉了我很多大学里的奇闻趣事。在大学假期的时候，安娜会西班牙看望她的家人。那时候，她也会在网上跟我分享西班牙美食，还教我做西班牙菜呢。

回应"自己网上交朋友的经历"

除了以上的好处，我也知道，在网上交朋友容易受骗。有些人会骗你的感情，也有些人会骗你的金钱。还有，网上的人有时候不用他们的真名，也不说他们的真实年龄，所以你不知道你交的朋友是什么样的人。

回应"网上交朋友的坏处"

虽然这样，网上还是有很多好人的。只要我们小心一点儿，我觉得是可以交到好朋友的。小明，你同意我的说法吗？等着你回信！

祝

好！

你的朋友　大明

2022 年 4 月 28 日

HL 高级课程的作文对词语的多元性和复杂性要求较高，包括多种多样的惯用语（四字词组、俗语、成语……）。以下为在此例文中出现的一些惯用语。

① 家常便饭　② 风土人情　③ 增广见闻
④ 朋友遍天下　⑤ 孤陋寡闻　⑥ 井底之蛙
⑦ 奇闻趣事

2. 思维导图范例

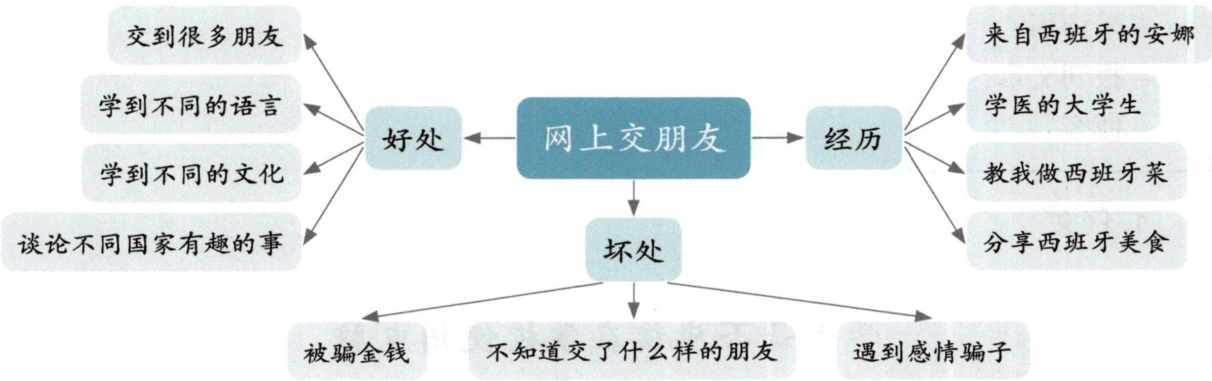

3. 写作说明

（1）好的写作必须具备的条件

- 明确回应题目。
- 有理有据地说明网上交友的好处和坏处。
- 举例说明自己的网上交朋友的经历。
- 内容应充实。
- 符合文体格式的要求和语气。

（2）文体格式的选择

①私人信：最适合，因为是朋友之间的沟通交流。
②访谈：通常适合，因为可以通过对话的方式说明网上交朋友的好处和坏处。
③日记：最不适合，因为日记的受众是自己，不符合题目要求。

（3）私人信的文体格式要求

- 遵照中国信的格式：
  - 称呼（朋友或熟人之间可用昵称，顶格写）；
  - 问候（另起一行，空两格）；
  - 正文（条理清楚）；
  - 祝词（如“祝，身体健康”）；
  - 身份＋署名（朋友或熟人之间可用昵称，写在右下角）；

- 日期（年月日，写在右下角）；
- 非正式语气。

（五）科学与技术

例题：你的学校要求所有学生必须在学校使用电脑。你代表学校中文校刊跟学校学生会主席张明明进行了沟通，请他谈谈学生在学校使用电脑的利与弊，以及如何有效地在学校使用电脑。字数要求在 540—720 字。

– 采访稿
– 报刊文章
– 博客

1. 例文

学生是否应该在学校使用电脑

回应题目

①五月二十三日下午三点，北京学校中文杂志的王一丁同学采访了学校学生会主席张明明，请他就学校要求所有学生必须在学校使用电脑的问题发表一下自己的观点。

②王：你觉得学生在学校使用电脑有哪些好处？

回应“在学校使用电脑的好处”

③张：我觉得学生在学校使用电脑有数不胜数的好处。第一，现在流行探究式学习，就是老师给出一个探究问题，让同学们自己上网去查资料、找答案。上网有助于拓展孩子的知识领域，通过网络获取广泛的新知识。网上有很多资料，能够使学生们在学习上受益匪浅。第二，很多课堂小组活动或作业是需要大家在网上同心协力共同完成的。这样的活动可以培养同学之间的合作能力。第三，有时候，老师会让学生在网上看一些多媒体的教学资料。在电脑上学习可以

使学生们的学习兴趣倍增，学习能力也会相应提高。在课上学习的时候，学生也需要上网。

④ 王：但是很多老师说，学生不应该在课上用电脑，因为他们常常玩游戏或聊天。老师们认为学生在学校用电脑弊大于利。

回应“在学校使用电脑的坏处”

⑤ 张：我认为玩游戏的学生还是少数，大部分学生都是用电脑学知识，所以在学校用电脑，还是利大于弊。但是，不可否认，在学校用电脑也的确有一些坏处，比如，学生一下课就开始玩电脑游戏，不出去与朋友们交流，也不去操场运动。久而久之，不利于学生们沟通交流技能的培养，更加不利于学生们的身体健康。另外，学生们每天使用电脑的时间会较长。他们在学校用电脑上课，放学回家后还要用电脑做作业或玩电脑游戏。长时间地使用电脑，对学生们的视力有很大的负面影响。

回应“如何有效地在学校使用电脑”

⑥ 王：你认为学校应该怎样教育学生，使学生可以有效地使用电脑？

⑦ 张：这需要学校的老师对学生进行教育，告诉他们不可以在学校玩游戏或使用社交网络。让他们学会正确地使用互联网。

⑧ 王：你觉得哪些学生需要特别提醒善用电脑呢？

⑨ 张：我觉得七、八年级的学生需要特别提醒，因为他们年纪小，好奇心强，不知道什么是有用的网页，什么是不好的网页。另外，他们自控能力较差，所以老师要限制他们上网或用电脑的时间。

⑩ 王：谢谢张同学！

⑪ 张：不客气！

HL 高级课程的作文对词语的多元性和复杂性要求较高，包括多种多样的惯用语（四字词组、俗语、成语……）。以下为在此例文中出现的一些惯用语。

① 数不胜数　② 久而久之　③ 知识领域

④ 受益匪浅　⑤ 同心协力

2. 思维导图范例

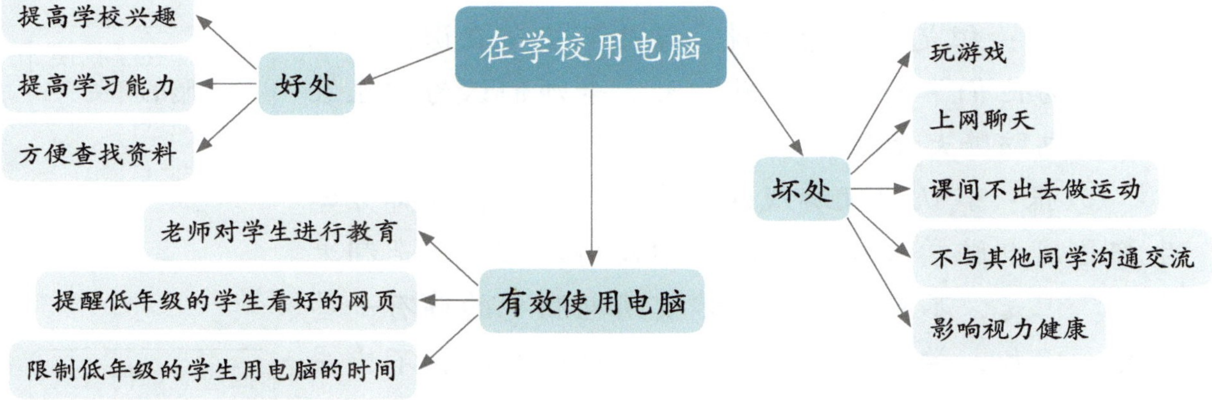

3. 写作说明

（1）好的写作必须具备的条件

- 回应题目。
- 针对主题进行较为深入的讨论。
- 必须涵盖题目要求的三个方面。
- 符合文体格式的要求和语气。

（2）文体格式的选择

①采访稿：最适合，题目中的“代表学校中文杂志”已经是一个暗示。

②报刊文章：通常适合，因为可以将采访内容总结成一篇文章。

③博客：最不适合，因为题目要求与博客的情境不符。

（3）采访稿的文体格式要求

- 标题；
- 开头（前言或背景介绍，如时间、地点、人物、采访情景）；
- 访谈（问答方式）；
- 结尾总结概括；
- 语气较为正式。

（六）科学与技术

上个周末，你和爸爸去参观了一个科技展览。你非常喜欢这个展览，想跟你的朋友介绍一下你在展览馆看到的展品、展品的用途，以及科技展览带给你的启示。字数要求在 540—720 字。

– 演讲稿
– 电子邮件
– 访谈

1. 例文

收件人：阿来
发件人：小小
主题：参观科技馆
日期：2017 年 6 月 8 日

阿来：

上个周末，爸爸带我去参观了一个科技馆。一进门，我就被眼前各种各样的科技展品给迷住了，我像一只快活的小鸟，东看看，西看看，两只眼睛好像都不够用了。

回应题目

科技馆里有许多又有趣又富有科学原理的作品，比如人机对抗的激光乒乓球比赛器，利用杠杆原理使一个大人败在一个纤弱小女孩手下的拔河机，利用脑电波把你想说的话“打”在电脑屏幕上的头带，等等。

最令我感兴趣是航模展览馆，那里有许多造型奇特的飞机模型，有庞大的空中客车，有大肚子运输机，有空中加油机，还有各种各样的战斗机。特别吸引我注意的是无人机。爸爸告诉我，这些看起来不大的无人机用途可多了。它们不仅可以进行高清航拍，还可以帮快递公司送货。

回应“介绍展品”和“用途”

科技展览不但让我学到了很多科学知识，而且给我带来了很多的启示。科技馆里所展示的高科技产品

回应“展览带来的启示”

让我叹为观止。这些科学技术和创新不仅可以促进社会进步，而且可以改善我们的生活质量，延长人类的寿命，给我们的生活带来很多便利。这些科技产品都是科学家通过不懈努力得来的成果。我也要努力学习科学知识，将来成为一名科学家。

时间在我渴求知识、游玩欣赏中一分一秒不知不觉地过去了，天快黑了，科技馆要关门了，我也只好依依不舍地和爸爸走出科技馆。坐在回家的车上，我不由地回头望了望科技馆，心里产生一种强烈的欲望：也许有朝一日，这里有我亲自设计制造的科技展品！

阿来，如果你有时间，一定要去科技馆看一看。你肯定会喜欢的！

祝你

学习进步！

你的朋友小小

HL 高级课程的作文对词语的多元性和复杂性要求较高，包括多种多样的惯用语（四字词组、俗语、成语……）。以下为在此例文中出现的一些惯用语。

① 叹为观止　② 不懈努力　③ 一分一秒

④ 不知不觉　⑤ 依依不舍　⑥ 有朝一日

2. 思维导图范例

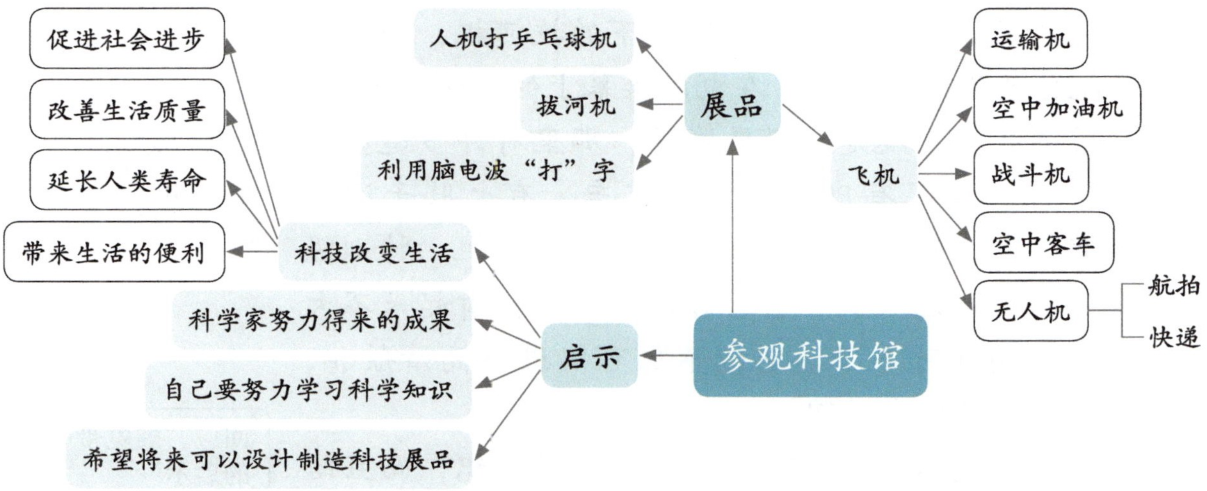

3. 写作说明

（1）好的写作必须具备的条件

- 回应题目。
- 清楚描述在展览会上看到的展品和用途。
- 阐述展览给自己带来的启示。
- 内容应充实。
- 符合文体格式的要求和语气。

（2）文体格式的选择

①电邮：最适合，题目中的“跟你的朋友分享”已经是一个暗示。

②访谈：通常适合，因为可以是好朋友之间的沟通交流。

③演讲稿：最不适合，因为题目要求与演讲的情境不符。

（3）电子邮件的文体格式要求

- 收件人或收件人电邮地址、发件人、主题、日期；
- 称呼和问候。主干（条理清楚）；
- 祝词；
- 身份 + 署名（写在左下角）；
- 非正式的语气。

（七）媒体与信息

例题：最近的一项调查发现，很多青少年喜欢每天晚上追看电视剧集，从而影响了学习成绩。作为一名中学生，请向电视台台长表达一下你对电视节目的看法，包括看电视的利与弊，并提出你的建议。字数要求在 540—720 字。

– 书信 – 博客 – 采访稿

1. 例文

尊敬的台长先生：

① 我是长州一中的学生王师。最近的一项调查发现，很多青少年喜欢每天晚上追看电视剧集，从而影响了学习成绩。我写这封信是希望谈谈电视节目对青少年的影响。

回应题目

② 现在，看电视成了很多人生活中不可缺少的一个活动，我有很多同学喜欢追剧，每天晚上都要看你们台播放的电视连续剧，因而没时间做作业，学习成绩每况愈下。

③ 当然，看电视有不少好处，首先，看电视让青少年坐在家里就可以知道世界大事。通过看新闻节目，青少年能知道在世界各地发生的各种各样的事情，可以增广见闻，同时也可以提高个人修养。看一些有知识性的历史文化节目，还可以令青少年学会从不同角度看问题，并能跟随世界潮流，足不出户就可以“观天下”。其次，适当地看电视能为青少年在空闲的时候提供娱乐。通过看电视剧或一些综艺节目，青少年能减轻学习上的压力，放松心情。

回应“看电视的好处”

④ 可是，看电视也有不少坏处，比如，有些电视节目的内容没有经过严格的过滤，青少年会不知不觉地吸收许多不正确的观念。不少电视连续剧为了增强感观刺激，加入了不少暴力的内容，青少年看了这类节目就很容易建立错误的价值观。这是因为青少年心智尚未成熟，容易受到不良信息影响。再说，看电视对青少年的健康和学习能力构成影响。长时间看电视除了会导致视力下降以外，还有医学报告说，会使脑部活动减弱，导致青少年的思考力和注意力大幅下降。

回应“看电视的坏处”

⑤ 我建议贵台为青少年挑选一些知识性强且充满正能量的电影和电视剧，让青少年在娱乐的同时也能学到新的知识，更可以接受正确的价值观，为自己加油打气。另外，我还想建议贵台不要把青少年节目放到晚上十点以后，以免影响青少年的睡眠时间。

回应“建议”

⑥ 总的来说，看电视能使青少年开阔眼界，并带给他们轻松快乐的娱乐享受，但对青少年的健康和学习能力也有不好的影响。因此，青少年们必须要培养独立思考的能力，慎重选择适合自己的电视节目。

此致

敬礼！

长州一中　学生王师　敬上

2025 年 3 月 28 日

HL 高级课程的作文对词语的多元性和复杂性要求较高，包括多种多样的惯用语（四字词组、俗语、成语……）。以下为在此例文中出现的一些惯用语。

① 不可缺少　② 每况愈下　③ 增广见闻

④ 个人修养　⑤ 足不出户观天下　⑥ 加油打气

2. 思维导图案例

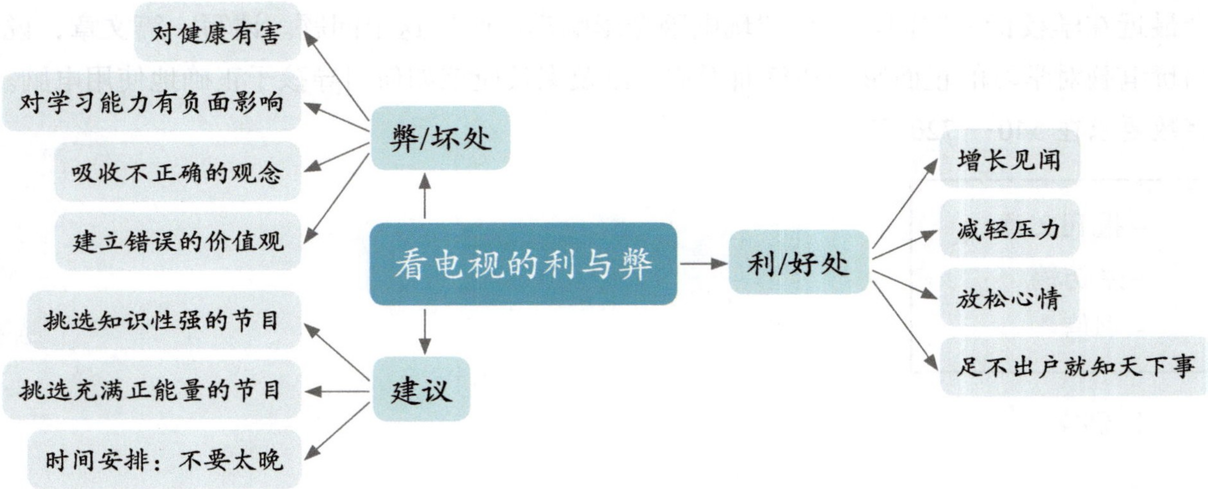

3. 写作说明

（1）好的写作必须具备的条件

- 回应题目。
- 有理有据地说明看电视的好处和坏处。
- 提出明确的建议。
- 内容应充实。
- 符合文体格式的要求和语气。

（2）文体格式的选择

①书信：最适合，题目中的“向电视台台长表达”已经是一个暗示。

②采访稿：通常适合，因为可以通过与电视台台长的交流表达观点。

③博客：最不适合，因为博客的受众广泛，与题目的要求不符。

（3）正式书信的文体格式要求

- 遵照中国信的格式：
  - 称呼（顶格写）；
  - 问候（另起一行，空两格）；
  - 正文；
  - 祝词（如“此致，敬礼”）；
  - 身份 + 署名（全名，写在右下角）；
  - 日期（年月日，写在右下角）；
  - 正式语气。

（八）网络世界

例题：随着科技的发展，电脑已经成为我们日常生活中不可或缺的一部分。学生会最近在学校请一些同学谈谈“玩电脑会影响学习吗”这个问题。请写一篇文章，说明玩电脑对学习的正面影响和负面影响，以及家长应该如何引导孩子正确地使用电脑。字数要求在540—720字。

– 报刊文章 – 采访稿 – 书信

1. 例文

玩电脑会影响学习吗

随着科技的发展，电脑已经成为我们日常生活中不可或缺的一部分。对我们中学生来说，玩电脑会影响我们的学习吗？学生会最近在学校做了一个关于“玩电脑会影响学习吗”的访问调查。接受采访的同学是王红和小星。

回应题目

我：欢迎两位同学！请问，你认为玩电脑会影响

我们的学习吗？

小星：我认为如果使用不当，玩电脑会影响我们的学习。现在有些同学迷上了电脑，天天上网玩电脑游戏，无心向学。我自己就是一个真实的例子。原来我在我们班名列前茅，在年级也排前几名。可是后来我迷上了电脑，由前几名一下子掉到了八九名，到最后竟排到了二百多名。爸爸妈妈天天逼着我学习，找这个补习班，找那个学校，可是我就是学不进去，脑子里总是想着电脑游戏，就是不愿意学习。

回应“玩电脑的坏处”

我：那你呢？

王红：我不同意小星的看法。电脑可以促进学习，在网上我们可以找一些有关学习的网址。网上有很多学习的资源，所以我们可以在网上找一些习题来做，不仅能学习新的知识，还能复习在学校学过的知识。玩电脑应该是学习之后的放松。青少年不能对电脑太痴迷。长时间玩电脑还会影响视力，不戴眼镜才怪呢。所以我们必须要明白，玩电脑是要有时间限制的。

回应“玩电脑的好处”

我：我认为这个问题不能一刀切。两者各有利弊！在网上找些关于学习的网站进行学习，那就会是一件好事；整天就知道玩游戏，那肯定会影响学习，是一件坏事。那么，你们觉得家长应该如何引导孩子正确地使用电脑呢？

王红：我认为，父母首先要培养孩子良好的生活习惯，教他们如何安排学习和娱乐的时间，提高孩子的自控能力，也可以制订一个使用电脑的时间表。

回应“如何引导孩子正确使用电脑”

小星：对于年纪比较小的孩子，家长应该告诉他们在电脑上可以做什么。除了孩子最爱玩的游戏外，也可以让孩子在电脑上学画画、阅读图文并茂的童话、玩益智类的数学游戏、学下围棋，等等。网上除了游戏之外，其实还有很多好玩儿的东西。在玩电脑的时间上，家长要和孩子达成共识，时间到了，孩子就知道自动停止。

我：你们说得都非常好！谢谢两位同学接受我的采访。希望每一位青少年都能正确地使用电脑，让电脑成为我们学习和生活中的得力助手。

HL 高级课程的作文对词语的多元性和复杂性要求较高，包括多种多样的惯用语（四字词组、俗语、成语……）。以下为在此例文中出现的一些惯用语。

① 不可或缺	② 使用不当	③ 无心向学
④ 名列前茅	⑤ 一刀切	⑥ 图文并茂
⑦ 达成共识	⑧ 得力助手	

2. 思维导图案例

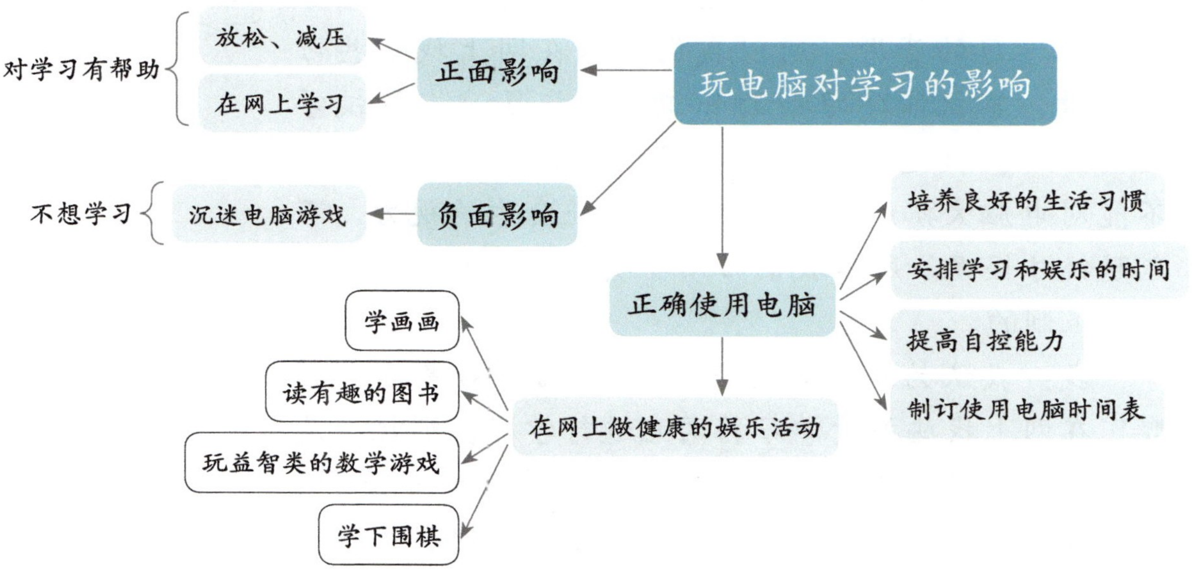

3. 写作说明

（1）好的写作必须具备的条件

- 清楚地回应题目。

- 涵盖题目要求的三个方面。
- 最好收集两个或两个以上的同学的观点。
- 针对主题进行较为深入的讨论。
- 符合文体格式的要求和语气。

（2）文体格式的选择

①采访稿：最适合，题目中的“请一些同学谈谈”已经是一个暗示。

②报刊文章：通常适合，因为可以综合一些同学的观点，写出文章。

③书信：最不适合，因为书信的语体与题目的要求不符。

（3）采访稿的文体格式要求

- 标题；
- 开头（前言或背景介绍，如时间、地点、人物、采访情景）；
- 访谈（问答方式）；
- 结尾总结概括。

（九）媒体与信息

例题：今天，老师发给了我一本书，这本书的名字是《网络安全与道德》。请写一篇文章，介绍一下这本书的内容，你的读后感，以及如何安全使用电脑。字数要求在540—720字。

– 校报文章 – 日记 – 电邮

1. 例文

2025年9月9日　星期二　天气：下雨

今天，老师发给了我一本书，这本书的名字是《网络安全与道德》。第一眼看见这本书的时候，我就觉得很有意思。这本书到底写的是什么内容呢？这本书并不太厚，但里面的内容却很丰富，是让我们学会如何在网上做到自我保护，不受别人的欺骗。（回应题目）

这本书令我印象最深的是两个案例。一个案例是有一个沉迷网络的学生连续三个通宵在网吧上网，没有回家。父母非常生气，对他进行了批评教育。他因（回应“书的内容”）

为不服，竟然一气之下跳了楼，结果摔伤了，留下了残疾，使得他的一生都受到了影响。他后悔不已，但已无法挽回。

还有一个案例是美国有一位少年“网虫”上网成瘾，整天茶不思饭不想的。最后，父母实在没有办法，只得给他配备了轮椅，以便在吃饭时能将他从电脑前推开。他的手指总是不停地在动，好像想要移动想象中的鼠标。他只是为了活下去才吃饭、睡觉，除此之外，他从不离开电脑。经医生确诊，他已得了严重的网络沉迷综合征。

喜爱电脑可以，不过千万不要太迷恋它，否则你也会像他们那样成为“网虫”的。那样你和一个废人将没有什么区别了。我想我们每一个人都希望成为一个健康、聪明的人，所以，千万不要去浏览那些对我们身心不利的网站和信息。

回应“读后感”

不过，互联网也有它的好处，比如查询信息、网上学习、结交朋友。总之，要想和这个虚拟的世界做形影不离的“好朋友”，就一定要学会在虚拟世界做到自我保护，比如，不在网上泄露自己的私人敏感资料。网上别有用心的人很多，他们可能用你的私人资料去做违法的事情。另外，不要轻信网上的人。网上有很多骗子，他们在网上活动时不使用自己的真实姓名、真实年龄、真实职业等，他们上网找人聊天的目的有可能就是骗钱、骗感情。最后，要控制好上网的时间。长时间上网，对身体不好，尤其是对眼睛不好，也会玩物丧志，耽误学习。我把这些当成自勉吧！

回应“如何安全使用电脑”

好了，已经不早了，所以就写到这里吧。

HL 高级课程的作文对词语的多元性和复杂性要求较高，包括多种多样的惯用

语（四字词组、俗语、成语……）。以下为在此例文中出现的一些惯用语。

① 批评教育　② 一气之下　③ 后悔不已
④ 无法挽回　⑤ 茶不思饭不想　⑥ 虚拟世界
⑦ 形影不离　⑧ 敏感资料　⑨ 玩物丧志

2. 思维导图范例

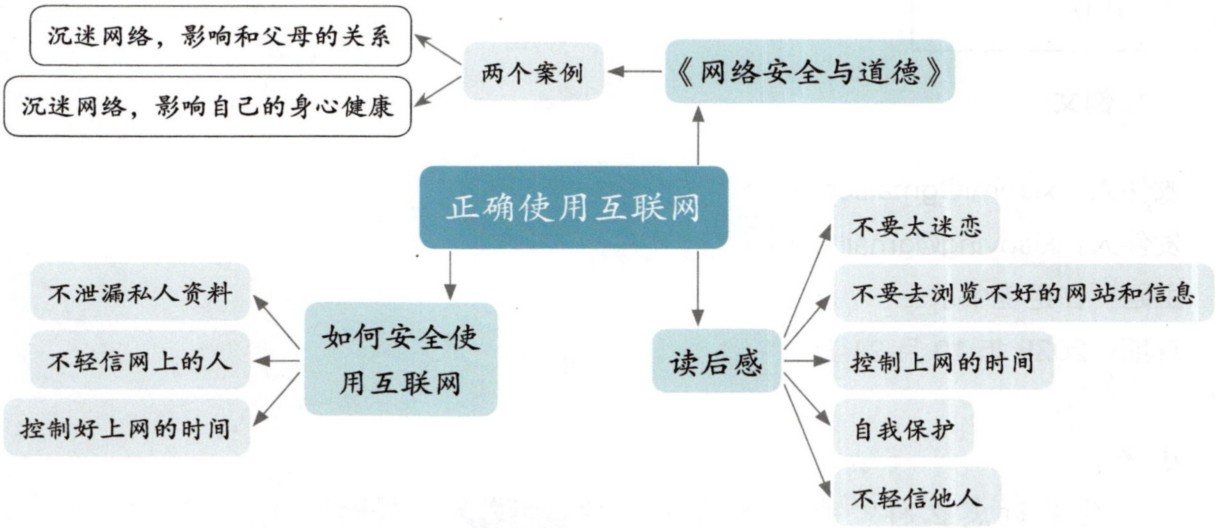

3. 写作说明

（1）好的写作必须具备的条件

- 对题目进行回应。
- 对原著进行概括总结式的介绍。
- 清楚阐明自己对原著的理解并有感而发。
- 说明如何安全地使用互联网。
- 符合文体格式的要求和语气。

（2）文体格式的选择

①日记：最适合，因为可以记录当天发生的事，并发表自己的感想。

②电邮：通常适合，因为通过电邮和朋友交流自己的观点和看法。

③校报文章：最不适合，因为文章的语气过于正式。

（3）日记的文体格式要求

- 上方列出日期、星期和天气状况；
- 正文（条理清楚）；
- 语气非正式；
- 第一人称。

（十）艺术表现

例题：你最近看了一部电影。你想向你的朋友介绍这部电影的内容，并谈谈男主角值得敬佩的方面，以及这部电影给你的启示。字数要求在 540—720 字。

- 电子邮件
- 日记
- 访谈

1. 例文

收件人：xiaomi@gmail.com
发件人：xiaoying@gmail.com
主题：在逆境中求生
日期：2025 年 10 月 21 日

小米：

你最近怎么样？我昨天看了一部叫《127 小时》的美国电影。电影中的主角勇敢、不怕失败的个性令我十分感动，我特别想跟你分享一下。

回应题目

《127 小时》是根据一个探险家的真人真事改编而成的电影。它讲述了一个探险家在登山时遇到灾难，跟外界失去联系 127 小时。在这 127 小时中，男主角经历了很多磨难，包括他的右臂被倒塌下来的大石头压住不能移动。在等待救援的过程中，他做了很多勇敢的决定，例如喝自己的尿来维持生命、为自己的手臂做手术等。靠着坚强的毅力，在经过了 127 个小时后，他终于获救了。

回应“电影故事内容”

我特别佩服男主角勇于接受挑战的精神。他爬的山还从来没有被人成功征服过，可是他凭着好奇心和

回应“男主角值得敬佩的方面”

好胜欲，竟然勇敢地去尝试。其实人在一生中会不断遇到各种各样的挑战，虽然不是每一次都危及生命，但是如果不踏出第一步，又怎么能知道自己是否能够成功呢？

我也特别敬佩男主角逆境求生的胆量。当他发现自己的手臂因为被大石头压住而坏死的时候，他十分冷静地找了一把小刀，自己割去坏死的部分。在整整127个小时里，他有过沮丧，有过绝望，但却没有怨天尤人，而是十分积极地寻找活下去的方法。他的胆量和果断令我由衷地敬佩。他积极面对困难和不怕失败的心态更加值得我学习。

《127小时》是一部经典的获得过奥斯卡奖的影片，简单的故事情节，不简单的人生哲理，小中见大。这部电影很有教育意义，也给了我很多启示。无论遇到什么困难和挫折，我们都要保持乐观，坚持不懈，永不放弃，而且要运用我们的智慧找出解决问题的方法，这样就有成功的希望。在我们的人生旅途中，一定会有很多选择，我们一定要跟随自己的心愿，去做好每一件事。希望我们都能向男主角学习吧。

回应"电影给你的启示"

祝

学习进步！

你的朋友：小英

HL高级课程的作文对词语的多元性和复杂性要求较高，包括多种多样的惯用语（四字词组、俗语、成语……）。以下为在此例文中出现的一些惯用语。

① 真人真事　② 接受挑战　③ 逆境求生

④ 怨天尤人　⑤ 人生哲理　⑥ 小中见大

⑦ 坚持不懈　⑧ 玩物丧志

2. 思维导图范例

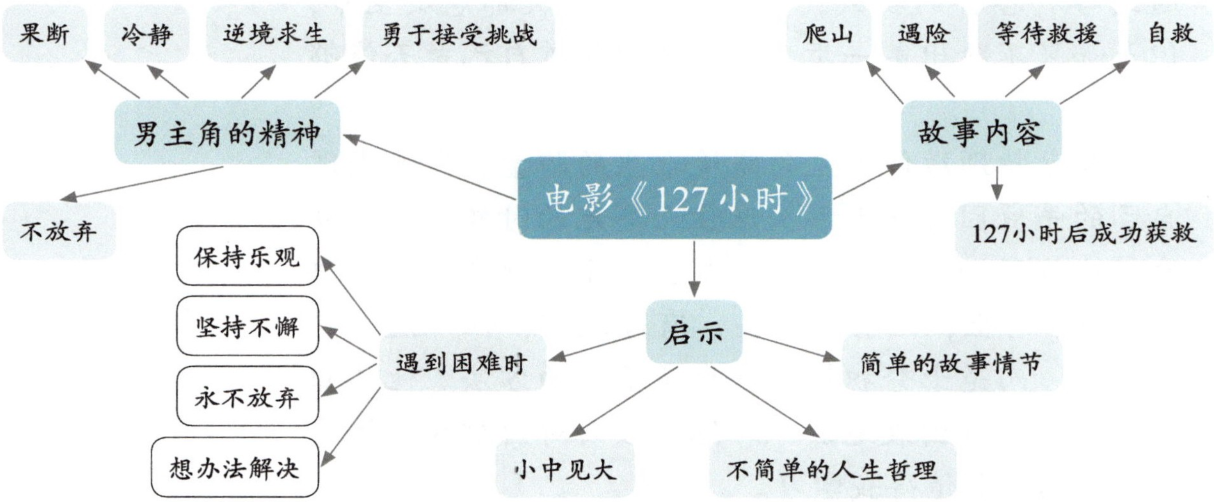

3. 写作说明

（1）好的写作必须具备的条件

- 对题目进行回应。
- 对电影进行概括总结式的介绍。
- 清楚阐明男主角值得敬佩的方面。
- 说明电影带个自己的启示。
- 符合文体格式的要求和语气。

（2）文体格式的选择

①电子邮件：最适合，因为“向你的朋友……”已经是一个暗示。

②访谈：通常适合，因为可以和朋友交流自己的观点和看法。

③日记：最不适合，因为受众与题目要求不符。

（3）电子邮件的文体格式要求

- 收件人电邮地址、发件人、主题、日期；
- 称呼和问候；
- 主干（条理清楚）；
- 祝词；
- 身份 + 署名（靠左边写）；
- 非正式的语气。

二、参考题库

（一）你自己刚刚设计发明了一项新的科技产品，它可以帮助同学们更好地学习中

文生词，更好地翻译中英文句子。写一份文章介绍你的产品，说明使用产品的功能，以及产品如何让你受益。字数要求在 540—720 字。**【演讲稿，说明书，指南】**

（二）在市长的指挥领导下，你住的地方的交通情况有了很大的改善。作为学生代表，你决定请市长介绍一下改善工作的过程，以及市民是怎样从中受益的。字数要求在 540—720 字。**【报刊文章，采访记录，博客】**

（三）近年来，随着学汉语人数的增多，越来越多的人开始在网上学汉语。你也在网上学了两年汉语了。写一篇文章，跟全校学生分享一下网上学汉语的方法，以及网上学汉语的优劣。字数要求在 540—720 字。**【演讲稿，日记，报刊文章】**

（四）你们班计划在下个星期讨论现代科技如何改变人类的生活。你有一些看法，想跟同学们分享，包括现代科技有哪些产品，在哪些方面改变了人类的生活，以及现代科技是否会使人与人之间变得疏远。字数要求在 540—720 字。**【日记，演讲稿，访谈】**

（五）你觉得现在的电视台非常缺乏有内容、有质量的好节目。你希望能跟电视台沟通一下，说明你对节目播放的诉求及理由，并建议播放什么样的对青年人有益的节目。字数要求在 540—720 字。**【建议书，博客，电邮】**

（六）你的学校对读书和看电视的问题做了一次调查，结果显示，大部分同学喜欢看电视，只有小部分同学喜欢看书。你想对看书和看电视的好处进行分析，并提出你的建议。字数要求在 540—720 字。**【演讲稿，博客，校报文章】**

（七）近年来，网上教育的发展速度非常快。你的学校邀请了一位教育家来学校，跟学生们分享网上教育的好处和坏处，以及如何有效地开展网上教育。请写出这篇文章。字数要求在 540—720 字。**【采访稿，演讲稿，电邮】**

（八）有人认为家庭对孩子的成长起了非常大的作用，但也有人认为媒体的作用更大。你代表学生会，和学校的一些同学就以上两种不同观点进行了讨论，并提及如何将家庭教育和媒体作用结合起来。字数要求在 540—720 字。**【采访稿，报刊文章，博客】**

（九）有些人认为通过电邮沟通比面对面沟通更容易表达自己的观点，但也有人认为面对面沟通可以更真实地表达自己的看法。你对这个话题非常感兴趣，和朋友就这两种不同观点进行了讨论，并提及如何有效地提高与人沟通的技巧。字数要求在 540—720 字。**【书信，演讲稿，访谈】**

（十）你因为玩电脑游戏和妈妈吵架了，妈妈责怪你玩电脑游戏浪费了很多时间，但你不同意妈妈的说法。你希望告诉妈妈电脑游戏的种类，你喜欢什么类型的电脑游戏，以及玩电脑游戏的好处。字数要求在 540—720 字。**【私人信，日记，博客】**

（十一）现今社会，因为科技发达，学生可以在互联网上得到任何信息，他们也可

以在家里学习，不再需要去学校上课。请就此问题写一篇文章，说明网上学习和在学校学习的相同点和不同点，并阐述如何结合网上学习和在学校学习使学习效果变得更加好。字数要求在 540—720 字。**【电邮，博客，演讲稿】**

（十二）你的学校最近加入了政府最新的“校园太阳能板计划”。你代表学校环保社，通知全校的师生这个计划，包括这个计划是什么、学校加入的原因，以及这个计划将如何影响整个学校。字数要求在 540—720 字。**【宣传册，官方报道，校报文章】**

（十三）现在越来越多人喜欢在网上买书。你家附近的一家实体书店受到了网上书店的影响，生意越来越差，决定关门了。作为一名住在附近的中学生，你想告诉社区的居民：你在这家书店的一次美好经历，需要保留实体书店的原因，以及将网上书店和实体书店结合带给人们的好处。字数要求在 540—720 字。**【报刊文章，电子邮件，演讲稿】**

（十四）现在，学校网络欺凌现象越来越严重。你是学生会主席，希望告诉同学们网络欺凌的危害，并给家长、老师及青少年提出建议。字数要求在 540—720 字。**【演讲稿，博客，电邮】**

（十五）为了使用更多的可再生能源，当地政府计划建造大型风轮进行风力发电。然而，这个计划会影响当地居民的生活，居民会因此要迁移到别的地方居住。你是这个计划的参与者，你想告诉当地居民什么是风力发电，为什么要改用风力发电，以及这个计划的好处。字数要求在 540—720 字。**【官方报道，演讲稿，博客】**

（十六）你的学校新成立了一个机器人俱乐部，你是这个俱乐部的会长。为了吸引更多同学参加这个俱乐部活动，你写了一篇文章，解释这个俱乐部的活动内容和活动安排，以及这些活动对学生的益处。字数要求在 540—720 字。**【宣传册，辩论稿，演讲稿】**

（十七）你有一个很好的创业项目，但这个想法需要科技的支援才能完成。你决定寻找一个本地的科技公司帮忙。为此你写了一篇文章介绍你的创业项目，并说明人们会如何从中受益，以及需要哪些科技支援才能让你的项目成功。字数要求在 540—720 字。**【书信，说明书，演讲稿】**

（十八）现在去博物馆的人越来越少，因为他们觉得可以通过互联网看到所有历史资料和美术作品。请写一篇文章跟同学们分享你的观点，包括你去博物馆参观的一次经历、去博物馆参观的好处，以及在网上看历史资料和美术作品的弊端。字数要求在 540—720 字。**【演讲稿，校报文章，日记】**

（十九）你的学校正在举办“年轻人与爱好”的征文比赛。请写一篇文章介绍年轻人中最常见的爱好，并从正反两个方面谈谈爱好如何影响年轻人。字数要求在 540—720 字。**【日记，校报文章，演讲稿】**

（二十）如今，无人商店、无人驾驶汽车、会下棋的机器人等事例屡见不鲜。请写一篇文章谈谈人工智能在哪些方面影响了人类，以及人工智能给人们的生活带来的利与弊。字数要求在 540—720 字。**【博客，建议书，演讲稿】**

（二十一）在我们的生活中，广告几乎无处不在。请写一篇文章说说广告的作用、广告给青少年消费者带来的影响，以及青少年应该怎样正确看待广告。字数要求在 540—720 字。**【访谈，报刊文章，建议书】**

（二十二）很多中学生会在学校使用各类电子产品。请写一篇文章说明中学生使用电子产品的利与弊，以及你给学生的建议。字数要求在 540—720 字。**【日记，报刊文章，建议书】**

主题四：社会组织

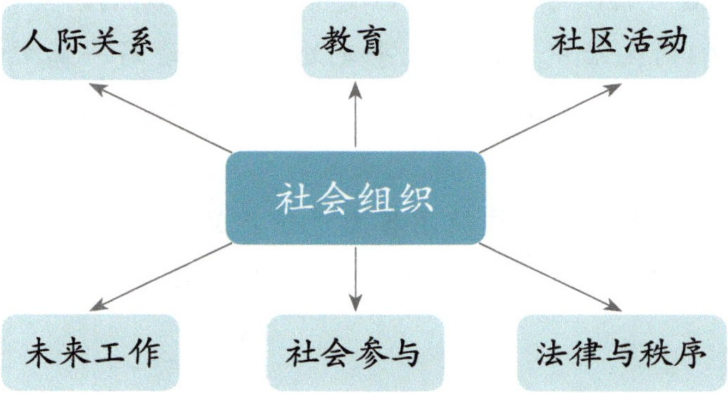

老师可根据学生的语言能力指导学生或让学生自己从例文中找出需要记住的词语和有用的句子。

一、参考例文

（一）教育

例题：现在，越来越多的家长“望子成龙”，他们希望子女努力学习，考上一个好学校。作为一名中学生，你想谈一谈对这个问题的看法，包括：为什么会有“望子成龙”的观点，“望子成龙”对子女的影响，以及解决方法。字数要求在 540—720 字。

– 报刊文章 – 博客 – 书信

1. 例文

www.dawei.com 大卫的博客

标题：望子成龙

发布日期：2025 年 4 月 5 日

①随着科技的发展，社会竞争越来越激烈，读书考上一个好学校就显得更为重要。人们都在努力用知识充实自己，以避免自己被别人追上，被社会淘汰。

回应题目

作为博主，我想在这里跟大家讨论一下“望子成龙”带来的一些问题。

② 什么是“望子成龙”呢？“望子成龙”的意思就是希望自己的子女能在学业和事业上有成就。很多中国父母把希望寄托在自己的孩子身上，希望子女努力学习，将来可以上好的大学，之后有好的工作和好的收入，他们一家人的生活也会因此得到改善。

回应“望子成龙”的原因

③ 有些父母“望子成龙”。他们急于为孩子的未来铺路，给他们施加了太多压力。虽然他们的出发点是为孩子好，但他们没有考虑孩子的感受，没有换位思考，没有站在孩子的角度替孩子着想，导致结果适得其反。

回应“望子成龙”对子女的影响

④ 我有个同学的妹妹去年小学升初中，尽管她妈妈对她的学习十分重视，但是，自从她上了六年级之后，学习成绩就逐渐下滑。她妈妈十分担忧，马上给她报了各种补习班。每天放学后和每个周末，她的妈妈都让她去补习班上课，弄得她每天都筋疲力尽，没有精力做学校的作业。结果越补越糟，越补习她对学习越没有兴趣，以致于她没能考上理想的中学。

⑤ 从这个例子就可以看出，父母的一些好像对孩子好的决策，实际上是害了孩子。家长们应该因材施教，用正确的方法教育孩子，提高孩子的学习成绩。另外，不要强迫孩子做他们不喜欢做的事情，不要过分给孩子施加压力。当然，适当的压力能成为孩子进步的动力，但过多的压力就会让孩子失去信心，不但不会进步，反而会退步。

回应“解决方法”

⑥ 家长应该根据孩子的实际情况制定合理的学习

目标，不要将目标定得太高。过高的目标会使孩子失去信心，甚至产生自卑感。目标也不要定得太低，这样会使孩子们过分自信，容易骄傲自大。

⑦ 总的来说，正确的教育方法会对孩子的成长有好处，而错误的教育方法则对孩子的一生有负面影响。

HL 高级课程的作文对词语的多元性和复杂性要求较高，包括多种多样的惯用语（四字词组、俗语、成语……）。以下为在此例文中出现的一些惯用语。

① 换位思考　② 适得其反　③ 筋疲力尽
④ 因材施教　⑤ 施加压力　⑥ 骄傲自大
⑦ 尤为重要

2. 思维导图范例

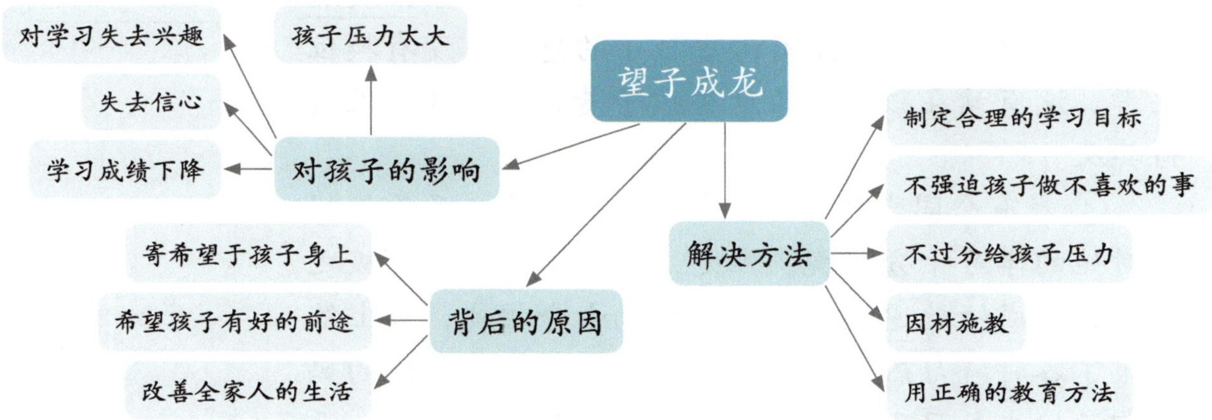

3. 写作说明

（1）好的写作必须具备的条件

- 说明主题和目的。
- 清楚说明望子成龙观念产生的原因。
- 望子成龙对孩子的影响和解决问题两方面都要写到。
- 有适当的例子。
- 段落清楚、条理清晰、前后有序。
- 紧扣主题。
- 符合文体格式的要求和语气。

（2）文体格式的选择

①博客：最适合，因为博客适合向广泛的受众发表自己的观点。

②报刊文章：通常适合，因为可以在报刊上向广泛的受众发表自己的观点。

③书信：最不适合，因为受众有限，跟题目的情境和受众不同。

（3）博客的文体格式要求：

- 以博主的口气写作；
- 必须在文章上方列出博主的博客地址或网站地址、题目、发布日期；
- 博客下面要出现（一到两个）×× 次阅读，×× 个评论，×× 个转载，×× 个回复；
- 语气较为正式。

（二）人际关系

例题：你最近跟一个好朋友因为某件事分手了，感到非常难过。你希望跟学校的老师和同学分享你对“朋友”这个话题的看法，包括朋友的作用、什么样的人可以成为朋友，以及为什么会失去朋友。请写出这篇文章。字数要求在 540—720 字。

- 博客
- 演讲稿
- 电邮

1. 例文

朋　友

老师们、同学们：你们好！

我最近跟一个好朋友因为某件事分手了，感到非常难过。所以，我今天要跟你们谈谈“朋友“这个主题。

回应题目

朋友很重要。一个人如果没有朋友，他的生活就会变得暗淡无光，生活也就失去了意义。朋友可以使人感到不再孤单，可以使人的生活充满快乐。

回应“朋友的作用”

作为学生，我们最盼望的就是每天在学校跟朋友见面。但是，如果我们不珍惜和朋友的友情，就会失去朋友，就会变成一个没有朋友的孤独者。

我们都知道，朋友得来不易。朋友之间要有同样的爱好和同样的目标，也就是志同道合。另外，朋友之间还要互相理解和互相尊重，遇到困难的时候要互相支持、互相帮助。有时候，即使那个人跟你的兴趣相同，但你们性格不合，话不投机，也很难成为朋友。

回应“什么样的人可以成为朋友”

友情固然重要，但如果不珍惜、不互相理解或不能以宽容的态度对待对方，友情就容易出现裂痕，曾经的朋友也就不再是朋友。有时候，你跟朋友很久没有联系，你们之间的关系也会变得疏远、陌生，这个朋友也就慢慢地失去了。

俗话说：“路遥知马力，日久见人心。”有些人在你得意的时候跟你做朋友，当你遇到挫折的时候就离你而去，那样的“朋友”就不是真正的朋友。要找到一个真正的朋友是需要时间的。

回应“为什么会失去朋友”

能够跟亲密的朋友一起克服困难、享受快乐的时光是一件非常难得的事情，我们必须好好珍惜我们的朋友。

谢谢大家！

HL 高级课程的作文对词语的多元性和复杂性要求较高，包括多种多样的惯用语（四字词组、俗语、成语……）。以下为在此例文中出现的一些惯用语。

① 暗淡无光	② 得来不易	③ 志同道合
④ 性格不合	⑤ 话不投机	⑥ 固然重要
⑦ 疏远陌生	⑧ 路遥知马力，日久见人心。	

2. 思维导图范例

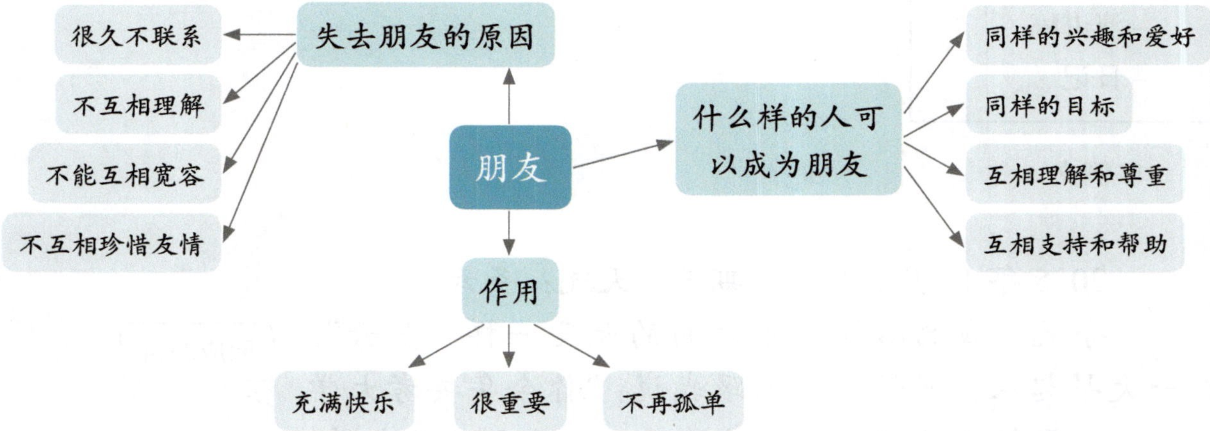

3. 写作说明

（1）好的写作必须具备的条件

- 回应题目。
- 清楚阐述朋友的作用，什么样的人可以成为朋友，以及为什么会失去朋友，三方面缺一不可。
- 段落清楚、条理清晰、前后有序。
- 可以举例说明。
- 内容要充实，有说服力。
- 符合文体格式的要求和语气。

（2）文体格式的选择

①演讲稿：最适合，演讲稿的语气和目的与题目要求一致。

②博客：通常适合，因为可以在博客上发表自己的观点，但要有合适的受众。

③电邮：最不适合，因为受众有限，语体也与题目要求不符。

（3）演讲稿的文体格式要求

- 恰当的开场白（如“尊敬的老师”“各位同学”）和主题简介；
- 主干（条理清晰）；
- 总结，最好以“谢谢大家”作为结束语；
- 语气正式。

（三）教育与压力问题

例题：妈妈对你的期望值太高，你感到有很大的压力，于是你去找了学校的心理社工。请写一篇文章，说说自己妈妈对自己期待的感受，并谈谈压力对人的影响，以及如何减轻压力。字数要求在 540—720 字。

– 书信
– 演讲稿
– 日记

1. 例文

2025 年 11 月 5 日　星期三　天气：多云

今天，我的心情就跟外面的天气一样“多云”。一大早起床，妈妈就开始跟我说：“你今年要考大学了，你要努力读书。不用功学习，你就上不了大学。咱家就你一个孩子，妈妈就指望你了。”

回应题目

听妈妈说这话时我的心情沉重极了。今年我要参加大学入学考试，我不仅要面对学校的压力，还要在家承受来自妈妈的压力，我感到心力交瘁。这几天我晚上睡不好，也不想吃饭。今天我去找了学校的心理社工，希望得到他的帮助。

回应“心情和感受”

社工对我说，现在社会竞争激烈，父母对我要求高也是可以理解的。谁不希望自己的孩子有出息呢？其实，压力是一把双刃剑。良好地对待压力，可以使人进步，反过来，它可能会成为你失败的根源。学生必须明白，前进需要动力，前进也需要压力。如果没有动力，就不能进步，同样，没有压力，也不能前进。我们要把压力变成动力，激发自己的学习热情，努力进取。

回应“压力对人的影响”

社工还告诉我，最大的压力来源于我们自己。如果可以勇敢地应对压力，我们的前途就会平坦光明，

但是如果屈服于压力，我们就会被压力压垮，甚至前途尽毁。要减轻压力，除了多和三五知己一起出去做运动，以及保持足够的睡眠以外，注意均衡的饮食也是非常重要的。社工说，高中时期正是长身体的关键阶段，所以我们要重视饮食。因为学习压力大而不好好吃饭是不对的。我们应该按照食物金字塔的比例吃好一日三餐，吃健康的、有营养的食物，多吃蔬菜和水果，少吃快餐和零食。

回应“如何减轻压力”

社工的话让我明白，压力其实不是只属于我们学生，社会上的每一个人都要面对不同的压力。重要的是，我们要用健康的方法去减轻压力，用积极的态度去解决问题。我要振作起来，以健康的生活方式去迎接考试的到来！

HL 高级课程的作文对词语的多元性和复杂性要求较高，包括多种多样的惯用语（四字词组、俗语、成语……）。以下为在此例文中出现的一些惯用语。

① 心力交瘁　② 社会竞争　③ 平坦光明
④ 前途尽毁　⑤ 三五知己

2. 思维导图案例

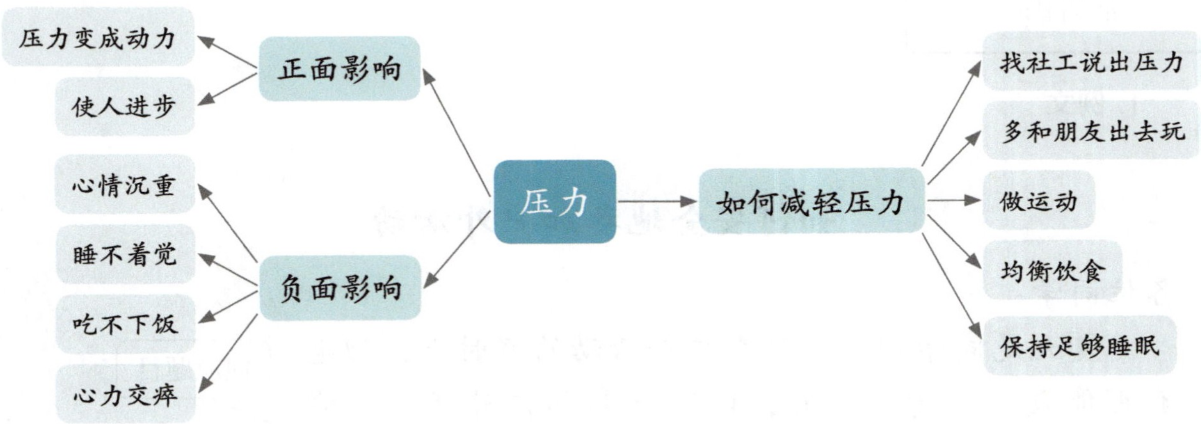

3. 写作说明

（1）好的写作必须具备的条件

- 要对题目进行回应。
- 从正反两个方面阐述压力对一个人的影响。

- 有条理地说明如何减轻压力。
- 段落清楚、条理清晰、前后有序。
- 内容要充实，可以举例说明。
- 符合文体格式的要求和语气。

（2）文体格式的选择

①日记：最适合，因为题目要求说明自己的心情和感受。

②书信：通常适合，因为可以和妈妈沟通交流，说出自己的心情和感受。

③演讲稿：最不适合，因为题目要求的受众、语气和情境都不适合演讲稿。

（3）日记的文体格式要求

- 上方列出日期、星期和天气状况；
- 正文（条理清楚）；
- 用第一人称写；
- 语气非正式。

（四）社区活动

例题：夏天是同学们参加暑期户外活动的好时光，但也有可能发生意外。请代表学生会写一篇文章，告诉同学们参加户外活动的意义，以及如何安全地参加户外活动，理由是什么。字数要求在540—720字。

– 指南
– 电邮
– 演讲稿

1. 例文

如何安全地参加户外活动

各位同学：

夏天是同学们参加暑期户外活动的好时光，但也有可能发生意外。因此，以下是参加户外活动的意义，以及一些关于如何安全地参加户外活动的建议。（回应题目）

为什么要参加户外活动呢？户外的空气新鲜，阳光充足，可以让我们呼吸到更多的氧气，补充维生素D，使我们的身体不易缺钙，太阳光中的紫外线还能（回应“参加户外活动的意义”）

提高身体肌肉的活动能力。除此之外，户外活动还可以加强心脏活动的能力，改善身体各器官的机能，促进生长发育。但是，我们在户外活动，必须要注意安全，避免身体受到不必要的伤害。

第一，同学们参加户外活动之前应该吃足够的食物，特别是米饭、面包、新鲜蔬菜和水果类食品，因为这些食物能让我们保持足够的体力，精力充沛。如果同学们不吃饱饭，就不会有足够的力量去参加户外活动，就会增加发生意外的风险，比如受伤或者晕倒。

回应“安全注意事项，以及原因”

第二，同学们参加户外活动时一定要记得多喝水，因为活动时我们会出汗，需要及时补充水分。如果同学们不喝水，就会感到体虚，全身不舒服，从而增加发生意外的风险。

第三，同学们参加户外活动之前应该做热身。校医指出，做热身可以减少发生抽筋的情况，从而减少发生意外的风险。热身包括慢跑、散步、拉筋等。

最后，同学们参加户外活动时应该穿合适的衣服，比如浅色的衬衫和裤子，戴帽子、墨镜等，防止中暑。还有，如果同学们参加户外的体育活动，比如篮球、足球、游泳等，不应该戴任何饰品，比如耳环、项链等，以减少同学们意外划伤自己或者别人的风险。

希望各位同学注意以上事项，做好预防，避免风险，安全地参加户外活动。

学生会

2025 年 4 月 25 日

HL 高级课程的作文对词语的多元性和复杂性要求较高，包括多种多样的惯用语（四字词组、俗语、成语……）。以下为在此例文中出现的一些惯用语。

① 空气新鲜　② 阳光充足　③ 生长发育

④ 精力充沛

2. 思维导图范例

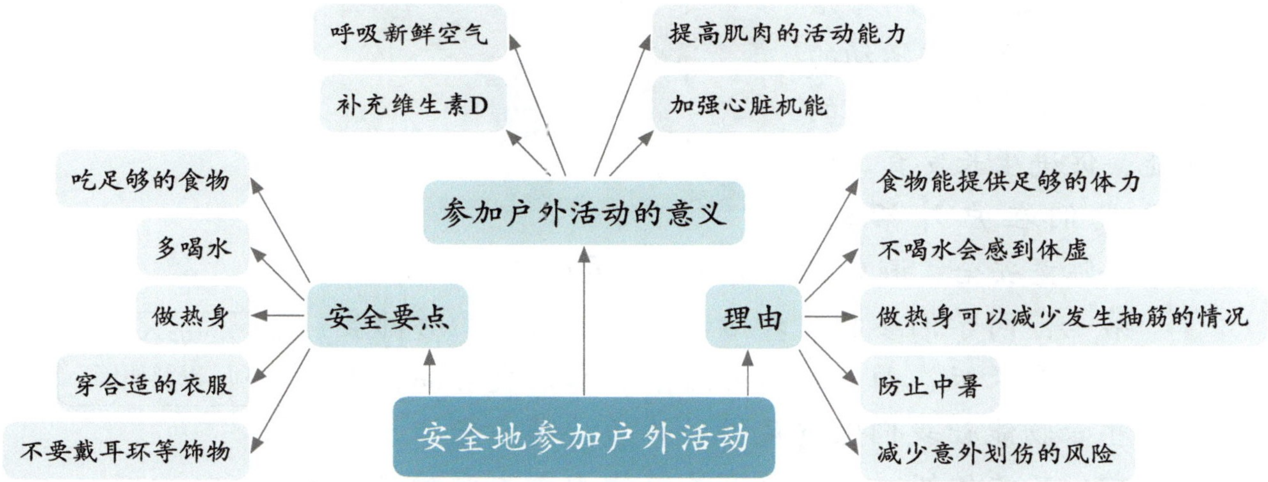

3. 写作说明

（1）好的写作必须具备的条件

- 要回应主题。
- 说明参加户外活动的意义。
- 列出安全参加户外活动的安全要点，及其理由。
- 条理要清楚。
- 内容应充实。
- 符合文体格式的要求和语气。

（2）文体格式的选择

①指南：最适合，因为安全要点和理由用指南的格式最为清楚有条理。

②电邮：通常适合，因为可以通过群发电邮向同学们说明。

③演讲稿：最不适合，因为题目要求的语气和情境都不适合演讲稿。

（3）指南的文体格式要求

- 有标题；
- 举例说明（数据、科研成果、亲身体验）；
- 有合适的结尾；
- 半正式或较为正式的语气。

（五）法律与秩序

例题：为了防止毒品的泛滥，学校决定对高中生进行毒品抽查检测。请写一篇文章，说明学校毒品检测的优点和缺点，以及防止学生吸毒的正确做法。字数要求在540—720字。

– 演讲稿
– 校报文章
– 建议书

1. **例文**

学校毒品检测的优点和缺点

（作者：王大右）

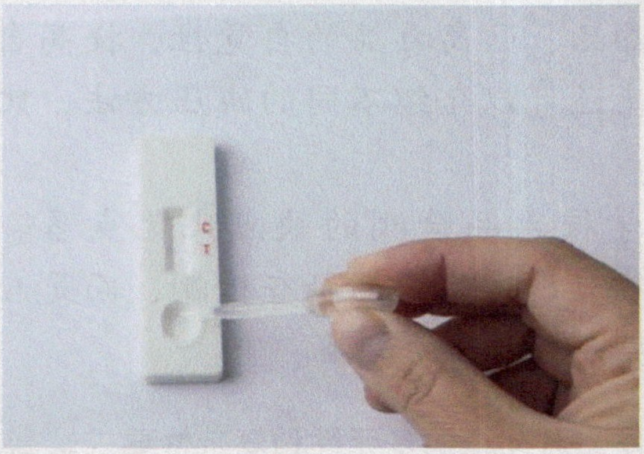

为了防止毒品的泛滥，学校决定对高中生进行毒品抽查检测。众所周知，毒品对青少年的身心发展有非常大的负面影响，它会直接影响学生们的身体健康和心理健康。这篇文章会分析学校毒品检测的优点和缺点。

回应题目

毒品不仅会影响学生们的身体健康，而且会影响学生们的记忆力、辨别是非能力和专注力等。因此，在学校进行毒品检测是一件好事，因为这会对吸毒的学生有阻止的作用，预防毒品在校园蔓延。学生们会因为担心受罚，而不敢使用毒品。

回应“检测的优点”

可是，有些心理专家认为学校毒品检测是一件坏事，因为它可能会令学生产生逆反情绪，更加想反抗学校的规矩，去接近毒品。

除此之外，心理专家还指出，学校毒品检测不会从根本上解决学生们使用毒品的问题，达不到防止毒品泛滥的目的。根据学校最近进行的调查，使用毒品的学生中有百分之五十是为了逃避学习的压力。学校毒品检测解决不了这个问题，反而可能令他们想办法

回应“检测的缺点”

去隐藏他们的毒品。

还有，毒品检测并不便宜。如果每一位学生都接受毒品检测，学校会花费很多金钱和时间。

我认为，防止青少年吸毒的正确做法包括：在全社会加强禁毒宣传教育，注重学校教育、家庭教育、社会教育的有机结合；把防毒、禁毒教育作为对品德教育的重要内容，充分发挥学校的教育作用，以达到防微杜渐、防患未然的目的；学校可以举办一些讲座来增加学生们对毒品的了解，对青少年学生进行禁毒教育，增强拒绝毒品、远离毒品的自觉性，提高自我防范的能力，讲座还可以介绍不同的减压方法，比如做运动、瑜伽等。

回应"正确做法"

总的来说，学校毒品检测的缺点比优点多。因此，我认为学校不应该进行毒品抽查检测，而是应该通过教育的方法来防止毒品的泛滥。

HL 高级课程的作文对词语的多元性和复杂性要求较高，包括多种多样的惯用语（四字词组、俗语、成语……）。以下为在此例文中出现的一些惯用语。

① 众所周知　② 身心发展　③ 逆反情绪
④ 防微杜渐　⑤ 防患未然　⑥ 自我防范

2. 思维导图范例

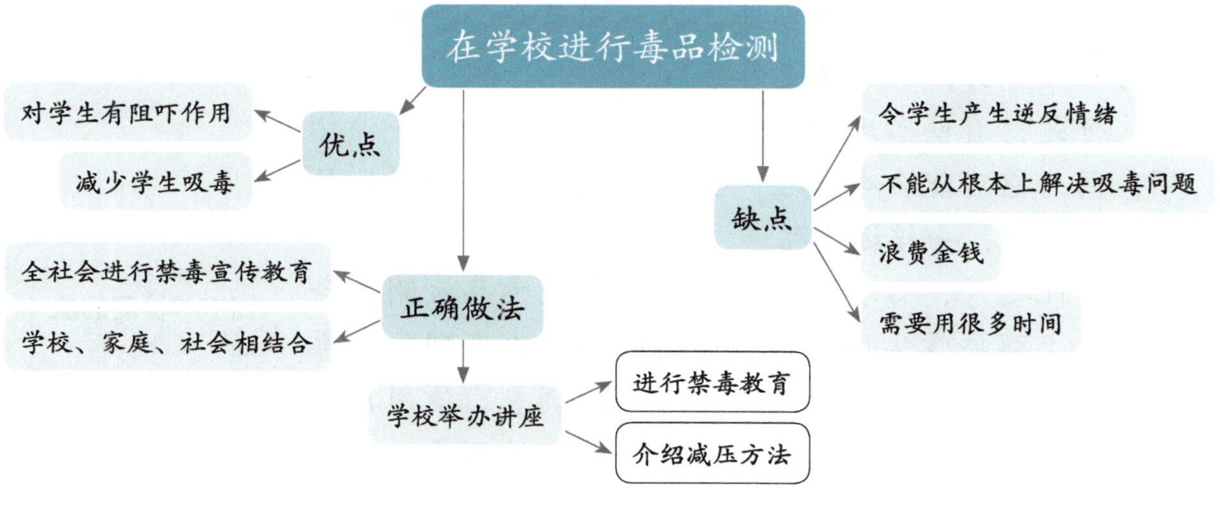

3. 写作说明

（1）好的写作必须具备的条件

- 对题目进行回应。
- 条理清楚，前后有序。
- 有理有据地说明在学校进行毒品检测的优点和缺点，不可只说一方面。
- 阐述防止学生吸毒的正确做法。
- 内容应充实。可以举例说明。
- 符合文体格式的要求和语气。

（2）文体格式的选择

①校报文章：最适合，因为可以在校报上发表对学校事情的观点和看法。

②演讲稿：通常适合，如果加上适当的受众就可以通过演讲发表观点和看法。

③建议书：最不适合，因为题目没有要求提出建议。

（3）校报文章的文体格

- 有标题；
- 有作者姓名；
- 有针对性的读者；
- 正式语气。

（六）教育

例题：每位家长都希望自己的子女能出人头地，所以给子女提出了很高的要求。作为学生会代表，你要跟家长们分享中国传统教育观念，指出家庭教育的正确做法和不正确的做法。字数要求在540—720字。

1. 例文

各位家长：

你们好！

今天我代表学校的同学，在这里讲讲关于我们学生面对的学习压力的问题。其实，我们的学习压力大部分来自家长，所以，在开始演讲之

回应题目

前，我先要呼吁各位家长：不要在学习上给孩子太大的压力！

我明白，每位家长都希望自己的子女将来能有出息、出人头地。我也知道，中国有个传统教育观念，就是“学而优则仕”，就是说，努力学习取得好成绩，将来就可以有大好前途。因此家长们“望子成龙”，很看重子女的学业，甚至给他们提出了很高的要求。

回应“中国传统的教育观念”

回应“家庭教育的错误做法”

我身边很多同学都感受到了来自他们父母的不同程度的压力。有些同学考试没考好就会被父母责骂，甚至被惩罚，比如没收手机或电脑等。

我很幸运，因为我的父母并没有像那些家长一样在学习上给我压力。我的父母当然也明白学习成绩的重要，也希望我出人头地，但他们从来都没有向我提出过任何成绩上的要求，反而常常告诉我要向自己擅长、有兴趣的方面发展。在学习方面，他们只要求我尽力而为，只要尽了力，成绩并不是最重要的。我的压力都是来自于我对自己的高要求。我认为，只有现在努力读书，取得好成绩，将来才会有更好的发展。

回应“家庭教育的正确做法”

此外，我的父母认为情绪控制能力和逆境应变能力比学习成绩更重要。他们会在日常生活中训练我，例如，我们一家出去旅行前，我的父母会把筹划的工作交给我负责。通过订机票和安排行程，我学会了怎样与别人沟通，提高了组织能力和应变能力。我觉得这样的训练对我将来的生活有非常大的好处。

总的来说，判断一个人是否成功，不只是看他的学习成绩，更重要的是要看他的品德、情绪控制和抗逆的能力。所以，家长们，请不要在子女学业方面给他们太大的压力了！

谢谢各位家长听我的演讲！

HL 高级课程的作文对词语的多元性和复杂性要求较高，包括多种多样的惯用语（四字词组、俗语、成语……）。以下为在此例文中出现的一些惯用语。

① 出人头地	② 学而优则仕	③ 大好前途
④ 望子成龙	⑤ 尽力而为	⑥ 情绪控制
⑦ 逆境应变		

2. 思维导图范例

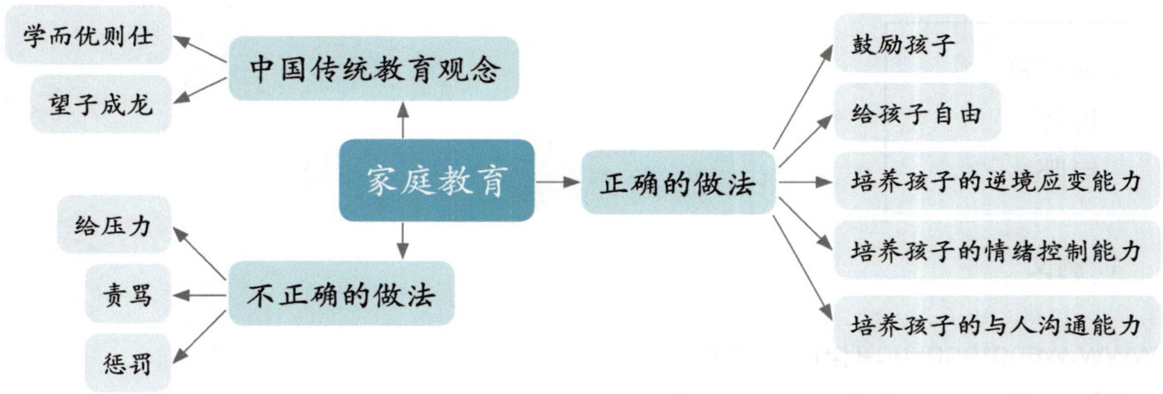

3. 写作说明

（1）好的写作必须具备的条件

- 对题目做出回应。
- 说明中国传统的教育观念。
- 清楚阐述家庭教育的正确做法和不正确做法，不可只说一方面。
- 列出重点大纲。
- 段落清楚、条理清晰、前后有序。
- 内容要充实、有说服力。可以举例说明。
- 符合文体格式的要求和语气。

（2）文体格式的选择

①演讲稿：最适合，因为可以在对适当的受众发表自己的观点和看法。

②采访稿：通常适合，可以采访适当的受众，可以通过问答形式发表观点和看法。

③博客：最不适合，因为受众过于广泛，与题目要求不符。

（3）演讲稿的文体格式要求

- 恰当的开场白（如“尊敬的老师”、“各位同学”）和主题简介；
- 主干（条理清楚）；
- 总结；
- 以“谢谢大家”作为结束语；

● 正式的语气。

（七）学校秩序

例题：最近学校发现有学生在校内抽烟，但只给了记录在案的处罚。你想对这件事发表你的看法，包括你对这件事的看法、处罚的作用，以及应该如何解决违反校规的问题。字数要求在 540—720 字。

- 演讲稿
- 博客
- 电邮

1. 例文

www.wangtongxue@gmail.com

主题：学校应该如何处罚违反校规的学生

发布日期：2025 年 5 月 3 日

回应题目

今天在我的学校发生了一件事：一个高年级的学生被发现在校园内抽烟，可是学校只在那个学生的档案上记录了这个错误行为。我跟其他同学都觉得这样的处罚太轻，根本不能纠正违规学生的不当行为。

回应“你对事件的看法”

现在，全社会都已经采取措施禁止人们在室内和一些室外公共场所吸烟。任何人违反吸烟规定都要被罚款。中国教育部也已经发出了关于在全国各级各类学校禁烟的通知，强调吸烟有害健康。在校园里吸烟属于严重的不良行为，学校应该对在校园内吸烟的学生进行重罚。那应该如何处理违反校规的事情呢？

回应“处罚的作用”

首先，处罚必须要有阻吓作用。处罚不但可以提醒这个学生以后不要再犯同样的错误，还可以警告其

他学生不可以做违反校规的事。只记录在案对该名学生没有太大的作用，将来他可能还会重蹈覆辙，犯同样的错误。学校应该严格管教那些不遵守校规的学生，给他们适当的处罚，例如放学后留堂，停课甚至开除，当然，跟家长沟通是必不可少的。

此外，要解决学生违反校规的问题，我认为应从教育入手。学校不仅是教授学生知识和技能的地方，更有责任为社会培养品学兼优的人才。学生在学校的几年里不应当只是应付各种考试，更重要的是要学习如何做一个有责任心、有独立思考能力和辨别是非能力的人。因此，除了适当的处罚之外，学校还应该注重品德教育，教育学生要严格遵守学校的规则。

回应“如何解决违反校规的问题”

总的来说，违反校规的学生必须受到具阻吓力的处罚。适当的处罚不仅有利于学校树立好的校风，还可以使学生接受教训，将来不致犯下大错。当然，对学生进行正确的人生观和价值观教育才是彻底解决问题的方法。

不知道你们对这个话题有什么看法。请在下面留言。

10 个阅读　2 个赞

HL 高级课程的作文对词语的多元性和复杂性要求较高，包括多种多样的惯用语（四字词组、俗语、成语……）。以下为在此例文中出现的一些惯用语。

① 记录在案　② 重蹈覆辙　③ 不当行为
④ 必不可少　⑤ 辨别是非　⑥ 独立思考
⑦ 品德教育

2. 思维导图范例

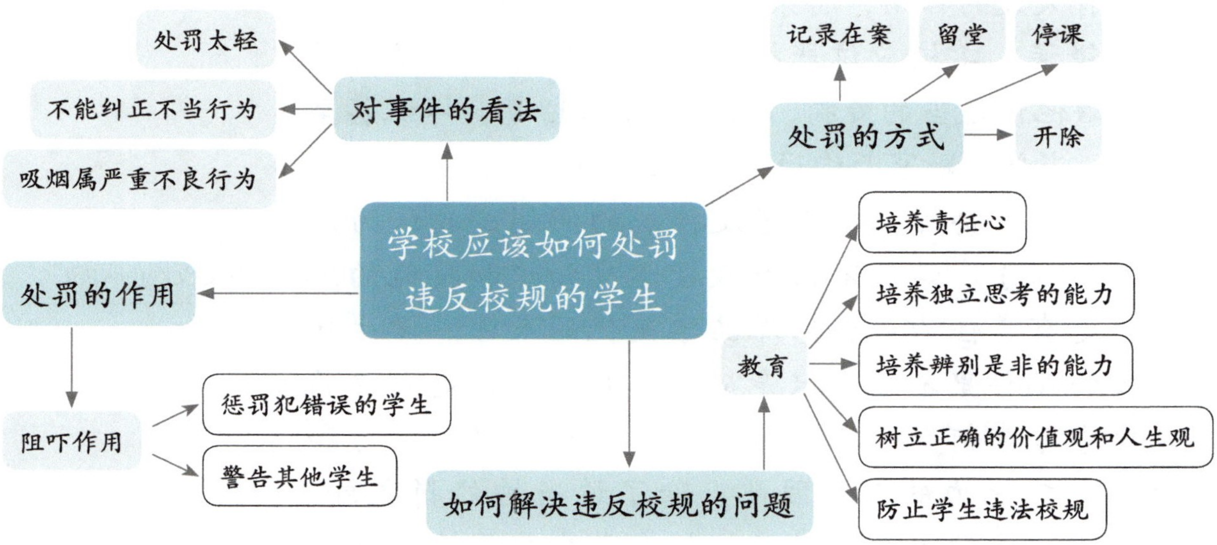

3. 写作说明

（1）好的写作必须具备的条件

- 对题目做出回应。
- 阐述对事件的看法。
- 处罚的作用和如何解决两方面都要涵盖。
- 段落清楚、条理清晰、前后有序。
- 全文紧扣主题。
- 符合文体格式的要求和语气。

（2）文体格式的选择

①博客：最适合，因为这个话题和受众都适合博客。

②演讲稿：通常适合，如果有适当的受众，可以通过演讲发表观点和看法。

③书信：最不适合，因为受众有限，与题目要求不符。

（3）博客的文体格式要求

- 以博主的口气写作；
- 必须在文章上方列出博主的博客地址或网站地址、题目、发布日期；
- 博客下面要出现（一到两个）×× 次阅读，×× 个评论，×× 个转载，×× 个回复；
- 语气较为正式。

（八）教育

例题：近年来，青少年吸毒的问题越来越严重，这已经成为青少年犯罪的原因之

一。你向一些曾经有吸毒问题的青少年了解了他们吸毒的原因，并说明吸毒对健康和家庭关系的危害。字数要求在 540—720 字。

- 采访报道
- 指南
- 书信

1. **例文**

对毒品说不

（记者：王一红）

近年来，青少年吸毒的问题越来越严重，这已经成为青少年犯罪的原因之一。那么，为什么会有这么多人吸毒呢？上个星期，我去了市内一所青少年戒毒中心，并在那里采访了一些正在接受戒毒的青少年，请他们谈谈他们吸毒的原因，以及他们现在对吸毒的看法。

回应题目

接受采访的李同学说，跟大多数曾经吸毒的青少年一样，他开始接触毒品也是因为好奇。那时候，他对毒品的危害不了解，试过一次之后就误入歧途，不能自拔。有研究发现，因为好奇而染上毒瘾占青少年吸毒原因的百分之七十。

回应“吸毒的原因”

王同学说她的父母在她还很小的时候就离婚了，她的妈妈整天心情都不好，有时候还吸毒。受到不良的家庭环境影响，王同学也开始接触毒品。家庭环境对青少年的成长至关重要。

张同学说他误交损友，好朋友吸毒，让他也试试，还说如果他不一起吸，就不跟他做朋友了。青少年不够成熟，分辨是非的能力差，盲目从众心理强，容易受到朋友的影响。

那么，吸毒对青少年有什么危害呢？

王同学说，经过在戒毒中心的学习，她明白了，吸毒的最大坏处就是损害青少年的身心健康。各类毒

回应“吸毒对身体的危害”

品对人体都有严重危害，尤其是青少年身心发育还没有成熟，受到的危害会更加严重。吸毒不仅会导致青少年记忆力衰退、营养不良、抵抗力下降、患上心脏病等，而且还会使他们出现神志不清、精神萎靡等现象。

李同学说，吸毒会严重影响家庭生活。他的爸爸妈妈因为他吸毒的问题变得非常不开心，妈妈还被气病了。他经常因为吸毒的问题和爸爸妈妈吵架，导致家庭不和。

> 回应“吸毒对家庭关系的危害”

张同学说，吸毒对身体的危害特别大。他因为吸毒导致精神不能集中，上课听不进老师讲的东西。另外，他还经常觉得疲劳，做什么都没有动力。

根据他们所说的，吸毒对青少年的身心危害都非常大。青少年一定不要吸毒，要学会对毒品说不，要珍爱自己的生命，珍惜和家人的关系。希望所有的青少年都能够健康成长。

HL 高级课程的作文对词语的多元性和复杂性要求较高，包括多种多样的惯用语（四字词组、俗语、成语……）。以下为在此例文中出现的一些惯用语。

① 误入歧途　② 不能自拔　③ 至关重要
④ 误交损友　⑤ 分辨是非　⑥ 盲目从众
⑦ 营养不良　⑧ 神志不清　⑨ 精神萎靡

2. 思维导图范例

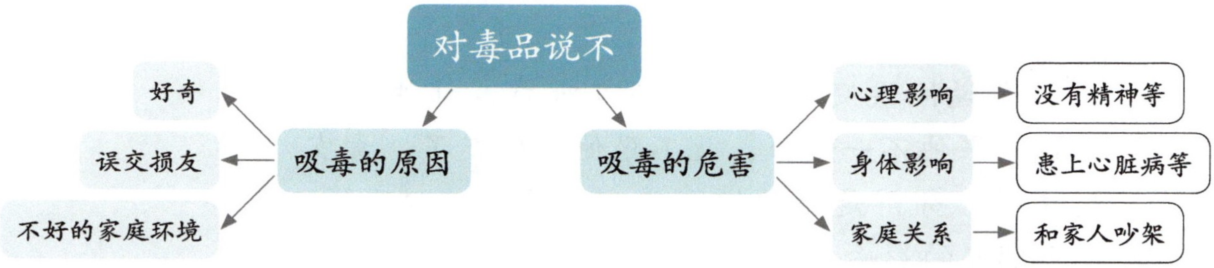

3. 写作说明

（1）好的写作必须具备的条件

- 明确地回应题目。

- 和两个或两个以上的同学聊天。
- 内容涵盖题目要求的三个方面，并针对主题进行较为深入的讨论。
- 有合适的结尾总结。
- 符合文体格式的要求和语气。

（2）文体格式的选择

①采访报道：最适合，因为题目要求“向一些曾经有吸毒问题的青少年了解……”。

②书信：通常适合，如果有适当的受众（比如妈妈），可以通过书信表达观点和看法。

③指南：最不适合，因为题目的情境和目的与指南不符。

（3）采访报道的文体格式要求

- 以叙述方式报道：
  - 有标题；
  - 开头（前言或主题）；
  - 主干（条理清楚）；
  - 结尾总结；
  - 语气较为正式。

（九）义工活动

例题：你是一个大学一年级的学生。对于过去两年你参加的义工活动，你深有体会。你跟你的还在上中学的朋友分享你对做义工态度的转变，说明做义工活动的种类，以及做义工活动的收获。字数要求在 540—720 字。

– 日记 – 书信 – 访谈

1. 例文

亲爱的小文：

你好！

最近功课多吗？你现在读国际文凭课程，除了学六门科目以外，还要做“创意—行动—服务”的课外活动。这些活动可能要花很多时间，但是你一定会有收获的。虽然我现在是大学生，但我在中学时也曾参

（回应题目）

加过很多类似的课外活动，并从那些活动，特别是义工活动中，得到了许多宝贵的经验。现在就让我和你谈一谈我做义工的经历吧！

其实，刚开始的时候，我对做义工挺抗拒的，觉得浪费了我学习的时间。但做了几次义工服务后，我发现自己挺有成就感的。我明白了助人为乐的道理。其实，付出也是一种快乐。对我来说，做义工不再只是因为课程要求而去被动地接受，它已经成了我生活至关重要的一部分。那时候，我还认识了一些志同道合的朋友，直到现在我们还经常一起去做义工。

回应“态度的转变”

义工服务有很多种，例如探望老人或孤儿、去乡村教英文、帮助贫穷地区的儿童盖学校等，你可以选择自己感兴趣的活动去参加。做义工也有各种形式和方法，你可以捐钱捐物，也可以拿出自己的时间，只要尽力而为，尽自己所能去做就行了。

回应“义工活动的种类”

记得有一次，学校组织我们去养老院做义工。走进养老院，我们看到很多老人坐着轮椅在院子里晒太阳。刚开始的时候，在老人面前我们还有些拘谨，不知道怎么跟老人聊天。老人们热情的笑脸让我们放松下来，我们把老人当作朋友一样聊起天来。老人也给我们讲他们自己的过去。看着老人们露出开心的笑容，我也觉得特别开心。我对尊老爱幼这个中华民族的传统美德有了更深的体会。

总之，做义工是一件十分有意义的事。做义工服务让我成长了，变得更有自信，生活也过得更充实。不要担心做义工会影响你的功课或者社交生活，时间

回应“做义工活动的收获”

是自己分配的，只要安排得好，一定可以把书读好，同时也可以帮助有需要的人。你还可以通过义工活动扩大你的朋友圈呢。我希望你在义工服务中也能收获颇丰。

祝你

身体健康，学习进步！

朋友　小天

10 月 1 日

HL 高级课程的作文对词语的多元性和复杂性要求较高，包括多种多样的惯用语（四字词组、俗语、成语……）。以下为在此例文中出现的一些惯用语。

① 助人为乐　② 至关重要　③ 志同道合
④ 捐钱捐物　⑤ 尽力而为　⑥ 尊老爱幼
⑦ 传统美德　⑧ 收获颇丰

2. 思维导图范例

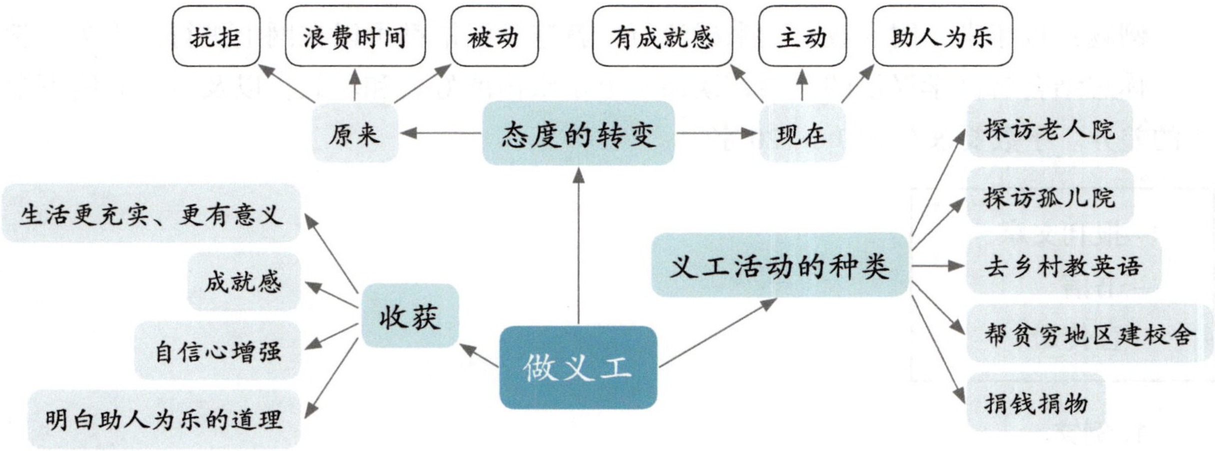

3. 写作说明

（1）好的写作必须具备的条件

- 明确地回应题目。
- 说明自己对义工活动态度的转变。
- 清楚列明义工活动的种类。
- 有理有据地说明义工对青少年的影响。
- 可以举例说明。

- 内容应充实。
- 符合文体格式的要求和语气。

（2）文体格式的选择

①书信：最适合，因为题目要求“跟你的还在上中学的朋友说明……”。

②访谈：通常适合，因为可以通过问答的形式进行说明。

③日记：最不适合，因为题目的受众和目的与日记不符。

（3）私人信的文体格式要求

- 遵照中国信的格式：
  - 称呼（朋友或熟人之间可用昵称，顶格写）；
  - 问候（另起一行，空两格）；
  - 正文；
  - 祝词（如“祝，身体健康”）；
  - 身份＋署名（朋友或熟人之间可用昵称，写在右下角）；
  - 日期（年月日，写在右下角）；
  - 非正式语气。

（十）网上教育

例题：近年来，网上教育越来越流行，就连学汉语都可以在网上进行。作为中学生，你想结合自己学汉语的体会，谈谈网上学汉语的好处和坏处，以及线上和线下学习的差异。字数要求在540—720字。

– 报刊文章 – 书信 – 宣传册

1. 例文

网上学汉语的好处和坏处

（作者：马小花）

近年来，网上教育越来越普及，就连学汉语都可以在网上进行。大家都知道，随着中国经济的突飞猛进，越来越多的人开始学汉语。为了方便，很多人开始在网上自学汉语。那么，到底这样学汉语是好还是

回应题目

不好呢？

我觉得网上学汉语有好处也有坏处。以下是我的看法。

回应“网上学汉语的好处”

首先，网上学习的主要形式是视频通话，老师变得跟网友一样，学生和老师的关系变得更亲近。这会使学生们不怕提问，使他们的学习压力变小。同时，老师们可以发送图片、录音、电影等来回答学生们的提问。

还有，在网上学汉语使学习变得非常方便。老师和学生们可以在他们方便的时间和地点学习，师生都比较放松。学生们可以坐在家里上课，而不需要到学校去。这特别适合工作繁忙、经常出差的学习者。除此之外，讨论、写作文都可以在网上进行，使学习更加轻松愉快。

回应“网上学汉语的坏处”

可是，网上学汉语也有一些坏处。首先，有些地区的网速不够快，特别是山区或偏远地区，那里的学生学习会受影响。还有，有些家庭没钱买新的电脑，而旧的电脑速度跟不上在线课堂的速度，使学习不能顺利进行。因此，对某些学生来说，网上学习是可遇不可求的事情。另外，网上学汉语并不适合每一位学生。有些学生不习惯这种上课方式，容易分心。

回应“线上和线下学习的差异”

无论是线上还是线下，汉语教学中的师生互动都是关键一环。在线教学尽管突破了时空限制，但不可避免的是师生之间仍然隔着一个屏幕。相对线下学习，线上学习的优势除了打破时空限制之外，也有利于学生自主学习能力的培养。相对线上学习，线下学习时参与多种课堂活动更加方便，测验考试方式也更

加多种多样。

总的来说，网上学汉语这种学习方式绝对不应该成为传统课堂的替代品，因为传统学校里的老师可以随时随地监督学生的行为习惯。但网上学汉语的确有很多好处，所以学校应该鼓励学生们在假期或周末在网上学汉语。

HL 高级课程的作文对词语的多元性和复杂性要求较高，包括多种多样的惯用语（四字词组、俗语、成语……）。以下为在此例文中出现的一些惯用语。

① 突飞猛进　② 轻松愉快　③ 可遇不可求
④ 时空限制　⑤ 不可避免　⑥ 自主学习
⑦ 多种多样　⑧ 随时随地

2. 思维导图范例

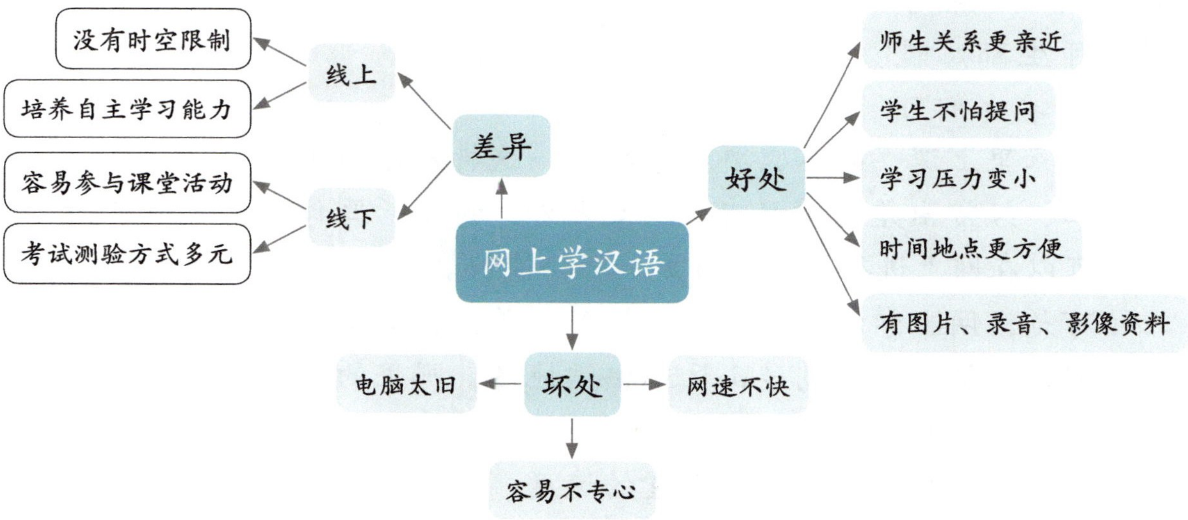

3. 写作说明

（1）好的写作必须具备的条件

- 明确地回应题目。
- 条理清楚，前后有序。
- 有理有据地说明网上学汉语的好处和坏处，不可只说一方面。
- 阐明线上和线下学习的差异。
- 内容应充实，可以举例说明。
- 符合文体格式的要求和语气。

（2）文体格式的选择

①报刊文章：最适合，因为可以在报刊上发表自己的观点。

②书信：通常适合，如果有适合的受众，可以向受众表达自己的观点。

③宣传册：最不适合，因为题目的受众和目的与宣传册不符。

（3）报刊文章的文体格式要求

- 有标题；
- 有作者姓名；
- 正文（条理清楚）；
- 有针对的读者；
- 语气正式。

二、参考题库

（一）在刚过去的暑假，你和一些同学去做了暑期工。你希望和中文班的老师和同学分享做暑期工的经历，包括你做了什么暑期工、暑期工对你的影响，以及你从做暑期工中得到的收获。写字数要求在540—720字。**【演讲稿，辩论稿，电邮】**

（二）你经常与父母因为看法不一样而发生争吵，为此你感到很苦恼。写一篇文章，表达你的想法，包括你和父母在哪些方面有不同的看法，造成不同看法的原因，以及如何改善与父母之间关系。写出你的评论。字数要求在540—720字。**【日记，指南，书信】**

（三）你的学校将参加当地华人社区举办的一个中国地理展览，你负责介绍一个中国城市。请写一篇文章介绍这个城市的基本信息、著名景点，以及特色美食。字数要求在540—720字。**【宣传册，演讲稿，电邮】**

（四）你的学校下个星期要举办一年一度的运动会。你是学校体育运动会的负责人，希望告诉同学们运动会的比赛内容和注意事项，以及运动对学习的影响。字数要求在540—720字。**【通告，电邮，博客】**

（五）你是学校文艺社的负责人，为了吸引更多同学参加文艺社的活动，你想向他们介绍这个文艺社的创建目的、主要的活动内容，以及同学们如何从这些活动中受益。字数要求在540—720字。**【校报文章，宣传册，电邮】**

（六）有人认为快乐取决于他的成功，但也有人认为帮助别人才能让自己感到快乐。你要与当地社区居民分享什么是快乐，以及帮助别人给自己和他人带来的影响。字数要求在540—720字。**【演讲稿，建议书，博客】**

（七）有些家长对孩子的管束非常严格。请结合自己的亲身体验，从好坏两个方面谈谈家长管束孩子的方法，并给家长们提出建议。字数要求在540—720字。**【访谈，**

辩论稿，演讲稿】

（八）自从中国取消独生子女政策以来，不少父母开始考虑生第二个孩子。同学们对此各抒己见，你想跟同学们分享你的看法，包括：你认为家长为什么要生二胎，对父母生二胎的期待和担忧，以及怎样和弟弟妹妹相处。字数要求在 540—720 字。【演讲稿，博客，电邮】

（九）你的学校校长决定把体育课列为必修课，安排在每天早上第一节。作为学生会的会长，你决定写一篇文章说明这个改变的原因，以及这个改变的好处。字数要求在 540—720 字。【采访稿，报刊文章，指南】

（十）你的学校最近新开设了一门人际关系的课程。假设你是校长，要写一篇文章，说说开设这门课的原因、学生可以在这门课上学到什么，以及这门课如何令学生受益。字数要求在 540—720 字。【建议书，演讲稿，采访记录】

（十一）有人认为分快慢班对学生的学习更好，但也有人认为学生不应该按照学习成绩分班。请写一篇文章，说明分快慢班的好处和坏处，以及如何做到“因材施教”。字数要求在 540—720 字。【电子邮件，博客，校报文章】

（十二）你刚参加完一项在国外的义工活动归来。主办方需要一些反馈意见，你决定写一篇文章，从正反两方面说明这次活动的经历，以及一些需要改进的方面。字数要求在 540—720 字。【官方报道，博客，正式信函】

（十三）你住的社区健身中心即将推出一系列运动训练课程。为吸引更多居民参加，作为该项目的负责人，你要介绍这个运动训练课程，以及个人和社区将如何受益于这项课程。字数要求在 540—720 字。【文章，电邮，宣传册】

（十四）当地政府打算把小区里的社区文娱中心改建成大型商场。你决定收集小区居民的意见，向当地政府反映。写一篇文章，说说你在社区文娱中心的难忘经历，以及居民赞成和反对兴建大型商场的原因。字数要求在 540—720 字。【口头报告，书信，传单】

（十五）你申请到了两个暑期实习工作的机会。你非常兴奋，但只能选一个。比较两个工作的优点和缺点，以及你做最后决定的原因。字数要求在 540—720 字。【访谈，博客，日记】

（十六）“养儿防老”是中国社会的一个传统观念。中国人普遍认为子女长大以后应该赡养父母。在和朋友们讨论这个话题后，你发现有的人持相反意见。你想比较这两种不同的观点和理由，并阐述是否应该传承这个传统观念。字数要求在 540—720 字。【博客，访谈，演讲稿】

（十七）你和一些朋友周末去露营了。这是你第一次参加露营活动，虽然遇到了一些困难，但这次经历还是让你非常难忘。写一篇文章，谈谈你这次露营的经历，你从

这次露营中学到了什么，以及对你一生的影响。字数要求在540—720字。**【日记，演讲稿，书信】**

（十八）过去一个月，你一直在一家医院做义工。这个经历改变了你原本对医疗服务的一些看法。写一篇文章，记录你在医院做义工期间的所见所闻，你的看法有了什么改变，以及这次经历对你一生的影响。字数要求在540—720字。**【演讲稿，日记，建议书】**

（十九）在一次学校旅行活动中，老师要求一个男生和一个女生为一组完成任务。写一篇文章，谈谈和异性同学合作的好处和坏处，以及男女同学双方可以怎样从合作中受益。字数要求在540—720字。**【报刊文章，演讲稿，电邮】**

（二十）学校最近开展了“读书周”活动。作为读书俱乐部的代表，你要向同学们描述你自己的个人阅读体验，指出影响阅读成效的因素，论述阅读的必要性和重要性。字数要求在540—720字。**【演讲稿，书信，博客】**

（二十一）你的父母工作非常忙，而且经常去外国出差，因此让你和祖父母一起住。写一篇文章，分析一下和祖父母一起住的好处和坏处，以及最理想的祖孙关系是什么样的。字数要求在540—720字。**【报刊文章，书信，日记】**

（二十二）老师常常告诉学生，坚持才能成功。请写一篇文章，阐述什么是成功，从正反两个方面谈谈坚持和成功的关系。字数要求在540—720字。**【演讲稿，电邮，博客】**

主题五：全球问题

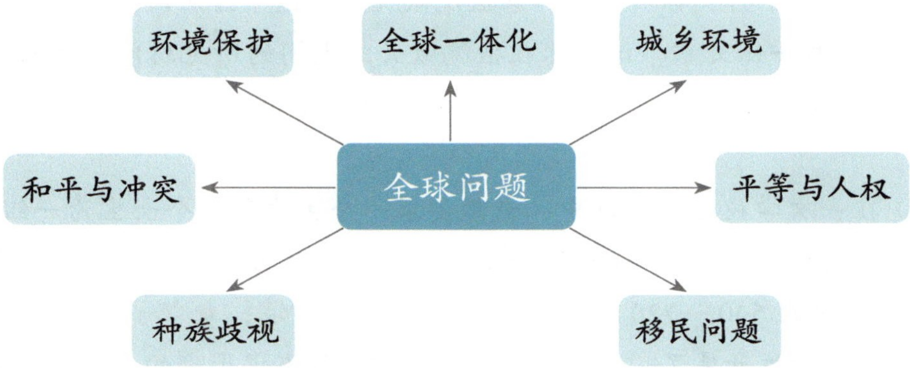

老师可根据学生的语言能力指导学生或让学生自己从例文中找出需要记住的词语和有用的句子。

一、参考例文

（一）环境保护

例题：由于油价的持续上涨，全世界都致力于新能源与可再生能源的开发，以解决全球气候暖化的问题。你代表学校杂志社与一位科学家进行了讨论，包括气候暖化现象、气候暖化和能源的关系，以及我们可以为解决气候暖化问题做些什么。字数要求在 540—720 字。

– 采访稿
– 报刊文章
– 书信

1. 例文

气候暖化对我们的影响

①记者：我们知道，由于油价的持续上涨，能源出现了前所未有的危机，全世界都在致力于新能源与可再生能源的开发，并且试图找出减少碳排放的方法，目的是解决全球气候暖化的问题。今天，我们有

回应题目

幸请到环保奖得主李明先生来跟我们谈谈有关的问题。

② 李明：你好！很荣幸能跟大家说一说全球气温上升和减少碳排放的问题。

③ 记者：您可以为我们简单地描述一下地球近年来的变化吗？

回应“气候暖化的现象”

④ 李明：根据我们的研究，由于大量二氧化碳气体的排放，全球的气温正在逐年上升，这跟人类滥用资源和消耗能源有着直接的关系。全球气温上升导致大片冰川溶化，水位上升，很多动植物面临绝种的危险，同时也导致传染病的蔓延。

⑤ 记者：是的，全球暖化真的跟我们每一个人都有着密不可分的关系。那么，全球暖化又跟能源有什么关系呢？

回应“气候暖化和能源的关系”

⑥ 李明：现在很多国家都把石油当作他们唯一的能源，但是，全世界的石油却分布不均。其实，石油燃料也会造成很大的空气污染和海洋污染。所以，很多现代的企业和政府都致力于开发新能源，以便减少碳排放。

⑦ 记者：我们一般市民能为解决气候暖化问题做些什么呢？

⑧ 李明：我们在日常生活中应该尽量减少资源浪费，包括少用或不用塑料袋、塑料餐饮用具。另外，不要因为追赶潮流而购买大量的电子产品，因为生产电子产品会排放有毒的气体。女孩子们不要随便购买新衣服，因为制造衣服的过程也会排放大量的废气废水。要解决气候暖化的问题还有一个最重要的方法，就是节约用电。除此之外，以步代车也是节省地球资源和减少碳排放的好办法。

回应“可以为解决气候暖化的问题做的事”

⑨ 记者：多谢李明先生为我们详细讲解了环保的问题。相信只要我们大家共同努力，为减少碳排放做出贡献，全球暖化问题会逐步解决的。谢谢李先生！

HL 高级课程的作文对词语的多元性和复杂性要求较高，包括多种多样的惯用语（四字词组、俗语、成语……）。以下为在此例文中出现的一些惯用语。

① 持续上涨　② 前所未有　③ 逐年上升
④ 滥用资源　⑤ 消耗能源　⑥ 密不可分
⑦ 分布不均　⑧ 节约用电　⑨ 以步代车

2. 思维导图范例

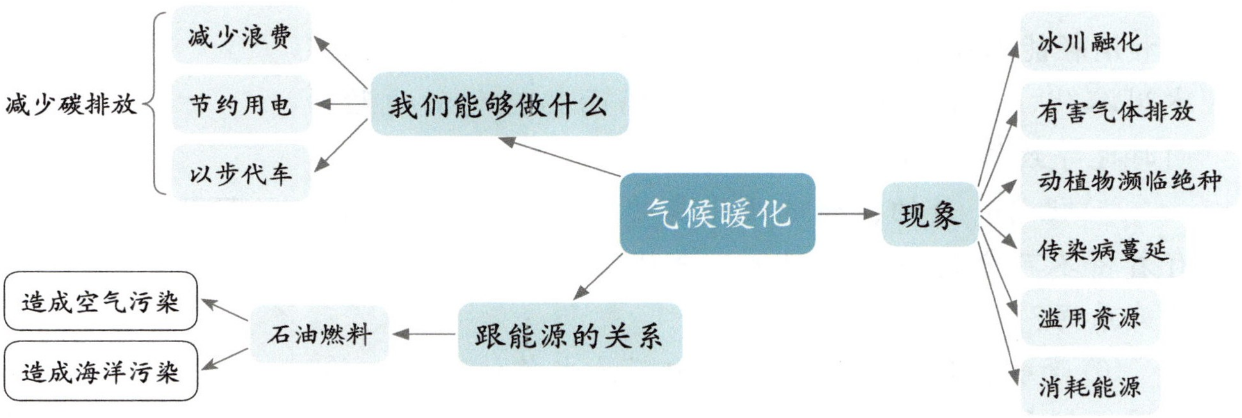

3. 写作说明

（1）好的写作必须具备的条件

- 明确地回应题目。
- 涵盖题目要求的三个方面，并针对主题进行较为深入的讨论。
- 条理清楚，前后有序。
- 有理有据地说明题目要求的两个部分，不可只说一方面。
- 可以举例说明。
- 内容应充实。
- 符合文体格式的要求和语气。

（2）文体格式的选择

①采访稿：最适合，“代表学校杂志社与一位科学家进行了讨论”是一个提示。
②报刊文章：通常适合，可以综合与科学家的讨论内容在报刊上进行报道。
③书信：最不适合，因为题目的情境与书信不符。

（3）采访稿的文体格式要求

- 遵照采访稿的文体格式：
  - 标题；
  - 开头（前言或背景介绍，如时间、地点、人物、采访情景）；
  - 访谈（问答方式）；
  - 结尾总结概括；
  - 语气较为正式。

（二）环境保护

例题：地球能源危机日渐严重。随着可再生能源科技的进步，不少同学都希望学校能在这方面为环保尽一分力。请写一篇文章，指出学校的环保问题，提出你的环保建议并解释原因。字数要求在540—720字。

– 通告
– 建议书
– 访谈

1. 例文

尊敬的黄校长：

①您好！地球能源危机日渐严重。随着可再生能源科技的进步，不少同学都希望学校能在这方面为环保尽一分力。

（回应题目）

②据我观察，我们学校也有很多环保问题，比如学生不把饭菜吃完，在浪费了很多粮食的同时也产生了很多厨余。又比如很多教室没有人但冷气和电灯都还开着，浪费了很多电力。还有些学生无论什么资料都要打印出来，浪费了很多纸张。作为学生会代表，我希望在此提出几项环保建议，供您参考。

（回应“学校的环保问题”）

③首先，我建议从学校的厨余入手。目前，学校超过百分之五十的垃圾都来自于厨余，因此学校可以引入厨余处理器，把厨余垃圾加工处理成可再生的生物燃料，为学校提供一些电力，从而减少使用碳燃料。

④ 其次，我建议学校考虑安装太阳能发电板。学校的天台一直都是空置的，在天台装上太阳能板既可以善用空间，又可以减少学校整体的碳排放量。此外，学校还可以借此提醒学生环保的重要性。这是一个一举两得的好方法。

回应“环保建议，以及理由”

⑤ 再者，我建议在学校的科学课上增加一个自制动力发电机的习作，让学生参考真实的发电机创造一部能在学校生活中使用的动力发电机。这不但能够提高学生对再生能源的认识，还可以将能源科技引入我们的日常生活。

⑥ 总的来说，随着科技的日益进步，再生能源已经成为了校园生活不可缺少的一部分。我希望校长能够考虑并接纳我的建议，让我为建设“绿色校园”做一份贡献。

此致敬礼！

学生　陈小明

2025 年 5 月 3 日

HL 高级课程的作文对词语的多元性和复杂性要求较高，包括多种多样的惯用语（四字词组、俗语、成语……）。以下为在此例文中出现的一些惯用语。

① 日渐严重　② 善用空间　③ 一举两得
④ 日益进步　⑤ 不可缺少　⑥ 绿色校园

2. 思维导图范例

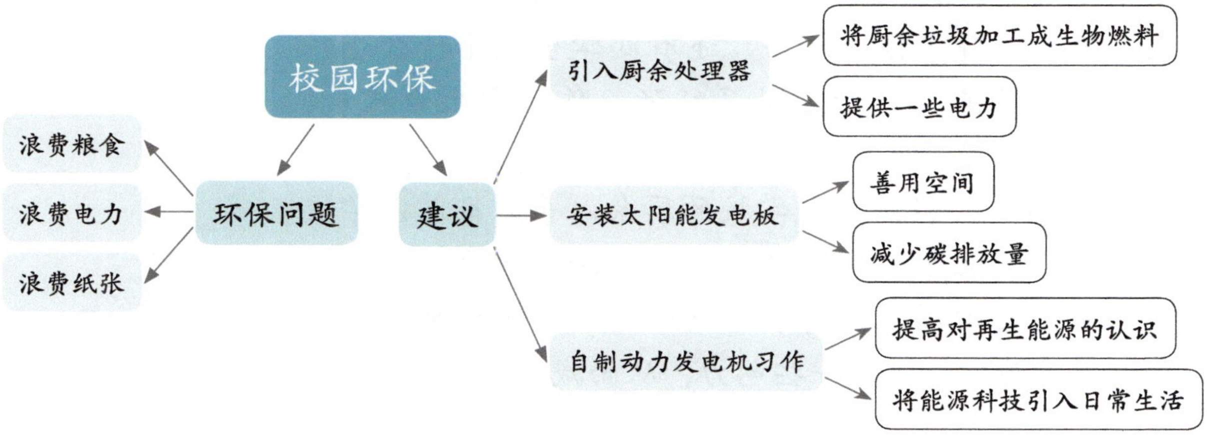

3. 写作说明

（1）好的写作必须具备的条件

- 明确地回应题目。
- 有理有据地提出环保的建议，并清楚地说明原因。
- 建议不少于三个，可以举例说明。
- 条理清楚，前后有序。
- 符合文体格式的要求和语气。

（2）文体格式的选择

①建议书：最适合，题目的目的是提出建议。

②访谈：通常适合，可以对学校校长进行访谈，提出自己的建议。

③通告：最不适合，因为题目的受众和目的与通告不符。

（3）建议书的文体格式要求

- 有标题；
- 列出重点大纲（至少三点）；
- 举例说明（数据、科研成果、亲身体验）；
- 半正式或较为正式的语气。

（三）环境保护

例题：地球上的物种正以惊人的速度消失。为了更好地保护我们的环境，绿化我们的家园，你做了一个调查。写一篇文章，介绍同学们对环保的看法和环保习惯，以及调查活动的安排。字数要求在 540—720 字。

– 访谈 – 博客 – 校报文章

1. 例文

保护我们的环境

（作者：谢小兰）

地球上的物种正以惊人的速度消失。为了更好地保护我们的环境，绿化我们的家园，今天我做了一个调查，主题是“保护我们的环境”。（回应题目）

我首先问了一些同学怎样看待环保这个问题。同学们的答案令人满意。他们都认为在保护环境问题上，每个人都责无旁贷，而且必须从身边的小事做起。另外，国家要立法，资金要投入，还要加大宣传力度。环境的保护和改善需要大家齐心协力才能得以实现。他们还说，现在社会上环保意识虽然增强了，但还是很不够的，因为还经常见到有人随地吐痰和随地乱扔垃圾的现象。

回应“对环保的看法”

通过调查，我发现大部分的同学都有分类扔垃圾的习惯。除此之外，他们看见地上有垃圾时会及时捡起来扔到垃圾桶里，不使用一次性餐具，平时都自己带水瓶喝水。

回应“环保习惯”

通过这个调查可以看到，大部分同学的环保意识还是比较强的，这说明同学们已经意识到了环保的重要性。

为了增加调查的趣味，我还让大家做了一份知识问答，包括：1）损害城市绿化及其设施的行为有哪些？2）多种树对环保有什么影响？3）住宅区周围需不需要绿化，绿化率应达到多少？4）如何保护丰富的野生动植物资源？这是一些简单的知识问答，但它可以扩大同学们的知识面，提高同学们的环保意识。

回应“环保调查的活动安排”

看了我的调查，大家一定深有感触吧？大家一定都想在干净的环境里学习、生活吧？如果我们不保护环境，随便乱砍滥伐树木，不做绿化，我们的环境能好吗？所以，让我们从今天做起，从现在做起，爱护我们的家园，保护我们的环境！

HL 高级课程的作文对词语的多元性和复杂性要求较高，包括多种多样的惯用语（四字词组、俗语、成语……）。以下为在此例文中出现的一些惯用语。

① 令人满意　② 责无旁贷　③ 宣传力度

④ 齐心协力　⑤ 得以实现　⑥ 深有感触

2. 思维导图范例

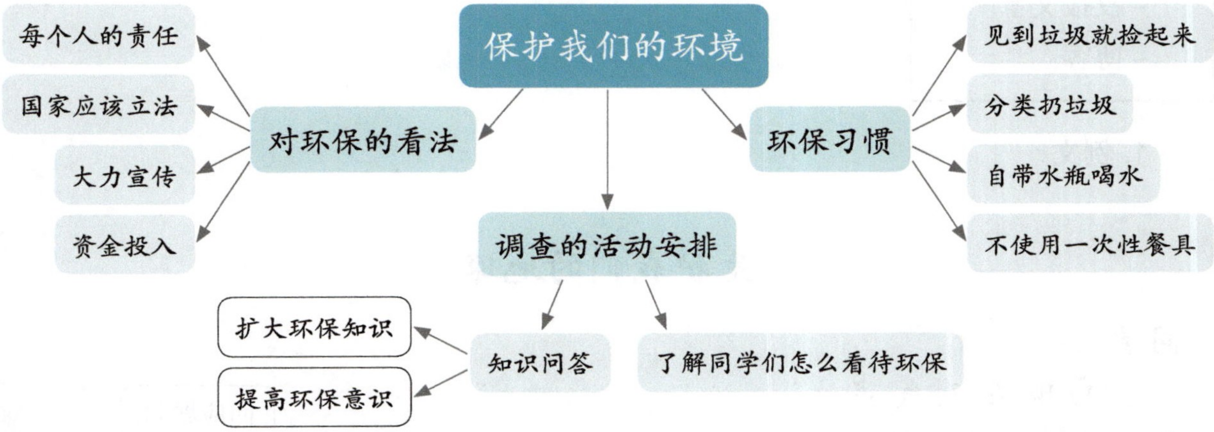

3. 写作说明

（1）好的写作必须具备的条件

- 明确地回应题目。
- 涵盖题目要求的三个方面。
- 针对主题进行清晰的介绍，可以举例说明。
- 条理清楚，前后有序。
- 符合文体格式的要求和语气。

（2）文体格式的选择

①校报文章：最适合，可以总结调查内容，在校报上发表。

②访谈：通常适合，可以对同学进行访谈，了解情况。

③博客：最不适合，因为题目的受众和目的与博客不符。

（3）校报文章的文体格式要求

- 有题目；
- 有作者姓名；
- 有正式的语气；
- 有针对的读者。

（四）环境保护

例题：现在天气炎热，放学之后同学们都已经回家，但教室里的空调仍开着。你和学校的同学们分享了为什么要节约用电，怎样培养环保的好习惯，以及环保建议。请写出这篇演讲稿，字数要求在540—720字。

– 演讲稿 – 校报文章 – 博客

1. 例文

爱护我们的地球

同学们：

①现在天气炎热，放学之后同学们都已经回家，但教室里的空调仍开着。我也和同学们一样，回家后一定会打开空调，一边享受冰凉的饮料，一边看电视。但大家在享受的同时，有没有想过空调、冰箱、电视的电都是从哪儿来的？

回应题目

②其实，地球上的电大部分都是靠石油和煤等燃料来提供的，而这些燃料是不可再生能源。有专家指出，从现在全世界的用电量来看，这些燃料将在未来七十年消失殆尽，那时人类需要找其他能源来代替。除此之外，使用这些燃料时会产生二氧化碳等温室气体，加深温室效应，令地球不断升温。

回应“为什么要节约用电”

③地球上的资源有限，我们应该适当地运用这些资源。其实，都市人有些生活习惯在无意中浪费了地球的资源，比如，出门不关灯，停车不熄火等。这些坏习惯既浪费了资源，又增加了电费和水费。如果同

学们有这些习惯，请现在就改掉。

④ 环保要从我做起，从现在做起。我们要在日常生活中培养环保好习惯。比如：上学或放学最好步行，减少私家车的使用次数；多走楼梯，少坐电梯；采用节能生活方式，天气不太热的时候不开或少开空调。

回应“环保的好习惯”

⑤ 以下我会提出一些环保的建议。第一，自带喝水杯。在我们的学校就有很多免费饮水机，同学们只需要带一个水杯就能喝到饮水机里的水，既环保又省钱，真是一举两得！第二，节约用电。同学们下课后帮着把教室里的灯和空调关掉，举手之劳，何乐而不为呢？

回应“环保建议”

⑥ 大家想想，如果我们不停地浪费地球上的资源，将来受苦的是我们的下一代！同学们，为了地球的将来，为了我们的下一代，请大家都来保护环境吧！其实，保护环境一点都不难，只要大家持之以恒，一定能令人类的“安乐窝”——地球变得更加美好。

⑦ 同学们，让我们一起来爱护我们的地球吧！谢谢大家！

HL 高级课程的作文对词语的多元性和复杂性要求较高，包括多种多样的惯用语（四字词组、俗语、成语……）。以下为在此例文中出现的一些惯用语。

① 天气炎热　② 消失殆尽　③ 一举两得
④ 举手之劳　⑤ 何乐而不为　⑥ 持之以恒

2. 思维导图范例

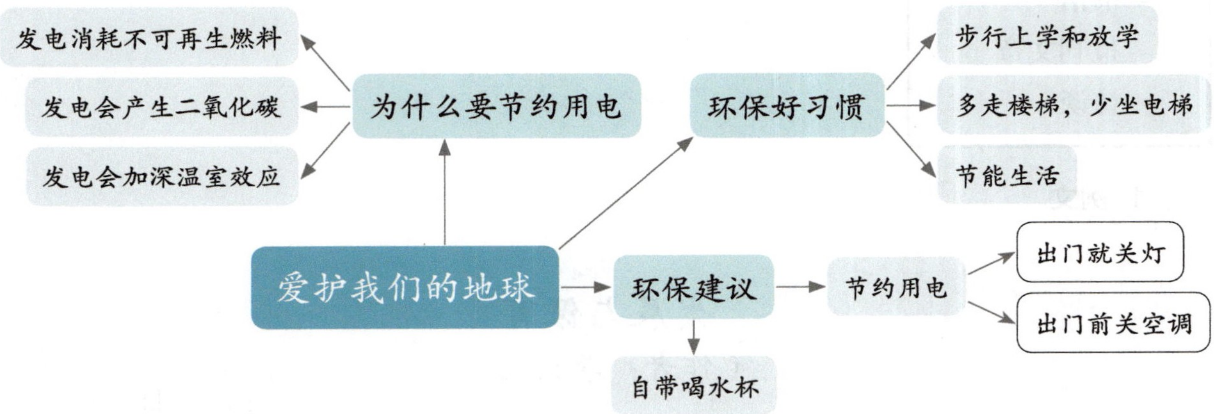

3. 写作说明

（1）好的写作必须具备的条件

- 明确地回应题目。
- 清楚地阐述为什么要节约用电和环保的好习惯。
- 有理有据地提出环保建议。
- 段落清楚、条理清晰、前后有序。
- 内容要充实、有说服力。
- 符合文体格式的要求和语气。

（2）文体格式的选择

①演讲稿：最适合，因为可以在校会上跟同学们分享自己的观点，并呼吁一起环保。

②校报文章：通常适合，可以在校报上刊登文章，说明自己的观点。

③博客：最不适合，因为博客的受众更加广泛，与题目的受众要求不符。

（3）演讲稿的文体格式要求

- 必须符合演讲稿的格式：
  - 恰当的开场白（如“尊敬的老师”“各位同学”）和主题简介；
  - 主干；
  - 总结，最好以“谢谢大家”作为结束语；
  - 正式的语气。

（五）发展与保育

例题：在社会发展的过程中，有一对不可避免的矛盾一直存在着，那就是“发展与保育”的矛盾。作为一名中学生，从正反两方面向关注这个话题的人分析发展和保育的问题，以及如何在两者间取得平衡。字数要求在 540—720 字。

– 书信 – 报刊文章 – 访谈

1. 例文

发展与保育

（作者：李大同）

回应题目

① 在社会发展的过程中，有一对不可避免的矛盾

一直存在着，那就是“发展与保育”的矛盾。这对矛盾不只在我们国家存在，在世界各地都存在。

②“发展”指的是社会向好的方向进步，主要是指经济和市容的发展。“保育”是对事物的保护和养育，包括对自然生态的保育，以及对历史建筑物的保育。

③那么，我们应该怎样处理发展与保育之间的关系呢？有些人认为发展比保育重要。支持这个观点的人认为历史是向前发展的，我们不能抱着旧事物不放。比如，香港有很多老旧的房子，它们占地面积大，但住户不多。为了适应香港日渐增多的人口，香港政府决定把它们拆掉，再在原地建造高层建筑，既美化了市容也解决了香港人住房的问题。

> 回应“发展比保育重要”

④虽然这个决定得到了很多市民的支持，但也有不同的声音。他们觉得不应该把老旧的建筑物全部拆掉，因为有些建筑物不仅有很高的历史价值，还是香港人的集体回忆。不仅如此，它们还反映出了人们的身份认同和传承民族文化的精神。这些保育人士认为，这些建筑物必须保留，因为它们是香港的象征，每年吸引很多世界各地的游客前来参观游览。没有了这些建筑物，香港也就失去了它独一无二的特征，保留这些建筑物是对社会发展有利的。

> 回应“保育比发展重要”

⑤那么发展与保育可以平衡吗？我认为发展和保育可以平衡。举个例子，香港尖沙咀火车站于1975年搬到现在的火车总站，而尖沙咀的旧火车站大楼则于1978年被拆掉，香港政府在原地兴建了香港太空馆和香港文化中心。建于1915年的钟楼作为旧火车站的一

> 回应“如何在两者间取得平衡”

部分被保留下来，直到现在，这个钟楼仍然是香港的重要的地标之一，也是著名的旅游景点。

⑥ 总而言之，发展和保育各有好处。两者虽有矛盾，但缺一不可。香港政府应该想出一个两全其美的办法，令发展和保育得到平衡，把香港建成一个独具特色的现代化国际大都市。

HL 高级课程的作文对词语的多元性和复杂性要求较高，包括多种多样的惯用语（四字词组、俗语、成语……）。以下为在此例文中出现的一些惯用语。

① 不可避免　② 自然生态　③ 历史价值
④ 集体回忆　⑤ 独一无二　⑥ 重要标志
⑦ 缺一不可　⑧ 两全其美　⑨ 独具特色

2. 思维导图范例

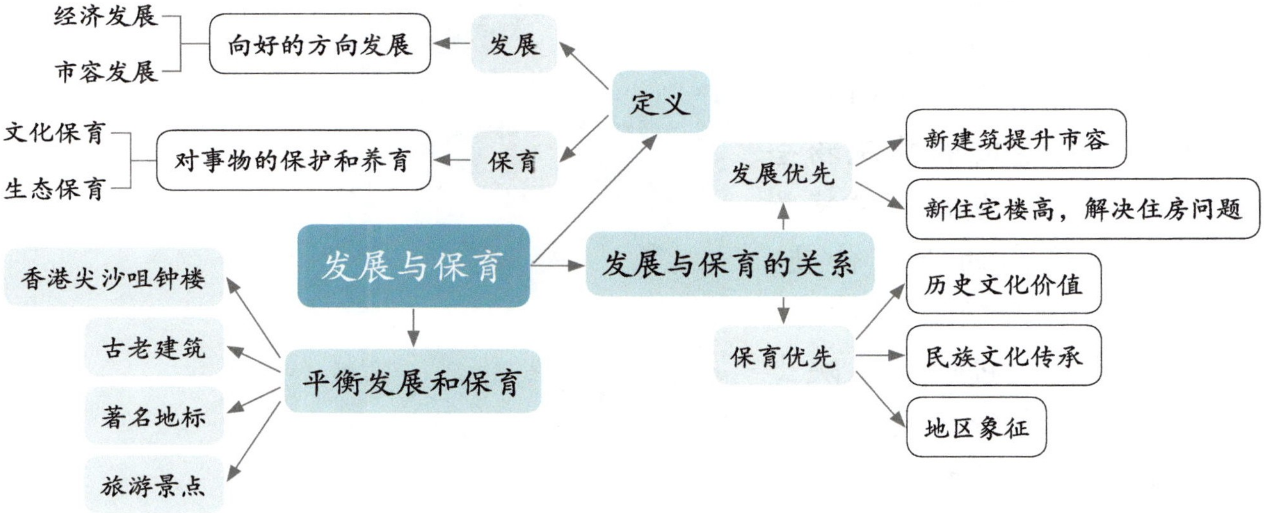

3. 写作说明

（1）好的写作必须具备的条件

- 明确地回应题目。
- 条理清楚，前后有序。
- 从正方两方面有理有据地说明发展与保育的关系。
- 清楚解释如何平衡发展与保育。
- 内容应充实。可以举例说明。
- 符合文体格式的要求和语气。

（2）文体格式的选择

①报刊文章：最适合，因为在报刊上发表文章说明自己的观点。

②访谈：通常适合，可以请专家发表对这个话题的观点。

③书信：最不适合，因为书信的受众有限，与题目的受众要求不符。

（3）报刊文章的文体格式要求

- 有标题；
- 有作者姓名；
- 有介绍、有评论；
- 有恰当的结尾（前后呼应）；
- 正式语气。

（六）环境保护

例题：众所周知，环境问题已经成了全世界关注的大问题，你要代表学校环保俱乐部给全校师生介绍地球的现状，提出一些低碳生活的建议，并说明低碳生活的好处。字数要求在 540—720 字。

– 日记 – 建议书 – 演讲稿

1. 例文

低碳生活救地球

老师们、同学们：

大家好！众所周知，环境问题已经成了全世界关注的大问题，我代表学校环保俱乐部写这份建议书，目的是让同学们了解如何实现低碳生活，改善我们的环境。

我们的地球已病入膏肓，而它的这场大病是人类一手造成的。近十年的气温是地球有史以

来最高的。地球南北极同时出现了异常高温，秋季的南极站温度居然上升到了零下12.2度，比往年的零下50多度高出了40度！这个现象不但严重影响地球生态环境，还会令大量冰川融化，海平面加速上升。因此，实现低碳生活已是刻不容缓！

实现低碳生活是指在我们日常生活中尽量使用耗能低和碳排放低的设备，减少对空气的污染，减缓全球暖化。实现低碳的生活方式易如反掌。

首先，我们可以多搭乘公共交通工具，或步行、骑自行车，这些都可以有效减少废气的排放，提升空气质量。

回应“建议”

其次，在购买电器时，我们可以选择一些有能效标识的电器，这是最简单的减碳方法。而且，不使用的电器我们要把它们的电源关掉，因为处于待机模式的电视、空调和电脑等都会消耗电力。据统计，这样做之后，一个家庭每年可以减排100公斤的二氧化碳。

此外，我们可以在夏天时多开窗，少开空调；洗衣服时，要确保洗衣机在装满衣服后才开动；洗澡时以淋浴代替浸浴；最好选用节能灯泡；养成多菜少肉的饮食习惯等。我们只要多注意生活上的细节，便可轻松地实现低碳生活！

我认为低碳生活可减少二氧化碳的排放，既可以节能又可以减缓全球气候暖化和环境恶化的速度。因此，我们应持之以恒，选择“低碳生活”方式，尽我们作为地球一分子的责任！

回应“低碳生活的好处”

如果同学们按照建议书上提到的方法去做，我们的环境一定可以得到改善。

学校环保俱乐部

2025年3月20日

HL 高级课程的作文对词语的多元性和复杂性要求较高，包括多种多样的惯用语（四字词组、俗语、成语……）。以下为在此例文中出现的一些惯用语。

① 众所周知	② 病入膏肓	③ 生态环境
④ 冰川融化	⑤ 刻不容缓	⑥ 易如反掌
⑦ 待机模式	⑧ 持之以恒	

2. 思维导图范例

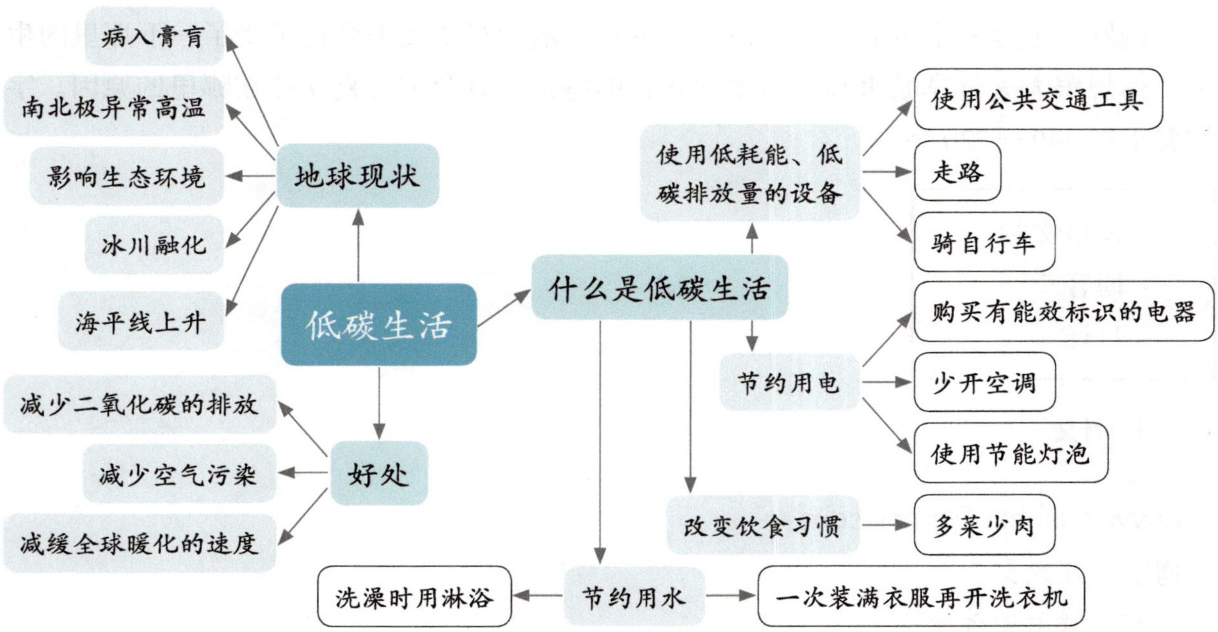

3. 写作说明

（1）好的写作必须具备的条件

- 明确地回应题目。
- 条理清楚，前后有序。
- 举例说明地球的现状。
- 清楚解释什么是低碳生活和低碳生活的好处，不可以只写一方面。
- 内容应充实，可以举例说明。
- 符合文体格式的要求和语气。

（2）文体格式的选择

①建议书：最适合，因为在题目明确说明了“建议全校师生……”。

②演讲稿：通常适合，题目要求的受众清楚，可以通过公开演讲建议并鼓励大家环保。

③日记：最不适合，因为日记的受众与题目的受众要求不符。

（3）建议书的文体格式要求

- 有标题；
- 列出至少三点建议；
- 举例说明（数据、科研成果、亲身体验）；
- 半正式或较为正式的语气；
- 有合适的结尾。

（七）城乡差别

例题：你是一个生活在大城市的青少年，最近跟学校去乡村感受了一下那里的生活。你想跟大家分享城市和乡村生活各自的特点，以及你更喜欢住在哪里的原因。字数要求在 540—720 字。

– 校报文章 – 博客 – 日记

1. 例文

www.huanbao@gmail.com
博主：汪大文
主题：城市和乡村
日期：2025 年 9 月 15 日

城市和乡村

我是一个生活在大城市的青少年，最近跟学校去乡村感受了一下那里的生活。我想跟大家分享城市和乡村生活的不同之处。城市与乡村，两者各有美好之处。虽然它们相隔不远，却是两个不同的世界。

回应题目

城市是热闹的代名词。在城市里，人们来来往往，非常繁忙。城市里有各式各样的商店，所有新奇

回应“城市的特点”

有趣的事物在这里都可以找到。白天的城市车水马龙，人们在街上匆忙行走。到了晚上，街灯下的城市依然热闹非凡，就像一个不夜城。除此之外，在城市里生活着各种各样的人，有来去匆匆的上班族，有背着书包穿着校服的学生，还有退休老人。虽然每个人的生活是不一样的，但生活的节奏好像不会慢下来，随时都在奔跑着。

乡村是宁静的代名词。那里的人们生活简单纯朴，日出而作，日落而息。在那里，空气特别清新，一切都是那么简单自然，就像“世外桃源”。到了晚上，万籁俱寂，只剩月光照耀着大地，星星在夜空眨着眼，万物都沉睡了，每一处都纯净又安详。

> 回应“乡村的特点”

我在城市出生长大，我最喜欢的地方也是城市。虽然它没有乡村的静谧与悠闲，但却有乡村所无法带来的快乐。虽然每天都那么忙碌，但我却乐在其中。我生活的每一天都有令我兴奋的事情发生，还有购物的快乐和品尝美食的快乐，这些都是乡村无法比的。

> 回应“更喜欢住在哪里的原因”

其实，每个地方都有它的优缺点，就看你怎么看了。从小生长在城市里的我对于城市的一切都已经了如指掌。对我而言，城市里的一切都是最好的，城市里的生活令我的每一天都五光十色、精彩非凡。

你最喜欢的地方又是哪一个？是跟我一样喜爱繁华的城市，还是喜欢自然舒适的乡村呢？请在下面留言。

10 个阅读　2 个回复

HL 高级课程的作文对词语的多元性和复杂性要求较高，包括多种多样的惯用语（四字词组、俗语、成语……）。以下为在此例文中出现的一些惯用语。

① 相隔不远	② 各式各样 / 各种各样	③ 新奇有趣
④ 车水马龙	⑤ 匆忙行走	⑥ 热闹非凡
⑦ 来去匆匆	⑧ 简单纯朴	⑨ 日出而作，日落而息。
⑩ 世外桃源	⑪ 万籁俱寂	⑫ 乐在其中

⑬ 了如指掌　⑭ 五光十色　⑮ 精彩非凡
⑯ 自然舒适

2. 思维导图范例

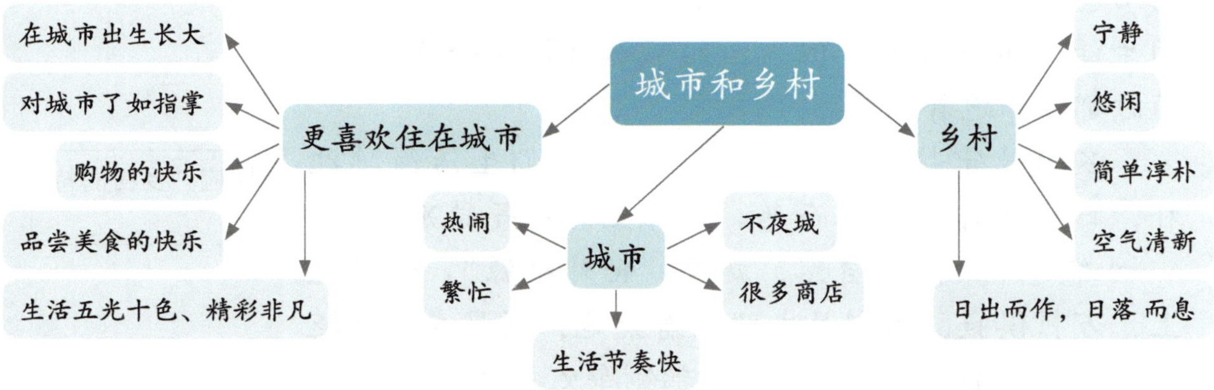

3. 写作说明

（1）好的写作必须具备的条件

- 明确地回应题目。
- 写出城市和乡村的差别。
- 阐述喜欢住在哪里的理由，可以有适当的例子。
- 段落清楚、条理清晰、前后有序。
- 紧扣主题。
- 符合文体格式的要求和语气。

（2）文体格式的选择

①博客：最适合，因为“跟大家分享”受众广泛，与博客的特点相符。
②校报文章：通常适合，因为如果受众清楚，也可以在报刊上发表文章进行说明。
③日记：最不适合，因为“跟大家分享”，与日记的受众范围不符。

（3）博客的文体格式要求

- 以博主的口气写作；
- 必须在文章上方列出博主的博客地址或网站地址、题目、发布日期；
- 博客下面要出现（一到两个）×× 次阅读，×× 个评论，×× 个转载，×× 个回复；
- 语气较为正式。

（八）饮食全球化

例题：全球一体化带动了饮食全球化，越来越多的融合创新菜式在市场上出现。

你请厨师向你解释了什么是融合创新菜、融合创新菜出现的原因，以及融合创新菜对社会的影响。字数要求在540—720字。

- 报刊文章
- 建议书
- 采访稿

1. 例文

从融合创新菜式到融合文化

回应题目

全球一体化带动了饮食全球化，越来越多的融合创新菜式在市场上出现。为了弄清楚这种现象出现的原因，以及这种融合文化的利弊，我采访了张厨师，请他跟我们谈谈这个问题。

我：张厨师，你好！请问什么是融合创新菜？

回应"什么是融合创新菜"

张：不同地方的饮食文化各具特色，融合创新菜就是把不同地方饮食文化特色的元素进行融合，经过厨师心思巧妙地选择及搭配煮出来的创新菜式。这个创新菜式既有当地饮食文化的特色，又有外地饮食文化的特点。融合创新菜式体现了跨越国界的特性，我们称它为饮食全球一体化。

我：你觉得为什么会有融合创新菜式的出现？

回应"融合创新菜出现的原因"

张：全球化是融合创新菜式出现及形成的一个主要因素。移民直接影响了饮食的融合。深受香港人喜爱的咖喱鱼蛋其实就是早期的融合创新菜。大家都知道，香港是一个融合了不同种族的地方。很多人很早就从东南亚地区移民来香港居住，随之而来的还有他们当地的美食。传统上，中国人并不吃咖喱，将东南

亚的咖喱与鱼蛋同煮，却收到了意想不到的效果。这么多年来，咖喱鱼蛋这道街边小食一直都深受香港人的欢迎。

我：你觉得融合创新是好事还是坏事？

张：我认为是好事，因为如果没有创新，社会发展就会停下来，饮食文化也是一样。饮食反映的是一种生活方式，一种文化表现。我经常到不同的地方旅行，品尝风味各异的美食，体验不同国家饶有趣味的风土人情，吸收各方面的新知识。我认为融合创新菜式是融合不同文化和传统、重新自我建立的一个过程。它不仅不会令不同文化之间变得相似，还会产生出新的多元文化元素。

回应“融合创新菜对社会的影响”

我：谢谢张厨师的讲解。融合创新菜式的出现可以反映出一个全球化的现象，推动了全球化的发展，促进了世界不同国家之间的交流。所以说，融合创新菜是文化交流的结果，是全球化的趋势，也是社会进步的标志。

HL 高级课程的作文对词语的多元性和复杂性要求较高，包括多种多样的惯用语（四字词组、俗语、成语……）。以下为在此例文中出现的一些惯用语。

① 各具特色　② 心思巧妙　③ 随之而来
④ 意想不到　⑤ 风味各异　⑥ 饶有趣味

2. 思维导图范例

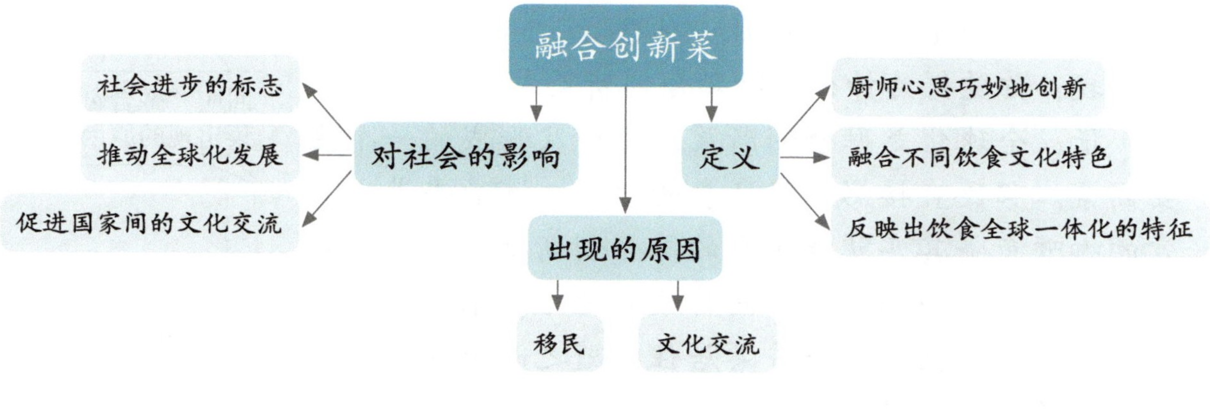

3. 写作说明

（1）好的写作必须具备的条件

- 明确地回应题目。
- 清楚解释什么是融合创新菜，以及融合创新菜出现的原因。
- 阐述融合创新菜对社会的影响，有适当的例子。
- 段落清楚、条理清晰、前后有序。
- 针对主题进行较为深入的讨论。
- 符合文体格式的要求和语气。

（2）文体格式的选择

①采访稿：最适合，因为“请一位厨师……”已经是一个提示。

②校报文章：通常适合，因为校报的受众范围略微不够。

③建议书：最不适合，因为情境和目的与建议书不符。

（3）采访稿的文体格式要求

- 有标题；
- 有恰当的开头（前言或背景介绍，如时间、地点、人物、采访情景）；
- 访谈（问答方式）；
- 结尾总结概括；
- 语气较为正式。

（九）环境与健康

例题：你从报纸上看到，现在越来越多的国家立法禁止人们在公共场所吸烟。你对这个决定表示赞成，在一个公开场合，你阐述了吸烟对健康的危害，说明了社会不接受吸烟的表现，以及措施带来的正面影响。字数要求在540—720字。

– 辩论稿 – 电邮 – 宣传册

1. 例文

吸烟不被当今社会提倡

尊敬的主席、评委、反方代表：

回应题目

大家好！我最近从报纸上看到，越来越多的国家

立法禁止人们在公共场所吸烟。我对此表示非常赞同。

吸烟是危害身体健康的坏习惯。吸烟可引发多种疾病，例如：肺炎、癌症、心血管疾病等。据统计，80%的肺部疾病都是由吸烟引起的。另外，科学研究已经发现，香烟里含有几十种致癌物质，对我们的健康造成了极大的威胁。虽然吸烟对健康百害而无一利，但有些人还是不肯戒烟。为此，政府制定了一系列的措施禁止人们在公共场所吸烟。

回应“吸烟对健康的危害”

我是正方的代表。我方坚决反对吸烟，认为“吸烟是不被社会提倡的”，理由如下：

（1）学校从小教育孩子吸烟对身体有害，告诉他们吸烟是非常不好的行为。当这些孩子长大以后，我相信他们中的大多数人都不会吸烟，也不会接受周围有吸烟的人，这样就会使整个社会形成一个不吸烟的大环境。

回应“社会不接受吸烟的具体表现，以及措施带来的正面影响。”

（2）像很多国家一样，中国政府也立下了禁止在所有的室内公共场所包括餐厅里吸烟、也不能在大部分的室外公共场所吸烟等规定，违反规定的人会被罚款。这不仅有警世劝诫的作用，也充分说明了吸烟已经成为不被社会接受的事实。

（3）中国政府近年来大大提高了烟草税，直接增加了吸烟者的经济预算，不少人因为不堪重负而开始戒烟。

（4）现在社会上经常有各种健康讲座和展览，用图文并茂的方式告诉人们吸烟对人体的危害，还免费派发帮助人们戒烟的“口香糖”等。这也是社会不提倡吸烟的表现。

综上所述，现在的年轻人、社会以及政府都持有不提倡吸烟的态度。因此我方认为吸烟不被当今社会

提倡。在此，我们郑重地告诫那些仍然吸烟的人，为了您和您家人的安全和健康，请立即戒烟！

谢谢大家！

HL 高级课程的作文对词语的多元性和复杂性要求较高，包括多种多样的惯用语（四字词组、俗语、成语……）。以下为在此例文中出现的一些惯用语。

① 百害而无一利　② 警世劝诫　③ 不堪重负
④ 图文并茂　⑤ 综上所述

2. 思维导图范例

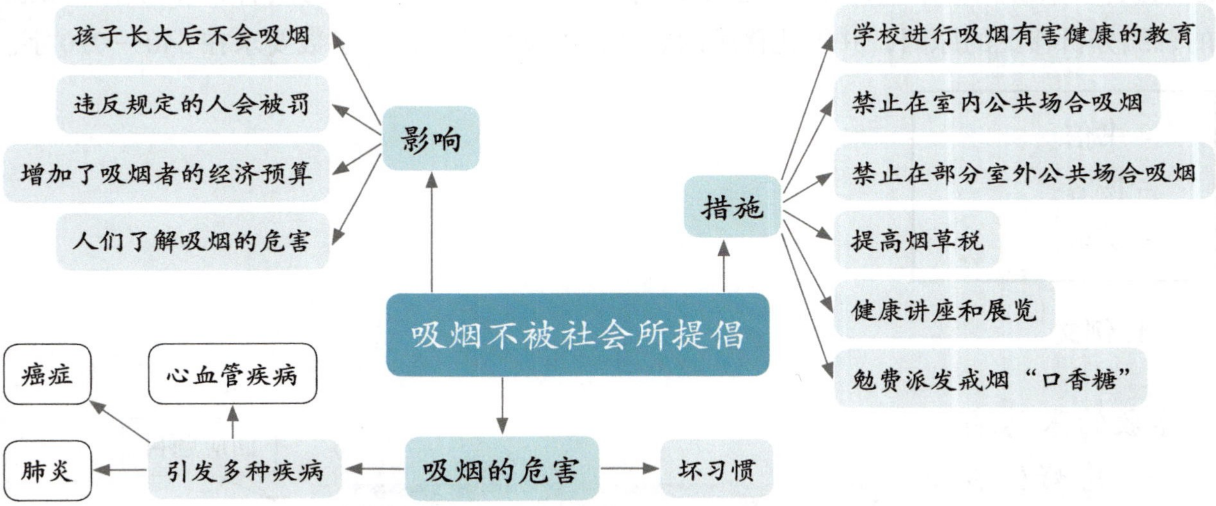

3. 写作说明

（1）好的写作必须具备的条件

- 明确地回应题目。
- 必须涵盖题目要求的三个方面。
- 最好列举出三个或以上的措施。
- 可以举例说明。
- 所持观点清楚。
- 段落清楚、条理清晰、前后有序。
- 符合文体格式的要求和语气。

（2）文体格式的选择

①辩论稿：最适合，因为可以表明自己有倾向性的观点和看法。

②电邮：通常适合，如果受众清晰且适当，也可以向对方阐述自己的观点。

③宣传册：最不适合，因为情境和目的与宣传册不符。

（3）辩论稿的文体格式要求

- 恰当的开场白（如“尊敬的老师”“各位同学”）和主题，辩论稿要写明自己一方的立场；
- 主干（条理清楚）；
- 总结，最好以“谢谢大家”作为结束语；
- 正式的语气。

（十）移民问题

例题：你最近在杂志上看到一篇文章，说移民的人都没有经过认真思考，而是别人怎么做自己也怎么做，而且移民会令自身的文化传统消失。作为读者，你希望跟杂志的总编分析移民的原因，并阐述移民的好处，以及你的理由。字数要求在540—720字。

– 书信 – 博客 – 访谈

1. 例文

尊敬的张总编：

回应题目

您好！我刚刚看了您写的关于香港人移民的文章。您认为大部分移民的人都没有经过认真思考，而是别人怎么做自己也怎么做。您还认为移民到别的国家会令自身的文化传统消失。我不同意您的看法。

回应“移民的原因”

随着时代的发展，人们的出行方式变得多种多样，增加了出国旅行的便利和机会。不少人的眼界变得更加开阔，他们渴望尝试新的居住环境和生活方

式，于是移民逐渐成为了一种热潮。据调查，人们移民的原因五花八门，各有不同：一些人移居到其他国家是为自己寻找更好的生活；还有些人移居到别的国家是为了上好的大学，提升自己的学术资质；也有些人是为了孩子的教育，这些家长认为，国外的教育是全人素质教育，对孩子成长非常有利，他们宁愿付高昂的学费把子女送到国外去留学。

香港每年都有很多人移民到不同的国家，但我认为，移民不会令中国人的传统消失，反而会推广我们的中华文化和传统。比如，如果香港人移民去了英国、美国、澳大利亚、加拿大等国家，那些国家就会更加了解中国人的传统习俗、中国的语言，以及中国的传统美食，会有更多人了解中华文化，来到中国探索我们悠久的历史文化和优美的山川景色。

回应“移民的好处和理由”

移民到别的国家的人除了可以亲身体验异国文化和风土人情，开阔视野，还可以增强自信心和培养独立性，在遇到困难的时候凭借自己的信心勇敢地战胜困难。

想象一下，如果没有人移民，大家都守着自己出生长大的地方生活一辈子，那么大家就会成为井底之蛙，不知道世界原来如此之大，世界上还有那么多我们不知道的东西。

总的来说，移民可以令我们大开眼界，经历更多新鲜事物，学习更多丰富的历史文化和风土人情方面的知识。因此，我认为移民是一件好事。

希望我的想法能令您对移民的问题有所改观。

此致

敬礼！

学生　汪大伟

2025 年 4 月 8 日

HL 高级课程的作文对词语的多元性和复杂性要求较高，包括多种多样的惯用语（四字词组、俗语、成语……）。以下为在此例文中出现的一些惯用语。

① 认真思考	② 出行方式	③ 多种多样
④ 五花八门	⑤ 各有不同	⑥ 学术资质
⑦ 山川景色	⑧ 异国文化	⑨ 风土人情
⑩ 开阔视野	⑪ 井底之蛙	⑫ 大开眼界
⑬ 有所改观		

2. 思维导图范例

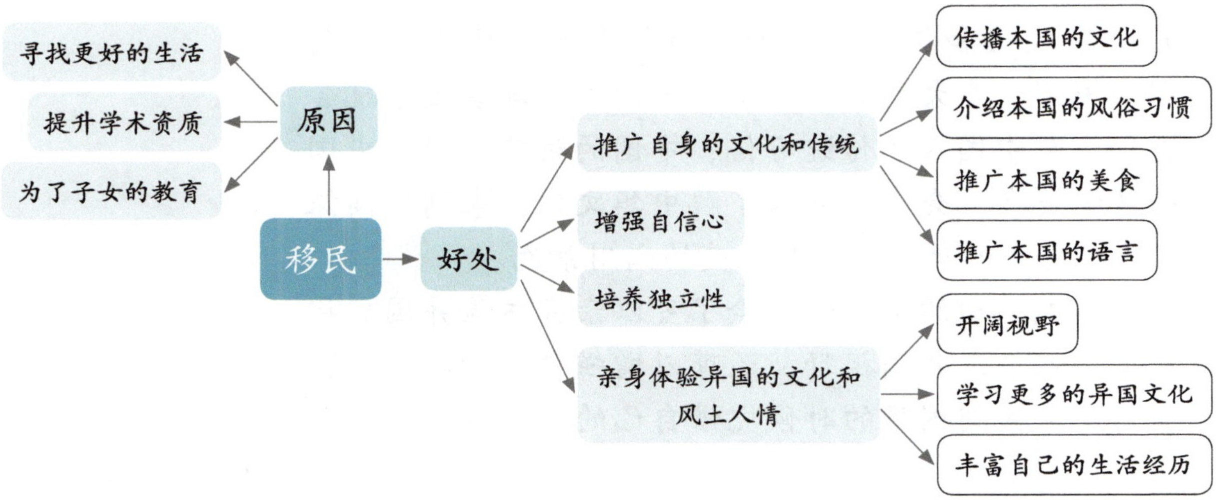

3. 写作说明

（1）好的写作必须具备的条件

- 明确地回应题目。
- 分析移民的原因。
- 有理有据地说明移民的好处和理由。
- 内容应充实，可以举例说明。
- 所持观点清楚。
- 段落清楚、条理清晰、前后有序。
- 符合文体格式的要求和语气。

（2）文体格式的选择

①书信：最适合，因为可以与杂志总编书面沟通，表达自己的观点。

②访谈：通常适合，因为可以与杂志总编口头沟通，表达自己的观点。

③博客：最不适合，因为题目要求的受众与博客不符。

（3）书信的文体格式要求

- 遵照中国信的格式：
  - 称呼（顶格写）；
  - 问候（另起一行，空两格）；
  - 正文；
  - 祝词（如"此致，敬礼"）；
  - 身份 + 署名（全名，写在右下角）；
  - 日期（年月日，写在右下角）；
  - 语气正式。

二、参考题库

（一）你的学校要参加一次世界和平青年大会。你是参加这次大会的学校代表之一。请写一篇文章，介绍这次大会的目的、大会令你印象最深的一件事，以及你对世界和平的看法。字数要求在 540—720 字。**【日记，博客，指南】**

（二）你的城市最近举办了一次全球青年领袖高峰会议。作为国际文凭的学生，你将在会上谈论这次会议的宗旨、成为世界公民的资质，以及成为世界公民的好处。写出这篇演讲稿。字数要求在 540—720 字。**【电邮，演讲稿，访谈】**

（三）在全球化的过程中，国家之间的界限逐渐被打破，人们的生活方式、价值观和意识形态有了更多交流与融合的机会。写一篇文章，向全校师生说明"全球化的利与弊"，以及全球化对个人的影响。字数要求在 540—720 字。**【演讲稿，校报文章，电子邮件】**

（四）最近，世界各地又出现了新的疾病危机。你希望写一篇文章，说一下这个疾病对人类的危害，疫情对全球化的影响，以及世界各国政府怎样一起应对疫情。字数要求在 540—720 字。**【报刊文章，访谈，指南】**

（五）随着生活水平的提高，生活在大城市里的人的身体健康越来越差。请你写一篇文章，告诉人们常见的都市病有哪些、出现这些都市病的原因是什么，以及怎样预防这些都市病。字数要求在 540—720 字。**【博客，指南，书信】**

（六）我们生活必需的很多自然资源，比如水、森林、石油等都在日益减少。作为一名环保人士，你要写一篇文章，告诉人们自然资源减少的原因和带来的影响，以及我们应该怎么做才可以节省自然资源。字数要求在 540—720 字。**【演讲稿，建议书，辩论稿】**

（七）随着全球化进程，很多传统风俗和生活方式都在消失。有人认为没必要去挽救那些正在失去的传统风俗和生活方式。你对这个说法表示反对，决定写一篇文章，

分享一个你所熟悉的传统风俗和生活方式，阐述保留传统风俗和生活方式的重要性，并提出建议。字数要求在 540—720 字。**【访谈，博客，通告】**

（八）高科技手段可以令现在的食物制作更便宜，但有些用这些方法制作出来的食物对人类的健康不好。请跟负责食品健康的政府部门联系，向他们说明哪些食物对人类的健康有不好的影响，阐述健康饮食对人们身体健康的重要性，并对食品制作提出你的建议。字数要求在 540—720 字。**【日记，电邮，建议书】**

（九）有人认为空中交通应该被限制，因为它造成了严重的空气污染，同时也消耗了大量的石油资源。作为一名旅游爱好者，你希望参与这个话题的讨论，你的观点包括：你的亲身体验，以及空中交通对人们出行的重要性和如何改善空中交通对空气污染造成的问题。字数要求在 540—720 字。**【辩论稿，博客，书信】**

（十）很多国家老年人口不断增加，不利于社会发展。作为一名中学生，你想对老人话题发表一下你的看法，包括老人问题对社会的影响，老年人对社会的贡献，以及年轻人应该如何对待老年人。字数要求在 540—720 字。**【报刊文章，采访稿，建议书】**

（十一）在全球化的影响下，你发现越来越多的年轻人只重视学习英文，却忽视了自己母语的学习。作为“国际母语日”活动的主办人，你希望向社区中的年轻人介绍“母语日”的活动内容、母语学习的重要性，以及母语学习对个人的影响。字数要求在 540—720 字。**【传单，采访稿，博客】**

（十二）你刚从国外旅行回来，在旅途中你感受到中西饮食相互影响，你想与外校的学生分享你的亲身经历，讨论中西饮食文化交流的好处和坏处。字数要求在 540—720 字。**【博客，辩论稿，电邮】**

（十三）每个国家都有移民。有人欢迎移民，也有人反对移民。你想写一篇文章，谈谈移民对一个国家的利与弊，以及对个人的影响。字数要求在 540—720 字。**【博客，演讲稿，日记】**

（十四）你将代表学校参加一个国际会议，主题是：在快速变化的世界中，保留自己民族的文化所面临的挑战。回到学校后，你想和全球的老师和同学介绍这次会议，并谈谈保留自己民族的文化遇到的挑战，以及保留自己民族文化的重要性。字数要求在 540—720 字。**【演讲稿，日记，报刊文章】**

（十五）新冠疫情结束后，你们当地政府希望尽快恢复当地的旅游业，吸引世界各国的游客前来参观。请写一篇文章，介绍一下当地的旅游资源，提出恢复旅游业的建议，并说明这些建议如何吸引各国游客。字数要求在 540—720 字。**【建议书，日记，访谈】**

（十六）当地政府刚刚推出了一系列的文物保护措施。作为一名市民，你希望就这

个问题发表自己的看法，包括：从正反两个方面谈谈你对政府文物保护措施的评价，以及你对文物保护的建议。字数要求在540—720字。**【博客，日记，书信】**

（十七）人类开采石油、煤矿等资源，常常对自然环境造成破坏。你希望向学校的环保社说明开采不可再生资源对人类生活造成的影响，阐述环保的重要性，提出环保的改善建议。字数要求在540—720字。**【演讲稿，建议书，博客】**

（十八）在全球气候暖化日益严重的今天，有人认为我们应该学会适应气候而不是防止气候变化。请写一篇文章，说明全球气候暖化的现象，以及个人和政府应该如何应对日益严重的气候暖化的问题。字数要求在540—720字。**【演讲稿，访谈，辩论稿】**

（十九）有人说，增强旅游业的发展能使一个国家更加富有，而且可以提高当地人们的生活质量。请写一篇文章，介绍当地的旅游资源，从正反两个方面分析旅游业对当地居民的影响。字数要求在540—720字。**【博客，通告，书信】**

（二十）现在，很多父母送子女出国留学，你也是其中一个留学生。请写一篇文章，分享自己留学生活的体验，从正反两个方面分析留学对一个人的影响。字数要求在540—720字。**【报刊文章，电邮，演讲稿】**

（二十一）有人认为，发展经济比保护环境更加重要。作为一名学生，你要写一篇文章，从正反两个方面阐述发展经济和保护环境之间的关系，并说明如何在两者间取得平衡。字数要求在540—720字。**【采访记录，博客，电邮】**

（二十二）你的父母由于工作的原因将要搬到另一个国家生活一年。他们不确定应该带你一起去国外，还是把你留在当地上寄宿学校。请写一篇文章，说一下你的感受，分析去国外上学和上当地寄宿学校各自的好处。字数要求在540—720字。**【演讲稿，日记，电邮】**

第四章 个人口头表达

个人口头表达考查学生的接受技能（阅读）和表达技能（口语），占考核总成绩的25%。这项考试基于学生在两年课程中学习的两部文学作品。文学作品可以包括小说和散文。一般来说，7 篇散文可以相当于一部作品，而 BHL 学生的阅读作品一般以短篇小说为主，老师可以根据学生对汉语的掌握程度选择较为容易的中篇小说。

考试包括三个部分：第一部分，学生对所学文学作品的其中一部进行分析描述，并发表个人看法（4 分钟左右）；第二部分，学生与老师就以上表述进行讨论（4 分钟左右）；第三部分，学生就五个主题的内容与老师进行问答（4 分钟左右）。

考试过程包括 20 分钟的准备时间和 12—15 分钟的考试时间。

注意事项

1. 老师提供两段各 350 字左右的文学作品选段，考生从中选出一个进行考试。
2. 文学作品均是上课学过的。
3. 选段最好标出行号。
4. 考试过程必须录音。

文学作品举例

中篇小说：《城南旧事》《亲爱的安德烈》《骆驼祥子》《撒哈拉的沙漠》

短篇小说：西西《像我这样的一个女子》

散文集：《中华百年百篇经典散文赏析》，龙应台《目送》，朱自清散文集

一、基本疑问词

1. 问人物、时间、处所和数量

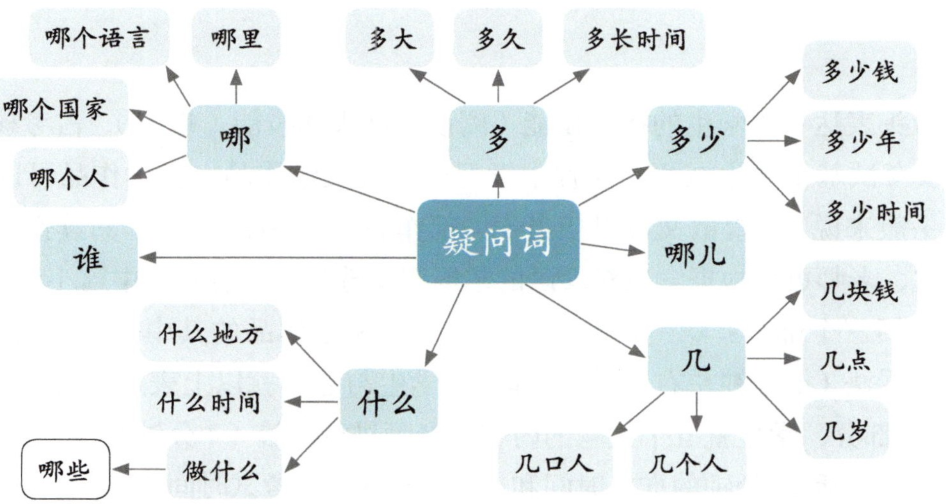

2. 问方式、原因

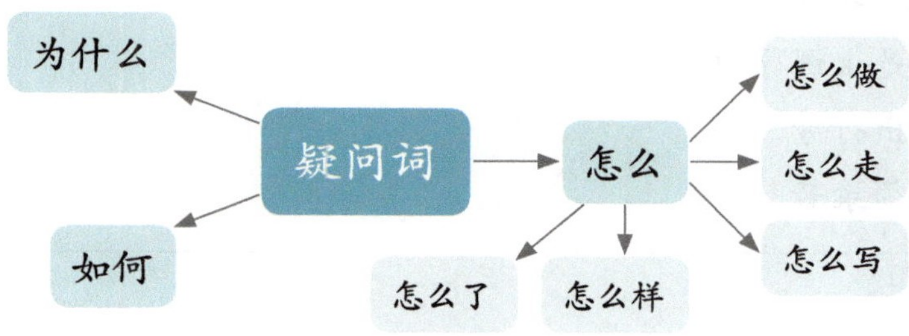

3. 句式疑问词

二、文学作品选段要求

1. 选段约为360个汉字长度。

2. 文学作品应为上课学过的作品。

3. 一定是中文原创的作品。

4. 可以展现中国文化的作品。

5. 诗歌、散文、小说都可以。

6. 选文上要标明作品和作者名。

三、口头表述要点范例

- 选段出自哪里。
- 作者名字和写作年代。
- 简单介绍作品写作背景。
- 简单介绍作品的写作目的。
- 简单介绍作品的主题。
- 说明选段出自作品的哪个部分。
- 选段里面词语的含义、修辞和写作手法，以及作者的意图。
- 修辞手法包括比喻、象征、排比、对偶、对比、拟人、设问、反问等等。

范例一：鲁迅《祝福》选段

旧历的年底毕竟最像年底，村镇上不必说，就在天空中也显出将到新年的气象来。灰白色的沉重的晚云中间时时发出闪光，接着一声钝响，是送灶的爆竹；近处燃放的可就更强烈了，震耳的大音还没有息，空气里已经散满了幽微的火药香。我是正在这一夜回到我的故乡鲁镇的。虽说故乡，然而已没有家，所以只得暂寓在鲁四老爷的宅子里。他是我的本家，比我长一辈，应该称之曰“四叔”，是一个讲理学的老监生。他比先前并没有什么大改变，单是老了些，但也还未留胡子，一见面是寒暄，寒暄之后说我“胖了”，说我“胖了”之后即大骂其新党。但我知道，这并非借题在骂我：因为他所骂的还是康有为。但是，谈话是总不投机的了，于是不多久，我便一个人剩在书房里。

这个选段出自鲁迅的短篇小说《祝福》。《祝福》是在 1924 年写的，是鲁迅的代表作之一。

小说通过描述祥林嫂悲剧的一生，表现了作者对当时社会最底层妇女的同情，以

及对封建思想封建礼教的无情揭露。

小说写了离开故乡的知识分子“我”在旧历年底回到故乡庆祝新年时，看到四叔家以前的女佣祥林嫂悲惨死去的情景。作者用了环境描写来烘托气氛，将人们的幸福快乐和祥林嫂的孤苦伶仃做了鲜明的对比，更加突出了祥林嫂悲剧的结局和社会的残忍。

在选段的前两行，作者用了“新年的气象”，接着在第 3—4 行具体描写了大年除夕放爆竹的情形。“闪光、钝响、震耳的大音、幽微的火药香”，作者用了生动的描写使读者在视觉、听觉、嗅觉上充分感受到了新年祝福时的热闹和快乐。但同时，“灰白色沉重的晚云”又给人一种压抑的感觉，喻示着当时的封建制度对人的捆绑，压得人喘不过气，揭露了当时的人受封建思想和封建制度压迫而失去自由的社会现象。

在提到鲁四老爷时，鲁迅用了“没什么大改变，单是老了些”。这显示了辛亥革命以后中国农村的状况。虽然时代在前进，但当时改变社会制度的辛亥革命刚刚发生，中国农村的阶级关系、风俗习惯、封建迷信思想、人们的思想意识等都还没有任何改变。在选段的第 9 行，作者说四叔大骂新党。鲁四老爷顽固不化，是封建旧思想的代表，他大骂新党说明他不愿意改革，不能接受社会改变，只愿意抱着旧思想、旧制度一直生活下去。而作者觉得自己的新思想已经和这些不求进取、不思改变的旧思想格格不入，所以只好自己一个人躲起来了。

口语考试第二部分参考问答题

1. 旧历的年底大概是在什么时候？
2. 为什么“他”在说“我”胖了之后就开始大骂新党？两者之间有什么关系？

范例二：朱自清《背影》选段

我看见他戴着黑布小帽，穿着黑布大马褂，深青布棉袍，蹒跚地走到铁道边，慢慢探身下去，尚不大难。可是他穿过铁道，要爬上那边月台，就不容易了。他用两手攀着上面，两脚再向上缩；他肥胖的身子向左微倾，显出努力的样子。这时我看见他的背影，我的泪很快地流下来了。我赶紧拭干了泪，怕他看见，也怕别人看见。我再向外看时，他已抱了朱红的橘子往回走了。过铁道时，他先将橘子散放在地上，自己慢慢爬下，再抱起橘子走。到这边时，我赶紧去搀他。他和我走到车上，将橘子一股脑儿放在我的皮大衣上。于是扑扑衣上的泥土，心里很轻松似的。过一会儿说：“我走了，到那边来信！”我望

着他走出去。他走了几步，回过头看见我，说：“进去吧，里边没人。”等他的背影混入来来往往的人里，再找不着了，我便进来坐下，我的眼泪又来了。

这个选段出自朱自清的散文《背影》。《背影》是朱自清在 1925 年写的一篇回忆性散文。

这篇散文叙述的是作者离开南京到北京上大学，父亲送他到火车站，照料他上车，并替他买橘子的情形。在作者脑海里印象最深刻的，是他父亲替他买橘子时在月台爬上爬下时的背影。作者用朴素的文字，把父亲对儿女的爱表达得深刻细腻、真挚感人，从平凡的事件中表现出父亲对子女的关怀和爱护。

《背影》中的父亲形象是慈父的形象。这段选文是父亲送作者到火车站后帮作者买橘子的情景。在选文的第 1 行，作者详细描写了父亲的衣着：黑布小帽，穿着黑布大马褂，深青布棉袍。从这里可以看出当时的知识分子的清贫和简朴。第 1—2 行，父亲“蹒跚地走到铁道边”，“蹒跚”一词，说明父亲年纪大了，步履不稳，过铁路去买橘子绝不是一件容易的事。为了儿子，父亲蹒跚前往，“用两手攀着上面，两脚再向上缩；他肥胖的身子向左微倾，显出努力的样子”。细致的描写让读者和作者一样感到心酸。第 4 行，“我的泪很快地流下来了”。望着父亲吃力的背影，“我”禁不住热泪涌流，但“怕他看见”，“我”又“赶紧拭干了泪”。这体现了父子之间互相体谅的真情。父亲终于买来了橘子。当他走“到这边时”，第 7 行，“我赶紧去搀他”。这赶紧去搀的动作，表现了作者又心疼又惭愧，然而又欣然若释的复杂心理。心疼的是父亲为他受累，惭愧的是父亲为他买橘子，欣然若释的是父亲终于安全归来。父亲回来之后，作者虽然没讲一句话，但一腔深情都流露在这“赶紧去搀扶”的动作之中。回到车上，父亲“将橘子一股脑儿放在我的皮大衣上”。“一股脑儿”一词，表现了父亲当时高兴的心情。父亲高兴的是为儿子买到了橘子。第 8 行，父亲“扑扑衣上的泥土，心里很轻松似的”。从这句中的动作和心理描写可以看出，父亲完成了“买橘子”的任务后心里感到了轻松、满意和放心。从父亲临别之前说的两句简短的话“我走了，到那边来信”和“进去吧，里边没人”可以看出父亲对儿子非常牵挂，但同时又不愿让儿子为他担心。

总的来说，这篇感人的散文通过一系列细致的描写，包括外貌描写、动作描写、语言描写和心理描写等，深入而细腻地刻画出了父子之间的感情，特别是父亲对儿子的关怀和爱护。

口语考试第二部分参考问答题

1. 为什么作者只描写了父亲的背影，而没有描写父亲的面容？

2. 父亲说的两句话都不超过 8 个字，从这儿可以看出父亲有什么样的性格特点？

范例三：胡适《差不多先生》选段

有一天，他忽然得了急病，赶快叫家人去请东街的汪医生。那家人急急忙忙地跑去，一时寻不着东街的汪大夫，却把西街牛医王大夫请来了。差不多先生病在床上，知道寻错了人；但病急了，身上痛苦，心里焦急，等不得了，心里想道：“好在王大夫同汪大夫也差不多，让他试试看罢。”于是这位牛医王大夫走近床前，用医牛的法子给差不多先生治病。不上一点钟，差不多先生就一命呜呼了。

差不多先生差不多要死的时候，一口气断断续续地说道：“活人同死人也差……差……差不多，……凡事只要……差……差……不多……就……好了，……何……何……必……太……太认真呢？”他说完了这句格言，方才绝气了。

他死后，大家都很称赞差不多先生样样事情看得破，想得通；大家都说他一生不肯认真，不肯算账，不肯计较，真是一位有德行的人。于是大家给他取个死后的法号，叫他做圆通大师。

他的名誉越传越远，越久越大。无数无数的人都学他的榜样。于是人人都成了一个差不多先生。——然而中国从此就成为一个懒人国了。

《差不多先生传》是胡适在 1919 年创作的一篇传记题材寓言。这篇寓言以浅显生动的语言讽刺了当时中国社会那些处事不认真的人。

整篇散文除了语言生动浅白，还使用了排比、映衬等写作手法。在遣词造句上，作者考虑到主角的个性和身份，选择了十分浅白易懂的词语，做到文如其人，使读者能透过差不多先生的言语了解他的为人。例如，选文第一段（1—6 行）写差不多先生病得痛苦，顾不上找来的医生是人医还是兽医，反正都差不多，就说：“好在王大夫同汪大夫也差不多，让他试试看罢。”从这句话可以看到差不多先生随便的个性。

选文的第二段（7—10 行）写差不多先生的临终遗言，用了许多省略号，生动地表现出差不多先生病情严重、说话吃力的样子。而写他的死，也延续了全文风趣自然的风格，用“一命呜呼”“绝了气”，而不用“过世”“与世长辞”等严肃的字眼。

在修辞技巧上，作者善用排比和映衬，不但使文章颇见韵律，还能加强感染力。例如第 3—4 行“身上痛苦，心里焦急”，通过这个对比，表现差不多先生马虎的程度与事情的严重性。而选文第三段（11—13 行）的“不肯认真，不肯算账，不肯计较”这样的排比修辞，不但念起来有节奏感，也加深了主题的效果。这三个“不肯”更明确写出了差不多先生“懒”的程度。他所犯的错误都是“不肯”所致，而不是“不能”。

在选文的第三段（11—13 行）和第四段（14—16 行），作者使用了讽刺的写作手法，说明大家不但认同差不多先生的态度，甚至尊崇他、效仿他，与整篇散文的开头句“是中国全国人的代表”相呼应。在选文的第三段，作者写了大家都称赞差不多先生“真是一个有德行的人”，还给他起了一个法号“圆通大师”，其实是在讽刺国人处事圆滑，凡事敷衍不认真。

选文的最后一句“然而中国从此就成为一个懒人国了”，讽刺如果全中国的人都以差不多先生为榜样，那么全中国的人就都像差不多先生一样，从颜色不分、东西不分，到时间、金钱的苟且随便，最后因糊涂而以死收场。以讽刺的写作手法总结全文，使首尾相应，也是作者对国人“差不多”的态度最严厉的讽刺与最深切的忧虑。

口语考试第二部分参考问答题

1. 你觉得差不多先生临死前知道自己错了吗？为什么？

2. 你觉得现在社会上还有差不多先生吗？请举个例子说明一下。

四、口语考试第三部分参考问答题

在这部分中，老师和考生的问答必须基于课程大纲的五个主题：身份认同、经历体验、发明创造、社会组织、全球问题。老师可根据学生对汉语的掌握程度选择问题。

（一）主题一、二

1. 饮食习惯

① 你喜欢吃什么食物？

② 你妈妈的拿手菜是什么？

③ 你平时在家吃什么？

④ 你平时在学校吃什么？

⑤ 你最喜欢吃的中餐菜是什么？
⑥ 你最喜欢吃的西餐菜是什么？
⑦ 你们家常吃快餐吗？
⑧ 你觉得吃快餐有什么好处和坏处？
⑨ 你喜欢吃中餐、西餐还是快餐？为什么？
⑩ 中、西餐在煮法上有什么不同的地方？
⑪ 中式早餐通常可以吃什么？
⑫ 西式早餐通常有什么吃的？
⑬ 健康的饮食习惯是什么？
⑭ 你认为哪些食品是健康食品？
⑮ 你们家爱吃零食吗？如果爱吃，会吃什么样的零食？
⑯ 你妈妈最常买哪些水果？
⑰ 请你介绍两三个你经常吃的菜。
⑱ 你们家经常出去吃饭吗？
⑲ 你们家常去哪一家饭店吃饭？
⑳ 如果出去吃东西，你们家大部分都吃些什么？
㉑ 你们家常去的餐馆有些什么好吃的菜？
㉒ 出去吃饭有什么好处和坏处？
㉓ 你认为香港是“美食天堂”吗？
㉔ 香港有哪些有名的“大排档”？
㉕ 为什么很多香港人喜欢光顾“大排档”？

2. 运动与爱好

① 你有什么爱好？
② 你最爱做什么运动？
③ 你周末都有些什么活动？
④ 你喜欢听哪一类音乐？
⑤ 你最爱看哪一类的书（漫画 / 杂志 / 小说）？为什么？
⑥ 你平常会做哪些运动？
⑦ 运动和健康有什么关系？
⑧ 怎样才可以保持身体健康？
⑨ 要保持好的身体，需要注意什么？
⑩ 工作忙的人，你会建议他们做什么运动好？

⑪ 做运动对健康有什么影响？
⑫ 谈一下你上一次生病和看病的经历。
⑬ 你认为“节食减肥”好吗？为什么？
⑭ 如果你的好朋友很胖，你会怎么建议他减肥？
⑮ 你觉得健康是最重要的吗？为什么？
⑯ 你常常做运动吗？做什么运动？
⑰ 你平时怎么让自己放松？
⑱ 你感到不开心的时候会做什么？

3. 风俗与传统

① 一年中你最喜欢哪个假期？
② 你去过哪些国家旅游？
③ 这个暑假 / 寒假你会怎么过？
④ 上个暑假 / 寒假你是怎么过的？
⑤ 如果有朋友要到你的国家来旅游，你会建议你的朋友去哪儿玩？
⑥ 如果你有朋友要在八月来你的国家旅游，你会建议你朋友带些什么衣服？
⑦ 在你去过的地方中，你最喜欢哪一个国家或城市？为什么？
⑧ 你去过哪个国家度假？看了哪些风景名胜？对那个国家的印象怎么样？
⑨ 你旅游时体验过什么风土人情和文化？
⑩ 你去旅游的时候，通常住在什么地方？为什么？
⑪ 你住的地方有哪些风景名胜？
⑫ 你住的地方有什么风俗习惯？
⑬ 你喜欢哪种旅游方式？自由行还是跟团旅游？为什么？
⑭ 在中国有哪些重要的节日？
⑮ 介绍一两个节日，它们有些什么特色的食物？
⑯ 中国人最重要的节日是什么？怎么庆祝？
⑰ 过春节的时候，中国人会吃一些什么特别的食物？
⑱ 过春节的时候，中国人为什么要穿红色和金黄色的衣服？
⑲ 过春节的时候，中国人的见面问候语通常都有哪些？
⑳ 过春节的时候，中国人一般会有什么庆祝活动？
㉑ 你的家每年怎么过春节？
㉒ 在你住的地方人们会怎么庆祝圣诞节？
㉓ 你的家每年都会庆祝圣诞节吗？

㉔ 过圣诞节的时候，你的家人会吃一些什么特别的食物？
㉕ 传统的圣诞节衣服是什么颜色的？
㉖ 过圣诞节的时候，人们见面通常会说什么？
㉗ 过圣诞节的时候，人们一般会有什么庆祝活动？
㉘ 除了圣诞节，你还知道哪些西方节日？
㉙ 比较一下你知道的一个中国传统节日和一个西方传统节日的共同点和不同点。

（二）主题三

1. 媒体与电子娱乐

① 电脑对青少年有什么影响？
② 你通常是怎样跟朋友联系的？
③ 你认为自己关心时事吗？一般都是从哪儿得到这些消息的？
④ 现今的媒体发达对你的生活有什么影响？
⑤ 互联网给人类生活、工作和学生的学习带来哪些好处和坏处？
⑥ 你每天都用电脑吗？用电脑做什么？
⑦ 你的父母会限制你用电脑或玩电子游戏吗？你对父母的做法有什么看法？
⑧ 学校说以后的新学生上课都要准备一台电脑，你对这件事有什么看法？
⑨ 谈谈你对科技发展与社会生活的看法。
⑩ 谈谈科技发达对传统的学习方式造成了什么改变。

2. 电影与媒体

① 你喜欢听哪一类音乐？
② 你最爱看哪一类的书（漫画 / 杂志 / 小说）？为什么？
③ 你最爱看哪一类的电视节目或电影？为什么？
④ 你一天花在看电视、玩电脑上的时间多吗？
⑤ 电视和电脑是很多人的休闲和娱乐，你认为这是健康的吗？
⑥ 电视对青少年有什么影响？

（三）主题四

1. 家庭关系和代沟

① 你们家养动物吗？（如果有，是什么动物？什么人照顾它？怎么照顾它？）
② 你们家住在哪儿？附近环境怎么样？
③ 在家里，是谁煮饭、烧菜和做家务的？
④ 你的卧室里有什么家具？
⑤ 你和家人在一起通常会做些什么活动？
⑥ 说一下你平日一天的生活。
⑦ 周末你和家人会做什么？
⑧ 你怎么安排自己的课余时间？
⑨ 你放长假的时候会和家人去哪儿旅行？
⑩ 请介绍一下你的家。
⑪ 你喜欢大家庭还是小家庭？为什么？
⑫ 你有没有兄弟姐妹？你觉得做独生子女好不好？为什么？
⑬ 你的亲戚都住在同一个国家吗？有没有常来往？
⑭ 你和家人的关系怎么样？
⑮ 你认为怎样才可以建立好的家庭关系？
⑯ 有困难的时候，你会找家人来帮忙吗？为什么？
⑰ 如果和家人有误会时，你会怎么去解决问题？
⑱ 你心情不好的时候通常会做什么？
⑲ 你跟父母能够很好地沟通吗？举个例子。
⑳ 谈谈你对“自由，独立”的看法。

2. 青年人的问题

① 你认为年轻人的烦恼是什么？
② 你赞成学生在求学期间谈恋爱吗？
③ 谈谈你对单亲家庭中成长的孩子的看法。
④ 你怎么看香港的老人问题？
⑤ 谈谈你对校园毒品问题的看法。
⑥ 谈谈你对青少年吸毒问题的看法。
⑦ 你觉得香港有歧视现象吗？

⑧ 你同意“望子成龙，望女成凤”的思想观念吗？

⑨ 中国家长和西方家长在教育孩子上有什么不同？

3. 朋友及友情

① 你有要好的朋友吗？

② 你的朋友是哪国人？

③ 你是如何跟朋友相处的？

④ 遇到困难或压力大的时候，你会找朋友来帮忙吗？

⑤ 你认为怎样才可以和别人建立良好关系？

⑥“网上交友”越来越普遍了，你认为结交网上朋友要注意些什么？

⑦ 你认为能够做好朋友最重要的因素是什么？为什么？

⑧ 你认为一个好朋友需要具备什么条件？

⑨ 你觉得怎样才算是真正的好朋友？

⑩ 朋友有困难时，你会给他什么样的帮助？

⑪ 你同意“近朱者赤，近墨者黑”这句话吗？为什么？

⑫ 你对“患难见真情”这句话有什么看法？

4. 学校与教育

① 你的学校叫什么名字？你上几年级？学校有多少学生？多少老师？

② 你的学校是一个什么样的学校？

③ 你来这个学校多久了？为什么来这个学校读书？

④ 你喜欢你的学校吗？喜欢哪些地方？

⑤ 说一下你一天的学校生活。（每天几点上课？上几节课？一节课多长时间？几点放学？几点回家？）

⑥ 你中午在学校买饭还是自己带饭？

⑦ 学校的饭菜怎么样？价钱贵不贵？

⑧ 你今年学了哪几门课？最喜欢哪一门？最不喜欢哪一门？

⑨ 你学汉语学了多久了？你觉得怎样才能把汉语学好？

⑩ 除了汉语，你的学校的学生还可以修其他外语吗？

⑪ 同学们在中午的时候会做些什么？

⑫ 你的学校有哪些课外活动？你参加过哪些课外活动？

⑬ 学校里有什么设备？

⑭ 你觉得你的学校有什么好的地方和不好的地方？

⑮ 你的学校有什么需要改善的地方？

⑯ 你的学校每年会举办哪些大型活动？这些活动对学生有什么好处？

⑰ 考试前你会怎样做准备？

5. 未来计划和社会参与

① 你以后打算上大学吗？

② 你中学毕业后准备去哪里上大学？

③ 你最想上哪所大学？为什么？

④ 你想在大学里主修什么？

⑤ 你想学什么专业？为什么？

⑥ 你觉得学习中文最难的地方是什么？

⑦ 你觉得学习中文对以后工作有什么好处？

⑧ 你念完书想做哪一类型的工作？

⑨ 不用上课时，你会考虑当义工吗？

⑩ 如果有机会当义工，你会做哪一种义工服务？

⑪ 暑假时，如果你有打工的机会，你会考虑吗？

⑫ 你有喜爱的职业吗？

⑬ 对你来说，什么是理想的工作？

⑭ 你的爸爸、妈妈是做什么的？你希望将来长大以后和他们做一样的工作吗？为什么？

⑮ 长大以后你想做什么工作？

⑯ 要做好这个工作需要什么条件？

⑰ 你有没有想过你以后要留在你住的地方工作还是去别的地方工作？为什么？

⑱ 你认为什么样的工作才算是好工作？

（四）主题五

1. 城市与郊外生活

① 你家附近有什么设施？

② 介绍一下你住的地方四季的天气。

③ 你觉得你住的地方的居住环境怎么样？
④ 你住的地方的主要交通工具是什么？
⑤ 谈一谈你住的地方的交通网络。
⑥ 朋友要来你住的地方，你会带他 / 她到哪儿去玩？为什么？
⑦ 朋友要来你住的地方，你会带他 / 她到哪儿去吃东西？为什么？
⑧ 你住的地方有哪些风景名胜？
⑨ 谈谈你住的地方的文化和建筑。
⑩ 你的朋友来你住的地方购物，你会带他去哪里？为什么？
⑪ 你住的地方有哪些著名的购物街 / 商场？
⑫ 如果你的朋友想买名牌，你会带他 / 她去哪里买？为什么？
⑬ 谈谈你对购物的看法。

2. 居住环境

① 你家住什么样的房子？有什么房间？
② 你家客厅里有什么家具？
③ 你自己有一个房间还是和别人合住？请介绍一下你的房间。
④ 从你的房间里往外看，风景怎么样？
⑤ 你家周围的环境怎么样？你喜欢不喜欢？为什么？
⑥ 你家附近有什么公共设施？
⑦ 你家附近交通方不方便？从你家来学校可以坐什么车？
⑧ 从学校到你家该怎么走？
⑨ 学校的图书馆怎么走？
⑩ 你喜欢住在城市还是郊区？你觉得住在城市 / 郊区有什么好处 / 坏处？
⑪ 如果让你选择，你想住在什么样的地方？为什么？
⑫ 你家附近有什么样的商店？
⑬ 你经常到商店买什么东西？
⑭ 你经常去哪儿买东西？喜欢和谁去？买什么？
⑮ 最近你买了什么新衣服？花了多少钱？
⑯ 你在现在的家住多久了？喜欢吗？为什么？
⑰ 你认为你的社区的文娱康乐设施是否足够？哪些设施需要改善？
⑱ 你认为你的社区应该怎样改善环境卫生？
⑲ 你住的地方为居民提供了一些什么公共服务？
⑳ 你觉得这些服务做得好不好？

㉑ 你住的地方的主要交通工具是什么？
㉒ 你对你住的地方的交通情况有什么看法？
㉓ 你认为应该怎样改善你住的地方的交通情况？
㉔ 你住的地方的自然环境怎么样？
㉕ 在你住的地方一年四季适合做什么活动？

3. 环境问题

① 你住的地方的天气一般是怎样的？
② 你最喜欢哪个季节？为什么？
③ 你今天有没有听过天气预报？今天天气怎么样？
④ 你有没有参加过环保活动，如种树、清洁海滩等？
⑤ 你居住的国家或地区在环保方面做得怎么样？采取了哪些措施？
⑥ 谈谈你对环境保护的认识。
⑦ 你住的地方经常有哪些自然灾害发生？
⑧ 人类在创造文明的同时给地球带来了什么负面的影响？
⑨ 太阳能可以为人类做哪些事？
⑩ 你认为市民应该怎样参与改善保护环境？
⑪ 你认为学校应该怎样推行环保教育？
⑫ 全球暖化带给人类什么影响？如何改善？
⑬ 你们学校有哪些活动是用来帮助保护环境的？
⑭ 你认为我们应该怎样保护环境？
⑮ 你住的地方空气污染问题严重吗？你觉得怎样可以改善空气污染的问题？

第五章 写作卷模拟试题

模拟试题一

从下面的题目中选一题作答。字数为 540—720 字。

第一题

你在中文课上学习了有关中国传统文化礼仪的内容，老师让你把中国文化仪式和你所熟悉的另外一个国家的文化礼仪进行比较，看看它们之间有什么相同与不同，并告诉同学们你更喜欢哪一个礼仪及原因。

- 演讲稿
- 电子邮件
- 宣传册

第二题

你自己刚刚设计发明了一项新的科技产品。这个产品可以帮助同学更好地学习中文生词，更好地翻译中英文句子。请从下列的文本类型中选择一个，谈谈你的设计理念，说明这个产品的好处，以及学生如何可以从中受益。

- 电子邮件
- 宣传册
- 采访稿

第三题

你的城市要举办一次世界青年和平大会，一位著名的诺贝尔和平奖获得者将在会上发言。学校派你去参加了这次大会，并让你和这位获奖者沟通交流。请从下列的文本类型中选择一个，介绍这次大会的主题，说明世界和平对人类的影响，以及我们青少年应该怎么做。

- 采访稿
- 博客
- 电子邮件

模拟试题二

从下面的题目中选一题作答。字数为 540—720 字。

第一题

你的学校将在春节前举办中国文化周活动，并邀请了一位做中国菜的厨师向同学们介绍中国节庆食品，分析中国饮食文化的特色，阐述中国饮食与健康。

- 访谈
- 日记
- 校报文章

第二题

你的父母告诉你，你七十多岁的奶奶虽然身体还算健康，但是内心却很孤寂。请从下列的文本类型中选择一个，跟父母谈谈奶奶需要什么样的生活，以及你和父母应该如何让奶奶的生活更加丰富和快乐。

- 书信
- 访谈
- 演讲稿

第三题

你的学校是个国际学校，你发现学校里有很多同学跟父母之间经常因为观点不同而争吵。请从下列的文本类型中选择一个，跟大家谈谈什么是代沟，代沟对家庭关系的影响，以及应该如何改善父母与孩子之间关系。

- 演讲稿
- 校报文章
- 日记

模拟试题三

从下面的题目中选一题作答。字数为 540—720 字。

第一题

你们学校将组织一次多元文化周活动。作为班级的代表，你将向全校师生介绍中国春节的传统习俗、节庆活动，以及特色美食。

– 博客 – 演讲稿 – 校报文章

第二题

近年来，互联网迅速发展，使用电脑的人数和人们花费在电脑上的时间不断增加，导致读书的人和读书的时间逐渐减少了。请写一篇文章，介绍电脑的功能，讨论电脑如何改变了学生的学习生活，以及如何平衡使用电脑的时间与读书的时间。

– 博客 – 书信 – 访谈

第三题

你们学校的学生最近去与你们学校有交流合作项目的中国学校参观，得到了那所学校老师和同学的热情接待。你希望跟那所学校的校长分享这次活动让你最难忘的一件事，以及这次活动给你带来了什么样的体验和收获。

– 书信 – 访谈 – 演讲稿

模拟试题四

从下面的题目中选一题作答。字数为540—720字。

第一题

你和家人刚从中国的一个城市旅行回来。这次旅行让你见识了当地的文化及风俗习惯。请从下列的文本类型中选择一个，写出最令你难忘的一个文化习俗、你内心的感受，以及旅游的好处。

– 日记 – 电邮 – 博客

第二题

你学校的同学们围绕“父母应不应该给孩子零用钱”这个话题展开了讨论。请从下列的文本类型中选择一个，谈谈给孩子零用钱的好处和坏处，并给家长提出建议。

– 演讲稿 – 博客 – 通告

第三题

学校的露营社将举办一年一度的湖边露营。作为活动的主办人，你要负责向同学说明这次露营活动的目的和活动安排，以及需要注意的事项。

– 日记 – 电邮 – 通告

模拟试题五

从下面的题目中选一题作答。字数为540—720字。

第一题

今年假期你在中国旅游的时候生病住院了。住院期间你对医院的设备、医护人员的服务有好的也有不好的体验。出院回到家以后，你决定跟医院的院长说说有哪些好的体验和不好的体验，并提出改善服务的建议。

– 电邮
– 访谈
– 博客

第二题

现代科技让我们的生活有了非常大的改变。你代表学生会走访了一些家长，了解了他们对于这个问题的看法，包括现代科技对人际关系的正面影响和负面影响。

– 校报文章
– 辩论稿
– 采访记录

第三题

即将中学毕业的同学们正在讨论要不要在考试结束后举办一次为期五天的自助旅行。请从下列的文本类型中选择一个，说明自助旅行的利与弊，以及你的理由。

– 辩论稿
– 校报文章
– 电邮